For all who keep up the fight

and for all who are too tired to do so.

Für alle, die den Kampf nicht aufgeben

und für alle, die dessen zu müde geworden sind.

Mika Murstein

I'm a queerfeminist Cyborg, that's okay
Gedankensammlung zu Anti/Ableismus

1. Auflage 2018
ISBN 978-3-96042-031-6

Postfach 27 46
D- 48041 Münster

info@edition-assemblage.de
www.edition-assemblage.de

Eigentumsvorbehalt:
Dieses Buch bleibt Eigentum des Verlages, bis es der gefangenen Person direkt ausgehändigt wurde.
Zur-Habe-Nahme ist keine Aushändigung im Sinne dieses Vorbehalts.
Bei Nichtaushändigung ist es unter Mitteilung des Grundes zurückzusenden.

Autor_in: Mika Murstein
Umschlaggrafik: Niklas Jacobi
Umschlaggestaltung: kv, Berlin
Satz: lou kordts
Lektorat: Ann-Christin Kumm, Carla Schäfer
Druck: CPI Clausen&Bosse
Printed in Germany 2018

Gefördert durch das Autonome Feministische Referat Oldenburg.

MIKA MURSTEIN

I'M A QUEERFEMINIST CYBORG, THAT'S OKAY

GEDANKENSAMMLUNG ZU ANTI/ABLEISMUS

edition assemblage

Inhaltsverzeichnis

Was ist das für ein mika/cyborg/Buch?
Vorwort

Das ist eine berechtigte Frage. Über mich erfahrt Ihr noch sehr viel im Laufe dieses Buches, deshalb stelle ich mich hier erstmal nur kurz und schlaglichtartig vor: Ich bin ein_e *weiße_r,* be_hinderte_r, nichtbinäre_r, prekarisierte_r disability Aktivist_in. Begegnungen, Bücher, Filme und Kunst halten mich wach und am Leben. Mich interessiert sehr, wie sich wissenschaftliche Theorien auf gelebte Erfahrungen von Marginalisierten beziehen lassen und wie diese anwendbar werden können, um die Gesellschaft zu verändern. Außerdem bin ich fasziniert von storytelling und Narrativen, also davon, wie Geschichten erzählt werden und aus welcher Perspektive.

Die cyborg Figur hat mich erst vor einiger Zeit angefangen zu beschäftigen. Wenn Ihr das Bild auf dem Cover des Buches betrachtet, seht Ihr das Metall, das sich sonst unsichtbar in meinem Rücken befindet, hervorleuchten.

Dieses Metall ist kein Fremdkörper mehr, es ist Teil von mir geworden, es ermöglicht mir Bewegung, aber schränkt sie andererseits auch ein. Diese Hybridität macht mich nie nur funktional, gesund oder zu einer Maschine. Leben mit dieser Hybridität hat auch dazu geführt, dass es für mich kein Abspalten in „das bin nicht ich, das ist künstlich/negativ oder hinzugekommen" gibt. Das gilt für viele Dinge, die im Laufe des Lebens hinzukommen und meine Identität beeinflussen.

Dies ist kein rein wissenschaftliches Buch, obwohl es Theorien der disability studies, der Sozialwissenschaften und der Philosophie aufgreift. Es ist kein geschichtliches Buch, obwohl es auch von Zeitzeug_innenschaft erzählt. Es ist eher ein persönlicher Bericht, wie ich zu dieser Form des Aktivismus gekommen bin, welche Erlebnisse mich auf den Weg dahin geprägt haben. Ich versuche gelebte Erfahrung und Beobachtungen mit Theorien in Beziehung zu setzen, um daraus eine antiableistische Praxis zu entwickeln. Was ist denn dieser Ableismus, der bekämpft werden soll? Ableismus ist weit mehr als Behindertenfeindlichkeit. Das Wort bezeichnet sowohl eine Unterdrückungsstruktur als auch ein Wertesystem in der Leistungs-, Verwertungs- und Nützlichkeitsgesellschaft. Der Begriff leitet sich vom englischen Wort „able" (fähig) ab, aber wenn eins dem Wort Ismus dahinter keine Beachtung schenkt, könnte eins denken, es ginge um bloß um die Anwesenheit oder die Abwesenheit von Fähigkeiten. In Wahrheit geht es um die Bevorzugung und Höherwertung bestimmter Fähigkeiten gegenüber anderen und wie diese ausgeübt werden sollen. Be_hinderte Menschen werden oft daran gehindert ihre Fähigkeiten auszuüben und an der Teilnahme in der Gesellschaft. Deshalb herrscht in diesem Buch die Schreibweise „be_hindert" vor, um das be_hindert werden durch die Gesellschaft zu betonen.

Als genderinklusive Schreibweise für dieses Buch habe ich den Unterstrich gewählt. Als nichtbinäre Person gefällt mir der Raum, der dadurch entsteht, der Platz lässt für alle Geschlechter jenseits der Zweigeschlechtlichkeit. Manche nichtbinären Menschen bevorzugen das Sternchen an der Stelle, wo ich den Unterstrich setze, deshalb richte ich mich in einem Text nach meiner Interviewpartner*in. „Frauen" schreibe ich ohne das weit verbreitete Sternchen anzuhängen. Zum einen, weil ich mit „Frauen" alle Frauen und Weiblichkeiten meine, die sich selbst so bezeichnen, zum anderen, weil das Sternchen zu oft mit „Frauen UND trans Frauen" übersetzt wird, als seien letztere eine besondere Spezies. Außerdem ist es nicht so cool, wenn Menschen, die als Frauen "gelesen" werden, aber keine sind, eingemeindet werden durch das Sternchen.

Euch werden hier gleich in dem Vorwort einige unbekannte Begriffe begegnet sein, aber keine Panik! Im Einführungstext werden diese ausführlich erklärt. Sollte Euch einmal entfallen, was ein Begriff meint, werdet Ihr in Fußnoten oder dem Glossar, das die wichtigsten Begriffe nochmal kurz definiert, Aufschluss finden. Der dreiteilige Einführungstext bietet verschiedene Zugänge. Im ersten Teil erkläre ich Theorien, im zweiten lassen sich diese mit meiner Biographie in Beziehung setzen, sowie auch mit dem dritten aktivistischen Teil, wo beides zusammenwirkt. Das „Netz" ist ein unglaublicher und unterschätzter Lernort. Vor allem ist er Teil der gesamtgesellschaftlichen Realität. Auch das möchte ich gerne sichtbar machen. Nach dem dreiteiligen Einführungstext folgen einzelne Texte, die ein paar der zuvor in ihm erwähnten Themen vertiefen.

#CN bedeutet „Inhaltsnotiz", sie weist darauf hin, wovon ein Abschnitt explizit handeln wird. Wann immer es bei Zitaten nicht anders angegeben ist, habe ich frei übersetzt.

#CN

Ich möchte so vielen Leuten danken, ich tue das noch mal ausführlicher im Nachwort. An dieser Stelle danke ich den folks<3 auf twitter, Willi von der edition assemblage, der die Idee hatte, es müsse mal ein Buch von mir geben, dem FemRef Oldenburg für die Unterstützung, die dazu beigetragen hat, dieses Buch zu realisieren und allen anderen, die sich am Produktionscrowdfunding beteiligt haben, ich danke SchwarzRund, mit der ich ein großartiges Interview führen durfte, das Ihr in diesem Buch lesen könnt, Niklas für's Wunschcoverbild, der fabelhaften Lou für Satz und Layout, der ganzen edition assemblage, speziell Klaus und Carina. Ganz ganz doll danke ich Carla und Stine für das Lektorat, Carla obendrein für sehr viel Orgakram und Stine für's dichte Begleiten durch das Buch und überhaupt.

Jetzt könnt Ihr umblättern, ich wünsche Euch eine gute Zeit!

mika

I'm a queerfeminist cyborg, that's okay! Eine Einführung in drei Teilen

Teil I

Disability is not a bad word!

Eine Adaption meines Vortrags über Ableismus, meinen Weg zum disability Aktivismus und die Notwendigkeit antiableistischer Praxis im Queerfeminismus und anderen Gruppenkontexten

(Kurz vorab: Dieser Text ist viel länger und ausführlicher als mein ursprünglich gehaltener Vortrag, welcher live 90 Minuten dauerte und den ich, jedes Mal, wenn ich ihn hielt, aktualisierte, dafür ließ ich etwas früher Erwähntes weg. In dieser Version ist vieles auserzählt, was ich live nur schlaglichtartig geschildert habe. Der jetzige Umfang wäre als Vortrag gar nicht zu verarbeiten, aber in diesem Buch eröffnet sich die Möglichkeit vor- und zurückzublättern. Daher habe ich mich ans „Auserzählen" gewagt.)

Hey hey, ich bin Mika Murstein und ich habe die Überschrift "Disability is not a bad word!" für den ersten Teil gewählt, weil ich diesen Satz auf einem T-Shirt von Amythest Schaber sah und dachte: Hey, das ist nicht nur ein cooles lilafarbenes T-Shirt mit Glitzerschrift, sondern eine wirklich wichtige Aussage, die meine Einstellung zu Be_Hinderung vermittelt.

Nun wird eins vielleicht denken: Klar ist Behinderung an sich nichts Negatives...und im nächsten Moment fällt eins dann doch schnell ein, wie „behindert" als alltägliche Beleidigung benutzt wird. Wie sollte da das Label (hier: Selbstbezeichnung) be_hindert etwas Empowerndes haben?

Ich selbst habe mich auch nicht immer so gelabelt. Ein paar Jahre bevor ich mit dem Netzaktivismus begann, fing ich an, mich selbst manchmal so zu bezeichnen. Dies tat ich, um Menschen klar zu machen, dass meine Einschränkungen ein Fakt sind und dass ich aufgrund meiner gesundheitlichen Grenzen mit zusätzlichen Grenzen von außen, zum Beispiel bürokratischen, konfrontiert bin, die Prekarität zur Folge haben. Das Wort Ableismus allerdings kannte ich nicht, obwohl es ein Unterdrückungsverhältnis bezeichnet, das mich fast mein ganzes Leben lang stark betrifft. Zum Netzaktivismus gekommen zu sein ist für mich tatsächlich ein mittleres Wunder, ich war nicht sehr netzaffin, weil mich Technik und die Voraussetzung digitaler skills (Fähigkeiten), besonders aus meiner prekären Perspektive, sehr gestresst haben.

Dieser Text ist in drei Teile gegliedert: Im ersten Teil erkläre ich nützliche theoretische und aktivistische Begriffe aus dem disability Aktivismus und aus den disability studies, stelle verschiedene Definitionen von Ableismus und Modelle von Be_Hinderung vor und zeige auf, in welchen unterschiedlichen Formen sich Ableismus äußern kann. Der zweite Teil ist ein biographischer Teil, in dem ich von meinen gelebten Erfahrungen mit Ableismus erzähle. Vielleicht lässt sich das ein oder andere aus dem ersten Teil darauf anwenden. Im dritten Teil berichte ich über meine Erfahrungen mit Ableismus im Netzaktivismus und im Queerfeminismus und erläutere, wie sich aus theoretischem Wissen und gelebter Erfahrung eine Notwendigkeit antiableistischer Praxis ergibt. Dieser Text ist sehr umfangreich und kompakt, aber keine Sorge, um die Inhalte zu verstehen, auf die ich in loops zurückkommen werde, muss eins nicht alles zu 100% mitschneiden. Es gibt hoffentlich viele Zugänge in diesem Text und für die Einen funktioniert der theoretische besser, für die Anderen der erzählerisch-biographische, für die Nächsten der aktivistische.

Es wird Zeit zu sagen, wer hier eigentlich spricht und in welcher Rolle: Ich spreche als *weiße_r*, queerfeministische_r, be_hinderte_r Netzaktivist_in, als Betroffene_r, als wissenschaftsaffines mika. Mit wissenschaftsaffin meine ich, dass ich es sehr wichtig finde, Wissenschaft als Werkzeug zum Analysieren von Problemstellungen und gesellschaftlichen Verhältnissen zu nutzen, zum Hinterfragen des Status Quo. Weniger interessiert bin ich daran, damit meine Wahrheit beweisen zu müssen. Auch Wissenschaft ist in Hierarchien und Machtverhältnisse eingebettet. Entscheidend erscheint mir zu fragen: Was kann Wissenschaft den Akteur_innen (handelnden Personen) bieten und welches relevante Wissen haben Akteur_innen, zum Beispiel Betroffene/Aktivist_innen, der Wissenschaft anzubieten?

Von den folgenden Unterdrückungsverhältnissen bin ich betroffen: von Ableismus, Klassismus (Prekarisierung), cisSexismus, weil ich nichtbinär bin, und von Ageism (Diskriminierung aufgrund des Alters). Ich bin jetzt etwas über Mitte 40 und da geht es langsam mit Ageism los.

Nichts davon hebt mein white privilege[1] auf, also mein Privileg des Weißseins. Wie Personen of Color insbesondere

---

1 Noah Sow stellt in ihrem Buch eine Liste zusammen, die zeigt, welche Privilegien mit Weiß- und Deutschsein verbunden sind. Unter anderem nennt sie das Privileg „[...] als Individuum betrachtet zu werden, nicht automatisch als >fremd< betrachtet zu werden [...], nie darüber nachdenken zu müssen, ob Verdächtigungen oder Kontrollen vielleicht aufgrund eines vermeintlich >ethnischen< Aussehens erfolgen, Fremden die eigene Herkunft nicht erklären zu müssen [...]."
Zitat aus: Sow, Noah (2008): Deutschland Schwarz Weiß. Der alltäg-

von rassifiziertem Ableismus betroffen sind, erläutere ich nach den ersten Definitionen zum Thema.

Hier zwei wissenschaftliche Definitionen von Ableismus. Die erste Definition stammt von Fiona Kumari Campbell. Ableismus ist nach ihrer Definition:

„[…] ein Netzwerk von Überzeugungen, Prozessen und Praktiken, das eine besondere Art von Selbst und Körper (physischer Standard) erzeugt, und als perfekt, arttypisch und daher wesentlich und komplett menschlich projiziert. Behinderung ist dann ein minderwertiger Zustand des Menschseins.

[…] Die Diskriminierung von Menschen mit Behinderungen wird auch Disablismus genannt. Gregor Wolbring, Assistant Professor in der Abteilung ‚Community Health Service' der ‚University of Calgary' (Kanada) erklärt Disablismus zum ‚Begleiter' des Ableismus:

In seiner allgemeinen Form ist Ableism ein Bündel von Glaubenssätzen, Prozessen und Praktiken, das auf Grundlage der je eigenen Fähigkeiten eine besondere Art des Verständnisses des Selbst, des Körpers und der Beziehungen zu Artgenossen, anderen Arten und der eigenen Umgebung erzeugt und schließt die Wahrnehmung durch Andere ein. Ableism beruht auf einer Bevorzugung von bestimmten Fähigkeiten, die als essentiell projiziert werden, während gleichzeitig das reale oder wahrgenommene Abweichen oder Fehlen von diesen essentiellen Fähigkeiten als verminderter Daseinszustand etikettiert wird, was oft zum begleitenden ‚Disableism' führt, dem diskriminierenden, unterdrückenden oder beleidigenden Verhalten, das aus dem Glauben entsteht, dass Menschen

---

liche Rassismus. München: C. Bertelsmann, S. 20, S. 42-43.

ohne diese „essentiellen" Fähigkeiten anderen unterlegen seien."[2]

Bei Ableismus geht also um das Höherwerten bestimmter Fähigkeiten, die ein reibungsloses Funktionieren und Nützlichsein in dieser Gesellschaft ermöglichen. Mangel an diesen und von der Norm abweichendes Sein werden abgewertet. Be_Hinderung, Krankheit und neuroatypisch sein werden als Abweichung von der als „gesund" bezeichneten Norm und als Schwäche empfunden. Wie das passiert, wird später bei der Darstellung verschiedener Modelle von Behinderung deutlich.

Ableismus „überschneidet" sich oft mit anderen Unterdrückungsformen, wie zum Beispiel Rassismus, (cis) Sexismus und Klassismus, die einander verstärken, beziehungsweise sich untrennbar miteinander verbinden bei Mehrfach-Marginalisierten. Bei letzterem spricht eins von Intersektionalität. Intersektionalität ist ein Begriff, der von der Schwarzen US-amerikanischen Juristin Kimberlé Crenshaw[3] aufgegriffen und theoretisch weiterentwickelt wurde. Ohne ein Verständnis von Intersektionalität sind

---

2 Zitiert nach Wikipedia. Online unter: https://de.wikipedia.org/wiki/Ableism (Zugriff: 05.04.2018).

3 Kimberlé Crenshaw war nicht die erste Person, die über die Intersektionen von Geschlecht und race nachdachte. Sojourner Truth, eine der ersten sehr bekannten Schwarzen Frauenrechtler_innen und Abolitionist_innen, machte bereits 1851 in ihrer Rede 'And Ain't I a woman' diese beiden Unterdrückungsverhältnisse, Rassismus und Sexismus, zum Gegenstand. Crenshaw entwarf 1991 in "Mapping the Margins" analytische Kategorien, die ein tieferes Verständnis von Intersektionalität ermöglichen. Den Begriff benutzte sie seit Anfang der 1980er. Siehe dazu: Crenshaw, Kimberlé (1991): Mapping the Margins: Intersectionality, Identity Politics, and Violence against Women of Color. In: Stanford Law Review 43/6, S. 1241-1299.

die Verwobenheiten von race, class und gender etc. kaum zu begreifen. Intersektionalität ist auch für das Verständnis von Ableismus unverzichtbar. Der Begriff Verwobenheiten stammt von der Schwarzen Sozialwissenschaftlerin Christiane Hutson[4]. Ich bin sehr froh, den Text „Mehrdimensional verletzbar – Eine Schwarze Perspektive auf Verwobenheiten zwischen Ableism und Sexismus" von ihr gelesen zu haben. Bis dahin war meine Auffassung von Intersektionalität sehr abstrakt. Zu sagen: „Unterdrückungsverhältnisse verstärken einander", klang zu sehr nach Addition oder Multiplikation, bei der sich etwas vage potenziert. Mit „Verwobenheiten" hat Christiane Hutson einen Begriff geschaffen, der anschaulich macht, dass der Ableismus, den Personen of Color erfahren, immer schon rassifiziert ist. Mehrere Unterdrückungsformen sind also untrennbar miteinander verwoben und nicht addiert. Ein Beispiel für rassifizierten Ableismus ist die Benachteiligung von Personen of Color im Gesundheitssystem. Das äußert sich dann in weniger Repräsentation und weniger Hilfsangeboten und führt zu schlechterer Versorgung und Zugang zu selbiger. Wenn ich eine Broschüre zu Depression in die Hand nehme, ist dort meist eine *weiße* Person abgebildet und selten eine Person of Color, als sei Depression etwas, was diese Gruppe von Menschen nicht beträfe. US-amerikanische Studien zeigen, dass Personen of Color oft weniger Schmerzmittel in Krankenhäusern erhalten und dass an Schwarzen Männern und Männern of Color eher irreversible Eingriffe (zum Beispiel Amputationen) vorgenommen werden. Auch werden be_hinderte Menschen of Color öfter Opfer von tödlicher Polizeigewalt.

---

4 Hutson, Christiane (2010): Mehrdimensional verletzbar. Eine Schwarze Perspektive auf Verwobenheiten zwischen Ableism und Sexismus. In: Jacob, Jutta/Köbsell, Swantje/Wollrad, Eske (Hg.): Gendering Disability. Bielefeld: transcript Verlag, S. 61-72.

Um die Wirkungen, die die jeweiligen Perspektiven auf Be_Hinderung haben, zu verdeutlichen, stelle ich erst einmal die zwei gängigsten Modelle von Be_Hinderung vor. Anschließend werde ich ein drittes, von mir bevorzugtes, Modell erläutern.

Die zwei bekanntesten Modelle von Be_Hinderung sind:

1. Das medizinische Modell von Behinderung

Das medizinische Modell von Behinderung definiert Behinderung und Krankheit als defizitären Zustand, der überwunden werden muss (durch Heilung), um ein „normales" Leben führen zu können. Es stereotypisiert, ist paternalistisch und definiert Menschen nach ihrer gesundheitlichen Verfassung, ihren Begrenzungen und ihrem auszuschöpfendem Leistungspotenzial. Behinderung ist in diesem Modell ein individuelles Problem und eine persönliche Tragödie. Die gesellschaftliche Verantwortung an jedweder sozialen Ungleichheit/Benachteiligung wird nicht wahrgenommen, denn angeblich resultiert sie „natürlich" aus der Behinderung der Person.

2. Das soziale Modell von Be_Hinderung

In dem sozialen Modell von Be_Hinderung ist nicht die Be_Hinderung selbst der Ausschlussfaktor, sondern die Gesellschaft und ihr Umgang mit Be_Hinderung. Die Gesellschaft be_hindert durch Barrieren und Nichtbereitstellung von Werkzeugen und Hilfsmitteln, die Teilhabe, Partizipation und Gleichstellung ermöglichen würden. In der Gesellschaft werden Behinderung und Krankheit als Schwäche, individuelles Problem oder Last gesehen und so der Wert des nicht der Norm entsprechenden Lebens in Frage gestellt. Das genau kritisiert das soziale Modell von Be_Hinderung. Für die be_hinderte Person ist es in der Regel nicht möglich sich anzupassen, sich wie erwartet zu normalisieren. Der Gesellschaft wäre es aber möglich

Selbstbestimmung und Partizipation des be_hinderten Individuums durch Abbau von Barrieren und Bereitstellung von Werkzeugen und Hilfsmitteln zu unterstützen.

Die großartige Stella Young hat in ihrem TEDtalk "I am not your Inspiration, thank you very much!" („Ich bin nicht deine Inspirationsquelle, herzlichen Dank") Folgendes gesagt:

„Warum das Zitat 'Die einzige Behinderung ist eine negative Einstellung' bullshit (Mist) ist: Egal wie viel eins lächelt, dieses Lächeln wird nie eine Treppe mit vielen Stufen in eine Rampe verwandeln. Niemals. Den Fernseher anzulächeln lässt keine Untertitel für Gehörlose erscheinen. Und egal wie jemand und mit welcher Intensität jemand in der Mitte eines Buchladens steht und dort eine positive Einstellung ausstrahlen mag: Es wird nie alle Bücher drum herum in Brailleschrift verwandeln."[5]

Sehr oft versuchen Nichtbehinderte auf be_hinderte Menschen, die sich eins zum Vorbild nehmen sollte, hinzuweisen. Diese Ausnahmen sollen mir zeigen, dass ich mich nicht von meiner Behinderung stoppen lassen soll. Dahinter steckt der Glaube, alles sei erreichbar, wenn eins nur will, und dass be_hinderte Menschen mit fantastischen Eigenschaften und Fähigkeiten punkten müssen, um Einschränkungen wieder wettzumachen. Geschichten von den Ausnahmen, die etwas Großes erreicht ha-

---

5 Das Zitat der inzwischen verstorbenen aber unvergessenen Stella Young, die Comedian, Journalistin und Aktivistin war, ist in diesem englischsprachigen TEDTalk von April 2014 nachzuhören und nachzulesen. Es gibt englische Untertitel.
Young, Stella (2014): I'm not your inspiration, thank you very much. Online unter: https://www.ted.com/talks/stella_young_i_m_not_your_inspiration_thank_you_very_much/discussion (Zugriff 05.04.2018).

ben, nennen Aktivist_innen „inspiration porn". Hier meine Reaktion auf so ein Beispiel in einem tweet:

„Schau Dir mal Stephen Hawkins als Beispiel an… *schaut Stephen Hawkins an* *nichts passiert*"[6]

Ableismus erfährt eins aber nicht nur durch Nichtbetroffene/Ableisierte. Internalisierter (verinnerlichter) Ableismus ist ein Ding und so erwarten manche Betroffene, dass eins es ihnen nachmacht:

„Ich war wie Du, doch dann ___________ (Wunder/Heilung/Erleuchtung!)"[7]

Auch der Mythos vom Überwinden der Behinderung stirbt nicht. Ungebetene Ratschläge sind für be_hinderte, chronisch kranke und neuroatypische Menschen Alltag:

„Du kannst jedes Hindernis überwinden, wenn Du nur wirklich willst/Deine Einstellung änderst/positiv denkst. Und übrigens, hast Du es schon mit Yoga versucht?"[8]

Ich habe objektive körperliche Begrenzungen durch einen Mangel an Gesundheit. Es gibt Dinge, die ich nie tun kann, zum Beispiel schwer tragen oder zu lange sitzen, andere nur zu einem hohen Preis, zum Preis der Verschlechterung meiner Gesundheit und der Erhöhung des chronischen Schmerzes. Diese Verschlechterung und Überforderung könnten verhindert werden, wenn mir die Gesellschaft die nötigen Anpassungen (geeignete Möbel, barrierefreies Wohnen/Technik und geeignete Mobilität/geeigneten

---

6 https://twitter.com/MikaMurstein/status/663661856448491521 (Zugriff 05.04.2018).

7 https://twitter.com/MikaMurstein/status/663102233362505729 (Zugriff 05.04.2018).

8 https://twitter.com/MikaMurstein/status/663106329188433920 (Zugriff 05.04.2018).

Zugang zu Bildung) ermöglichen würde. Ich selbst kann mir diese Anpassungen oder Ent_Hinderungen (accommodations) größtenteils nicht leisten, da ich wegen meiner gesundheitlichen Einschränkungen nicht arbeiten kann. Die Prekarität, die deswegen besteht, hat Erhöhung der Barrieren, Nichtpartizipation und Verschlechterung meiner Gesundheit zur Folge. Es ist ein Teufelskreis. Wenn mich jemensch fragen würde, was mich mehr be_hindert, mein Körper oder die Gesellschaft, würde ich in meinem Fall antworten: Fifty-fifty (50/50).

So stößt auch ein rein soziales Modell von Be_Hinderung auf Grenzen. Deshalb möchte ich auf Alison Kafers politisch-relationales Modell von Behinderung[9] aufmerksam machen. Innerhalb dieses Modells ist es kein Verrat eine Verbesserung des Gesundheitszustands zu wollen, ohne die Verpflichtung und unrealistische Erwartung, komplett zu heilen, ohne die „Normalisierung" zum Ziel zu haben.

Das politisch-relationale Modell von Be_Hinderung baut auf dem sozialen Modell von Be_Hinderung auf. Es gibt aber mehr Raum für die individuellen Empfindungen gegenüber Be_Hinderung, denn nicht alle Betroffenen wollen und brauchen das Gleiche. Es spielt eine entscheidende Rolle, von welchen anderen Unterdrückungsstrukturen das be_hinderte Individuum betroffen ist, über welche Ressourcen, Privilegien und welche Unterstützung es verfügt. Das politisch-relationale Modell versucht der Entpolitisierung von Be_Hinderung, wie es beim rein medizinischen Modell der Fall ist, entgegenzuwirken, aber es ist nicht so luftig und entfernt von der Materialität der Körper und wie diese von be_hinderten Individuen erfahren werden, wie das soziale Modell. Es berücksichtigt,

9 Kafer, Alison (2013): Feminist, Queer, Crip. Bloomington, Indiana: Indiana University Press, S. 4 ff.

von wo aus das Individuum spricht. Race, class, gender sind Kategorien, die hierbei ins Gewicht fallen.

Be_Hinderung und Krankheit werden innerhalb des medizinischen Modells als zeitlich begrenzt gedacht. Mit folgenden Fragen wird ein be_hinderter Mensch mit dieser als zeitlich begrenzt vorgestellten „Heilungszeit" (curative time) konfrontiert:

#CN_Ableismus für folgende Zitate bis Fußnote 13.

„Wurdest Du so geboren? Wie lange wirst Du noch so leben müssen? Wie lange dauert es noch, bis sie eine Heilmethode finden? Wie lange wird die Heilung brauchen? Wie bald wirst du wiederhergestellt sein?"[10]

Was gänzlich fehlt, ist die Vorstellung von Be_Hinderung als andauerndem und lebenswertem Zustand, ein Leben lang. Kafer erwähnt die Notwendigkeit anderer Zeitlichkeiten und nennt diese "crip time".

Crip time wäre das Ausrichten der Zeit danach, wie viel Zeit das be_hinderte Individuum tatsächlich braucht. Es wäre auch die Zeit, die in die Vorbereitung von Barrierenabbau investiert wird. Ebenso Zeit zum Heilen, Lindern oder Schmerzen. Crip time verändert unsere Sicht darauf, wie lange Dinge dauern (sollen). Die Flexibilität von crip time fordert die normativen Vorstellungen von Geschwindigkeit, Planung und, wie ich auch hinzufügen würde, Effektivität heraus.

Crip future[11] ist ein Gegenentwurf zu der Zukunft, die nur als fortschrittlich gedacht wird, wenn in ihr die Ab-

---

10 "Were you born that way? How much longer do you have to live this way? How long before they invent a cure? How long will a cure take? How soon before you recover?"
Zitat aus: Kafer, Alison (2013): Feminist, Queer, Crip. Bloomington, Indiana: Indiana University Press, S. 28.

11 Das Thema crip future, wie diese aussehen könnte und für

wesenheit von Krankheit und Behinderung wahr wird. Als erstrebenswerte Zukunft gilt meist die Zukunft ohne Behinderung. Crip future ist eine Zukunft, in der Behinderung und ein lebenswertes, erfülltes Leben, wie es schon heute be_hinderte Menschen führen, nicht als Gegensatz konstruiert werden. In meiner Vision von crip future besitzen wir alle Werkzeuge und Hilfsmittel, die wir brauchen, die Teilhabe, Partizipation und Mobilität bedeuten würden. Diese Werkzeuge, Technik und Hilfsmittel gibt es schon reichlich, aber in der Gegenwart ist der Zugang zu ihnen beschränkt. Mich macht die Vorstellung einer Zeit sehr happy, in der diese Mittel und diese Leben aufgewertet wären. Hilfsmittel sind cool. Nur leider nicht im herrschenden Diskurs. Zum Beispiel sagt die Redensart „Das ist doch nur eine Krücke!" viel über die Sicht auf gesundheitliche Einschränkungen aus. Sie spiegelt die Wahrnehmung, es sei eine Schwäche, eine Krücke zu brauchen, wider. Dabei ist eine Krücke hilfreich, weil sie Halt und Mobilität bedeutet, genauso wie eins nicht an den Rollstuhl „gefesselt" ist, sondern dieser ermöglicht, von A nach B zu kommen und an der Welt teilzuhaben. Hilfsmittel sind alles andere als ein Gefängnis. Wären da nicht noch die von der Gesellschaft aufrecht erhaltenen Barrieren.

Die Fragen zur Heilungszeit sind aber nicht die einzigen, die gestellt werden. Infragestellungen und Verhöre ziehen sich ein Leben lang durch. Es folgt ein Zitat von C. Thomas Couser aus seinem Essay "Disability, Life, Narrative and Representation":

> „Du lässt Dich doch nicht durch den Schmerz abhalten, oder?"

---

wen diese bisher gedacht wird, greift Kafer in verschiedenen Kapiteln ihres Buches immer wieder auf.

„Wenn ich so leben müsste wie Du, ich würde mich umbringen!"

„Eine der sozialen Belastungen des Be_hindertseins ist, dass es die betroffenen Personen der Überprüfung, Befragung, Interpretation und Grenzüberschreitung des Privaten aussetzt." [12]

Auch Susan Wendell schreibt vom Misstrauen gegenüber der Legitimität von chronischer Krankheit und Be_Hinderung:

„Menschen mit chronischer Krankheit sind verdächtig, Misstrauen gilt dem, wie krank/wie behindert wir wirklich sind und warum wir krank wurden, ob wir alles Mögliche getan haben, um gesund zu werden. Wie wir das Leben, unseren Geist, unsere Seele nicht ausreichend bewältigen, mag zu unserer anhaltenden Krankheit beitragen."[13]

Von bevormundender „Behindertenpädagogik" hin zu einer interdisziplinären Betrachtung des Begriffes Be_Hinderung war es ein weiter Weg. In den disability

---

12 "You don't let the pain hold you back, do you?", "If I had to live like you I'd kill myself!" "One of the social burdens of disability, then, is that it exposes affected individuals to inspection, interrogation, interpretation and violation of privacy."
Zitat aus: Couser, Thomas (2013): Disability, Life Narrative and Representation. In: Davis, Lennard J. (Hg.): The Disability Studies Reader. New York: Routledge, S. 458.

13 "Suspicion surrounds people with chronic illnesses – suspicion about how ill/ disabled we are, how or why we became ill, whether we are doing everything possible to get well, and how mismanaging our lives, minds or souls may be contributing to our continuing illness."
Zitat aus: Wendell, Susan (2013): Unhealthy Disabled: Treating Chronic Illnesses as Disabilities. In: Davis, Lennard J. (Hg.): The Disability Studies Reader. New York: Routledge, S. 169.

studies forschen mittlerweile auch oft be_hinderte Akademiker_innen, so dass es weniger ein Sprechen über andere und das Analysieren einer fremden Realität zum Gegenstand hat.

Simi Linton beschreibt in ihrem Essay "Reassigning Meaning"[14] Ableismus als eine machtvolle Rhetorik, in der die Dichotomie „normal" versus „abnormal" vorherrscht. Dieser ableistischen Rhetorik stellt Simi Linton eine antiableistische Rhetorik gegenüber, die von Begriffen und Definitionen der disability studies und des disability Aktivismus geprägt ist, also von den Betroffenen selbst. Selbstbezeichnung ist immer noch eine der wirksamsten Selbstermächtigungsstrategien. Als Erstes ist es wichtig die Unterdrückung zu benennen und der Gruppe von Betroffenen einen Namen zu geben. Die Selbstdefinition dient als empowerment (Selbst/Ermächtigung).

Wer qualifiziert sich also für diese Selbstbezeichnung als be_hindert/dis_abled?

Die Person, die sich damit identifiziert. That's it!

Deshalb bezeichnen sich so auch Menschen, die nicht klassisch als behindert gedacht wurden, weil der Begriff lange auf stark wahrnehmbare körperliche oder geistige Einschränkung als Zuschreibung beschränkt war und ohne, dass die Berücksichtigung des Be_Hindert_Werdens verhandelt wurde. Im Sinne des sozialen Modells von Be_Hinderung können sich zum Beispiel auch autistische Menschen, Menschen mit De-

---

14 Linton, Simi (1998): Reassigning Meaning. In: Linton, Simi: Claiming Disability: Knowledge and Identity. New York University Press, S. 8-17. Der Essay ist verfügbar auf der Webseite des Disability Museum: http://www.disabilitymuseum.org/dhm/edu/essay.html?id=21 (Zugriff 05.04.2018).

pressionen und chronischen Krankheiten als be_hindert bezeichnen.

Eine weitere Klammer ist der Begriff neuroatypisch. Eine Person mit Lernschwierigkeiten kann neuroatypisch sein. Alle, deren Verhalten oder Lernen von der Erwartung, wie „neurotypisches" Verhalten oder Lernen zu sein habe, abweichen, können neuroatypisch sein. Von der community autistischer Menschen habe ich in diesem Zusammenhang wohl am meisten gelernt. Dort wurde der Begriff neurodivergent[15] als Selbstbezeichnung geprägt. Neurodivers[16] bezeichnet demnach antiableistisch die Diversität neurologischen Seins und schließt neurotypische Menschen mit ein. Der Begriff versucht die Trennung von normal und abweichend aufzuheben und alle Formen neurologischen Seins als gleich_gültige Formen zu begreifen. Angreifbar ist er dann, wenn dadurch der Eindruck entsteht, es gebe keine Ungleichbehandlung mehr, weil sich oberflächlich zu dem Begriff bekannt wird. Neurodivergent dagegen spiegelt Nichtbehinder-

15 Der Begriff „Neurodiversität" wurde als inklusiver, nicht pathologisierender Begriff von der *weißen*, autistischen Soziologin Judy Singer Ende der 1990er geprägt. Mittlerweile ist Singers raumeinehmende Rolle gegenüber disability Aktivist_innen aber Stoff für Kontroversen.

16 Kassiane Sibley dagegen, die Person of Color, die den Begriff „neurodivergent" prägte, bekommt eher selten die verdienten credits, anders als *weiße* Akademiker_innen in diesem Feld. Siehe hierzu: Cas Faulds (01.01.2016): The word: Neurodivergent. Post in englischer Sprache, online unter: https://un-boxedbrain.com/2016/01/neurodivergent/ (Zugriff 05.04.2018). Eine gute Ressource zur Unterscheidung der hier verhandelten Begriffe stellt der folgende englischsprachige Blogpost dar: Walker, Nick (27.09.2014): Neurodiversity: Some Basic Terms & Definitions. Online unter: http://neurocosmopolitanism.com/neurodiversity-some-basic-terms-definitions/ (Zugriff 05.04.2018).

ten, dass sie neuroatypische Menschen als abweichend markieren. Ein sehr guter Blog zu diesen Themen ist der neuroqueerblog. [17]

Sehr viel zu diesen Fragen von Selbstbezeichnung habe ich am Anfang von und durch den Austausch mit zum Beispiel in der deutschsprachigen Twittertimeline @JulesEins, @disabilisaur, @project1enigma und @theRosenblatts gelernt. In der englischsprachigen waren es @riotheatherrr und @EverydayAbleism, durch die ich obendrein auf viele intersektionale disability Aktivist_innen stieß. Dazu aber mehr im dritten Teil.

Der Austausch darüber war nicht nur wichtig für das eventuelle sich selbst bezeichnen, sondern auch für das Vermeiden falscher Bezeichnungen, wenn es um Be_Hinderungen und Barrieren geht, die mich nicht selbst betreffen, zum Beispiel, dass es Lernschwierigkeiten statt „Lernbehinderung" heißt. Oder nicht Gebärdendolmetscher_in, sondern Gebärdensprachdolmetscher_in.

Eine weitere Differenzierung gilt unsichtbarer und sichtbarer Behinderung. Unsichtbare Be_Hinderungen, wie neuroatypisch sein oder chronische Schmerzen haben, scheinen den nichtbehinderten Mitmenschen erst einmal weniger real, nachprüfbar und glaubhaft. Als Mensch, di_er sowohl körperlich sichtbar als auch neuroatypisch be_hindert ist, halte ich es aber für eine ableistische Finte daraus zu schließen, körperlich oder sichtbar behinderte Menschen würden besser behandelt werden. Menschen, die immer wieder einen wechselnden Krankheitsverlauf zwischen guten und schlechten Phasen durchlaufen, und vielleicht dann einmal kurz im Supermarkt aus dem Rollstuhl aufstehen, um an ein Produkt weiter oben im

---

17 Mehr über den neuroqueerblog findet Ihr hier: https://twitter.com/neuroqueer_blog (Zugriff 05.04.2018).

Regal zu kommen, müssen mit behindertenfeindlichen Kommentaren à la „Betrüger_in" rechnen. Außerdem wird ständig gemutmaßt, was die behinderte Person hätte anders machen können, damit es nicht zu einer Behinderung/Erkrankung kommt. Selbst bei nachweisbaren Krebserkrankungen wird Menschen die (Mit-)Schuld an ihrer Erkrankung gegeben und so ein schlechtes Gewissen erzeugt. Es werden hanebüchene ableistische Behauptungen aufgestellt: Sie hätten sich zu viel Stress gemacht (als könne sich das jede_r aussuchen!), sich ungesund ernährt, mangelnde seelische oder spirituelle „Hygiene" betrieben. Es gibt in der Regel nichts, was Nichtbehinderte nicht sagen würden. Ich habe sowohl für Körperlich-Chronisches als auch für Seelisch-Chronisches oft dieselben Tipps bekommen: Yoga, Ernährung, Sport, Gymnastik und die Reise zur Sonne antreten. Yoga ist schön und gut bei Kompatibilität, aber auch ein trauriger running gag, den Menschen mit unterschiedlichsten Be_Hinderungen sehr häufig zu hören bekommen. Dennoch verweist diese Einteilung in sichtbar und unsichtbar zumindest darauf, wie die am Visuellen orientierte Gesellschaft vorgibt wenigstens zu glauben, was sie sieht. Aber wenn sie es sehen kann und es nicht passt, wird auch das angezweifelt oder geleugnet.

Geht es nur darum nette Worte und einen netten Umgang zu etablieren? Nein. Auch nett Gemeintes kann diskriminieren, wenn die Perspektive eine herablassende und nicht durch Betroffene informierte ist.

@autistichoya schrieb einen Blogpost[18] über den Ausdruck "differently abled", was so viel heißen soll wie

---

18 Brown, Lydia X. Z. (29.08.2013): How "differently abled" marginalizes disabled people. Post in englischer Sprache, online unter: http://www.autistichoya.com/2013/08/differently-abled.html (Zugriff 05.04.2018).

„anders begabt/befähigt“, und darüber, wie sehr dieser Ausdruck und seine Verwandten diskriminieren. Auch “challenged“ („herausgefordert“) funktioniert nicht, weil sowieso alle Menschen unterschiedliche Fähigkeiten in unterschiedlichem Ausmaß besitzen. Ich habe keine speziellen oder magischen Fähigkeiten als Ausgleich für die eingeschränkten oder abwesenden, die wesenhaft für meine Be_Hinderung wären.

Warum sollen meine Bedürfnisse/mein Bedarf “special needs“ („besondere Bedürfnisse“) genannt werden, wenn ich bloß partizipieren und teilhaben will, und Dinge brauche, die das ermöglichen?

Behindertenrechte sind Grundrechte und Menschenrechte!

„Sind wir nicht alle ein bisschen be_hindert?“ Klare Antwort: Nein. Denn nicht alle erleben be_hindert werden als länger andauernden, intensiven, alltäglichen, ausgrenzenden Zustand und die daraus resultierende Diskriminierung auf einer täglichen und strukturellen Basis. Auch wenn Nichtbehinderte den Hauch einer Ahnung bekommen können, zum Beispiel in Zeiten vorübergehender Krankheit und beim drohenden Verlust des Arbeitsplatzes bei zu langem Ausfall. Was Be_Hinderung aber ausmacht, ist die gemeinsame soziale und politische Erfahrung und die Zentrierung genau dieser.

Ebenfalls sehr verbreitet ist die Auffassung von Nichtbehinderten, dass eins sich nicht auf seine Be_Hinderung reduzieren lassen soll. Eins sei doch mehr als die Be_Hinderung. Deshalb heiße es „richtig“: Mensch mit Behinderung und nicht: be_hindert. Selbst Organisationen für Behinderte benutzen diese “person first language“ (Person zuerst nennende Sprache) und kümmern sich wenig darum, dass viele be_hinderte Aktivist_innen dis_abled, also be_hindert als label vorziehen. Natürlich reduzieren wir uns nicht mit der "identity first language" (Identität zuerst nennende Sprache) nur auf die Be_Hinderung. Dass Außenstehende das annehmen, spricht Bände über ihre Sicht auf Be_Hinderung als etwas Negatives. Ich bin kein Mensch mal mit Be_Hinderung und mal ohne. Ich kann nicht von ihr Pause machen und natürlich beeinflusst sie mich, aber vor allem beeinflusst mich, wie mit dem Umstand, dass ich be_hindert bin und werde, umgegangen wird. Die Be_Hinderung ist nicht alles, was ich bin. Das weiß ich auch ohne Belehrung besser als jede_r Andere. Aber sie ist ein zugleich äußerst intimer UND politischer Aspekt meiner Identität.

Auch „gesunde" Menschen werden nicht unwesentlich von Ableismus geprägt. Sie machen von klein auf Erfahrungen damit in der Leistungs-, Verwertungs- und Nützlichkeitsgesellschaft. Ableismus ist in den Werten und Praktiken der Gesellschaft allgegenwärtig und daher kaum wahrnehmbar. Die Matrix halt. Ableismus und seine Werte werden von Kindheit an durch Familie, Institutionen, Gruppen und Medien vermittelt.

Bedürfnissen be_hinderter Menschen nachzukommen wird mit Bevorzugung (oder „Extrawurst") verwechselt.

„"Wir können für Dich keine Ausnahmen machen, das würde Dir Vorteile verschaffen und wäre nicht fair gegenüber anderen (=gesunden).""[19]

Dass die awareness („Aufmerksamkeit/Sensibilisierung") für Ableismus so gering ist, auch in emanzipatorischen Gruppen, hat mich zum disability Aktivismus geführt,

---

19 https://twitter.com/MikaMurstein/status/663096842377437184 (Zugriff 05.04.2018).

denn ich brauche die Veränderung dieser Gesellschaft ganz dringend.

#CN #Eugenik #NS-Zeit

Warum Antiableismus wichtig ist, erschließt sich mir schon bei der Geschichte dieses Landes. 70.000 Menschen mit Behinderung starben durch die Ideologie des Nationalsozialismus. Oft wird von Euthanasie gesprochen, obwohl es sich hierbei um unfreiwillige Tode handelte. Eugenik ist sozusagen die zugespitzteste Form von Ableismus, indem sie Leben in lebenswerte und „minderwertige/lebensunwerte" Leben unterteilt und sich zur Vernichtung von „minderwertigen" Leben berechtigt sieht.

Während der NS-Zeit gab es dieses Poster[20], das eine behinderte Person zeigt und diese als reinen Kostenfaktor darstellt. „60.000 Reichsmark" prangt groß und deutlich neben der abgebildeten Person. Die Botschaft war klar: Be_hinderte Individuen belasten die gesamte Gesellschaft. Wenn ich an dieses Poster denke, das eine Person nur als Kostenfaktor darstellt, wird mir klar, dass die Aussage: „Für so jemenschen zahle ich doch keine Steuern!" nicht wirklich harmlos ist, wenn es um Steuern/Beiträge nach dem Solidaritätsprinzip geht. Der erste behinderte Mensch, der von den Nazis innerhalb des T4-Programms ermordet wurde, erhielt die Diagnose „Idiotie". Warum Wörter wie „dumm" und „Idiot" keine Bagatellen sind und wie verheerend das Gleichsetzen von Intelligenz mit „ein guter/erleuchteter/aufgeklärter Mensch sein" ist, ist Gegenstand vieler Überlegungen meines Aktivismus. Ergebnisse dazu erwähne ich im dritten Teil. Auch auf ein Hassverbrechen der jüngsten Zeit gegen behinderte

---

20 Das Poster stammt aus dem Jahr 1938 und lässt sich auf der Webseite des Deutschen Historischen Museums finden. Ein Jahr später wurde mit der Ermordung be_hinderter/chronisch kranker Menschen begonnen. https://www.dhm.de/lemo/bestand/objekt/pli02843 (Zugriff 05.04.2018).

Menschen in Sagamihara werde ich im letzten Teil noch zurückkommen.

Der Abbau von Sozialleistungen hat in Großbritannien in den letzten Jahren vielen chronisch kranken und be_hinderten Menschen das Leben gekostet, sei es durch den Wegfall von medizinischer Versorgung oder der Unterkunft. Tatsächlich sind Menschen infolge dessen an Hunger oder an der daraus resultierenden Verzweiflung über die Erschwerung des Überlebens gestorben, weil diese zu Suiziden führte.

In Norwegen fand in den Nullerjahren eine Veränderung der Arbeitslosenbetreuung statt, ganz ähnlich dem Modell von Hartz IV. Hartz IV ist wiederum angelehnt an die Jobcenter-Modelle Großbritanniens der 90er Jahre. Es gibt sie also nicht wirklich, diese letzte Bastion des angeblichen Wohlfahrtsstaates. Lange Zeit galt Skandinavien als positives Beispiel für eine andere Sozialpolitik in neoliberalen Zeiten. Es wird also deutlich, dass der Abbau sozialer Leistungen nicht nur ein nationales Problem ist. Diese Entwicklung hat zur Folge, dass Menschen sterben, wenn sie nicht als Leistungsberechtigte anerkannt werden. Als Leistungsberechtigte_r anerkannt zu werden wird mehr und mehr erschwert. Die Gesellschaft entsolidarisiert sich parallel zunehmend.

Ein Beispiel für eine solche Entsolidarisierung ist in den USA die Diskussion in der Bevölkerung um Obamacare/ACA (affordable care act, was sich mit Gesetz für erschwingliche Gesundheitsversorgung übersetzen lässt) nach der Wahl Donald Trumps zum Präsidenten. Plötzlich war es debattierbar, ob die „Gesunden" für die Kranken die Gesundheitsleistungen mitfinanzieren sollten. Völlig außer Acht lassend, dass Krankheit und Behinderung jede_n treffen können. Tagespolitik hat auch hier großen Einfluss darauf, was sagbar und denkbar wird.

In Deutschland ist es zum Beispiel das Bundesteilhabegesetz, das viele Errungenschaften, wie zum Beispiel „ambulant geht vor stationär", vermindert hat. Konkret heißt das, dass selbstständig in einer eigenen Wohnung und mit Assistenz zu leben unter Umständen als zu großer Kostenfaktor gesehen werden kann, falls es nach bestehendem Sozialrecht als unangemessen beschieden wird, also falls es kostenaufwändiger als ein Heimplatz ist. Für viele Hilfen muss eins in fünf von neun Lebensbereichen eingeschränkt sein. Die Messlatte, die entscheidet, wer der Hilfe bedarf, hängt somit enorm hoch. Menschen, die Hilfen zur Kommunikation benötigen, sollen diese nur zu besonderen Anlässen gewährt bekommen. Es sondert also wieder die prekärer lebenden be_hinderten Menschen mit kostenaufwändigerem Bedarf aus. Dass be_hinderte Menschen zusammen in einem Wohnheim untergebracht werden, welches freundlicherweise in einem Wohngebiet liegt, wird als Fortschritt dargestellt.[21] Dabei geht es in erster Linie um den Kostenfaktor der Assistenz und in Wohnheimen werden Assistenzen und Leistungen „gepoolt". Das heißt, dass eine Assistenz in einem Wohnheim mehr Menschen betreut, als bei der Betreuung einer be_hinderten Person in den eigenen vier Wänden außerhalb eines Wohnheims.

---

21 Auf den Zeitungsartikel, der dieses „Wohnheim im Wohngebiet" als Fortschritt feiert, wurde ich aufmerksam durch einen tweet von Raul Krauthausen: https://twitter.com/raulde/status/917408449239113729 (Zugriff 05.04.2018). Raul Krauthausen ist ein disability Aktivist, der u.a. viele Informationen gesammelt und Widerstand gegen das neue Bundesteilhabegesetz geleistet hat. Der Artikel von Anna Reuß erschien am 08.10.2017 in der Süddeutschen Zeitung, ironischerweise mit dem Titel „Inklusion als gelebte Praxis": http://www.sueddeutsche.de/muenchen/landkreismuenchen/selbstbestimmt-leben-inklusion-als-gelebte-praxis-1.3698180 (Zugriff 05.04.2018).

Psychische Erkrankungen und sogenannte „psychische Störungen" werden besonders häufig diskriminierend in den Medien dargestellt. Nachdem ein Pilot von der Fluggesellschaft German Wings angeblich eine Passagiermaschine mit Absicht hat abstürzen lassen und herauskam, dass dieser Pilot an Depressionen litt, wurde eine Berufsverbotsdiskussion[22] für chronisch Depressive in verantwortungsvollen Positionen laut. Als wenn nicht täglich Menschen, die an Depressionen und anderen psychischen Erkrankungen leiden, in Job und Umfeld große Verantwortung übernehmen würden.

Nach sogenannten Amokläufen meist *weißer* Männer wird schnell nach einer psychischen Erkrankung und Ähnlichem als Auslöser gesucht. Da kann jemensch vorher ellenlange hasserfüllte politische Pamphlete ins Internet gestellt haben, plötzlich ist die Person, ohne vorher jemals diagnostiziert worden zu sein, angeblich „geisteskrank", „persönlichkeitsgestört" oder, auch sehr beliebt: „autistisch". Für Betroffene der disability community (Gemeinschaft) ist es immer sehr furchtbar, wenn eine solche Tat passiert und wenn bei der darauffolgenden Berichterstattung auf diese ableistischen Tropen (Sprachfiguren) zurückgegriffen wird. Obendrein wird vernachlässigt, dass be_hinderte/neuroatypische Menschen ein viel größeres Risiko haben Gewalt zu erfahren als nichtbehinderte/neurotypische Personen. Einem noch höheren Risiko, Gewalt zu erfahren, sind dis_ableisierte Personen of Color ausgesetzt, für die eine Konfrontation mit der Polizei viel häufiger tödlich ausgeht. Was dann bei solchen Ereignissen im Netz los ist, schildere ich im dritten Teil.

---

22 O.V. (2015): Drastisch: Herrmann fordert Berufsverbot für Depressive. Merkur am 10.04.2015, https://www.merkur.de/politik/minister-herrmann-nach-germanwings-absturz-berufsverbot-depressive-zr-4896384.html (Zugriff 05.04.2018).

Rassismus enthält unweigerlich Ableismus als festen Bestandteil. Es geht dabei um Zuschreibungen an Körper, die in abwertender Weise als „das Andere" konstruiert werden. Während der Kolonialzeit waren die Kolonialisator_innen scheinbar zutiefst davon überzeugt, dass die als „ganz anders" konstruierten Menschen nicht so arbeitsam, zivilisiert oder für Hochgeistiges befähigt sein könnten wie sie selbst. Manche_r sprach ihnen den Besitz einer Seele ab. Auch die widerlegte „Rassentheorie" ging von solchen genetischen Unterschieden aus, die die behauptete Minderwertigkeit anderer belegen sollten. Körper, Physiognomie und Schädel wurden vermessen. Aus den Ergebnissen wurden Werturteile abgeleitet. Dies geschah auch mit den Körpern jüdischer Menschen, um Antisemitismus eine pseudowissenschaftliche Grundlage zu verleihen.

Oft erklären wir uns die extremen Taten der Vergangenheit mit: „Damals dachten viele Menschen einfach so." Als sei eine bestimmte Art zu denken ein Zufall oder eine Vorgabe, der nicht zu entgehen sei. Das erklärt aber nicht, warum ein paar Wenige im Stande waren anders zu denken. Auch das Ergebnis eines solchen default[23] Denkens, Profit und Vormachtstellung, ist wohl kaum zufällig. Eine Ideologie wie Rassismus dient dem Machterhalt und der Stärkung des *weißen* Ichs, dessen Eigenschaften aufgewertet werden. Die Eigenschaften der Gruppe, die geandert (othered) wird, werden zu diesem Zweck als das binäre Gegenstück abgewertet.[24] Viele dieser Stereotype

---

23 Mit default Denken meine ich unhinterfragte/übernommene/selbstverständliche Meinungen, Werte, Standards und Einstellungen der Mehrheitsgesellschaft.

24 Sehr erhellend war für mich die Lektüre von Edward Saids "Orientalism", in der er eindrücklich beschreibt, wie dieses „othering" (andern) vorgenommen wird. Said, Edward (2003): Orienta-

wirken bis heute und stützen die Unterdrückungsstruktur namens Rassismus. Kultureller Rassismus[25] verdeckt oft den Ursprung von Rassismus in biologistischen Theorien. Es wird heute mehr von Prägung durch Sitten und Gebräuche gesprochen und diese werden dann genauso essentialisiert, das heißt für wesenhaft erklärt, wie zuvor die biologistischen Zuschreibungen an Körper.[26]

---

lism. London: Penguin Books.
Hierzu auch empfehlenswert: Maisha Eggers, Maureen (2005): Rassifizierte Machtdifferenz als Deutungsperspektive in der kritischen Weißseinsforschung in Deutschland. Zur Aktualität und Normativität diskursiver Vermittlungen von hierarchisch aufeinander bezogenen rassifizierten Konstruktionen. In: Maisha Eggers, Maureen/Kilomba, Grada/Piesche, Peggy/Arndt, Susan (Hg.): Mythen, Masken und Subjekte. Kritische Weißseinsforschung in Deutschland. Münster: Unrast, S. 56-72.

25 Stuart Hall definiert rassistische Ideologie folgendermaßen: „Wenn dieses Klassifikationssystem dazu dient, soziale, politische und ökonomische Praxen zu begründen, die bestimmte Gruppen vom Zugang zu materiellen oder symbolischen Ressourcen ausschließen, dann handelt es sich um rassistische Praxen." Kultur wird also als abgeschlossenes, homogenes System dargestellt, das sich mit der „Kultur" de_r_s „Anderen" nicht vertragen würde. Hall, Stuart (1989): Rassismus als ideologischer Diskurs. In: Das Argument, Ausgabe 178, S. 913.

26 Etienne Balibars Aussage, „Ideologisch gehört der gegenwärtige Rassismus in den Zusammenhang eines ‚Rassismus ohne Rassen', [...] eines Rassismus, der – jedenfalls auf den ersten Blick – nicht mehr die Überlegenheit bestimmter Gruppen oder Völker über andere postuliert, sondern sich darauf beschränkt, die Schädlichkeit jeder Grenzverwischung und die Unvereinbarkeit der Lebensweise und Traditionen zu behaupten.", lässt sich z.B. auf den gegenwärtig sehr starken antimuslimischen Rassismus beziehen. Balibar, Étienne Balibar/Wallerstein, Immanuel (1990): Rasse, Klasse, Nation. Ambivalente Identitäten. Hamburg: Argument Verlag, 1. Auflage, S. 28.

Ein Buch wie “The Bell Curve“, das Armut als Folge von Genetik und Milieu erklärt und einen „Zusammenhang“ zwischen „geringem IQ“ und race konstruiert, macht deutlich, wie eng Klassismus, Ableismus und Rassismus miteinander verwoben sind. Das Buch hat eigentlich nichts Anderes getan, als Benachteiligung als etwas „Natürliches“ zu erklären, ganz oldschool (althergebracht) Sozialdarwinismus. Dabei erschien es erst 1994 und die Wirkung von sozialdarwinistischen/eugenischen Thesen sollte nie unterschätzt werden. Strukturelle Unterdrückung wird hingegen von Unbetroffenen oft nicht als Ursache von Benachteiligung gedacht. Beim antiblack Rassismus wird sich die Schwarze Person als Bedrohung/ungestüme/unverletzbare Kraft vorgestellt. So hat der Polizist Darren Wilson, der den Schwarzen Jugendlichen Mike Brown erschossen hat, behauptet, Mike Brown sei ihm wie „ein großer Dämon“ erschienen. Dabei ließ der *weiße* Polizist außer Acht, dass er genauso groß ist wie sein Opfer und sogar eine ähnliche Statur besitzt.

Wie kommt es zu dieser Umkehrung des Faktes von „wer wen bedroht“ und von wem die Gefahr ausgeht? Ist es ein Zufall, dass die Nachfahr_innen derer, die andere Länder kolonisiert/besiedelt haben, die Menschen versklavt haben und noch heute von dem Reichtum und der Ungleichheit der Kolonisation profitieren, Angst haben davor, Menschen könnten sich zurücknehmen, was ihnen gehört? Grada Kilomba, eine Schwarze interdisziplinäre Theoretikerin und Künstlerin, würde das vermutlich mit „Nein“ beantworten. In „Plantation Memories“ beschreibt sie, wie *weiße* Menschen Verantwortung für koloniale Vergangenheit, Sklaverei und deren Folgen (unbewusst) verdrängen oder (bewusst) leugnen. Die eigenen negativen Anteile und negativen Taten (*weißer* Menschen) werden auf Schwarze Personen projiziert. Klassiker in dieser Richtung sind: „Die wollen nur unser

Geld/unsere Frauen." Auch die Dämonisierung von Mike Brown durch Darren Wilson ist eine entmenschlichende Umkehr der Macht-und Gewaltverhältnisse: Die Angst vorm „Anderen", die versuchte Rückkehr des Verdrängten, ein Abwehren der Schuld und der Verantwortung für Ungleichheit und Entmenschlichung durch Rassismus. Grada Kilomba beschreibt diesen Mechanismus folgendermaßen: „Innerhalb von Rassismus wird Leugnung benutzt, um gewaltvolle, rassifizierte Strukturen aufrecht zu erhalten und zu legitimieren. ‚Sie wollen nehmen, was uns gehört, und müssen daher kontrolliert werden.' Die erste und ursprüngliche Information – ‚Wir nehmen uns, was ihnen gehört.'- wird geleugnet und auf den ‚Anderen' projiziert – ‚Sie nehmen, was uns gehört' – dieser ‚Andere' wird zu dem, von dem das *weiße* Subjekt nichts wissen will. Während das Schwarze Subjekt in einen feindlichen Eindringling verwandelt wird, wird das *weiße* Subjekt zum mitfühlenswerten Opfer, das gezwungen ist zu kontrollieren. Mit anderen Worten: Di_er Unterdrücker_in wird zu_r_m Unterdrückten und di_er Unterdrückte zu_r_m Tyrann_in."[27]

Auf das Buch "Plantation Memories" bin ich durch di*en disableisierte*n queere*n Schwarze*n Aktivist*in @hrmpfm aufmerksam geworden. Dank an dieser Stelle für auf twitter geteilte Leseempfehlungen und das Teilen gelebter Erfahrung.

Was deutliche Ungleichbehandlung von Schwarzen/Indigenen/Personen of Color angeht, schauen *weiße* Menschen in Europa meist anderswohin, das gilt als Problem der USA in der Vergangenheit und Gegenwart. Und bestimmte Länder hatten eine bekanntere koloniale Vergan-

---

27 Kilomba, Grada (2016): Plantation Memories. Münster: UNRAST-Verlag, S. 16.

genheit, auf die *weiße* Menschen hierzulande verweisen. Über die deutsche koloniale Vergangenheit lernte ich gar nichts in der Schule. Nur über kolonialen Handel, als sei dieser nur ein weiteres Geschäftsmodell gewesen, nichts sonst. Es wurden Güter und Körper getauscht. Körper, denen die Menschlichkeit abgesprochen wurde und die nur als Arbeitskraft einen Wert zugesprochen bekamen. An der Uni, auf einer Konferenz mit etlichen panels (Diskussionsgruppen) und durch einen Roman erfuhr ich erst etwas über den Völkermord an den Herero und Nama in „Südwestafrika", dem heutigen Namibia, durch die Deutschen.

Uwe Timm nahm sich der hierzulande wenig präsenten deutschen Kolonialgeschichte in Namibia in seinem Roman „Morenga" an. Der Roman verknüpft Dokumente der Zeit, die die rassistische Ideologie offenlegen, mit Fiktion. Ein paar seiner Figuren beginnen diese Ideologie zu hinterfragen, ohne dabei zu Helden zu werden, denn bloß abweichende Meinungen zu haben, ohne zu handeln, ändert wenig. Durch den Roman wurden viele Leser_innen zum ersten Mal mit dem von Deutschen begangenen Völkermord an den Nama und Herero konfrontiert. Viele Nama und Herero verhungerten oder starben an Erschöpfung und Krankheiten in Arbeitslagern. Oder sie starben im Kampf gegen die Unterdrücker_innen. Es ist ein immenses Versäumnis, dass wir darüber nichts in der Schule lernen. Kolonialgeschichte wird oft nur allgemein dargestellt und als sehr geschäftsmäßig, wie eine rein logistische Unternehmung. Die ISD (Die Initiative Schwarze Menschen in Deutschland) macht immer wieder auf die fehlenden Reparationen gegenüber Nama und Herero in Namibia aufmerksam[28].

---

28 ISD (16.05.2016): Herero und Nama reichen Klage gegen Deutschland in Den Haag ein. Presseerklärung der Ova Herero Tra-

Die Auseinandersetzung mit der kolonialen Vergangenheit wird institutionell und offiziell vielleicht nicht gerade auf dem Tablett serviert, aber es gibt dennoch viele Zugänge, wenn es an offizieller Erinnerungskultur fehlt: Literatur, Kunst und Filme.

Nichts dergleichen ersetzt von Rassismus Betroffenen zuzuhören, soziale Medien sind dafür ein möglicher Ort. An dieser Stelle will ich intersektionalen disability Aktivist_innen danken: @hrmpfm, @Mali_2, @vertigoxoxo und @xOuryx schreiben auf Twitter unter anderem über gelebte Erfahrungen mit Rassismus und Ableismus und analysieren diese. Sie weisen kritisch darauf hin, was es zu ent_lernen gilt. Ich bin sehr dankbar und froh über das Interview, dass ich mit der Schwarzen queeren Schriftsteller*in SchwarzRund über die Verwobenheiten von Rassismus, Ableismus und anderen Unterdrückungsformen sowie über Aktivismus „und" Kunst führen durfte. Ein weiterer Zugang ist die Beschäftigung mit post-colonial theory und critical race studies, in denen die Schwarzen Theoretiker_innen/Theoretiker_innen of Color zugleich auch die Akteur_innen sind. Bei Literatur, Kunst und Filmen wiederum ist der Vorteil, dass sie Menschen mit unterschiedlichem Wissenshintergrund erreichen und Gedanken anstoßen können. Ein paar meiner Quellen (Bücher/Filme/Kunst von Schwarzen Personen/Personen of Color) erwähne ich ausführlicher in der Fußnote[29].

---

ditional Authority vom 17.5.2016. Online unter: http://isdonline.de/herero-und-nama-reichen-klage-gegen-deutschland-in-den-haag-ein/ (Zugriff 05.04.2018).

29 Mit „Mein Wissen ist nicht mein Wissen" meine ich: Dieses Wissen basiert auf vermittelter Erfahrung, angefangen bei Freund_innen, Nachbar_innen, Mitschüler_innen in meiner Kindheit und Jugend, es ist den Worten May Ayims und Audre Lorde zu verdanken, den wissenschaftlichen Arbeiten von Maisha Eggers,

Mein Wissen über eine Betroffenheit, die nicht meine eigene ist, ist nicht „mein" Wissen, sondern mir vermitteltes Wissen und basiert somit auf der Arbeit anderer. Die Perspektiven Betroffener sind die notwendigen und entscheidenden. *Weiße* Menschen müssen ihre Verstrickung in die Unterdrückung von durch Rassismus Betroffene und das Profitieren von dieser Unterdrückung begreifen. Ein Kampf gegen Ableismus ohne Kampf gegen Rassismus ist nutzlos.

Sehr disempowernd ist die Darstellung be_hinderter Menschen in den Medien im Allgemeinen. Nebensächlich ist das nicht, denn wie in den genannten Beispielen nachvollziehbar wird, strukturiert Repräsentation unsere Wahrnehmung der Realität. Im dritten Teil werde ich das Thema mediale Repräsentation ausführlicher behandeln.

Viele werden bei dem Wort Dicken-/Fettenfeindlichkeit stutzen und denken, es gehe bloß um Schönheitsideale,

---

Peggy Piesche, Stuart Hall, Edward Said, Gayatri Chakravorty Spivak. Es ist entstanden durch Kunst wie z.B. Philip Kojo Metz' „Adler Afrika"-Projekt, das auf die weniger bekannte koloniale Vergangenheit Deutschlands in Ghana verweist, eine angeblich nicht so bedeutende Zeitspanne, weil kurz, die aber ausgereicht hat, sich durch Sklav_innenhandel zu bereichern. „Mein" Wissen basiert auf den unzähligen Berichten von twitteries of Color/ black twitter, auf Romanen wie "Homegoing" von Yaa Gyasi, welcher transgenerationale Traumata zum Thema hat. Auf Filmen wie "Fruitvale Station" von Ryan Coogler und "Moonlight" von Barry Jenkins. Oder auch dem Film "Get out", der den Rassismus *weißer* Menschen (die sich nicht für rassistisch halten, aber durch erasure und kulturelle Aneigung immer wieder das Gegenteil beweisen) als den wahren Horror entlarvt. Dieses Wissen verpflichtet mich als *weiße* Person an der Abschaffung dieses Unterdrückungsverhältnisses zu arbeiten. Selbst alle Beobachtungen, die ich anstelle und alles „antizipieren", basieren auf diesem vermittelten Wissen.

eins solle sich doch nichts daraus machen. Dicke Menschen werden aber permanent policed (überwacht/bewertet). Es wird kommentiert, was und wie viel sie essen und was für Kleidung sie tragen. Es wird vermutet, sie lebten nicht gesund. Diese Pathologisierung ist eine Form von Ableismus. Im Gesundheitssystem kann sie sogar zu Fehlbehandlung, beziehungsweise Vernachlässigung führen, weil viele Erkrankungen auf einen konstruierten Zusammenhang zwischen Gewicht und Ernährung geschoben werden, ohne noch weiter bis ins Detail zu prüfen. Auch ist ein Zusammenhang zwischen mehr als „Durchschnittsgewicht" wiegen und Krankheit nicht gegeben. Ich meine, es gibt auch dünne Menschen, die nicht gesund sind. Wie stark Menschen, die dick sind, diskriminiert werden, war mir vor dem Netzaktivismus nicht klar. Ich habe in Wien bei einem fatpositiven Vortrag, den @nightlibrarian 2015 beim FemCampWien hielt, begriffen, wie umfassend diskriminierend auch Fettenfeindlichkeit ist. Zu diesem Thema bietet Magda Albrecht den sehr guten Vortrag „Mein Fett ist politisch!" an.[30]

Eine lange Zeit herrschte das Sprechen über Be_hinderte vor. „Nichts über uns ohne uns" war erst in jüngerer Geschichte eine Reaktion darauf. Als positiv galten bis dahin Narrative, die von der Überwindung der Behinderung Zeugnis ablegten. Die folgende Abbildung zeigt ein kleines Kind, das den Rollstuhl verlässt und sagt: „Schaut,

30 Es gibt von Magda Albrecht eine ganze Reihe von Texten zu „Mein Fett ist politisch", die ihr auf dem Blog der Mädchenmannschaft nachlesen könnt: http://maedchenmannschaft.net/series/mein-fett-ist-politisch/ (Zugriff 05.04.2018). Auch @SchwarzRund spricht in dem Interview, das ich mit ihr führte und das Ihr in diesem Buch nachlesen könnt, darüber, was diese Diskriminierung im Gesundheitssystem als queere disableisierte Schwarze femme of Color bedeutet.

ich kann wieder laufen." Dieses Poster sollte dem March of Dimes zu Aufmerksamkeit verhelfen, eine karitative Aktion ganz typisch für die Zeit. Es wurde also Geld gesammelt für das Gesunden und die Heilung von Menschen, nicht aber für Hilfsmittel, die ein Leben mit Behinderung oder chronischer Krankheit erleichtert hätten. Auch das ist "inspiration porn", der dazu dient, dass sich nicht mit der unbequemen Realität be_hinderter und chronisch kranker Menschen auseinandergesetzt werden muss.

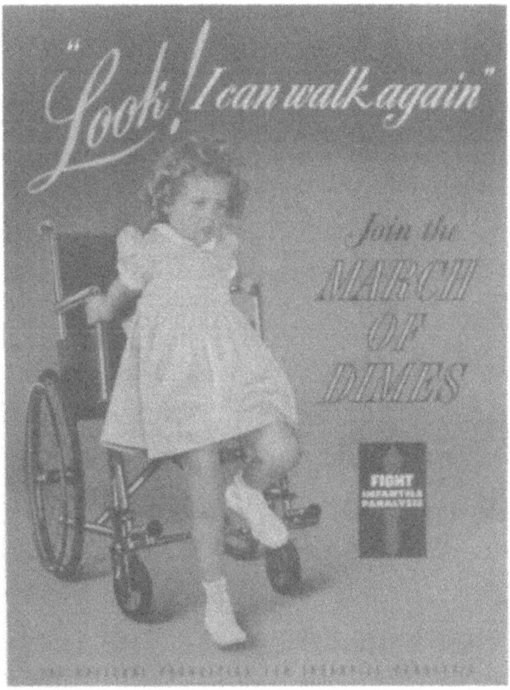

„Schaut, ich kann wieder laufen"[31]

An dieser Stelle sollte eigentlich ein fantastisches Foto des US-amerikanischen Models Aimee Mullins abgebildet sein, welches ich zum ersten Mal in einem Disability Studies Reader erblickte. Das Foto zeigt eine andere Form der (Selbst-)Repräsentation von Behinderung, nämlich

31 Abgedruckt mit freundlicher Genehmigung von March of Dimes

von Behinderung als integralem Teil der Person. Diese Darstellung weckt in mir Assoziationen bezüglich crip future. Da die Bildrechte leider unbezahlbar sind, werde ich es kurz beschreiben. Mir begegnete das Foto in der Schwarz-Weiß-Version zuerst, in der es seltsamerweise viel futuristischer anmutet als im Original. Aimee Mulllins ist eine normschöne Person, deren blondes Haar etwas gewellt und toupiert wurde. Sie trägt ein Oberteil mit Puffärmeln und hat ein Reifrock-Gestänge an, über das kein Rock gestreift wurde. So schimmern durch die einzelnen Reifen ihre Beine durch, welche vom Knie abwärts von prothetischen, kosmetischen Beinen aus Silikon verlängert werden. Die Hände und Arme sind etwas erhoben, Aimee scheint zu schweben. Die ganze Szene mutet cyborgisch an. Die prothetischen, kosmetischen Beine stehen in keinem Gegensatz zur Schönheit. Alles ist eine Einheit. Die Be_Hinderung nicht zu kaschieren ist etwas Seltenes im fashion shoot (bei Modeaufnahmen), weil Be_Hinderung oft als Makel wahrgenommen wird. Hier ist Be_Hinderung Teil des Gesamtkunstwerks, das dieses Foto darstellt. Aimee Mullins, die an die zwölf Paar Beine besitzt, auch Sprints bei den Paralympics gewonnen hat und in Filmen als Schauspielerin mitgewirkt hat, ist sicher nicht repräsentativ für alle be_hinderten Menschen und ohne Zweifel werden ihre Erfolge auch teils dazu benutzt, anderen be_hinderten Menschen Schuld am eigenen ausgegrenzt sein und Nichterfolg zu geben. Dennoch, dieses Bild hat sehr viel Potential, die Vorstellungskraft anzuregen, wie eine crip future aussehen könnte, in der es nicht mehr Wenigen vorbehalten wäre, über die besten Hilfsmittel und Ent_Hinderungen zu verfügen und in der Funktionalität und Ästhetik vereint und kein Widerspruch sind. Eine crip future, in der die Coolness dieser Hilfen, die temporär oder dauerhaft integraler Teil unseres Körpers sind, offenbar ist, in der es keine Aufspaltung in „künstlich" und „natürlich" gibt, denn für viele be_hinderte Menschen bildet beides längst ein Ganzes.[32]

Fig. 128. Love Deficient.

Das letzte Foto in diesem Kapitel zeigt die „liebesdefizitäre Frau". [33]

Die Frage ist ja, warum sich der Feminismus und auch der Queerfeminismus so schwer mit Antiableismus und einer Kritik an Ableismus tun. Meine These dazu ist, dass die meisten Frauen und Weiblichkeiten alles taten nie wieder als Schwache und „Minderwertige" wahrgenommen zu

---

32 Die Bildbeschreibung bezieht sich auf die Schwarz-Weiß-Version des Fotos (Fig.1.8.) in dem Essay "Integrating Disability, Transforming Feminist Theory" von Rosemarie Garland-Thomson, erschienen in: Hall, Kim Q. (2011): Feminist Disability Studies Reader. Bloomington, Indiana: Indiana University Press, S. 41.

33 Diese Abbildung stammt aus dem Jahr 1885. Ich habe sie ebenfalls dem Essay "Integrating Disability, Transforming Feminist Theory" von Rosemarie Garland-Thomson entnommen. Diese Abbildung macht Zuschreibungen an binär gegenderte Körper, die als „unweiblich" wahrgenommen werden und die Norm nicht erfüllen, deutlich. Die Abweichung von der Norm wird als krank markiert, als „unerfüllt, liebesdefizitär".

werden. Frauen galten als schwach, irrational und nicht zu Höherem befähigt. Die Herleitung für die Ursache von Hysterie war ziemlich absurd. Nicht etwa die Hinderung am selbstbestimmten Leben führte zur Hysterie, sondern Mediziner glaubten anfangs, die Wanderung des Uterus dafür verantwortlich machen zu können. Freud ist ein Schüler des Pathologen und Neurologen Jean-Martin Charcot gewesen. Charcot versuchte anhand von Hypnose der Hysterie auf den Grund zu gehen und hatte einen enormen Einfluss auf die Psychoanalyse, obwohl seine Methoden Hysterie zu ergründen fragwürdig waren und seine Forschung zu diesem Gegenstand in Frage gestellt wurden, gab er den Anstoß nach Ursachen dieser emotionalen und seelischen Erregung zu suchen. Freud brachte Hysterie, Kindheit und Neurosen in einen Zusammenhang. Auffällig ist in jedem Fall die Zuschreibung dieser Störung an das „weibliche Geschlecht“, die leider auch bis heute noch verbreitet ist, obwohl die Störung nicht mehr als Hysterie bezeichnet wird, sondern als histrionisch. Freud und Breuer kamen gemeinsam zu dem Schluss, dass nicht nur Frauen „hysterisch“ sein können.

Um sich gegen diese Pathologisierung zu wehren, grenzten sich vor allem *weiße* Feminist_innen „der ersten Stunde“ von allen „Schwachen“, die vermeintlich zu Recht vom politischen Leben ausgeschlossen waren, ab. Auf der National Women Suffragette Convention protestierte Elizabeth Cady Stanton, Suffragette ihres Zeichens, dagegen, in einen Topf mit „Minderjährigen, Schmarotzern, Verrückten, Verrätern und Idioten“ geworfen und vom politischen Leben ausgeschlossen zu werden.[34]

---

34 "[…] and at the National Women Suffrage Convention in 1869, Elizabeth Cady Stanton protested that women were 'thrust outside the pale of political consideration with minors, paupers, lunatics, traitors and idiots.'" Zitiert aus: Baynton, Douglas C. (2013):

In dem Film "Suffragettes" wird die Geschichte der „Frauenbewegung", des Feminismus und der Emanzipation „weiß gewaschen" dargestellt. Hat es etwa keine Suffragetten of Color/ Schwarze Suffragetten gegeben? Doch, hatte es.[35] Waren die Schwarzen Frauen, die für die Abschaffung der Sklaverei gekämpft haben, etwa keine Frauen? "Ain't I a women" fragte Sojourner Truth die Anwesenden der Womens Convention in Akron, Ohio, im Jahre 1851. Der shitstorm[36], den die Promotion für den Film "Suffragettes" erntete, war mehr als gerechtfertigt, denn die *weißen* Schauspielerinnen in den Hauptrollen trugen bei einem shooting T-Shirts mit folgendem slogan von Emmeline Pankhurst, die im Film von Meryl Streep verkörpert wird: "I'd rather be a rebel than a slave.", also: „Ich bin lieber ein_e Rebell_in als ein_e Sklav_in." Das setzt Sklav_in sein mit mangelndem Mut sich zu befreien gleich, wenn es als Gegensatz zu Rebell_in konstruiert wird. Als wäre es eine Wahl gewesen, Sklav_in zu sein, als hätte es nicht ein sehr machtvolles, gewaltvolles System gegeben, dass auch *weißen* Frauen mit aufrechterhielten. Und womöglich verstehen Schwarze Frauen, die sowohl für die Abschaffung der Sklaverei als auch für Frauenrechte gekämpft haben, etwas mehr von Emanzipation, als die *weißen* Personen,

---

Disability and the Justification of Inequality in American History. In: Davis, Lennard J. (Hg.): The Disability Studies Reader. New York: Routledge, S. 25.

35 Ford, Sabrina (o.J.): How Racism split the Suffrage Movement. In: Bust Magazine. Online unter: http://bust.com/feminism/19147-equal-means-equal.html (Zugriff 05.04.2018).

36 Blay, Zebra (2015): Why This 'Suffragette' Photoshoot Needs To Be Called Out. In: Huffington Post vom 05.10.2015, update am 06.10.2015. Online unter: https://www.huffingtonpost.com/entry/why-this-suffragette-photoshoot-needs-to-be-called-out_us_5612b2e0e4b0dd85030cbfd0 (Zugriff 05.04.2018).

die Frauen of Color und Schwarzen Frauen nur in ihren Rettungsphantasien einen Platz geben.

Diese „Wir sind nicht so wie die!"-Narrative sind nie ganz aus dem Feminismus verschwunden. Leider werden so sehr viele Gruppen und ihre „Beiträge" zum Feminismus unsichtbar gemacht.[37]

Pathologisierung erleben auch bis heute homosexuelle Menschen. Homosexualität wurde lange als Krankheit bezeichnet. „Feminität" (was als solche empfunden wird [38]) wird auch hier bei abweichendem Verhalten von Geschlechterrollen und beim Abweichen von Heteronormativität besonders geahndet.

Trans Personen müssen noch immer ein Procedere der Pathologisierung über sich ergehen lassen, um ihren Personenstand zu ändern, was nur nach etlichen Gutachten möglich ist. Dabei dienen grenzüberschreitende Fragen der Erörterung, ob eine sogenannte Störung der Sexualität, „Transsexualität", vorliegt. Der Leidensdruck, den die trans Person verspürt, wird auf die „Störung" und nicht auf das Leiden unter Diskriminierung in der Gesellschaft

---

37 Braidwood, Ella (2018): The Queer, Disabled, and Women of Color Suffragettes History Forgot. In: Broadly vom 05.02.2018. Online unter: https://broadly.vice.com/en_us/article/9kz54p/uk-suffrage-centenary-anniversary-women-color-queer-disabled-activists (Zugriff 05.04.2018).

38 Ich will Homofeindlichkeit nicht mit Feminitätsfeindlichkeit gleichsetzen oder darauf reduzieren. Homosexualität wurde u.a. als „verweiblichtes Verhalten" dargestellt, was nicht heißt, dass Betroffene nun aufgrund von Feminität Unterdrückung erfahren, schwule Männer erfahren Unterdrückung aufgrund des Abweichens von heteronormativen Normen und Männlichkeitsvorstellungen.

zurückgeführt. Biologistischer cisSexismus ist nicht einmal im Queerfeminismus abwesend.

Intergeschlechtliche Menschen werden ebenfalls, weil sie den biologistischen zweigeschlechtlichen Kategorien nicht entsprechen, gewaltvoll behandelt. Operationen an intergeschlechtlichen Kindern sind die Regel, obwohl von diesen kein Konsens eingeholt wird, bzw. kein Konsens eingeholt werden kann, da diese Eingriffe oft im Säuglingsalter vollzogen werden.

Überlegungen zu den Konflikten und Ausschlüssen innerhalb des Queer/Feminismus werde ich im dritten Teil vertiefen.

Teil II
How I met ableism and it never left me
Ein Bericht darüber, wie Ableismus sich durch mein ganzes Leben zieht

Ableismus begleitet uns vom allerersten Lebenstag an. Wir werden gewogen und gemessen, für normal oder abweichend befunden. Einer der häufigsten Sätze werdender Eltern ist: „Hauptsache gesund!" Unsere Entwicklungsschritte werden dokumentiert, es wird dabei geprüft, ob wir uns altersgemäß verhalten und entwickeln. Eltern sind meist stolz, wenn ihr Kind früh laufen und sprechen kann. Ein krankes Kind scheint für viele eine Tragödie zu sein. Anstatt: „Hauptsache gesund!", wird selten: „Hauptsache eine möglichst schöne Kindheit" gewünscht. Eine schöne Kindheit, ein lebenswertes Leben, Perspektiven haben, scheint für viele Menschen nicht assoziierbar mit einem kranken/be_hinderten Kind.

Folgende Tropen (Sprachfiguren) begegnen dem kranken, behinderten Individuum in der Kindheit:

das bedauernswerte Kind	VERSUS	das besondere Kind (tapfer/"inspiration porn")
Person ohne Zukunft	VERSUS	Beispiel dafür, was mensch „trotzdem" erreichen kann
Last für das Umfeld/ Schwäche	VERSUS	Stärke durch die angebliche Herausforderung
Aufmerksamkeit heischend	VERSUS	besonders feinfühlig für die Bedürfnisse anderer

Wird ein krankes/be_hindertes Kind in eine Familie hineingeboren, oder tritt eine Be_Hinderung später ein, kommt es oft zu bestimmten Dynamiken. Die Rivalität zwischen Geschwistern um Aufmerksamkeit kann sich verstärken. Gaslighting durch die Erwachsenen ist ebenfalls keine Seltenheit. Das kann sich in etwa wie folgt äußern: „Ich leide so sehr, weil du leidest/ich mich einschränken muss. Ich habe kein Leben mehr etc."

Was nun folgt, ist eine Stelle aus einem Kapitel meines unveröffentlichten Romans.

Mit sechs Jahren beschloss ich von zu Hause auszuziehen. Nicht wie andere Kinder, die auf dem elterlichen Grundstück blieben, sich in einem Baumhaus einrichteten, die in einem Zelt oder in einem Schuppen nächtigten, bis sie herzlichst oder unter Tränen wieder hineingebeten wurden. Und später lachte man gemeinsam drüber. Nein. Alleine leben erschien mir als echte Alternative.

Ich packte ein paar Dinge in einen winzigen Koffer, sicher ein Lieblingsbuch oder zwei und etwas Kleidung, ich sagte:

„Ich ziehe jetzt zu Papa!"

Wirklich zu ihm gewollt habe ich nicht. Ich wusste wohl, dass man nicht verschwindet ohne Angabe eines Zielortes, ich wollte einfach nur, dass man mich gehen ließ.

Meine Mutter zählte alle Gründe auf, die gegen meinen Plan sprachen. Als sie ihre Rede beendet hatte, schwieg ich. Lange. Ich sprach die nächsten Wochen kein einziges Wort mit ihr, bis auf einen Satz, aber der fiel erst sehr viel später.

Ich hätte die Geschichte auch anders beginnen können. Damit, wie ich fast meinen Wellensittich um die Ecke brachte oder mit einem der häufigen Krankenhausaufenthalte meiner Kindheit, in denen ich nachts vorbeifahrenden Zügen lauschte, wenn ich wach lag. Züge, die irgendwohin fuhren. Dieses Irgendwohin war ein Versprechen und Trost. Ich würde eines Tages einfach wegfahren können. Ich glaube, dort zu liegen und nicht zu wissen was wird, war eine der Erfahrungen, die man nicht teilen konnte, mit niemandem. Zustand: Major Tom.

Da ich sowieso ein weiteres Mal zur Routine in die Klinik musste, konnte man das Problem des Nicht-Sprechens gleich mit behandeln, es gab ja eine Kinderpsychologin vor Ort. Der Hauptgrund für den Aufenthalt war aber eigentlich eine mysteriöse Krankheit, für die die Ärzte zwar immer noch keinen Namen gefunden hatten, aber folgende Prognose aufstellten: Älter als zwölf würde ich wohl nicht werden. Als die Krankheit auftrat, beschloss meine Mutter nicht mich, sondern ihre Angst zu zähmen. Sie setzte mich nicht in einen Glaskasten, ich sollte frei sein, erst recht dann, wenn mein Leben nur so kurz währen sollte. (…)

Es dauerte eine Weile, bis rekonstruierbar war, was mich zum Schweigen gebracht hatte. Mein Vater war nach der Scheidung bei uns zu Besuch gewesen und hatte versucht meine Mutter in eine kompromittierende Situation zu bringen, weil er nicht ertrug, dass das alleinige Sorgerecht bei ihr lag. An jenem Tag sprach er mit jedem von uns Kindern alleine. Einer meiner Brüder bekam hohes Fieber, vermutlich durch den Stress. Der andere fragte ängstlich meine Mutter, ob sie wieder mit meinem Vater zusammenkommen würde. Ich tat das in den vorigen Paragrafen Beschriebene. Vermutlich hat er mir erzählt, dass meine Mutter mit mir und meiner Krankheit überfordert sei und mich nicht mehr haben wolle. Aber er, er würde sich um mich kümmern. Die Überforderung war spürbar und wahr. Dass sie mich nicht mehr wollte, stimmte allerdings nicht. Dennoch gibt es diesen Zweifel, ob Menschen eins noch lieben, wenn eins andere scheinbar überfordert und zur Last wird. Und so hielt die Trope von Behinderung/Krankheit als Last Einzug in mein Leben. Mit ihr kam die Verlustangst hinzu. Die Ambivalenz der Erwachsenen wahrnehmend, war ich zutiefst davon überzeugt, alleine besser für mich sorgen zu können. Das Gefühl, ein Spielball zu sein, erzeugte unbändige Wut und den Wunsch nach Unabhängigkeit. Diese Geschichte ist auch die Geschichte, wie ich fast meinen Wellensittich umbrachte, weil er die von mir angebotene Freiheit nicht wahrnahm, nicht davonflog, etwas, was ich an seiner Stelle sofort getan hätte.

Meine Mutter hatte uns drei Kindern auch vorher viel Freiheit gelassen. Das änderte sich durch meine Krankheit nicht. Aber der Blick Außenstehender auf die Krankheit war ab diesem Punkt spürbar. Jemensch riet meiner Mutter, mich doch in ein Heim zu geben, dann hätte sie noch ein Leben, gerade jetzt nach der Scheidung. Außerdem sei es doch viel härter mit mir zu leben, wenn ich am Ende doch nur früh sterben würde. Ich selbst empfand mich nicht als verändert. Vielleicht hatte die Krankheit allenfalls mein Freiheitsbedürfnis vergrößert, weil ich mich allein von der unterschwelligen Sorge eingeengt fühlte. Ich galt vorher schon als freches und eigenwilliges Kind und hatte nun noch mehr Grund dazu, dies zu sein. Meine Freund_innen konnten auch nichts Besonderes feststellen und fragten daher ihre Eltern in meinem Beisein, was ich denn nun eigentlich hätte. Vermutlich konnte ich die wenigen Fakten besser erklären, was zum Beispiel ein EEG ist, als diese peinlich berührten Eltern, die antworteten: „Irgendetwas mit Kopf". Ja, Neurologie ist ein weites Feld, ich weiß. Kinder verbinden natürlich mit so einer Aussage Assoziationen zu Verrücktheit. Da ich aber auf dieselbe Art und Weise unmöglich war wie vorher, wurde das Thema bald fallen gelassen. Ich musste allerdings sehr starke Medikamente nehmen, die weitere Krämpfe verhindern sollten. Diese beeinträchtigten manchmal meine Motorik sehr stark.

Da ich auf Anraten der Vorschullehrerin und entgegen meinem eigenen Wunsch später eingeschult wurde, startete ich obendrein auch älter als der Durchschnitt. Das wiederum veranlasste eine Grundschullehrerin, der mein zeitweiliges motorisches Langsamsein suspekt war, dazu, mich zu einem Intelligenztest anzumelden. Ich hatte zwar nur gute Noten und war in keinem einzigen Förderunterricht[39], aber sie zog ihre ganz eigenen Schlüsse aus meinen motorischen Ausfällen und der vagen Diagnose. Meine Mutter ging zum Direktor und ließ vermerken, dass ich nur unter ihrem Protest an diesem Test teilnehmen würde. Dennoch kam der Tag, an dem der Test stattfand. Ich beantwortete alle Fragen und löste alle Aufgaben. Mir machten Tests Spaß und ich wusste auch nicht, wozu dieser genau dienen sollte. Dann hörte meine Mutter ewig nichts von einem Ergebnis. Es gab keine Benachrichtigung. Daher rief sie bei dieser anderen Schule an und erwischte tatsächlich die Person, die diesen Test durchgeführt hatte. Die Person schrie in den Hörer: „Wer wollte denn dieses Kind zur Sonderschule schicken?" Na, meine Mutter sicher nicht. Die Person am anderen Ende

---

39 Diese Kriterien wie „gute Noten, kein zu extrovertiertes oder zu introvertiertes Verhalten, beim Lehrstoff mitkommen" sind nicht meine eigenen Wertungen. Diese Aussonderungskriterien sind niemals okay. Bei introvertierten Kindern wird voreilig auf ihre „Intelligenz" geschlossen oder auf ihre „Reife", bei sehr extrovertierten Kindern sind manche Lehrer_innen mit dem Stempel verhaltensauffällig sehr schnell. Weil diese „Kriterien" auf mich nicht zutrafen, bleibt nur der Schluss, dass als einziger Grund meine angenommene neurologische Erkrankung für diese Grundschullehrerin Anlass genug war, mich zum Intelligenztest anzumelden. Außerdem schlägt sich „Intelligenz" nicht unbedingt in Noten nieder.

des Hörers nahm an, meine Mutter würde ihr Kind zu wenig kennen oder einschätzen können (innerhalb der Kategorien des ableistischen Systems). Von dem Protest meiner Mutter wusste sie nichts. Sie sagte noch, dass das Kind eigentlich vom Wissensstand her zwei Klassen weiter wäre. Meine Mutter legte auf und war weiß wie die Wand hinter ihr. Dann brach sie zusammen und wir mussten den Hausarzt rufen, der ihr eine Kreislaufspritze verpasste. Mir ist im Rückblick klar, wie sehr auch Klasse/ Schicht als Kategorie in einer solchen Situation ins Gewicht fällt. Der Umgang der meisten Lehrer_innen mit Kindern aus der Mittel- und Oberschicht ist auf jeden Fall ein anderer gewesen. Die Geschichte hätte ganz anders ausgehen können, wenn ich gewusst hätte, was auf dem Spiel stand oder einen schlechten Tag gehabt hätte. Zum Glück bekamen wir eine neue Klassenlehrerin in der dritten Klasse. Aber wie sehr schon in der Grundschule das Leben in bestimmte Bahnen gelenkt wird ist krass. Vier der fünf getesteten Kinder aus meiner Klasse mussten die Schule verlassen.

Mir ist bewusst, dass ich Ableismus internalisiert habe in dieser Betonung von: „das stimmte aber gar nicht“, und von der Empörung derer, die wussten, dass es nicht stimmt. Es ist nicht weniger ungerecht, wenn Schüler_innen mit Lernschwierigkeiten, Reizüberflutungsempfindungen oder vermeintlich weniger Intelligenz aussortiert werden. Die Exklusion ist nie gerechtfertigt. Anstatt über Modalitäten nachzudenken, wie sich be_hinderte und nichtbehinderte, neurotypische und neuroatypische Kinder an einem Lernort aufhalten und wohlfühlen können, wird die Störung betont, die der be_hinderte Mensch innerhalb dieser Leistungsgesellschaft darstellt.

Auf die Frage, warum Intelligenz ein falscher Wert an sich ist, werde ich später noch zurückkommen. Mein internalisierter Ableismus hat ganz stark mit sich selbst vergewissern müssen und ständig etwas beweisen müssen zu tun. Letztendlich sprach mir später diesen seltsamen Wert selten jemensch ab, aber es zählte immer noch, wer spricht. Daher hieß es dann: „Intelligent ist mika ja, aber…". Als sei die Intelligenz an mir verschwendet, wegen meines sozialen backgrounds (Hintergrunds) oder meiner Unangepasstheit.

Es wurde der Lieblingssatz der Lehrer_innen an Elternabenden und in Konferenzen. Die Betonung lag dann inzwischen auf dem Nebensatz, der mit „aber" anfing. Ich wehrte mich gegen Ungerechtigkeiten und ging auch dagegen an, wenn sie anderen widerfuhren. Meine Noten waren fast immer nur so gut, wie die Lehrer_innen und ihr Umgang mit den Schüler_innen. Wenn es nicht lief, war ich angeblich faul oder aufsässig, denn an der Intelligenz konnte es nicht liegen. Ich fing an diese lingo (Ausdrucksweise) zu hassen.

Da ich zeitweise sehr unter der Beeinträchtigung durch die Medikamente litt, begann ich die Ärzt_innen davon überzeugen zu wollen, das Medikament abzusetzen. Außerdem hatte ich nach dem ersten Krampfanfall nie wieder einen einzigen weiteren gehabt. Die Ärzt_innen waren skeptisch, da sie die Abwesenheit weiterer Krampfanfälle auf die Wirksamkeit des Medikamentes schoben. Das EEG wurde mit dem Absetzen des Medikaments aber immer besser und mit zehn oder elf galt ich als geheilt von der ominösen Krankheit. Was immer es auch gewesen sein mag, sicher war die Besorgnis nicht ganz unbegründet. Ich war nach dem einen Krampfanfall ohnmächtig gewesen, blutete aus Ohren und Nase, lief blau an, musste künstlich beatmet werden und es hat bei Untersuchungen wohl so ausgesehen, als wären beträchtliche Teile von Arealen des Hirns während der Ohnmacht unterversorgt gewesen. Mir wäre es trotzdem lieber gewesen, wenn Ärzt_innen nicht so große Vermutungen aufgestellt hätten, sondern gesagt hätten: „Wir wissen auch nicht, was los ist."

Viel Verschnaufpause hatte ich nicht. Ich bekam immer öfter Magenschmerzen und mehrmals Blinddarmreizung. Ich kam dann ins Krankenhaus. Die Reizung wurde zum Abklingen gebracht. Aber es wurde immer schlimmer. Da sich das Verhältnis zu meinen Brüdern durch die verschobene Aufmerksamkeitsverteilung enorm verschlechtert hatte (Ich war, bis ich acht Jahre alt war, mehr mit ihnen und ihren Freunden unterwegs als mit Gleichaltrigen.) kam, was kommen musste: der Vorwurf des Aufmerksamkeitsheischens. Als ob ich für so etwas, also die Krankheit, gerne Aufmerksamkeit bekommen hätte. Ich kann mir bessere Gründe vorstellen, um Aufmerksamkeit zu bekommen. Außerdem habe ich immer darum gekämpft, weniger solche Aufmerksamkeit zu bekommen und versucht, so unabhängig wie möglich und keine Last zu sein. In dem Alter, ich fasse es manchmal nicht.

Meine Mom hielt es für psychosomatisch, ihre boyfriends hielten es für „Markieren", also fake. Zum Glück fand ein Arzt, als es wieder arg war und ich mit elf Jahren im Krankenhaus war, eine Stunde vor der Blinddarm-OP heraus, dass das Problem nicht primär der Blinddarm war, sondern ein Nabelbruch und eine warum auch immer entstandene Sepsis. Ihm verdanke ich eventuell mein Leben. Seitdem reagiere ich empfindlich auf Wendungen wie „nur psychosomatisch".

Im Alter von etwa zwölf Jahren wurde bei mir eine Skoliose festgestellt. Ich machte viel Gymnastik und trug zeitweilig ein Korsett. Aber es wurde immer schlimmer. Auch ein sechs Wochen dauerndes „hardcore Haltungschaden-Ade-bootcamp“ konnte eine rasante Verschlechterung nicht stoppen. Uns wurde dort eingeimpft, dass wir nur genug an unserem Körper arbeiten müssten.

Meine Mom und ich sahen eines Abends „Gesundheitsmagazin Praxis“ im Fernsehen. Da wurde etwas sehr Cooles gezeigt und nach all den ableistischen Aussagen („Wenn es sich nicht bessert, tust du wohl nicht genug gegen das Schiefsein.“) erschien es mir als echte Verheißung. Bei der gezeigten Behandlung wurden eine_r_m Skoliosepatient_in Elektroden in den Rücken implantiert. Nachts wurde eins an diese angeschlossen und kleine Elektroimpulse halfen bei der allmählichen Begradigung der Wirbelsäule. Das klang so wenig invasiv und gleichzeitig cyborgisch. Ich bat meine Mom einen Termin in der Klinik zu machen, in der dieser Professor, der die Methode vorgestellt hatte, arbeitete. Einige Monate später hatte ich dann den Termin. In der Klinik wurde mir mitgeteilt, dass diese Methode bei einer so starken Skoliose wie meiner nicht durchgeführt werden kann. Ich war inzwischen bei 70° Verkrümmung angelangt. Ich sollte dringend eine viel invasivere OP durchführen lassen. Wenn ich das nicht täte, dann riskierte ich das Eintreten einer Querschnittslähmung. Aber auch die OP an sich hätte ein hohes Risiko: Die Chancen standen bloß fifty/fifty.

Meine Mom und ich machten erst mal einen Zwischenstopp bei meiner Großtante in der Region. Ich drehte die Wählscheibe ihres Telefons und rief meine beste Freundin an. Zugegen war eine weitere Freundin, ihre Cousine. Ich erzählte es beiden und weinte. Ich sagte, mein Leben sei zu Ende. Vielleicht dachte ich es auch nur.

Ich brauche keinen Hinweis darauf, dass auch hier internalisierter Ableismus im Spiel ist. Natürlich hört das Leben nicht auf, wenn eins einen Rollstuhl benutzt. Auch dann ist es lebenswert. Mit Be_Hinderung in einer

Familie, die nicht in Prekarität lebt, kann aber ganz anders umgegangen werden. Umbauten und Inklusion können finanziert werden, wenn eins die Kohle hat. Wo nicht eh schon Rivalitätsdynamiken herrschen, wegen der Aufmerksamkeitsverteilung, ist ein besserer Umgang mit Be_Hinderung möglich. Und auch meine Erfahrung mit sexualisierter Gewalt machte mir Angst davor, noch ausgelieferter zu sein. Ich hatte Angst davor, mich nicht mehr entfernen und Distanz zwischen andere und mich bringen zu können, wenn ich schon nicht ganz gehen (im Sinne von verlassen) konnte, irgendwohin, um für mich alleine zu sorgen. Ich war damals erst dreizehn.

Meine Angst galt dem Umgang mit meiner körperlichen Be_Hinderung angesichts der Bedingungen, unter denen ich lebte, falls die OP nicht wie gewünscht ausgehen würde. Die Repräsentation von be_hinderten Menschen in Büchern oder Filmen war zu der Zeit rar. Bei der Zeichentrickserie „Heidi" war es Heidi, die Leben in die Bude der Rottenmeiers brachte und Clara, die im Rollstuhl saß, ermutigte, bis diese ein paar Schritte auf der Alm laufen konnte. Die eigentliche Heldin blieb die gesunde, vitale Heidi. Naja, es gab noch Kai in „Die Vorstadtkrokodile", in der Verfilmung von 1977. Kai, der Protagonist im Rollstuhl, wird zuerst als Außenseiter dargestellt, aber ist später dann so etwas wie tonangebend in der Kinderbande und erfährt Solidarität, nicht bloß Mitleid oder Gönnerhaftigkeit. In der Realität für Menschen aus meiner Schicht bedeutet Querschnittslähmung oft: Exklusion und Vernachlässigung durch die Gesellschaft.

Ich war dreieinhalb Monate im Krankenhaus, eine ganze Jahreszeit. Ich wurde vor der OP mit Gewichten „gestreckt", die langsam gesteigert wurden. Am Ende hingen 30 Kilo an einer Vorrichtung an meinem Kopf und ich war zehn Zentimeter größer und etliche Grade weniger schief.

Da mir gesagt wurde, dass ich tapfer sei, wirkte das lange als Placebo, aber mit der Zeit wurde mir klar, dass mir das selbst gar nicht hilft, also vor allem den seelischen Schmerz einfach runterzuschlucken. In der 13. Woche nach der OP, als ich in der Gipsschale lag und nicht alleine den Kopf heben konnte und noch eine weitere Woche abwarten musste, ob ich gehen konnte und wie es sich anfühlen würde, hatte ich dann doch mal einen Heulkrampf. Meine Mom lief ratlos zur Krankenschwester und diese meinte nur: „Was'n los? Mika ist doch fit wie ein Turnschuh!"

Es hatte auch fahrlässige Situationen im Krankenhaus gegeben. Seitdem hatte ich Angst. Einmal riss das Seil, das die Gewichte trug und ich rutschte schmerzhaft an das Ende des Bettes. Wegen der Erhöhung der Gewichte, die frei hängen mussten, stand das Bett später auf Kegeln. Die Kegel hatten Vertiefungen für die Räder des Bettes. Nur saß ein Rad nicht mehr in der Vertiefung, sondern am Rand des Kegels. Keine Ahnung, was mit dem Genick passiert wäre, falls das Rad vom Kegel gerutscht wäre, aber sicher fühlte sich das alles nicht an. Was gut war, war das Operationsteam. Ich konnte also wieder laufen, auch wenn es am Anfang schwere Arbeit war, und bekam einen Gips um den gesamten Oberkörper herum. Die Verkrümmung betrug nur noch 23 Grad. Den Gips musste ich neun Monate tragen. Alle drei Monate wurde er gewechselt.

In den ersten Wochen wurde ich mit dem Taxi zur Schule gefahren. Das klingt toller, als es war. Ich erfuhr dadurch das Neueste erst später, weil die anderen es sich schon im Bus erzählt hatten. Bei den Bundesjugendspielen musste ich mich trotzdem nützlich machen, auch mit Gips. Wäre ja was gewesen, wenn ich die Behinderung zum Anlass nehmen würde für Müßiggang. Ich sollte nach jedem Sprung den Sand in der Sprungkiste harken. Im Sportunterricht durfte ich zusehen, Bälle und anderes Zeugs holen. Es war todlangweilig. Aber wenn es nicht um „sich nützlich machen" ging, ging es eben um die Versicherungspflicht der Schule. In der neunten Klasse in der neuen Schule ließ mich der Sportlehrer sehr schwere Bänke tragen. Ich sagte nach der zweiten Bank, dass das zu schwer ist und ich nicht schwer tragen darf, was er eigentlich wusste. Er guckte mich an wie jemenschen, di_er sich bloß drücken will. Ich hatte ein klares passing (Durchgehen) als nicht-behindert. Ich war weniger schief als zuvor. Was dieses Metall im Rücken eigentlich bedeutet, war vielen nicht klar: Dass es im besten Fall die Verkrümmung aufhielt, mich aber auch einschränkte, dass ich nicht geheilt war, nur weil ich weiterhin laufen konnte, dass ich chronische Schmerzen hatte, dass es keine Garantie dafür gab, dass alles immer in dem guten Zustand blieb. Das alles blieb selbst nach viel Erklären für die meisten irreal.

Jetzt über die Jahre, wo es sich verschlechtert hat, ist das nicht mehr so eindeutig, dieses passing. Menschen merken, dass ich „komisch" gehe und ich bin nicht nur wieder doppelt so schief wie direkt nach der OP, sondern ich bin nun mittlerweile auch ein wenig kleiner und viel eingeschränkter in meinen Bewegungsabläufen.

Obwohl ich im Krankenhaus sehr viel gelernt hatte (Ich hatte 30 Minuten Einzelunterricht mit einer Englischlehrerin am Tag und war deswegen im Stoff nicht hinterher, sondern voraus; zudem ist es schrecklich langweilig im Krankenhaus und Lernen gehörte neben Bücher lesen zu den Hauptzeitvertreiben), sollte ich nicht in dem Einserkurs Englisch in der Orientierungsstufe bleiben. Ich sollte mich erst mal wieder einleben und erholen. Da war sie wieder, diese angebliche Rücksichtnahme, obwohl es nur ein Vorurteil war, ob ich noch leistungsfähig bin in einem Fach, das mir am meisten Spaß machte. Ich ging mit den

Klassensprecherinnen zur Klassenlehrerin. Sie blieb bei der Entscheidung. Dieselbe paternalistische Haltung hatte ich ja schon einmal zu spüren bekommen, als es um meine Einschulung ging.

Nach Meinung dieser Lehrerin konnte ich aber zum Gymnasium gehen und es dort versuchen. Ich wollte aber zur Realschule, weil dort die meisten meiner engsten Freund_innen hingingen. Als der Gips abkam, war das ein großes Ereignis. Eine Befreiung, ich konnte wieder durchatmen. Und was nahmen peers wahr? Ein Junge meinte mich wissen lassen zu müssen, sein großer Bruder habe gesagt, ich hätte mich gemacht. Darum wird es gegangen sein bei der OP, ganz bestimmt. Ein Klassenkamerad fuhr ungefragt im Freibad die sehr lange, sehr schmale Narbe den ganzen Rücken entlang mit dem Finger nach und meinte als Fazit, dass ich „gar nicht so hässlich" sei. Ich habe ihn ausgelacht. Diese Mitteilung war auch eine der irrelevanten zu dem Zeitpunkt. Ich hatte andere Sorgen. Nicht, dass mich mein Aussehen nicht beschäftigt hätte, aber in solchen Momenten wurde mir die Absurdität von Schönheitsnormen für einen kurzen Augenblick klar. Behinderung und begehrenswert sein wurde nicht zusammen gedacht. Das war die message.

Ich bin mit dem Gips auf die ersten großen Partys gegangen. Sie fanden in Sälen mit Stuckdecke statt. 1000 Leute passten dort rein. Ich habe getanzt, so wie es mir der Gips erlaubte. Als er entfernt wurde, konnte ich wieder Fahrrad fahren, was mir immer ein Gefühl von Freiheit gegeben hat. Schon vor dem Schulalter hatte ich mein erstes Fahrrad bekommen und liebte es auf eigene Faust herumzukurven. Aber auf Bäume klettern ging nicht mehr. Das vermisste ich. In der Krone des Lieblingsbaums zu sitzen hatte etwas Beruhigendes. Es war lange mein Rückzugsort gewesen.

Ich hatte von Anfang an mit Schmerzen zu kämpfen. Die Ärzt_innen fanden nichts Beunruhigendes und ein Arzt fragte: „Hat es denn gerumst?“, und meinte das Metall in meinem Rücken. Sehr witzig.

An der Realschule hatte ich während des Gipstragens und nach seiner Abnahme wegen der Schmerzen einige Male gefehlt. In Mathe wurde ich schlechter, was nicht nur an der Fehlzeit, sondern auch am Lehrer lag, der es liebte uns aus einem Buch für das Gymnasium zu unterrichten und Erklären war nichts, um das er sich sehr bemühte. Er wunderte sich einmal vor der Klasse, warum ich an der Tafel nicht die Aufgabe lösen konnte, an meinem Platz sitzend war ich super im Kopfrechnen gewesen, aber beim neuen Stoff anscheinend nicht. Ich schrieb schwache Vierer und Fünfer in den Matheklausuren, weil ich nicht verstand, wie er die Aufgaben formulierte. Jemensch aus der Klasse wies ihn darauf hin, dass ich krankheitsbedingt viel gefehlt hatte und er meinte nur: „Warum sagt mika das nicht? Warum sagt mir das keine_r?“ Dabei hatte es jede_r andere Lehrer_in auf dem Schirm und auch er war informiert worden. Er hatte einfach nur nicht zugehört. Er knallte mir eine Sechs ins Zeugnis, was eigentlich nur bei Leistungsverweigerung möglich ist oder bei einer Abgabe leerer Blätter. Das Gleiche hatte er schon mit Schüler_innen vor mir getan. Für die war es dann vorbei an der Realschule, wenn sie noch andere schlechte Noten hatten. All das war bekannt. Die Elternsprecherin versuchte ihn zu überzeugen, dass er das nicht tun könne, andere Lehrer_innen ebenfalls. Der Direktor dagegen hat immer die Entscheidungen dieses Lehrers gestützt. Ich sollte also die siebte Klasse wiederholen. Und das, obwohl ich schon ein Jahr später eingeschult worden war. Grandiose Idee. Meine Mutter guckte hier und da nach anderen Schulen, aber eine, die versprach, ein anderes Konzept zu haben, war zu weit weg, in der Hauptstadt des Bundeslandes, in dem ich lebte. Und ich hätte ein Stipendium gebraucht, weil sie teurer war als die staatliche Schule.

Für mich war es der ziemliche Horror in einer neuen Klasse zu starten. In der vorigen Klasse waren die engsten Freund_innen gewesen. Der vorige Klassenlehrer schrieb über mich, dass ich „beliebt, aufmerksam und fröhlich" gewirkt habe, für den Fall, dass ich es an einer anderen Schule versuchen wollte. Seine Beschreibung traf sogar zu. Nur fand das eben sein Ende mit dieser ungerechten Behandlung. In der neuen Klasse hatte ich ganz gute Noten. In Mathe wurde ich auch wieder etwas besser, aber ich fühlte mich leer und ständig unter Druck. Schrieb ich eine Eins in Französisch, hieß es: „Eine Schwalbe macht noch keinen Sommer", und ich solle an Mathe denken.

Die Mitschüler_innen waren zwei Jahre jünger als ich. Das war eine merkliche Kluft in dem Alter. Ich kam morgens rein, ließ den Walkman auf, setzte mich auf meinen Tisch statt auf den Stuhl und guckte den anderen distanziert zu. Ich durfte keine Schwäche zeigen. Ein paar der anderen Außenseiter_innen und ich trafen uns ein paar Mal, aber die Freund_innenschaft war schnell getrübt, weil die Eltern mich als Beispiel dafür lobten, wie eins trotz vieler Schwierigkeiten gute Leistungen erbringen kann. Genau dafür war ich ja gerade nicht angetreten. Es ging auch an der Realität vorbei, da ich es oft nicht mehr in der Schule aushielt und nach der vierten Stunde ging, um nicht zu platzen, denn es gab mehr als einen problematischen Lehrer. „Ich sitze eh am längeren Hebel", wurde nicht nur gedacht, sondern auch häufig von „Autoritätspersonen" gesagt.

Die Leute, mit denen ich aus dieser Klasse zuerst abgehangen hatte, fanden mich nach einer Weile nicht mehr cool und starteten eine Petition gegen mich. Die sehr erfolglos verlief, weil sie selbst nicht beliebt waren. Danach kamen sogar viele auf mich zu, die den move (Schritt) uncool fanden, und ich sagte mir: „Was soll's, die anderen können nichts dafür, dass sie jünger sind, und dass mir diese Ungerechtigkeit widerfahren ist."

Ich mischte mich immer wieder ein, wenn jemensch in der Klasse ungerecht behandelt wurde. Ich hatte so viel Wut übrig. Dafür respektierten mich plötzlich Leute, die mich an sich nicht so mochten. Die Lehrer_innen fanden es dagegen nicht so toll. Egal ob ich die Kritik ruhig vorbrachte oder emotional, mit Argumenten gespickt oder überwältigt von Wut, es wurde immer als „aufsässig" wahrgenommen. Ich musste Besinnungsaufsätze schreiben, weil ich die Schule vor Schulschluss verließ oder etwas vergessen hatte oder den Unterricht mit meiner Meinung gestört hatte. Ich schrieb sie voller Ironie nieder.

Dann kam der Tag, an dem es den ultimativen clash mit dem zweiten Mathelehrer gab. Ich war seine Sprüche leid gewesen und an dem Tag, an dem ich mein Geodreieck vergessen hatte, rastete er völlig aus. Er schrie mich an, ich würde den Unterricht boykottieren. Ich rannte raus mit Tränen der Wut, sagte, dass ich diese Schule nie wieder betreten werde. Ich hielt mich daran. Das war in der achten Klasse. Ich schmiss die Schule einfach hin. Meine Mutter wollte mich überreden, zurückzugehen. Die Lehrer_innen meinten, sie wollen nochmal ein Auge zudrücken und ich dachte nur „verkehrte Welt" und „niemals". Ich glaube, damals bin ich in die erste tiefe, deutliche Depression gerutscht.

Einmal hatte die Schule einen Schulpsychologen beauftragt, mit mir zu sprechen. Ich ging mit meiner besten Freundin zu ihm. Auch sie durfte ihre Meinung sagen. Am Ende meinte der Psychologe, dass die Lehrer_innen sich absolut lieblos und respektlos verhalten hätten. Er könne nicht feststellen, dass mit mir „etwas nicht stimme". Das war natürlich nicht das, was sich die Schule erhofft hatte und es wurde dementsprechend nie weiter berücksichtigt, was der Psychologe gesagt hatte. Derweil versuchte die Schule Druck zu machen. Ich war noch schulpflichtig. Meine Mutter ging immer wieder zum Direktor und sagte, dass es unter den alten Prämissen nicht weitergehen könne. Der Direktor sagte so etwas wie: „Was bei Ihnen zu Hause so los ist, trägt sicher zu mikas Verhalten bei“ und anderen klassistischen Dreck. Was bei mir zu Hause los war, war einfach eine andere Erziehung. Ich sollte sagen, was ich meine und meinen, was ich sage. Alles zu hinterfragen war Teil meiner Erziehung gewesen.

Die Außenwelt war not amused. Als be_hinderte, weiblich gelesene, nichtbinäre und aus armen Verhältnissen stammende Person hätte ich so selbstbewusst nicht auftreten dürfen.[40]

Mein monatelanges Nichterscheinen wurde als Leistungsverweigerung gewertet. Viele Noten wurden herabgesetzt. In Dreier-Fächern standen nun Fünfen, während die Fächer, in denen ich richtig gut war, zumindest Zweier aufweisen konnten. Aber mit dem Zeugnis wollte mich keine Schule im Umkreis aufnehmen.

---

40 Weil die Frage aufkam, wie denn andere von meiner ungelabelten nichtbinären Identität gewusst haben könnten, um diese abzulehnen? Ein Label ist nicht nötig, um cissexistische Diskriminierung zu erfahren, es reicht die Abweichung von zugeschriebenen Eigenschaften und Rollen des vermuteten Geschlechts. Es hat also niemensch gesagt: „Sei nicht nichtbinär!“, aber die Abweichung von den Rollenerwartungen wurde massiv sanktioniert, gerade bei einer Person, die schon disableisiert und arm ist, also aus „bescheidenen“ Verhältnissen kommt, galt dies als frech und aufsässig.

Nur über seltenes Vitamin B wurde ich einer Schule empfohlen, die in einer über zweihundert Kilometer entfernten Großstadt war. Der Direktor und der zukünftige Klassenlehrer hörten sich meine Schilderung an und meinten, ich könne erst mal auf Probe versetzt werden. Sie glaubten nicht, dass die schlechten Noten im damaligen Zeugnis gerechtfertigt wären. Wie soll ich den Verlust beschreiben, welchen ich erlitt, weil ich nur wegen eines Schulabschlusses umziehen musste, in eine abweisende Großstadt, nicht die Großstadt meiner Wahl, getrennt von meinem Freund_innenkreis, welcher mein wesentlicher Halt gewesen war, und nun war alles reduziert auf ein einziges Ziel?

Am Anfang wohnte ich zur Untermiete bei einer alten rechts gesinnten Frau, was der ziemliche Horror war. Dann meinte meine Mom plötzlich, ich sei ja noch nicht volljährig und sollte nicht alleine leben und sie suchte eine Wohnung für uns beide. Ich merkte bald, dass es dabei nicht so sehr um mein „nicht alleine leben können" ging, sondern dass sie einen Schnitt machen wollte mit dem alten Ort und der Vergangenheit. Wir hatten so ein solidarisches soziales Netz im alten Ort gehabt. Ich verstand diesen Veränderungswunsch nicht.

Ich wurde nicht warm mit der Stadt und den Mitschüler_innen, von denen einige explizit rechts eingestellt waren, was viele anstrengende Diskussionen bedeutete. Aber ich hatte gute Noten, die mir nichts bedeuteten[41], und die

---

41 Um Missverständnissen vorzubeugen: Dass mir die Noten nichts mehr bedeuteten, sollte im Kontext gelesen werden. An keiner Stelle meine ich damit, dass Noten „unwichtig" seien oder ich darübergestanden hätte. Ich hatte zu dem Zeitpunkt aber schon begriffen, dass es einen anderen Wert hatte, wenn ein_e ableisierte_r Mittelschichtsjugendliche_r mit ganz anderem sozialen Status gute Noten schrieb oder ich. Die Sinnlosigkeit brach sich Bahn.

Lehrer_innen ließen sich weniger zu Machtdemonstrationen hinreißen.

Es gab eine kurze Phase des mobbings, aber es klang wieder ab. Ich sollte noch mehr tun, hieß es manchmal, dann könnte ich die Zweier in Einser verwandeln. Ich sollte mich häufiger melden und dabei freundlicher sein, ließ der Französischlehrer durch eine Mitschülerin bestellen. Das war mir herzlich egal. Mein Herz war leer. Wie so häufig wurde betont, dass ich ja intelligent sei. Wie viele Lehrer_innen das wohl mit Bedauern festgestellt haben, kann ich nicht sagen, einige vermutlich. Was sollte ein Kind mit meinem sozialen background und meinem Mangel an Gesundheit und Anpassung eigentlich mit dieser Intelligenz? Das klang immer unterschwellig mit. Mir wurde zwar erzählt, was ich werden könnte oder dass ich am Gymnasium weitermachen könnte mit dem erweiterten Schulabschluss. Es war mir wurscht. Ich war schulmüde. Auch müde erzählt zu bekommen, welche Möglichkeiten mir angeblich offenstehen, und dann NIE echte Unterstützung zu erfahren, um diese verwirklichen zu können. Weil das bedauerlicherweise angeblich vom Rückhalt geben können der Herkunftsfamilie abhängig sei.

Ich fuhr zur Abschlussfeier der alten Schule im Rathaussaal. Auf jede Frage von früheren Lehrer_innen, was ich

---

Ich hatte mein ganzes soziales Netz gezwungenermaßen nur für diese Möglichkeit, den Abschluss zu machen, aufgeben müssen. Was sollte ich da fühlen? Ich lieferte auf Autopilot_in ab, damit es nicht auch noch zweck_los wurde, wenn es sich schon als sinn_los heraus stellte. Ich bin aber auch mit noch mehr Worten selbst bei „Arbeiterkindern" auf Grenzen gestoßen, was das Nachvollziehen der spezifischen sozialen Abwertung von Kindern, die mit Sozialhilfe groß werden, betrifft. Es gibt einfach eine Vielzahl verschiedener Prekaritätserzählungen, das bitte ich zu beachten.

hier mache oder wie es mir gehe, antwortete ich „gut" und dass ich meinen Abschluss feierte. Das war ein kurzer Triumph.

#CN #Depression #Prekarität #Bürokratie

Nach dem Schulabschluss fiel ich in das tiefste Loch. Ich hatte nicht das Gefühl, dass mir die ganze Welt offensteht. Ich versank in einer Depression. Ich musste Bewerbungen schreiben für Stellen, die ich nicht hätte annehmen können, weil sie meist auf Vollzeit ausgelegt waren. Es war immer schon klar, dass ich wegen der Wirbelsäule keinen Acht-Stunden-Arbeitstag im Sitzen oder Stehen abreißen konnte. Dennoch sperrte mich eine Sachbearbeiterin für drei Monate, weil ich eine Putzstelle nicht annahm. Sie machte sich nicht die Mühe, die Atteste zu lesen, die bescheinigten, dass mein Bewegungsradius durch die sehr schiefe und teilweise versteifte Wirbelsäule eingeschränkt ist und dass ich nicht mal, wenn ich bei mir daheim putzte, alles auf einmal machen konnte.

Der Druck war fürchterlich. Ich hatte immer Angst, irgendwann kein Geld mehr zum Überleben zu haben. Die Angst vor „Zwang" war die bedrückendste. Dass ich durch das Ruinieren meiner Restgesundheit, durch das Akzeptieren von Bedingungen, die meine Gesundheit verschlechtern, meinen Wert als Mensch beweisen müsste. In diesem ableistischen System war ich von Anfang an eine Störung, ein Kostenfaktor, an den alles verschwendet war: Die staatlichen Leistungen, die Intelligenz und dieses klitzekleine bisschen Begabung.

Dann wurde meine Mutter psychisch krank. Am Anfang stand realer Psychoterror, den sie erfuhr. Dann hatte sie plötzlich zum ersten Mal eine psychotische Episode. Ich wusste nicht, wie ich damit umgehen sollte und machte denselben Fehler wie viele. Ich versuchte ihr nachzuweisen, was Einbildung und was Fakt war. Das verschlimmert aber oft nur das Gefühl des „keine_r versteht mich" der

Person, die Isolation durch das Erleben einer Realität, die sie mit niemenschen teilt, erlebt. Gleichzeitig kannte ich die vorausgegangenen Belastungen und versuchte ihr deutlich zu zeigen, wie ungerecht sie behandelt worden war.

Aber ich stieß an meine Grenzen. Ich hatte immer zu viel sein müssen. Schon als Kind war ich in der Doppelrolle, um viele Kümmernisse der Erwachsenen wissend. Ich vermochte nicht alles. Ich hatte keine Superkräfte. All diese erarbeitete Strukturiertheit und das Analysieren können vermochten mir in dieser Situation nicht zu helfen. Meine Mom zerstörte manchmal unser Geld, weil sie überzeugt davon war, dass wir es nicht verdient hätten. Dann musste ich mich darum kümmern, dass der Laden trotzdem lief. Am Anfang war ich ein pillshamer, das heißt, ich hatte Vorurteile gegen Psychopharmaka. Da jene, die meine Mutter zu Beginn bekam, auch noch Suizidalität verstärkten, lange keine Verbesserung bewirkten und zudem Nebenwirkungen sichtbar wurden, dauerte es eine Weile, bis ich diese Vorurteile ablegen konnte. Ich favorisierte Gesprächstherapie für alle und alles. Ich begriff und akzeptierte erst mit der Zeit, dass es unterschiedliche Coping-Strategien (Bewältigungs-/Umgangsstrategien) für unterschiedliche Menschen gibt und dass meine Mom nie dieses Reden und Aufdröseln mit einer professionellen Person, welches mir später half, gewünscht hat, dass es ihr sogar Furcht einjagte.

Als es ihr etwas besser ging, stellte sich wieder die Frage, wie es mit meinem Leben weitergehen soll. Ich hatte hauptsächlich Transitmenschen in meinem Leben. Leute, die nur für eine gewisse Zeit in der Stadt waren. Ich hatte keine langfristigen Beziehungen zu anderen Menschen. Die Buchempfehlungen des Buchhändlers aus dem Geschäft gegenüber, gute Filme und zufällige Gespräche hielten mich am Leben in diesen „seven years of loneliness".

Meine Großtante spendierte mir einen Urlaub nach all der anstrengenden Zeit und ich hatte wieder viele Gespräche mit fremden Menschen, die sich vorstellten, ich führte so ein behütetes Mittelschichtsleben und dass ich Student_in sei. Was ich nie vorgab zu sein oder zu haben, aber was soll's. Ich wusste manchmal nicht, ob ich lachen oder weinen sollte, wegen dieses passings und der immensen Kluft zur Wirklichkeit. Aber diese Gespräche haben seltsamerweise auch empowert, so dass ich mir endlich eingestehen konnte, dass ich Lust hatte zu studieren und dass das kein Verrat an meiner Familie ist, die nie gewusst hat, wie sie mich in der Hinsicht unterstützen kann. Implizit warf sie mir vor, ich wolle etwas Besseres sein.

Ich musste eine Berufsfindungswoche durchlaufen. Es gab Standardbüroaufgaben und technisches Zeichnen. Es wurden neue Berufe mit verkürzten Ausbildungszeiten geschaffen. Eins hängte einfach -praktiker_in oder -assistent_in an Berufsbezeichnungen und hatte schlecht bezahlte Helferlein in spe. Ich schnitt bei diesen praktischen und zeichnerischen Aufgaben sauschlecht ab und der Berufspsychologe meinte mir erzählen zu müssen, ich hätte die schlechten Ergebnisse gefaked, ich wäre doch intelligent, besonders sprachlich. Er wollte, dass ich eine Ausbildung zum_r technischen Zeichner_in mache. Ein Stehpult war die Lösung, die er vorschlug. Ich soll aber auch nicht lange stehen, also war das keine Lösung. Und außerdem kann ich wirklich keinen geraden Strich ziehen. Erst als das Ergebnis vom Augenarzt kam, das bestätigte, dass mein räumliches Sehen eingeschränkt ist, ließ er von der Idee ab. Er blieb aber dabei, dass ich mich „dümmer anstelle, als ich sei".

Ich hatte eine sehr liebe Sachbearbeiterin beim Arbeitsamt. Jobcenter gab es zum Glück noch nicht. Sie hat versucht mich all die Jahre zu ermutigen, doch zu studieren. Etwas, was mich interessierte, was mir lag und von dem ich leben kann, auch wenn kein Achtstundentag möglich ist. Sie las sich die Beurteilung vom Berufspsychologen durch, zog dabei die Augenbrauen hoch und meinte, ich solle mich entscheiden, so lange ich kann, denn der Druck durch das Sozialamt würde ansteigen nach so einer Beurteilung. Ich teilte also mit, dass ich studieren wolle und dafür auf dem zweiten Bildungsweg den erforderlichen höheren Schulabschluss machen würde. Ich wurde von der Fachoberschule ohne weiteres angenommen.

Alle halbe Jahre musste ich meine Zeugnisse vorlegen. Nur, wenn ich gut genug war, würde eins mir erlauben, nicht sofort dem Arbeitsmarkt zur Verfügung stehen zu müssen. Aber ich hatte nicht deswegen ein paar Einsen, auch wenn der bürokratische Druck allgegenwärtig war, sondern weil ich zum ersten Mal wieder gerne in die Schule ging. Viele Lehrer_innen waren wirklich gut. Ich wusste, zu welchem Zweck ich lernte und fand die Themen spannend (wir hatten Themen aus Fächern wie Politik oder Soziologie/Psychologie auch im Englischunterricht). Endlich waren meine Reflektionen erwünscht. Ich bekam Feedback. Ich öffnete mich allmählich wieder. Ich dachte, die Menschen müssten doch merken, wie wenig ich die Jahre zuvor gesprochen hatte, an der Stimme müssten sie es hören. Aber sie merkten nichts und vielleicht war es auch nicht so wichtig, weil es zu dem Zeitpunkt Vergangenheit geworden war.

Mitten im ersten Jahr an der Fachoberschule fuhr mich ein Fahrradfahrer über den Haufen, als ich bei Grün über die Straße ging und brach dadurch mein Schlüsselbein. Ich hatte die Wahl, es operieren zu lassen oder nicht zu viel

Fehlzeit im Praktikum und in der Schule zu haben, was eine Versetzung hätte verhindern können. Ich hatte gute Noten und eine gute Praktikumsbeurteilung. Die Klasse zu wechseln und ein Halbjahr zu wiederholen nach der Auszeit, hätte mich demotiviert und wer weiß, was das Amt entschieden hätte. Also gab es keine Auszeit und keine ultimative Heilung. Ich weiß bis heute nicht, wie gut und auf welche Weise das Schlüsselbein zusammengewachsen ist. Der Orthopäde, zu dem ich wochenlang ging, konnte keine neue Knochenkalkbildung in der Durchschnittsheilungszeit feststellen. Er murmelte nur: „Noch kein Callus da." Ich wusste am Anfang nicht, was das heißt. Auch das hat mit Ableismus und Prekarität zu tun: Die Unmöglichkeit auf die bestmögliche Art zu heilen. Die Uhr tickte merklich.

Im letzten Schuljahr zog meine Mom in die Gegend zurück, wo wir vorher gelebt hatten. Ich war froh über diesen Schritt. Ich war an Grenzen gestoßen, was ich für sie tun kann und umgekehrt, denke ich, war das ebenso. Ich lebte zur Untermiete bei jemenschen und die Person war selten da, was gut war. Ich hatte so viel zu verarbeiten und brauchte auch Zeit allein. Dann kam die Phase mit den Alpträumen, die mit der sexualisierten Gewalt, die ich als Kind erfahren hatte, zu tun hatten. Sechs Monate vor dem Schulabschluss. Als ob ich das, was in Reichweite war, nicht haben dürfte. Es war ein ziemlicher Kampf. Ich war hier und da mal eine halbe Note schlechter, aber die Angst war groß, dass mir alles durch die Finger gleiten würde. Ich war so durch nach diesen Nächten voller Alpträume.

Nach einer Wackelpartie in Mathe hatte ich alles in allem ein ziemlich hübsches Zeugnis. In den Fächern, die mich interessierten, standen die Einser. Als eine Freundin für den besten Notendurchschnitt ausgezeichnet wurde, meinte der Soziologielehrer, er hätte gedacht, ich sei am besten. Als ob es darum gegangen wäre. Ich bin kein Wunderkind und hasse es, wenn Leute enttäuscht sind, weil sie von einer Begabung auf eine andere schließen.

Ich bewarb mich an drei Hochschulen. Und ich konnte zwischen allen dreien wählen. Ich kann gar nicht beschreiben, was das für ein Gefühl war, die Wahl zu haben zwischen mehreren Möglichkeiten. Ich entschied mich für die kleine Stadt in der Nähe, die ich ein Jahr zuvor an meinem Geburtstag durchstreift und auf Anhieb sehr gemocht hatte. Und plötzlich war ich in diesem Bilderbuch, in dieser alten, kleinen Stadt und meine hauptsächliche Sorge war Geld. Wovon leben, wenn mein Vater sich sträubte, die notwendigen Formulare auszufüllen, denn für ein kurzes Darlehen brauchte eins eine_n Bürg_in. Am Ende bürgte meine ehemalige Klassenlehrerin für mich. Davor hatte ich nur die erste Miete bezahlen können und hatte die ersten zwei Studienwochen nichts zu essen. Ich kannte auch niemenschen dort gut genug. Ich lernte ja alle gerade erst kennen und zum Glück lenkte das einigermaßen ab vom Hunger. Das Finanzielle sollte immer wie ein Damoklesschwert über meiner Studienzeit hängen und das war sehr belastend. Aber gleichzeitig begann ein von mir gewählter Lebensabschnitt, etwas, von dem ich gedacht hatte, es wäre gänzlich unerreichbar für mich.

Es war eine sehr aufregende Zeit. Ich lernte viele neue Menschen kennen, ein großer Bekannten/Freund_innenkreis bildete sich und ich konnte meine Interessen ausleben. Der Tag und auch die Nacht hatten gar nicht genug Stunden für all das Wissen, die kulturellen Veranstaltungen und die Partys. Ich wollte so viel wie möglich von allem mitnehmen, sicher auch Einiges nachholen. Hier und da war die Qualität der Wissensvermittlung enttäuschend, aber ich hatte Zugang zu Quellen, Büchern, Archiven und vielen Medien, was mir erlaubte mein autodidaktisches Lernen fortzusetzen. Mit einigen Themen hatte ich mich schon vor dem Studium in der Tiefe beschäftigt, weswegen mir manchmal ein bisschen langweilig war. Mein Mitbewohner und bester Freund war davon überzeugt, dass ich viel besser für seinen Studiengang, Kulturwissenschaften, geeignet wäre. Ich war ein wenig beleidigt, weil ich nicht wusste, ob er damit meinte, ich sei zu sensibel für meinen angestrebten Beruf. Mein ganzes Leben mit all der Übung in Problemlösungen finden müssen schien mich doch vorbereitet zu haben für den Beruf als Sozialarbeiter_in, bzw. Sozialforscher_in. Es war eben das, was ich offensichtlich konnte. Außerdem war ich politisch dazu motiviert Menschen zu ihrem Recht zu verhelfen. Auch wollte ich besser verstehen, warum die Verhältnisse so waren wie sie waren und wie sie sich ändern ließen. Ich fürchte, er meinte zu sensibel, und nicht, dass das, was eins kann, nicht notwendigerweise das ist, was eins guttut. Letzteres sollte sich bewahrheiten.

Meine Mom war ein wenig stolz darauf, dass ich studierte. Gleichzeitig war angeblich Freud schuld, wenn ich sie auf frühere Fehler und deren Auswirkungen aufmerksam machte. Freud las ich zu dem Zeitpunkt gar nicht mehr oder noch nicht wieder, nur der räumliche Abstand ermöglichte mir, diese früheren Erlebnisse aus einer anderen Perspektive zu sehen und die negativen Gefühle zuzulassen. Meine Brüder schwankten immer noch zwischen dem Vorwurf, ich hielte mich wohl für etwas Besseres, was großer Quatsch war, den ich mir schon seit der Mittelschule anhören musste, und etwas beeindruckt sein. Mir ging es nur darum, meinen Interessen nachgehen zu können, ich selbst zu sein, zu tun, was mir entsprach.

Das ist ein häufiger Zwist in der Schicht, aus der ich stamme. Höhere Bildung erlangen und nicht früh arbeiten gehen wird als Verrat gewertet. Wäre es mir darum gegangen etwas Großartiges darzustellen, hätte ich sicher einen Studiengang mit mehr Prestige gewählt. Es gibt wohl kaum einen akademischen Studiengang, der geringeres Ansehen hat, als jener der sozialen Arbeit. Schließlich würden wir später alle nur mit Klient_innen Kaffee trinken und Schadensbegrenzung betreiben, so das Klischee.

Abgesehen von den Ambivalenzen meiner Familie und dem finanziellen Damoklesschwert ging es mir verhältnismäßig gut. All das fand ein Ende an einem an sich sehr schönen, sonnigen Tag. Ich war an meinem Lieblingsplatz in der Stadt. Es war noch früher Vormittag, als eine mir unbekannte Person mich überfiel. Es schien, als wollte die Person nichts anderes, als Gott spielen und über Leben und Tod entscheiden. Ich rang nach Luft. Währenddessen dachte ich an meine Freund_innen, die, falls sie an diesem freien Tag schon wach waren, vielleicht an Hausarbeiten saßen und sich später fragen würden, was sie taten, als es passierte. Ich wollte nicht, dass es dazu kommt. Ich wehrte mich so gut ich konnte, aber nicht erfolgreich genug. Wäre nicht ein Passant vorbeigekommen, sodass mich der Täter losließ, würde ich vermutlich nicht mehr leben. All dieses mühsam erreichte und erwünschte Leben konnte wie ein Turm aus Bauklötzchen jederzeit hinweggefegt werden. Das war die Botschaft, die mir das Ereignis vermittelte.

#CN #assault #Gewalt #Trauma

Die Polizei nahm die Ermittlungen auf und hatte „gute" Tipps parat: Niemals alleine „als Frau" irgendwo hingehen, auch nicht am Tag, nicht in einen Park, falls ins Kino, dann in die hinterste Reihe, damit niemensch von hinten angreifen könnte. Und Bewaffnung. Und Selbstverteidigung. Also praktisch war eins selbst schuld am Risiko, wenn eins nicht alle Vorkehrungen und Schutzmaßnahmen traf. Ich rate davon ab, frisch traumatisierten Personen solche Ratschläge zu geben, da das als victimblaming[42] ankommen kann. Es reichen schon die eigenen Gedanken, was eins hätte anders machen können und wie vielleicht alles anders gekommen wäre, hätte eins diese oder jene Entscheidung anders getroffen.

In derselben Woche hatte ich mit einer Kommilitonin zusammen ein ziemlich spannendes Referat gehalten. Da wir zu einem Punkt nicht mehr gekommen waren, sollten wir diesen die Woche darauf nachtragen. War mein Vortrag die Woche zuvor noch sehr lebendig gewesen, sodass trotz der Länge viele aufmerksam zugehört hatten, fiel es mir jetzt sehr schwer, mich auf das Thema zu konzentrieren. Eine Dozentin sagte, dass bei mir offensichtlich „die Luft raus" sei. Ich fasste mir bei diesen Worten an den Hals. Sie konnte nicht wissen, wie sehr der Ausdruck triggerte[43]. Aber auch so war es schon ein ziemlich hoher Anspruch immer alle mitzureißen.

Ich erzählte einigen Leuten, was passiert war. Es machte dann schnell die Runde. Vermutlich wegen einer Kommilitonin, die mich zur Polizei begleitet hatte und viel über ihre Rolle beim „mich unterstützen" sprach. Auf eine Art war es gut, dass manche es wussten. Ich hatte ein Netz von Leuten, die teils mit dem veränderten mika umgehen

---

42 Victimblaming hat viel mit Täter_in-Opfer-Umkehr zu tun. Dem Opfer wird die Verantwortung für die erlittene Tat übertragen, z.B. habe es sich nicht wehrhaft oder eindeutig genug verhalten, habe provoziert etc. Auch Kleidungsstil und Lebenswandel werden oft miteinbezogen. Das lenkt vom Willen zur Tat durch di_en Täter_in ab.

43 Trigger bedeutet Auslöser, d.h., Betroffene werden durch etwas an ein (traumatisches) Erlebnis erinnert, bis hin zum Wiederdurchleben. Trigger können Wörter, aber auch Sinneseindrücke wie Gerüche, Geräusche, Berührungen, Farben etc. sein.

konnten. Dennoch sollte diese Enteignung über das Narrativ schlimme Formen annehmen.

Ich versuchte das „neue Leben“, das sich so spät eingestellt hatte, nicht zu verlieren, aber institutioneller und interpersonaler Ableismus machten es unmöglich. Ich überwand mich zur Strafrechtslerngruppe zu gehen und als ich dort ankam, sprach ein Kommilitone über meinen Fall. Er erging sich in der unpräzisen Vermutung, dass der Täter nur Liebe gewollt hätte. Ich hätte ihn am liebsten geschlagen, aber ich ging einfach wieder weg. Ich schlief kaum und wenn, dann hatte ich Alpträume. Ich ging auf Partys, um nicht allein zu sein, bis mich die Erschöpfung überwältigte. Dann schleppte ich mich mit milden bis starken Angstzuständen nach Hause. 45 Minuten allein durch die Nacht waren keine Seltenheit. Wenn ich nicht den ganzen Weg packte, gab es auf halber Strecke eine befreundete WG, bei der ich jederzeit klingeln durfte. Jemensch ließ mich ein. Ich fiel ins Gästebett und schlief endlich einmal oder hatte zumindest weniger starke Angstzustände und flashbacks (Wiedererleben von (traumatischen) Erlebnissen). Ich fasste nicht mehr Fuß in der Hochschule. Viele hatten mich für so geeignet und klug gehalten und manche taten, als sei die Verfassung, in der ich mich befand, ein Widerspruch dazu, eine Schwäche. Nicht sofort. Denn ich kämpfte ja am Anfang. Für meinen Geburtstag, Wochen nach dem Ereignis, wählte ich das Motto „Das Leben feiern“. Es kamen dreißig Leute und es war so ein angenehmes Gesumme, dass es erst so aussah, als würde es besser werden.

Ich hatte vorher schon Prüfungsangst gehabt, obwohl ich immer mehr und tiefer lernte als nötig, was mit diesem dreimal besser sein müssen, um überhaupt für fähig gehalten zu werden, zu tun hatte. Ich sagte weitere Prüfungen ab. Deadlines waren bedrohlich, genauso wie das

Gefühl zu haben, das nicht sicher ist, ob mir das Wissen noch zur Verfügung stehen würde, wenn es drauf ankäme. Verlustangst war immerzu da.

In dieser Zeit lernte ich eine Mitstudentin kennen. Ich hielt sie vom Auftreten her für politisch viel erfahrener als mich. Sie wirkte so mega antifa und feministisch. Als wir bei mir frühstückten, sagte sie, sie würde gerne mal die Gruppen in dem politischen Zentrum kennenlernen, aber sie traue sich alleine nicht hin. Da waren wir also schon zu zweit. Und so begannen wir beide dort mit unserer Sozialisation in linken Gruppen.

Ich natürlich wieder viel später als der Rest. Die meisten dort waren etliche Jahre jünger. Ich begann damit mich in kulturwissenschaftliche Seminare zu setzen. Dort hatte mein bester Freund mich ja schon früher verortet und so saßen wir nun in einem Seminar nebeneinander. Befreundet waren wir aber nicht mehr, weil unsere Freund_innenschaft die Veränderungen nicht aushielt, da ihn nichts im Leben darauf vorbereitet hatte, mit mir und meiner posttraumatisch belasteten Version umzugehen.

Auf jeden Fall las ich „Die Helle Kammer" von Roland Barthes und Freuds Schrift über Melancholie. Und so seltsam es klingen mag, dieser Studiengang, für den ich mich leider nicht einschreiben konnte, hat mir das Leben gerettet. Es gab Themen, die so interessant waren, für die ich morgens aufstand und die mir ermöglichten über meinen Zustand und den der Welt nachzudenken, anstatt nur zu grübeln. Das half mir zumindest am Leben zu bleiben.

Viele Freund_innenschaften zerfielen. Mein früherer bester Freund betonte, dass es doch nun schon sechs Monate her sei und fragte, ob ich denn keine Freude darüber, dass es „gut" ausgegangen war, verspürte? Ich wusste nicht, was an diesem Wissen, dass irgendein Mensch jederzeit beschließen kann, dass mein Leben verzichtbar ist und diese Überzeugung ausüben kann, gut sein sollte. Mein Körper erinnerte sich obendrein völlig unabhängig von meinem Willen.

Ich erkannte früher als er, dass das unsere Freund_innenschaft nicht aushält. Er war sich hingegen sicher, dass ich nur negativ dachte, wegen meiner Depression. Alles in allem war dieser Verlust ziemlich furchtbar. Wir hatten so viel geteilt und viel Gutes erlebt, nächtelang gequatscht. Ich glaube nicht, dass ich seit meiner Freund_innenschaft mit T. als Jugendliche_r noch mal eine_n solche_n Kompliz_in hatte wie ihn, für Interessen und Gedanken und für's Herumstreifen. Diese Freund_innenschaft hat mir auch das Gefühl vermittelt, dass ich das Gute in meinem Leben haben darf, dass es keine ungerechte Bevorzugung ist, wenn mal nicht alles auf einmal schwierig ist. Nach einem dreiviertel Jahr des Kämpfens um das „alte/neue Leben“ war ich am Ende und höchst suizidal. Ich hatte nochmal alle um mich versammelt. Ich gab vor die Stadt verlassen zu wollen. Meine Erklärung dazu klang für die meisten überzeugend. Mein Plan war in echt ein anderer.

Nur eben dieser Freund und eine Freundin checkten, was ich vorhatte. Sie patrouillierten mich an genau dem Abend, an dem ich es tun wollte, heim. Sie hatten gewartet, bis ich aus dem Kino kam. Die Freundin sagte, warum ich eigentlich Angst hätte nachts allein nach Hause zu gehen, wenn ich doch sterben wollte? Das war so zynisch. Ich erwiderte, dass es für mich einen Unterschied macht, ob ich mich für das Nichtmehrsein entscheide oder ob mir Gewalt widerfährt und jemensch anderes über mein Leben entscheidet. Sie ging daraufhin fort und nur der Freund brachte mich heim. Er sagte, er wisse nicht, wie sein Leben weiterginge, wenn ich das täte. Damit lud er mir die Verantwortung für sein Leben mit auf. Das machte den Druck nicht geringer, nur die Tat unmöglich, denn natürlich hatte er es nicht „verdient" nach allem, was wir geteilt und erlebt hatten, aus der Bahn geworfen zu werden.

Nicht so wie ich. Am nächsten Tag rief ich ihn an. Ich sagte, dass er da im Begriff ist einen unmöglichen Pakt vorzuschlagen, dass die Verantwortung, die er sich und mir, wegen ihm weiterzuleben, aufbürdete, die Freund_innenschaft und alles erdrücken wird. Er meinte, lieber aus den falschen Gründen überleben, bis sich die richtigen einstellen. Ich lebte also weiter, wie eine Pflicht. Das nahmen mir Menschen auch wieder übel, denn die Suizidalität sprach sich herum und viele dachten sich das Übliche dazu.

Ein Freund beendete den Kontakt, weil er nicht bei jedem Krankenwagen, den er sah, denken wollte, ich sei darin. Dabei hatte ich gesagt, dass ich es nicht mehr vorhatte. Jahre später lief er mir mit einer Gruppe ehemaliger Kommilitoninnen über den Weg und sagte tatsächlich: „Da ist sie ja und lebt noch!" Ich kann Hilflosigkeit verstehen und Wut auf die eigene Hilflosigkeit in überfordernden Situationen, aber ich teile diese Wut gegenüber suizidalen Menschen nicht. Suizidale Menschen erleben genug Druck. Der muss nicht erhöht werden. Niemensch ist „strategisch" suizidal. Es gibt Netteres als all das Stigma, das hartnäckig kleben bleibt. Meine Mom machte sich Sorgen. Sie kam mit einer Freundin zu Besuch. Ich hatte denen, die gespürt hatten, was los gewesen war, verkündet, dass ich es nicht tun werde und wollte nun in Ruhe gelassen werden. Dennoch musste ich mir auch von ihr ein „Warum tust Du mir das an?" anhören, als hätte ich nicht zig Mal für sie stark sein müssen und ihr beigestanden während ihrer Suizidalität.

Einmal steigerte sie sich soweit rein, dass sie eine gute Freundin von mir anrief. Sie hatte nur deren Mitbewohnerin am Telefon und bat diese bei mir vorbeizufahren. Das tat sie zusammen mit einer weiteren Kommilitonin. Ich hatte endlich mal einen schönen Morgen mit einer Freundin, die bei mir übernachtet hatte, und wir frühstückten gerade. Ich lachte (ja, ich kann das auch während solcher Phasen, I know I'm strange), während ich zu Tür ging. Davor standen dann die zwei und guckten mich an wie einen Geist. Anschließend waren sie so wütend, aber nicht auf meine Mom, sondern auf mich, weil sie sich „umsonst" Sorgen gemacht hatten. Bis dahin kann ich das nachvollziehen. Aber nicht, dass mich die Mitbewohnerin der Freundin IN EINEM SEMINAR zum Gegenstand machte, um sich dort Rat zu holen. Sie bekam den Rat, mir ihre Überforderung mitzuteilen. Ich selbst hatte kein nahes Verhältnis und keine Erwartungen an sie gehabt und sie nicht miteinbezogen in mein Leben. Sie rief mich an und sagte, was sie zu sagen hatte. Und ich sagte, dass ich mich dann für meine Mom entschuldigen müsse, aber wenn es nach mir gegangen wäre, hätte sie nie etwas davon gewusst und es wäre nicht zu dieser Aktion gekommen. Ich konnte mich nicht dafür entschuldigen, dass ich suizidal gewesen war und nun alle immerzu meinen Puls fühlen wollten.

Für mich war es so eine unglaubliche Grenzverletzung, dass das Narrativ um meine Suizidalität von anderen bestimmt wurde, um es in ein Stereotyp einpassen zu können. Ich hatte niemenschen von meinem Plan erzählt. Nur als ich die Entscheidung dagegen getroffen habe, habe ich es den Menschen erzählt, die sich Sorgen gemacht hatten und wohl etwas geahnt hatten. Außerdem musste ich ja erklären, warum das mit dem Umzug gelogen war. Das war die einzige Lüge in all der Zeit, die ich erzählte, und nur wegen der utopischen Vorstellung, sie würden sich dann halbwegs darauf einstellen, dass ich bald nicht mehr „da" wäre. Ein paar Menschen hatten selbst mit Depression zu kämpfen und teilten früher oder später mit, dass sie keine Freund_innenschaften haben können mit jemensch, di_er auch erkrankt sei, weil das ihre Depression verstärke. Ich kann verstehen, wenn es das in bestimmten Konstellationen tut oder für einige Personen per se so ist. Was ich nicht verstehe ist, dass dieses Fazit so selbstverständlich zu sein scheint, als gäbe es nicht auch Freund_innenschaften zwischen depressiven Menschen, die einander besser verstehen und unterstützen können als viele neurotypische Personen.

Als die Freund_innenschaft zwischen mir und meinem besten Freund zerbrach, begann ich, mich mit einer Mitbewohnerin anzufreunden. Der ehemalige beste Freund nahm mich beiseite und meinte, E. sei sensibler, als ich dächte, und ich solle ihr nicht so viel anvertrauen. Das machte mich fertig. Als sei ich ein generelles Zuviel. Dabei bin ich bis heute, also fast zwei Jahrzehnte später, immer noch befreundet mit ihr, mit der Person, von der er meinte, ich solle mich ihr nicht zumuten. Einen ähnlichen Rat hörte ich von einem anderen Freund bezüglich seiner Freundin. Sein und mein Kontakt brach irgendwann ab. Der Kontakt zu ihr bis heute nicht. Bevor die Freund_innenschaft zum besten Freund zerbrach, verliebte er sich arg in eine Person, die ich mir laut ihm zum Vorbild nehmen sollte. Sie nahm Medikamente. Konnte ich nicht auch einfach? Sie nahm mich bei einer Party beiseite und meinte, x wäre endlich wieder glücklich und dennoch habe er geweint, meinetwegen. Sie habe auch Schlimmes erlebt, aber sie nehme Medikamente, auch um nicht zu sehr zu belasten. Um ehrlich zu sein: Ich habe kein schlechtes Gewissen, wenn jemensch mal meinetwegen weint. In erster Linie ist es meine Belastung und anstatt Vorschläge zu machen, wie eins mir diese nicht anmerken würde, wären

Gedanken dazu, wie ein Raum und eine Zeit zum Heilen aussehen kann, vorteilhafter gewesen.

Raum und Zeit zum Heilen gab es nicht. Ich musste mich ständig rechtfertigen, vor Menschen, die mir nah waren, vor Ämtern und vor der Gesellschaft. In den linken Gruppen gab es wenig Halt. Die einzige Motivation hinzugehen war, etwas der Überzeugung Entsprechendes zu tun. Aber Ableismus und Klassismus waren sehr verbreitet. Sexismus auch, aber der wurde erst recht unter den Tisch gekehrt. Dass so wenige Personen of Color in den Gruppen waren, wurde nicht als Reproduktion von Rassismus gewertet.

Es kamen Briefe und Anrufe, Freund_innenschaften wurden gekündigt, manchmal mit der Begründung, selbst depressiv zu sein, Abstand oder Leichtigkeit zu brauchen, was ich akzeptieren konnte, auch wenn ich da anders empfinde. Manchmal empfinde ich es als große Erleichterung auf andere depressive Menschen zu treffen in dem Wissen, dass wir uns nichts vormachen müssen. Dass das nicht immer so ist, dass auch depressive Menschen Ableismus internalisiert haben und reproduzieren, wenn Menschen mit Depressionen als Last und niederdrückend beschrieben werden, verwundert keineswegs. Letztendlich ist es aber ein sehr legitimer Grund: Etwas oder jemensch tut mir nicht gut, geht über meine Kräfte, ich muss es lassen.

Nur das WIE hätte anders sein dürfen: Menschen nehmen es sich übel, wenn sie helfen wollen, aber nicht können, wenn sie sich hilflos fühlen angesichts der Situation, in der eine befreundete Person steckt. Manchmal projizieren sie diese Wut auf die Person, die das Problem hat und mit Grenzen konfrontiert, anstatt auf das Problem. Plötzlich ist die Person problematisch und die Überforderung, nicht die Situation. Dieses Verhalten vom Umfeld schmerzt so sehr. Eins darf belastet sein, aber sich bitte nicht so verhalten, sonst wird eins als Last deklariert.

Die wichtigste Freund_innenschaft ging in die Brüche, als wir unter einem Dach lebten. Ich musste die Blicke ertragen. Blicke, die darum bemüht waren, mich in Echtzeit verblassen zu lassen. Blicke, die sagten: „Wer bist Du nochmal gleich? I don't know you anymore."

Ich hatte selbst gehadert, als meine Mutter sich psychisch verändert hatte. Ich hatte diese Gefühle von: „Das ist nicht mehr sie." Das ist ein sehr grausames Empfinden. Die veränderten Menschen sind immer noch sie selbst, nur eben die gegenwärtige Version. Ich musste nach und nach lernen mich upzudaten. Das ist meine Mom also mit Mitte 50, mit Mitte 60 und so ist sie jetzt. Nur weil ein altes Ich gestorben zu sein scheint (Und ist es das? Vielleicht ist auch nur das alte Bild von jemenschen einfach nicht aufrechtzuerhalten?), ist die Person nicht fort. Wir verändern uns alle im besten Falle unser Leben lang, manchmal graduell, manchmal schlagartig.

Meine Gefühle waren fokussiert auf den Verlust, darauf, dass Menschen gingen, als es am härtesten für mich war. Ich nahm kaum wahr, dass ich zur selben Zeit neue Freund_innenschaften schloss. Wie zum Beispiel mit E., mit der ich auch unter einem Dach lebte und von der der frühere beste Freund anfangs sagte, ich solle ihr „nicht zu viel aufbürden", sie sei „sensibler" als ich dächte. Ich gehe nie davon aus, dass andere nicht auch sensibel seien und zum Glück habe ich mich trotz dieser Worte nicht zurückgezogen, sondern bin bis heute mit E. befreundet.

Da die Bildungseinrichtung und die Kommiliton_innen kaum noch erträglich waren, ich mich für Prüfungen anmeldete, dann aber absagen musste, erlosch mein Anspruch auf BAföG. Ich musste zum Sozialamt und mir wurde angeordnet mich zu exmatrikulieren, da ich sonst kein Anrecht auf Sozialhilfe hätte. Das war also mein Ausflug in die akademische Bildung gewesen. Im Sekretariat wurde mir gesagt, ich könne mich jederzeit wieder einschreiben und weitermachen, wo ich aufgehört hätte. Das war nett gemeint, ging aber an der Realität des Sozialrechts vorbei, dem ich mich unterwerfen musste, um zu überleben.

So wird dies auch eine Geschichte darüber, wie der Staat auf Körper einwirkt, die von ihm abhängen. Gab es eine Akte bei der Polizei zu dem Vorfall? Das konnte ich mit Ja beantworten. Letztendlich herrscht auf Ämtern keine Ahnung darüber, wie mit Opfern von Gewalt umzugehen ist, und ich sah, dass ich selbst nach einer Möglichkeit der Verarbeitung suchen musste. Für mich und für mein Umfeld wollte ich diese Arbeit tun, weniger, um fit für den Arbeitsmarkt zu werden. Perspektiven für eine andere nahe Zukunft wären auch schön gewesen. Perspektiven jenseits des eingeschlagenen Weges, der nun nicht weiter zu beschreiten war. Ich wusste nicht, was ich in dem angestrebten Job als Sozialarbeiter_in Menschen noch hätte erzählen sollen. „Es wird alles wieder gut." war eh nicht meine Art zu reden. Mein Bemühen war es, immer so viel wie möglich von dem, was andere sich wünschten, erreichbar zu machen, Infos und Wege zu finden, die ein Näherkommen an selbstgewählte Ziele versprachen. Aber ich hatte nicht mehr die Kraft dafür, das Wissen und die Fähigkeiten an sich schon. Ich konnte gut zuhören, aber die Kraft für die Performanz, also Ausübung dieser Fähigkeiten in einem Berufsalltag, nein, die war fort. Für mich war das das eine Ereignis zu viel. Es machte keinen Sinn mit so viel Schwierigem überhäuft zu werden. Es machte keinen Sinn, dass das gerade erst begonnene Kapitel schon wieder zu Ende war. Ob ich nicht dankbar für mein Leben sei, dass ich die Situation überlebt hätte, kam von Menschen, die dachten, eins müsse Schlimmes als Chance sehen, um zu erkennen, wie schätzenswert das Gute und Schöne im eigenen Leben ist. Das war so zynisch und verletzend. Ich hatte etwas zu betrauern. Ich erlebte Verlust. Aus der eingeschlagenen Bahn hatte es mich gewaltvoll herausgeworfen. Mangelndes Wertschätzen war nicht meine Baustelle. Ich trauerte um genau das, wofür ich MIR und anderen dankbar gewesen bin. Ich wusste früh, dass ich allem, was gut und schön ist, meine volle Aufmerksamkeit schenken muss, weil es vorübergeht und ich es erinnern muss, als Motivation, als etwas, was Energie spendet, wenn wieder Mangel herrscht. Das wusste ich schon als Kind. Aber Außenstehende behandeln Depression wie ein moralisches Versagen.

Der Pastor meiner Jugend, zu dem meine Mutter ging, um sich seelisch zu erleichtern und Beistand zu bekommen, glaubte natürlich, wie einige seines Berufsstandes, an einen Plan hinter allem. Andererseits tat es gut, dass er nichts klein machte. Er sagte mal zu meiner Mom: „Mika hat so viel erlebt, wie andere in drei Leben." Und da fühlte ich mich ein bisschen verstanden, weil, es war mir echt alles too much (zu viel).

Es blieb auch too much, die Monate des Überlebens vergingen und änderten nichts daran. Ich hatte Gespräche beim ersten Therapeuten. Der nahm die Satzenden vorweg und benutzte unpassende Metaphern. Zu meinem Schreibprojekt meinte er nur: „Das ist eine typische Geschichte, wie sie jemensch schreibt, di_er das und das erlebt hat", und meinte damit das in meiner Kindheit Erfahrene. Warum schrieb ich nicht über gelingendes Vertrauen? „Ähm, weil das kein Plot für einen Roman ist, wenn immer alles funktioniert", entgegnete ich. Ein geeigneter Literaturkritiker war jedenfalls nicht an ihm verloren gegangen. Ich sagte nach fünf Vorgesprächen, dass es nicht geht mit uns. Das hatte er nicht kommen sehen. Auch ein Zeichen dafür, dass ihm die Antennen fehlten.

Eine andere Therapeutin fragte mich in den Vorgesprächen, warum ich denn in Gruppen Politik mache. An meiner Stelle würde sie das nicht machen, wenn ich doch eh schon belastet bin. Toller Tipp, lassen Sie einfach alles Wichtige, was Sinn für Sie macht, weg, wenn es anstrengend ist. Andere Therapeut_innen hatten auf Jahre keine Zeit.

Dann klappte es bei einem, der sehr neutral rüberkam. Er meinte aber, es sei ihm zu viel, zu viele Erlebnisse, zu viele Themen. Ich solle in einer psychosomatischen Klinik erst einmal eine Therapie machen. Da erreiche eins in sechs Monaten mehr als in Jahren ambulanter Gesprächstherapie. Danach könnte er ansetzen. Ich las nur Gutes über die Klinik, also sagte ich Ja. Mit Antritt des Klinikaufenthaltes begannen sieben harte Wochen. Kann sein, dass die Klinik nicht nur schlecht ist, aber es kam darauf an, in welchem Haus eins untergebracht war und welche Therapeut_innen die Versorgung übernahmen. Unser Haus hatte einen weniger schicken Namen. Hier waren die angeblich „sozial Schwachen“, also in Wahrheit die Einkommensarmen untergebracht. Die mir sympathisch und kompetent erscheinende Therapeut_in, die im Vorgespräch Wochen vorher die Anamnese aufgenommen hatte, betreute nur die Privatpatient_innen. Ich befand mich in einem Haus, wo Menschen Vorwürfe gemacht wurden, wenn sie Minuten zu spät zur Morgengruppe kamen oder sich ritzten. Der gesamten Gruppe wurde es zum Vorwurf gemacht, wenn jemensch heimlich getrunken hatte oder jemensch sich selbst verletzte. Ich fragte mich, wo ich da gelandet bin. In der Umerziehung mit Kollektivbestrafung? Wie absurd es ist Menschen, die depressiv sind, zu sagen, sie müssten pünktlich sein, draußen

#Instutioneller_Ableismus #Klinik

könnten sie es sich auch nicht erlauben. Ach nein? Wenn sich eine borderline Person „ein Verhalten erlaubt hatte", sollten wir sie meiden. Einer Person, die sexualisierte Gewalt erfahren hatte, wurde von ihrer Therapeutin vorgeworfen, sie kleide sich ja auch wie eine Schl*mpe, n*tt*g. Ich hatte, wenn es hochkam, zweimal eine halbe Stunde Einzeltherapie, manchmal auch nur eine halbe Stunde pro Woche. Warum, wurde nicht erklärt. Meinen Therapeuten interessierte es herzlich wenig, was ich erzählte. Diese institutionalisierte Gleichgültigkeit machte mich fertig. Auch das Ausspielen der Patient_innen gegeneinander führte zu extra Konflikten. Mir wurde von Mitpatient_innen gesagt, ich sei gar nicht depressiv, denn ich hätte ja Freund_innen, die anriefen und schrieben. Ich hätte lebhaftes Interesse an manchen Dingen und aufstehen sei auch kein Problem für mich. Auch wenn diese Beobachtungen stimmten, war ich nicht weniger depressiv. Ich habe gesagt, dass sie dann das Ausmaß meiner Verzweiflung außer Acht lassen, nur weil sich Depression bei mir anders äußert. In sieben Wochen ging mindestens ein Drittel der Patient_innen auf eigenes Verlangen vorzeitig nach Hause. Andere blieben die veranschlagte Zeit, weil sie doch mehr Angst vorm Draußen bekamen als vorm Drinnen und/oder bürokratische Repressionen fürchteten bei einem Abbruch. Ich realisierte aber, dass ich das keine sechs Monate aushalten würde und teilte das dem Oberarzt mit, der mich schon bei einem Standardgespräch nach einigen Wochen fragte, warum ich solche Angst hätte. Was mir passiert sei, könne ihm ja auch passieren. Und da musste ich ihm erläutern, dass es einen Unterschied macht, sich vor etwas zu fürchten, was eins nie zugestoßen ist und dem, was eins erlebt hat und der Körper erinnerte sich selbsttätig daran. Mal abgesehen davon, aber das fiel mir damals noch nicht ein, ist es eben nicht etwas, dass ihm so einfach passieren kann, nicht, falls die Tat mit misogyner Absicht verübt wurde.

Nun bat ich also bei der Oberarztvisite um frühzeitige Entlassung. Mir wurde angeboten, eine Patient_innenzeitung zu machen. Sie mit all meiner Kritik und der anderer zu füllen. Sie würden das unterstützen. Das war alles so schräg. Ich wollte mich nicht noch mehr verausgaben für etwas jenseits von Heilung/Besserung und mich nur an der Diskriminierung dort abarbeiten. Mir wurde gesagt, mein Zustand sei bedenklich, ich erschiene gefährdet. Und da habe ich direkt heraus gesagt, dass diese Gefährdung meiner selbst erst im Laufe des Aufenthalts wieder entstanden ist und genau deshalb müsste ich nach Hause.

Zuhause erwartete mich ein enttäuschtes Therapeutengesicht. Es dauerte eine Weile, bis er meiner Sicht auch nur etwas Glauben schenkte. Als ich den Klinikbericht las, wunderte mich das nicht. Obendrein hatte das Amt vergessen meine Miete anzuweisen. Kein_e Mitbewohner_in hatte mir Bescheid gesagt, obwohl sie die Klinikadresse hatten. Sie und auch der Vermieter, der mich nun rauswerfen wollte. Also erst mal das Amt informieren und drei Tage später hatte der Vermieter das vom Amt Versäumte. Ein Mitbewohner wollte nicht mehr mit mir zusammenwohnen, weil meine Depression herum wabere. Ich schlug Kompromisse vor, wie wir uns mehr aus dem Weg gehen können, aber da ging nichts mehr. Das Amt wollte mir keine Kaution zahlen für eine neue Wohnung „nur wegen eines Streits". Sie nahmen nicht ernst, dass ich von Obdachlosigkeit bedroht war. Ein paar Wochen später lebte ich dank eines privaten Darlehens in einer anderen WG. Ich war aus dem schönsten Zimmer meines Lebens ausgezogen und fühlte mich noch eine ganze Weile überall unwillkommen.

„Wann wollen sie der Gesellschaft etwas zurückgeben?", fragte mich ein Arzt im Zuge der Beurteilungen meiner Arbeitsfähigkeit. Ich teilte das Bild, das er von mir hatte, nicht. Ich hatte mich nie als jemenschen empfunden, di_er nichts gab. Dennoch tat es weh mit dieser Sicht konfrontiert zu werden. Und was war mein Vergehen? Dass ich nicht über ein traumatisches Erlebnis hinweg war? „Gehen Sie zurück ins Studium. Das ist Ihre einzige Chance", sagte mein Therapeut. Ich sah mich dort aber nicht mehr, nicht in diesem zukünftigen Job der sozialen Arbeit, wo ein burnout vorprogrammiert war. Kulturwissenschaften wären mir lieber gewesen. Kulturarbeit war auch politische Arbeit. Warum hatte ich das nicht früher entdeckt, wurde mir vorgeworfen, mit Fachabi war das keine Option, die ich hatte. Außerdem wäre das ein zweites Studium, das mir niemensch finanzieren würde. Alle waren nur interessiert daran, dass ich möglichst schnell funktionierte und zwar besser als vorher. Als hätte ich nicht schon wegen der Wirbelsäule und der chronischen Schmerzen mit Einschränkungen zu tun gehabt. Die Orthopäden trauten sich nie, mir Arbeitsunfähigkeit zu bescheinigen und die Therapeut_innen oft nur für eine geraume Zeit. Der seelische Teil meiner Einschränkungen könne sich ja noch bessern. Ich wurde von einem Amtsarzt gefragt, was denn schwerer wiege, die seelische oder die körperliche Einschränkung? Da habe ich erwidert, dass ich immerzu beides habe. Kann ich denn wählen?

Es gibt so Fangfragen, die eins Schuldgefühle machen sollen, und dazu führen sollen, dass eins sich brav wieder einreiht, ob eins das nun durchhält oder nicht. Hätte ich beispielsweise gesagt: „Das Seelische", und das wird als dynamisch gesehen, hätten die Ämter eben meine körperliche Be_Hinderung bagatellisiert und ich wäre nur um der Wiedererlangung der Arbeitsfähigkeit zur Therapie verpflichtet gewesen. Es ging ganz lange nicht um mich, und wenn, dann nur um mich als Kostenfaktor. Hätte ich geantwortet: „Das Körperliche“, dann hätten sie meine Depression und die traumatische Belastungsstörung runterspielen können. Beides hat sich aber womöglich nur chronifiziert, weil sich nicht drum gekümmert wurde, weil nie im Fokus stand, wie ich das Erlebte, so gut es ging, verarbeiten könnte.

Der Therapeut, bei dem ich die erste Anamnese hatte, bei dem ich dann aber keine Therapie machte, war ganz und gar nicht mehr gefühlig, als ich ihn aufgrund der Diagnose um eine Krankschreibung bat. Er lehnte schlichtweg ab, irgendetwas dazu zu sagen.

Der Therapeut, der mir den Aufenthalt in der psychosomatischen Klinik empfohlen hatte, und ich waren anfangs kein dreamteam gewesen, aber er wurde immer solidarischer mit der Zeit. Obwohl ihm vieles fremd war, zum Beispiel die politische Sicht auf meine Situation, hat er mich am Ende dazu ermutigt nach Berlin zu gehen und mit dazu beigetragen, dass daraus etwas wurde. Er hat sich auch wahrhaftig gefreut, als es soweit war. Berlin war ein Ziel, das nicht meiner Funktionalität diente.

Ich habe auch EMDR[44] versucht, um das Trauma zu bearbeiten. Dabei legt eins neue Bilder über die schlimmen, traumatischen. Mir fiel das mit den neuen Bildern schwer, weil es mir zu bagatellisieren schien, dass ich machtlos gewesen war für einige Momente in meinem Leben. Dass ich zum Beispiel den Täter aus meiner Kindheit nicht hatte der Polizei ausliefern können, dafür gab es Gründe. Die waren nicht wegzudenken oder wegzuvisualisieren.

---

44 EMDR ist kurz für Eye Movement Desensitization and Reprocessing, was mit Desensibilisierung und Ver-/Aufarbeitung durch Augenbewegung übersetzt werden kann.

Aber allein, dass ich endlich einen Therapeuten hatte, der pragmatisch war und zuhörte, half mir erst mal. Pragmatik ist sehr wichtig bei all den vielen Problemstellungen, mit denen ich umgehen muss, immer wieder.

Ich befand mich in einigen linken Gruppen. Ich war immer total fertig nach jedem Plenum, nach stundenlangem Herumsitzen, Diskutieren, Zigarettenrauch und Planungen. Ich sagte oft nur was, wenn der Karren an die Wand zu fahren drohte. Was anstrengend war, waren der Klassismus, der Ableismus, der Sexismus. Eine Person of Color war dort selten vertreten. Die Gruppen waren überwiegend *weiß*. Wenn ich doch mal was äußerte, was Sexismus betraf, hieß es, ich könnte doch mal einen Filmabend machen, mit sexistischen Beispielen. Darauf antwortete ich: „Nein, es geht mir um den Sexismus in diesen Räumen, nicht den da draußen. Darum, dass wir thematisieren, wenn er sich hier ereignet, dass wir darüber sprechen, dass links sein nicht automatisch antisexistisch macht." Der eigene Klassismus war Leuten, die mir sagten, sie würden nie Geld vom Drecksstaat annehmen, während sie am Wochenende ihre zerrissenen Jeans und alle Klamotten, die Punk oder linke credibility (Glaubwürdigkeit) versprachen, bei den Eltern wuschen und noch etwas deren Vorratsschrank plünderten, eh nicht klar. Sie waren sich nicht klar darüber, dass wir immer wechselseitig abhängig sind, von der community, von einer_m Arbeitgeber_in, von Bildungsinstitutionen, vom Staat, wenn eins nicht arbeiten kann. Dass ihre Haltung auch ableistisch ist, konnte ich damals noch nicht benennen. Aber die Absurdität, dass Mittelschichtskinder die wahren Proletarier_innen sein sollten, und deren Verachtung für die tatsächliche „Unterschicht", fielen mir deutlich auf.

Ich fand es auch besser, unangemeldete Demos zu machen. Was nutzt es, wenn eins brav eine Route abseits der

Sichtbarkeit entlang marschiert. Nur der Teil mit dem Losrennen war ein absoluter Horror. Es checkten nur wenige, dass ich nicht rennen kann und dass sie mich mit näherkommenden Polizist_innen allein ließen. Es wurden nie andere Strategien besprochen. Nach einer Sitzblockade wurde ich zusammen mit einigen anderen Menschen festgenommen. Wir waren in einer Gefangenensammelstelle, also an keinem Ort, an dem du eben mal kurz alleine aufs Klo kannst. Eingesperrt sein erzeugt bei mir unmittelbar Angstzustände. Ich versuchte es in Schach zu halten, aber nach acht Stunden brach es sich Bahn. Die anderen sangen hier und da, und was vorher beruhigt hatte, beunruhigte nun. Es dauerte etwas länger als acht Stunden, bis ich dem Richter vorgeführt wurde, der alle, die blockiert hatten, zu einer Gruppe fantasierte und ein großes Delikt daraus machen wollte. Er wollte uns noch länger festhalten. Ich sagte: „Das ist Quatsch. Ich will heim und schlafen." Das durfte ich dann tatsächlich.

Das hatte eineinhalb Jahre später dennoch ein Nachspiel. Mit Geldstrafen wird versucht Menschen vom zivilen Ungehorsam abzuhalten. Jahre zuvor wäre so eine Sitzblockade noch wie „falsch parken" geahndet worden. Nach dem 11. September 2001 gab es neue Gesetze, die solche Aktionen üblen Verdächtigungen aussetzten.

Ich war danach irgendwann noch einmal bei einer Sitzblockade gewesen. Als den Leuten mir gegenüber der Nacken überdehnt wurde oder schmerzhafte Griffe ins Gesicht erfolgten und der Kopf zurückgedrückt wurde, sagte die Person neben mir zu den Beamten in ihrer schwarzen Panzerung, dass sie das besser nicht bei mir machen sollten, wegen meiner Wirbelsäulenversteifung. Das hätte ich selber nicht über die Lippen gebracht, hätte ja wie Sonderbehandlung ausgesehen. Ich wurde dann nur die Böschung hoch geschubst, an der es ausschließlich Dornenhecken zum Festhalten gab. Die Leute wurden anschließend über das Feld gejagt. Es gab cops (Polizist_innen) auf Pferden. Mir war mulmig zu Mute. Ich kannte die Leute nicht, die mit mir die Straße erreichten. Ich hatte nur 30 Cent in der Tasche. Ich weiß gar nicht mehr, wie ich nach Hause kam. Ich bin wohl mit Unbekannten mitgefahren, was ich sonst nie tun würde. Und als dann doch noch die vorige Sitzblockade zur Verhandlung kam, war ich fertig mit den Nerven. Ich hatte keine Nerven und keinen Körper mehr für diesen Aktivismus. The revolution was inaccessible.

Es wurde ebenfalls kaum darüber reflektiert, dass nicht jede_r zu Konferenzen, camps, linken Bildungsveranstaltungen und Aktionen fahren kann. Ich konnte mir das in der Regel nicht leisten. Eine einzige Person hat mir mal von sich aus Geld als Leihgabe für Fahrkarten in die Hand gedrückt, als ich von einer Einladung erzählte, die ich sonst nicht hätte wahrnehmen können, in Berlin. Und so fing das übrigens an, mit Berlin und mir.

Zwischen den suizidalen Phasen, um die Zeit der Überprüfung meiner Arbeitsfähigkeit herum, war ich damit beschäftigt, Interessen zu leben, weil meine Neugier ein guter Motivator war, um am Leben zu bleiben. Noch dieses Seminar, noch diese Veranstaltungsreihe, noch dieses Theaterstück, diese Ausstellung, noch diesen Menschen kennen lernen, das ist so mein Überlebenstrick, von Etappe zu Etappe. Ich lud zu Picknicks ein, ich schlug Veranstaltungen vor. Es sollte nicht nur schwer sein mit mir, sondern auch eine Erholung vom „Dinge müssen" für andere. Ich habe da eine Eigenschaft kultiviert, vielleicht auch, um auszugleichen, dass ich belaste. Aber nicht nur, denn gleichzeitig bot es mir ja selber Halt, von Kindheit an, dieses sehr aufmerksam sein für das, was mich interessiert, für das, was schön oder spannend ist, die Zeit ausdehnen dafür, weil, auch dieser Moment geht vorbei und der Alltag schlägt wieder zu. Ich muss Raum dafür schaffen, wieder und wieder. Denn auch als Person, die nicht arbeiten kann, habe ich einen Alltag und dieser kann sehr erdrückend sein. Allerdings muss ich aufpassen, dass es zu keinem Anspruch an mich wird, das immerzu zu können, dieses dazu anregen, etwas Interessantes oder Schönes gemeinsam zu erleben. In den letzten Jahren fällt es mir schwerer die Person zu sein, die diese Räume schafft, denn meine körperliche Gesundheit verschlechtert sich und meine seelische ist von den hartnäckigen Resten der posttraumatischen Belastungsstörung beeinträchtigt. Meine massive Schlafstörung geht gerade ins 20. Jahr. Steter Tropfen höhlt den Stein.

Es wurde schwerer in der kleinen Bilderbuchstadt zu leben mit diesem „Vorher/Nachher-Bild“, welches oft präsent war. Um bisweilen Tapetenwechsel zu haben, stellte eine Freundin Kontakt zu Leuten her, bei denen ich in Berlin ab und zu unterkommen konnte. Und mit jedem Mal wurde es schwerer, Berlin zu verlassen. Ich hatte kein Geld für Kaution und Umzug, und ich wusste, ohne eine Arbeit aufzunehmen, würden diese Kosten nicht übernommen werden. Es sollte noch Jahre dauern, bis ich mir die Summe für diesen Schritt nach Berlin leihen konnte. Eine frühere Bekannte war damals in der kleinen Stadt zu Besuch und hörte sich meine jüngsten Erlebnisse an. Sie bot überraschend an, mir eine Summe zu leihen, die die Wohnungssuche und alles Weitere ermöglichte. Und so wurde aus diesem Wunsch tatsächlich endlich etwas.

Als ich endlich in Berlin war, fing ich nach zwei Wochen an, ehrenamtlich für eine Geflüchtetenorganisation zu arbeiten. Das Projekt sorgte dafür, dass Menschen, die etwas Bestimmtes anbieten können, auf geflüchtete Menschen treffen, die sich genau das Angebotene wünschen. Die Betreffenden werden zunächst zum gemeinsamen Gespräch eingeladen, um zu sehen, ob die Vorstellungen vom support (der Unterstützung) wirklich übereinstimmen. Anschließend wird ein Vertrag darüber abgeschlossen, so als Selbstverpflichtung. Ich finde das immer noch großartig, diese Art abzuchecken, ob eins wirklich bereit ist, die GEWÜNSCHTE Form der Unterstützung anzubieten. Das schafft gute Voraussetzungen dafür, eine nicht-paternalistische Hilfe anzubieten. Natürlich sind Selbstreflektion und Feedback während der ganzen gemeinsamen Arbeit unerlässlich. Weiterbildungen wurden zusätzlich von der Organisation angeboten. Traurig war nur, dass das eigentlich ein outsourcing (Auslagern) von sozialarbeiterischen Aufgaben ist, auf die ich mal hin studiert hatte, und dass eins als arbeitslose Person auch gesellschaftlich nicht die Anerkennung dafür bekommt, weil eins sich ja sowieso nützlich machen sollte. Ich bekam nicht mal die Aufwandsentschädigung für Ausgaben, die ich hatte, weil ich nichts von der Steuer absetzen konnte. Wäre ich nicht gesundheitlich eingeschränkt und dem Jobcenter statt dem Sozialamt unterstellt gewesen, hätte es Druck gegeben, doch lieber nach Lohnarbeit zu suchen, als unbezahlte Arbeit zu machen. Ehrenamt muss eins sich leisten können.

Häufig hörte ich folgenden Satz von anderen Ehrenamtlichen: „Uns geht es ja so gut, verglichen mit den Geflüchteten." Für mich haben diese Vergleiche nie Sinn gemacht, weil ich mir meiner Privilegien als *weiße* Person mit deutscher Staatsbürgerschaft irgendwie bewusst war. Meine Probleme brachte das nicht zum Verschwinden. Mit denen musste ich ebenfalls umgehen. Ich half nicht aus einer bemitleidenden „Och, die Armen"-Haltung heraus, sondern war mehr angetrieben davon, etwas gegen die Ungerechtigkeit, die Geflüchtete erst in ihrer Heimat und dann hier erlebten, zu tun. Strukturelle Unterdrückung war für viele Ehrenamtliche kein Thema. Ich weiß, welchen Unterschied karikative Hilfe gegenüber solidarischer Hilfe macht. Karikative Hilfe geht oft mit Paternalismus einher, dem Wissen, was am besten für die Betreffenden sei. Sie kann punktuell in einer Notlage erleichternd und erlösend sein, oft erwarten die Helfenden aber dann ein utopisches „dass sich nun alles zum Guten wendet", dass „sich das Investment gelohnt hat". Diese schiefe Ebene, auf der Hilfe stattfindet, für die eins sich qualifizieren muss, nenne ich ableistisch. Antiableistisch helfen dagegen heißt für mich, sich an den individuellen Wünschen und Bedürfnissen der Hilfe suchenden Person zu orientieren, ehrlich zu sein, was eins mittragen kann oder erfüllen kann, wo eins Grenzen hat und die eigene Hilflosigkeit auszuhalten. Auch Probleme nicht kleinzureden gehört mit dazu. Weil viele Menschen Hilflosigkeit schlecht aushalten können und sie unangenehme Schuldgefühle hervorruft, versuchen sie diese abzustreifen, indem sie sie der Hilfe suchenden Person zur Last legen. Diese Hilfe suchende Person habe plötzlich zu hohe Erwartungen, gebe sich nicht genug Mühe, mache es nicht richtig. Die hilfesuchende Person wird als Problem identifiziert, nicht mehr die Lebenslage, in der sie steckt. All das sind Dinge, über die ich mir, lange bevor ich das Wort Ableismus kannte, Gedanken gemacht habe. Das heißt nun aber keinesfalls, dass ich frei von diesem Ismus oder anderen Ismen war in der Supportbeziehung. Ab und zu bin ich auf Vorurteile gestoßen, von denen ich dachte, dass ich sie gar nicht hätte.

Als ich S. das erste Mal alleine traf, erzählte sie mir ein wenig von der Zeit im Gefängnis. Nicht nur in Worten, ihr deutscher Wortschatz war noch begrenzt zu dem Zeitpunkt, sondern auch in Gesten und in diesem Moment entstand auch eine Art Verpflichtung, die ich immer noch nicht adäquat in Worte fassen kann. Ich bin dankbar für dieses Vertrauen, für diese vier Jahre, in denen ich mit und von S. gelernt habe, froh darüber, dass ich begleiten durfte.

Dass ich nicht frei von Rassismen bin, merkte ich zum Beispiel daran, dass ich Angst hatte vor dem ersten gemeinsamen Treffen mit dem Mann von S. Mit einem Mal ging mir durch den Kopf: „Was, wenn ihr Mann nicht will, dass sie ein emanzipiertes Leben lebt etc. pp.?" Wo kam dieser bullshit her, diese Vorstellung? Beim ersten gemeinsamen Treffen mit ihrem Mann habe ich mich dann sehr dafür geschämt, dass ich diesen Gedanken gehabt hatte. Er hatte, wie sie, für dasselbe gekämpft und was wusste ich eigentlich über die Strukturen in politischen Gruppen anderswo und über die Gleichberechtigung dort?

Nachdem die Jahre zwischen dem ersten abgelehnten Asylverfahren und der zweiten Anhörung, die letztendlich zum Glück erfolgreich verlief, verstrichen waren, und S. sich Gedanken zu einer Ausbildung machen konnte, wählte sie eine verkürzte Ausbildung, von der ich wusste, dass sie schlecht bezahlt sein würde. In einer paternalistischen Anwandlung wollte ich davon abraten, weil diese weniger qualifiziert war als der Ursprungsberuf, an den jetzt bloß das Wort Assistentin angehängt wurde. Aber sie hatte das eben aus Gründen, wie zum Beispiel, um möglichst bald etwas zum Lebensunterhalt beisteuern zu können, so entschieden. Schon seltsam, wie ich genau in der Zeit, in der endlich, nach über einem Jahrzehnt Überprüfungen, meine Arbeitsunfähigkeit belegt war, trotzdem diesen Vorstellungen anhaftete, andere mögen doch ihr Potential ausschöpfen, nicht unter ihren Möglichkeiten bleiben und „ihre Träume verfolgen".

Die Jahre waren gefüllt mit bürokratischem Stress und daraus resultierender Angst, mit Infos auftreiben und zur Verfügung stellen, aber auch mit Picknicken, Spaziergängen, ein kleines Kind aufwachsen sehen, Freund_innen von S. kennen lernen, ein paar Feiern, sich viel erzählen, welches mir die liebste Methode war, eine Sprache zu lehren. Wann Akkusativ und wann Dativ verwendet wurde, konnte S. besser erklären als ich. Wir trafen uns die ersten zwei Jahre zweimal die Woche, damit ich zum einen nicht zu viele Stunden am Stück sitzen musste, sondern nach zwei bis drei Stunden machen konnte, was für meinen Körper gut und notwendig war, und zum anderen, weil so viel anlag und bürokratische Fristen ein Damoklesschwert für Geflüchtete darstellen.

Einmal meinte S., sie habe, wenn ich da bin, keine Angst. Ich glaube, das war das Schönste, was ich jemals gehört habe. Und das, was sie sagte, als wir uns das letzte Mal trafen, um die regelmäßigen Treffen ausklingen zu lassen.

Andere Menschen vermuteten, ich täte diese Arbeit, um bei der „Integration" zu helfen. Anscheinend haben sie nicht auf dem Schirm, dass es sich bei Geflüchteten ziemlich häufig um Menschen handelt, die aktiv für Demokratie, also nicht nur für die passive Form, die wir hier haben, gekämpft haben. Diese Menschen bringen ein Wissen darüber mit, was gelebte, tatsächliche Demokratie bedeuten kann, aber nein, ich bin es angeblich, die diesen Menschen zeigen soll, wo es hier langgeht. Wäre unser System nicht so absurd und absichtlich voller Hürden und Ausschlüsse, hätte es meine Unterstützung gar nicht gebraucht. Und wer in dieses System integrieren will, will Anpassung und leise sein. Ich könnte noch mehr darauf eingehen, dass ich etwas von S. gelernt habe, aber auch das klingt mir zu sehr nach „Mehrwert/Profit". Müssen sich Menschen lohnen, müssen sie Held_innen, Vorbilder sein, um sich ihre Menschenrechte zu verdienen? Ich denke nicht, dass es bei so einer „am Mehrwert orientierten Haltung" um Menschenrechte geht. Ich bin einfach dankbar für all diese Erfahrungen. Punkt.

Wo wir bei dem Thema Arbeit sind (in diesem Fall jenseits von Lohnarbeit und in sehr kleinen Zeit,- und Energiefenstern, so dass es oft nicht als Arbeit wahrgenommen wird, was ich tue), möchte ich auf meine ersten Jahre in Berlin zurückkommen. Wie in einem Klischeeberlinroman lernte ich am Anfang fast nur Künstler_innen und kreative Menschen kennen. Also half ich dort mit einer Bewerbung für einen Nebenjob, da mit einer Bewerbung für ein Stipendium, schmiss mit Feedback und Ideen um mich. Das Problem war nur, wie selbstverständlich diese Unterstützung angenommen wurde. Zusätzlich gab es noch diesen verdrehten Sozialneid auf mich. Die künstlerische Prekarität wurde mit meiner gleichgesetzt, nur, ich bekam ja „meine Miete bezahlt und musste nichts dafür tun". Zugegeben, die meisten kannten sich mit dem deutschen Sozialsystem wenig aus, waren nicht damit aufgewachsen, aber ich wusste auch, dass Leute, die hier aufgewachsen sind, oft sehr wenig Ahnung von der Realität des Wohlfahrtstaats haben. Es ist etwas anderes, sich mehr oder weniger dafür zu entscheiden, die eigenen Visionen zu verfolgen, Talente und Neigungen zu leben oder ob eins, wenn die staatliche Leistung wegfällt, obdachlos wird. Ich sage nicht, dass es eine völlig freie Wahl ist, weil manche Menschen fremdbestimmte Lohnarbeit überhaupt nicht ertragen können. Aber es unterscheidet sich doch von einer Prekarität aus Mangel an Gesundheit, wo es gar nicht um eine Entscheidung für etwas und dessen Preis geht. Ich kann auch meine Talente und Neigungen nicht voll ausleben, weil mein Körper mich daran hindert. Ich könnte mich also noch so sehr dafür entscheiden wollen, diesen Talenten und Neigungen nachgehen zu wollen, die Performanz, die Umsetzung ist mir oft wegen permanenter Schmerzen und Schlafmangel gar nicht möglich. Das, was der damalige neue Freund_innenkreis als „Sicherheit“ betrachtete, die mir vom Staat gewährt wurde, war etwas, was mich vor jeder Überprüfung, jedem Antrag, jedem Amtsarzttermin suizidal machte, weil ich wusste: Wenn mich „der Staat“ fallen lässt, wenn er mir nicht glaubt oder so tut, als sei ich nicht glaubwürdig, überlebe ich das nicht. Ich hatte keine Wahl. Ich konnte nicht arbeiten.

Im Nachhinein macht mich vieles aus der Zeit noch immer wütend. Dieses Anstiften zur Selbstausbeutung ist mir aus vielen angeblich idealistischen Kontexten bekannt, sei es aus politischen Gruppen und Kollektiven „für die Sache“, sei es als „Freund_innenschaftsdienst“, oder für die „Selbstverwirklichung“.

Nachdem ich hier und da geholfen hatte, bei Schriftverkehr und Projekten, das ganze Buch eines Freundes in kleinen Etappen übersetzt hatte, weil er mich darum bat und ich niemals gedacht hätte, dass er sich über eine Gegenleistung für so eine umfangreiche Arbeit KEINE Gedanken machen würde, war erst mal Schluss mit Menschen, die ich noch nicht Langzeit kannte. Ich zog mich zurück. Ableismus (besonders gepaart mit Klassismus oder anderen Ismen) ist ein Freund_innenschaftskiller.

Sporadisch kommt er auch in Freund_innenschaften vor, die über lange Strecken wohltuend wenig von Ableismus gestört wurden, wo ein Verständnis für meine Lebensbedingungen vorhanden zu sein schien. Wenn es dann doch passiert, lässt mich das ein bisschen an einem linearen Ent_Lernen diskriminierenden Verhaltens zweifeln[45]. Und es gibt keine Sicherheit, niemals.

---

45 Ich meine hier kein leistungsorientiertes Lernen. Sondern das Lernen von einer Person und über eine Person, die Infos und das Wissen, das diese vermittelt. Wir alle fallen zuweilen hinter frü-

Eine Freundin, die fast immer sehr umsichtig mit meinen Einschränkungen umgegangen war, der ich nie unnötig viel erklären oder diese Grenzen beweisen musste, überraschte mich damit, dass sie mich bei meinem Umzug mehrmals fragte, ob ich nicht doch die schwereren Kisten tragen könnte. Das konnte ich nicht. Ich hatte doch jede dieser einzelnen Kisten gepackt und kannte ihr jeweiliges Gewicht. Sie schien sehr schlechte Laune zu haben, weil ich nicht „genug" mit anpackte und sich alles um mich drehte. Es hatte den ganzen Tag eine gereizte Stimmung vorgeherrscht und ich wurde immer stiller anstatt mich zu freuen, dass der Umzug nach Berlin endlich wahr wurde. Solche Situationen lassen Zweifel aufkommen, wie andere mich wirklich „sehen", ob sie meine Lebensbedingungen wirklich verstanden haben, oder ob sie denken, dass ich es mir zu bequem mache und alle nach meiner Pfeife tanzen lasse, ob sie sich zur Rücksichtnahme gezwungen und anderes dafür runtergeschluckt haben. Das ist sehr schmerzhaft und quälend. Nicht zu wissen, welcher Konflikt wirklich zu Grunde liegt. Es erinnert an die Tropen vom kranken Kind, das angeblich verhätschelt wird, das Aufmerksamkeit bekommt, dessentwegen alle anderen ihre Bedürfnisse zurückstellen müssen. „Prinzess_in", mehr noch „Prinzess_in auf der Erbse".

Neid anderer ist für mich ein sehr schwieriges Thema. Weil er für mich die Drohung der Entsolidarisierung darstellt. Also sehr viel Futter für anxiety (Angstzustände) und Verlustangst. Nach meinem Umzug entstand eine

---

here Erkenntnisse zurück. Treffen auf die Kluft zwischen Theorie und Praxis. Oder wir müssen erkennen, dass jemensch, von dem wir uns verstanden fühlten, etwas doch nicht wirklich nachvollzogen hat, sondern nur so lange die Kraft reichte, unseren Umgangswünschen entsprochen hatte. Diskriminierendes Verhalten zu ent_lernen ist ein lebenslanger Prozess.

große Distanz und nun ist die Freund_innenschaft eingeschlafen. Trotzdem sagt das nichts über die gesamte Zeit der Freund_innenschaft aus. Ich hatte mich überwiegend akzeptiert und wohl gefühlt, wenn ich bei ihr und ihrem Freund zu Besuch war. Es gab so viele Momente, in denen ich gerührt war, darüber, wie die beiden sind und wie sie sich in der Welt verhalten. Ich weiß nicht, warum einmal dagewesenes Verständnis enden sollte. Ob es neben dem „jemenschen kennenlernen" auch ein „Verlernen jemenschen zu kennen" gibt? Vielleicht passiert das, wenn Menschen sich in unterschiedliche Richtungen entwickeln, wenn die Energie füreinander fehlt.

Ein anderer Konfliktpunkt ist zuweilen, dass Menschen den Eindruck haben, sie müssten sich viel mehr zusammenreißen als ich. Es irritiert sie, wenn sie sich andauernd Mühe geben müssen und über ihre Grenzen gehen und dann gibt es so jemensch wie mich, di_er sagt: „Ich kann das nicht, ich brauche Hilfe." Es irritiert auch, dass ich meine Einschränkungen nicht als Schwäche sehe. Eine Zeit lang war ich es gewohnt, ein schlechtes Gewissen zu performen. So etwas wurde als Zeichen dafür gelesen, dass eins es sich nicht zu einfach macht und Unterstützung nicht selbstverständlich nimmt. Aber warum soll ich Schuldgefühle haben, für Einschränkungen, die ich mir nicht ausgesucht habe und für Hilfe, derer ich bedarf? Die Verlustangst ist groß. Die Angst davor, zu viel zu werden und die Entschuldigungsrituale, um für dieses „So Sein" Absolution zu bekommen, sind gelernt.

„Du musst Dich nur dran gewöhnen." Dieser Satz wurde mir von einer langjährigen Freundin gesagt. Dabei ging es um befristete Arbeit für einen Freund, der mir oft geholfen hatte. Im Gegenzug bekam ich für diese einmalige Sache Internetzugang und konnte eine Rechnung bezahlen. Das Problem war aber, dass der Arbeitsumfang falsch eingeschätzt wurde. Statt der veranschlagten Menge an Abstracts und Aufsätzen, die ich nach relevantem Gebrauch von Schlüsselwörtern durchsah, waren es doppelt so viele. Es ist wichtig, wenn ich mal sehr sporadisch einer Aufgabe zusage, dass der Arbeitsumfang richtig eingeschätzt wird, damit ich nicht meine maximale Sitzzeit von zwei Stunden am Stück überschreite. Es ist wichtig, weil ich aufgrund des angekündigten Arbeitsaufwands entscheide, ob es überhaupt realistisch ist, diese Aufgabe zu erfüllen und innerhalb welchen Zeitfensters. Ich bin nicht arbeitsfähig, gerade weil ich nicht viele Stunden arbeiten kann und obendrein nicht regelmäßig. Ich muss überschlagen, ob die sporadische Aufgabe auch in dem angegebenen Zeitfenster möglich ist, wenn ich an drei oder vier Tagen die Woche gar nicht arbeiten kann wegen Schmerzen und Schlafmangel. Deshalb hat mich die falsche Einschätzung unsagbar gestresst und körperlich mehr belastet als gut war, wenn auch nicht so stark wie die Übersetzung Jahre zuvor, nach der ich drei Monate Physiotherapie, Akupunktur und Massagen brauchte. Das ist ein hoher Preis. Wie kommt also die damalige langjährige Freundin darauf, dass diese Konstanten meiner Be_Hinderung durch Gewöhnung und Disziplin oder Überwindung aufzuheben seien? Ich verstehe es nicht. Manchmal hat das, was andere zu mir sagen, so verdammt wenig mit mir zu tun. Und die Aufgabe weniger gewissenhaft zu tun, war keine Option für mich, wenn ich „schon mal was tue". Ich weiß nicht, ob nichtbehinderte Menschen auch von der unerledigten Arbeit so oft träumen wie ich, während des wenigen Schlafs, den ich bekomme. Aber ich bin auch emotional nicht erlöst, bevor eine Aufgabe nicht erfüllt ist. Wie sollte ich jemals dem Druck einer regulären Arbeit standhalten können? Unmöglich.

Dass es schwer zu verstehen war, dass zu meiner körperlichen Einschränkung noch die traumatische Belastungsstörung hinzukam, von deren Symptomen alle, inklusive mir selbst, hofften, dass diese nachlassen würden, kann ich nachvollziehen. Aber dann fällt mir ein, wie eine Freundin genau in dem Trauma-Sommer sagte, sie arbeite ja auch während der Semesterferien und wie meine ehemalige Klassenlehrerin an der Fachoberschule, mit der ich noch eine Weile in Kontakt stand, am Anfang meines Studiums meinte, ich bräuchte einen Nebenjob. Als sei es nicht schon für gesunde Menschen schwer und belastend Job und Studium unter einen Hut zu kriegen. Als sei nicht bekannt, dass das Studium meist drunter leidet. Schon vor der PTBS gelang es Menschen nicht, sich meine bis dahin vorwiegend körperlichen Grenzen auszumalen. Und nur bei einigen wenigen Menschen entsteht dieses Verständnis mit der Zeit, wenn sie meine Lebensbedingungen lange genug mitgeschnitten haben und als real begreifen. Es ist ganz schön hart, immer die Person mit der Beweislast zu sein, die Person, die andauernd Erklärungen „schuldet".

In diesem Text habe ich, eher unabsichtlich, das Thema Ableismus in Partner_innenschaften bislang ausgelassen. Vielleicht liegt das daran, dass Freund_innenschaften viel zentraler in meinem Leben sind, mich stärker über lange Zeit beeinflussen und mehr Entwicklung anstoßen. Meine festen Beziehungen zeichneten sich durch starke Gewichtung von Sex aus, boten emotional aber wenig. Ich bin pansexuell. Ich kann mir schlicht nicht vorstellen, anziehungstechnisch ein Geschlecht auszuschließen. Ich war divers angezogen, schon bevor ich mir mit Anfang 30, also auch wieder spät, ich weiß, eingestand, dass mich mehr als ein Geschlecht anzieht. Auch davor waren es nicht nur cis Männer, die ich anziehend fand. Aber am klarsten war es mit Anfang 30, als ich mich in kurzer Abfolge in mehrere Frauen verliebte. Natürlich kann sich eins fragen, warum ich nur mit cis Männern Beziehungen hatte. Weil sie von allen Anziehungen, die ich hier und da hatte, die einzigen waren, die es schafften, alles an mir Abweichende eine Weile zu verdrängen, meinen Status, mein nicht der Geschlechterrollenerwartung entsprechendes Verhalten, meine Be_Hinderung, obwohl ich nichts davon kaschierte. Das hat mir den Eindruck vermittelt, eins kann nur mit mir Zusammensein, wenn eins das alles verdrängt. Natürlich führte dies zu cissplaining[46]. Ich wurde als Frau gelesen, egal wie viele Geschichten ich über mich erzählte, die Anderes vermuten ließen. Es führte auch zu ablesplaining, denn die wenigsten haben sich je mit meinen Be_Hinderungen auseinandergesetzt. Das Skript mit cis Männern schien andererseits auch einfach zu sein. Und ich musste mir beweisen, dass ich das haben kann, Beziehungen, Sex und dieses ganze Blabla, das einer Person nicht zugetraut wird, die be_hindert ist und Gewalterfahrungen gemacht hat. Ich schwankte zwischen Ernüchterung und Euphorie. Nach drei bis vier Monaten machte ich immer Schluss. Aber mika, was war mit den anderen Anziehungen zu Menschen, die nicht cis Männer waren? Haben mich nicht gewollt. War nicht reziprok. Nicht eine Einzige. Ich bin vielleicht nicht so klar queer coded (optisch als queer eingeordnet). Auch in queeren Kreisen weiche ich von Gesundheits,- und Schönheitsnormen ab, auch da sind meine vielen Marginalisierungen im Schlepptau nicht gerade attraktiv. Zum Verhältnis von Geschlecht, Sexualität und Be_Hinderung jenseits der cis Normativität gibt es in diesem Buch ein extra Kapitel.

---

46 -splaining bezeichnet das überhebliche Verhalten, dass Unbetroffene gegenüber Betroffenen an den Tag legen, wenn sie diesen „die Welt erklären“ und sogar die von der betroffenen Person erlebte Unterdrückung fremderklären.

Aber zwei kurze schlaglichtartige Szenen bezüglich Ableismus in festen Beziehungen und Ableismus durch cis Männer schildere ich doch an dieser Stelle. Mein letzter boyfriend ever bekam einen Wutanfall, als ich das erste Mal in Monaten völlig fertig war von den Schmerzen. Er meinte, ich könne meine Wirbelsäule sicher nochmal operieren lassen, mittlerweile sei die Medizin doch sicher weiter. Ich sah ihn an und erklärte, dass es immer noch filigranste Arbeit ist und eine zweite OP viel zu hohe Risiken mit sich bringt, da die Beckenspäne und das Metall eine Verbindung mit der Wirbelsäule eingegangen sind. Als ich fertig war mit meiner Erklärung, begann er auf einige meiner Besitztümer einzuschlagen. Meinen erschrockenen Blick bemerkend sagte er: „Aber ich schlage ja nicht dich." Ich entgegnete: „Aber meine Sachen. Das sieht so aus, als wolltest du mich damit treffen." Kurz darauf war Schluss. Ich war es auch leid, dass mein nicht so „weiblich" sein seine Männlichkeit schmälerte. Ich war es leid, verantwortlich zu sein für sein ganzes Befinden. Ich werde nie verstehen, warum eins mit Menschen, die eins als „anders" empfindet, erst eine Beziehung eingeht und ihnen später dieses „anders sein" vorwirft. Nie.

#CN #Tod

Ein anderes Beispiel betrifft das Verhalten eines cis Freundes, der mal in mich verliebt war, aber ich nicht in ihn. Er meinte zu mir, als wir in einem Café saßen: „Der Tod deines Bruders ist jetzt zwei Wochen her und du bist immer noch bedrückt." Ja Bingo. Bedrückung war für mich eine ganz angemessene Reaktion, wenn ein Familienmitglied stirbt, zu dem ich eine äußerst schwierige Beziehung gehabt hatte. Ich hatte diesen Freund, nicht gegen seinen Willen, etwas aus der Reserve gelockt und plötzlich schien es etwas zu sein, was ich weiterhin können musste. Seiner Meinung nach wurde es Zeit, wieder das alte mika zu sein. Ich wurde sehr, sehr wütend. Daraufhin bekam ich einen Brief mit all seiner Befindlichkeit zu meinem Trauern und anderen Themen und er endete damit, dass er nun nicht mehr in mich verliebt sei. Ich dachte: „So what? Ich war nie verliebt gewesen in ihn, was geht ab?"

Entitlement, also eine Anspruchshaltung, bezieht sich nicht nur auf die Körper anderer. Es kann ebenfalls um Aufmerksamkeit gehen, um Zeit und um psychische Stärke.

So lange ich jünger war und einige Menschen mein „Unangepasstsein" als Lebenskunst auslegen konnten, lernte ich leicht Menschen kennen. In den letzten Jahren passiert das kaum noch. Ich bin nicht mehr jung, habe nach Meinung der Mehrheit vermutlich nichts erreicht und mir steht die Welt nicht mehr offen, was eh nie wirklich der Fall war. Es lässt sich keine rührende Geschichte à la „so jung, so viele Schwierigkeiten, dabei solches Potenzial, das ist doch nicht richtig", daraus zimmern. Ich hatte tatsächlich früher immer wieder kurze entspannte, zufriedene Momente, meist während ich las, Filme sah, beobachtete, spazieren ging. Das stufen Menschen als „gechillt" ein. Dabei waren es einfach meine Kraftquellen. Aber je mehr sich meine Gesundheit verschlechtert und je weniger ich diesen Beschäftigungen nachgehen kann, desto weniger reizvoll ist es in meiner Gesellschaft zu sein. Ich mache keinen Hehl daraus, dass ich keine Perspektiven habe, also in beruflicher Hinsicht, oder was Sichtbarkeit oder Meriten (Verdienste) für meine unbezahlte Arbeit angeht. Und ich bin jetzt alt, und ich bin zu erschöpft, um den Mythen, die andere über mich nähren müssten, um mich mögen zu können, Futter zu geben.

Ich teilte einem Freund mit, dass ich den Gedanken, ein Leben mit Depression zu führen, akzeptieren kann. Die Depression war nicht immer akut, aber ich weiß, dass bestimmte Ereignisse sie jederzeit wieder auf den Plan rufen können. Das heißt, dass sie mich latent und manchmal akut begleiten wird, vermutlich ein Leben lang. Nach 20 Jahren mit ihr ist das doch sehr wahrscheinlich. Er erwiderte: „Aber eins muss sich doch nicht aufgeben." Was für eine unterschiedliche Wahrnehmung. Gerade das Akzeptieren, dass auch die Depression ein Teil von mir und meinem Leben ist, ist für mich das Gegenteil von Aufgeben. Die Energie, die sonst der Selbsthass und das Abspalten der Depression als Nicht-Ich fressen würden, habe ich nun zum Leben, als di_er, di_er ich bin. Ich habe leider kein Rezept gegen den Selbsthass, für den mehr Verständnis herrscht, wenn eins psychisch belastet ist. Da diese psychischen Einschränkungen als Charakterschwäche gelesen werden, erscheint Außenstehenden Selbsthass häufig als eine nachvollziehbarere Reaktion als die Akzeptanz des eigenen (neuroatypischen) So-Seins.

Ich habe nur festgestellt, das bin nicht ich, diese Person, die Schuldgefühle und Selbsthass genuin empfindet, sondern das war etwas, was von meiner Umwelt als Empfindungen und Performance erwartet wird. Ich weiß nicht, wie eins dahin kommt, zu diesem Gefühl, dass ich nun habe, und das ist natürlich auch nicht die einzige legitime Empfindung, aber ich bin froh, dass ich es in diesem ableistischen Getöse überhaupt wahrgenommen habe. Wahrgenommen habe, wie ich mich wirklich empfinde. Wenn ich davon berichte, geht es mir nicht darum, Selbstliebe als ein Ziel zu propagieren, welches dann wieder eine zu erreichende Leistung ist. Selbsthass ist keine Schwäche. Selbsthass ist oft einfach die Konsequenz der Prägung durch eine ableistische Gesellschaft und ihren verinnerlichten Maßstäben. Es ist sicher auch nicht so, dass eins in dem Moment, wo eins das Verinnerlichte erkennt, es problemlos hinter sich lassen kann. Nur, wenn eines Tages eine leise Stimme sagt: „Ich mag Dich und zwar jetzt schon, so wie Du bist", und diese Stimme eine_r_m selber gehört, lohnt es sich der Stimme Glauben zu schenken, denke ich. Ich habe beide Male, die Zeit, in der ich glücklicher war und die Zeit, als dieses „mich selbst mögen" spürbar wurde, Angst gehabt, ich würde nun unkritisch werden, beim glücklich sein der Welt gegenüber und beim mich mögen mir selbst gegenüber. So tief ist der Zweifel gesät worden. Und obwohl ständig von Selbstliebe geredet wird, sind Leute sehr irritiert, wenn eins sich als be_hinderte Person selbst auch nur mag. Wenn eins externer Validierung nicht mehr bedarf, ist das eine Provokation.

Ich nehme nicht übel, dass jemensch etwas nicht nachvollziehen kann. Es gibt eh kein eins zu eins verstehen. Nur ist Zuhören relativ nutzlos, wenn die Bereitschaft, sich etwas vorzustellen, nicht vorhanden ist. Ich nehme es niemenschem übel, Grenzen zu haben. Es wäre allerdings besser sich dieser bewusst zu sein, diese ohne Schuldgefühle zu ziehen. Das wäre besser, als jemenschem zu vermitteln, si_er sei zu viel und unzumutbar. Das ist ein Gefühl, das sehr oft bei Ableismus in Bezug auf psychische Erkrankungen/Belastungen entsteht. Eins kann wütend auf die Depression sein, das sind einige Betroffene ebenfalls, aber diese Wut sollte nicht einer Person gelten, weil sie depressiv ist. Einen seelischen Zustand zu kritisieren macht in etwa so viel Sinn, wie Empfindungen eines Menschen zu kritisieren. Es ist falsch, anzunehmen eins könne sich zu hundert Prozent unter Kontrolle haben. Be_Hinderung und chronische Krankheit machen damit vertraut, dass dem nicht so ist.

Ich schöpfte jedes Mal Hoffnung, wenn jemensch in meinem Freund_innenkreis anfing, von einem Artikel oder einer Begebenheit, wo Depression und Suizidalität thematisiert werden, zu sprechen. Am Ende handelte es sich aber doch oft um Aussagen, die judgemental (verurteilend, vorurteilsbehaftet) sind. Es ist oft ein Reden über Köpfe hinweg.

Ein Freund erzählte mir von einem Konzert, bei dem der Sänger über Depression und Suizid gesprochen hatte. Ich war gespannt. Es stellte sich allerdings heraus, dass der Sänger enttäuscht war von seinen Idolen, Robin Williams und David Foster Wallace, die Suizid begangen hatten. Er selber (der Sänger) leide auch unter Depressionen, aber er kämpfe dagegen an. Sie hätten es besser wissen müssen.

Ähm, was? Was hätten diese beiden Menschen besser wissen müssen? Wusste dieser Sänger etwa, wie die Zukunft der beiden ausgesehen hätte, wie sich deren Gegenwart angefühlt hatte? Es schien für ihn legitim zu sein, dieses wertende Zeug zu sagen, weil er selber Depressionen hatte. Aber internalisierter Ableismus ist eben auch ein Ding. Nicht zu erkennen, wann eins zu shamen (beschämen) beginnt, wenn eins eigene (ableistische) Maßstäbe auf andere projiziert.

So sieht also ein Reden über Depression und Suizid aus? Ist das nicht eher ein Signal zu schweigen? Und dieses Schweigen aus Angst vor shaming führt immer wieder zum Tod, weil es nicht safe (sicher) ist sich anzuvertrauen, weil eins mit Verletzung, Bevormundung und Erhöhung des Drucks rechnen muss.

Ist den meisten Menschen nicht klar, wie absurd es ist, festlegen zu wollen, was ein_e andere_r aushalten und ertragen können muss? Wie kann eins „nicht mehr können" judgen wollen?

So wenig, wie ich von anderen fordere, immer da zu sein und alles ertragen zu können, was mit mir passiert, genauso wenig sollten sie von mir erwarten, alles ertragen zu können. Ich kann mich im Gegensatz zu ihnen nicht von meinem Leben lebendig entfernen. Dem gesellschaftlichen Diskurs um Depression und Suizidalität widme ich noch mehr Aufmerksamkeit in dem Text „How I survived my own thoughts - again and again“, den Ihr in diesem Buch findet.

In meinen frühen Zwanzigern meinte eine flüchtige Bekannte meiner Mom zu mir, ich hätte wohl kein Rückgrat und wäre deswegen so schief. Ich antwortete: „Ich habe aber zwei!“ (siehe Coverbild). Eine typische cyborg Antwort. Sachlich und wahr.

Chronisch krank/be_hindert zu sein hat oft zur Folge, dass eins ein Leben lang ungebetene Ratschläge bekommt und ein Leben führt, welches eine sehr lange Kommentarspalte beinhaltet. Leider lässt sich diese nicht abschalten. Es kommentierte die Nachbarin aus meiner Kindheit meinen Rücken und Heilpraktiker_innen murmelten im Vorübergehen, eins müsse darauf achten, dass mein „Halsplateau“ oder die Kniescheiben nicht „wegrutschten“. Ich weiß bis heute nicht, wie das passieren soll und ja, ich habe Angst um meine Halswirbelsäule, aber diese Hinweise waren immer eher ein Vorwurf und nicht mit einer hilfreichen Strategie versehen. Ich sollte also darauf achten, nicht so schief zu sein. Ich war aber schief und zwar nicht aus Unachtsamkeit meinerseits. Ich soll Yoga, Feldenkrais und NLP (Neuro-Linguistisches Programmieren) machen, sagen Nichtexpert_innen. Ich soll mein Schmerzgedächtnis deprogrammieren. Als sei mein Schmerz nur ein Echo und nicht durch die Fehlstellungen von Knochen permanent vorhanden. Ich soll joggen gehen, Sport machen. Yoga, das würde aber meine fehlgestellten und halbwegs fixierten Wirbel zu beweglich machen und biege sie in unerwünschte Richtungen, sagt dagegen ein Gesundheitsexperte. Dann soll ich eben „Gras“ rauchen, kostet ja fast nichts. Wenn das nicht geht, soll ich gucken, ob ich mich für die medizinische flüssige Variante qualifiziere. Tue ich nicht.

Für die einen ist es Selbstsabotage, dass ich keine Antidepressiva und Schlafmittel nehme. Für die anderen sind Psychopharmaka Teufelszeug. Ich teile keine dieser Ansichten. Ich kann diese Mittel nicht nehmen, weil sediert zu sein meine Angst davor verstärkt, mich nicht wehren zu können. Das hat mit meiner PTBS zu tun. Ich schlafe zum Teil deswegen so wenig, weil mir Wehrlosigkeit Angst macht. Ich bin immer auf Habachtstellung. Egal, wie müde.

Je älter ich werde, desto mehr nehmen diese Sorte Vorschläge ab. Eins unterstellt mir in meinem jetzigen Alter etwas weniger Perspektiven zu haben. Dafür wird Ageismus zunehmen und das Urteil, ich hätte in meinem Leben ja nichts erreicht.

„Anyone can travel\have higher education\good food\etc these days. #barriers #economiclimitations #TheAbleistScript“[47]

„Jede_r kann heutzutage reisen, höhere Bildung bekommen, gutes Essen kaufen etc. #Barrieren #ökonomischeBegrenzungen #TheAbleistScript“

Ich habe aber andere Sorgen. Es wird nicht besser gesundheitlich, sondern schlechter. Alt werden mit Be_Hinderung heißt nicht, die „verdiente Ruhe“ genießen oder „die Früchte meiner Arbeit ernten“. Das heißt es zwar für die wenigsten, aber der Unterschied ist eben, dass einige erst dann über Zeit verfügen. Zeit ist etwas, was ich schon lange habe, nur wiederum zu wenig Geld und mit

---

47 https://twitter.com/MikaMurstein/status/662963868742873088 (Zugriff 05.04.2018).

jeder gesundheitlichen Verschlechterung körperlich und sozial weniger Möglichkeiten, um diese Zeit zu nutzen.

Zum Glück habe ich endlich eine tolle Therapeutin, die mich auf den schwierigen Wegen begleitet.

Ich muss noch trauern, um die nicht gehabten Perspektiven, die jetzt erst recht nicht mehr auftauchen werden. Ich muss trauern, um di_en Forscher_in, di_er ich sein wollte, um di_en Vielreisende_n und um di_en Vielschreibende_n. Und darum, dass in der Regel meine Arbeit nicht sichtbar ist, nicht meinen Namen trägt. Ich muss trauern, um das nicht ausgelebte Begehren. Ich muss trauern, um die anderen Entwürfe meines Lebens, die nicht in Erfüllung gingen. Dennoch ist dies mein Leben. Und das bin ich. Jede einzelne Sekunde.

Teil III
Digital late bloom
Wie ich zum Netzaktivismus kam und queerfeministische_r disability Aktivist_in wurde

Um ehrlich zu sein, ich hätte früher nie gedacht, dass ich einmal viel Zeit online verbringen würde. Dass das eine Form von Aktivismus sein würde in irgendeiner Zukunft, war in den 70ern als Kind für mich gar nichts Denkbares, es gab ja kaum mal einen PC in Privathaushalten und erst in den 80ern standen sie in den Schlafzimmern von Freund_innen herum. Eins konnte damit Spiele spielen und Hausaufgaben erledigen, aber es sah für mich so aus, als spielten alle Büro, den Joballtag der Eltern nach. Ich wollte kein so hässliches Ding besitzen. Abgesehen davon gab es in meiner Familie eh kein Geld dafür. Internet gab es, glaube ich, erst in den 90ern sehr verbreitet und als ich endlich studierte, merkte ich, wie sehr der Druck stresst, mich mit bestimmten Technologien auskennen zu müssen, mit einem Gerät, dass ich mir nie, nie, nie selbst leisten konnte und kann. Ich benutzte öffentliche Computerplätze in der Uni, oder nutzte den PC von Mitbewohner_innen mit. Am Anfang nur für Recherchen, meine erste Emailadresse hatte ich nicht vor 2001. Um mich mit einem linken Künstler/Aktivisten zu vernetzen, hatte ich sie eröffnet, später war sie gut, um in Kontakt zu bleiben mit diversen Menschen, um Infos zu bekommen, um mich ein paar Mal für Festivals zu akkreditieren. Also alles sehr spät und immer noch stressig. Meine Mails waren teils einfach sehr lange Briefe, es war nur ein anderes Medium für den Austausch.

Als eine Freundin Ende der 90er mal etwas von „Onlinebetreuung von Klient_innen in der sozialen Arbeit" erwähnte, konnte ich noch gar nicht die Vorteile des Digitalen für viele Menschen verstehen. War es denn nicht wichtiger, dass Menschen auf andere Menschen ihrer Wahl/ihres Vertrauens zugehen konnten, das zu lernen? Uff, es ist sehr krass, dass ich diese ableistische Meinung vertreten habe, weil ich so sehr von mir (dem #pastme) auf andere schloss. Mir fiel es trotz schlimmer Erlebnisse lange Zeit relativ leicht, dieses „auf andere zugehen," bzw. ich musste oft in vielen Kontexten die Initiative ergreifen, damit ich etwas bekam, was ich brauchte, mein Überleben hing davon ab, oder damit ich Menschen kennen lernte und nicht ganz vereinsamte. Diese Fähigkeit habe ich zum ableistischen Maßstab erhoben und das tut mir leid und auch weh, wenn ich bedenke, welche falschen Vorstellungen ich gepflegt habe. Zumindest für eine Weile, ich weiß nicht mehr genau, wann sich das allmählich änderte, aber das tat es erst mit der Zeit.

Als ich eine Übersetzung für einen Freund machen sollte, aber ohne PC nicht loslegen konnte, schenkte mir ein Bekannter ein netbook. Ich arbeitete daheim offline damit, ich hatte keinen Internetanschluss, mit Hilfe eines Wörterbuchs und nur im Café bei WiFi, wo ich den Text mit den Ergebnissen von Onlinewörterbüchern abglich. Das war aber schon in den fortgeschrittenen Nullerjahren. Ich hatte zweimal für jeweils ein halbes Jahr Internet, aber meist die gedrosselte Version und zweckgebunden. Danach war wieder nüscht. Manchmal schrieb ich einen Text, es sollte ein Roman werden, aus Erinnerungsfragmenten eine_r_s Protagonist_in, aber oft öffnete ich das netbook und schloss es frustriert wieder, weil ich mich damit noch unverbundener fühlte.

Mein Bruder, der beruflich viel unterwegs gewesen war, besaß einen Surfstick und als er nicht mehr zwischen Arbeit und Wohnort hin und her pendeln musste, überließ er ihn mir. Manchmal klappte ich das netbook abends freudig auf, weil ich etwas nachlesen, Bücher oder Veranstaltungen recherchieren konnte. An anderen Abenden klappte ich es schnell wieder zu, weil ich Kontakte abgebrochen hatte und Schluss war mit den langen Emails. Daran wollte ich nicht dauernd denken.

Eines Tages las ich im Café in einer Papierzeitung von einem hashtag namens #aufschrei. Ich hatte keine Ahnung, was ein hashtag ist. Aber ich ging anschließend in die Bibliothek, setzte mich an einen Computerplatz und las. Las und las. Ich verfolgte, was Menschen, vorwiegend Frauen, so schien es, dort über Alltagssexismus und Belästigung schrieben. Ich las sechs Monate mit. Inzwischen hatten viele sogenannte Troll_innen, was für eine unglaubliche Verharmlosung diese Bezeichnung ist, den hashtag eingenommen, und ich wusste so langsam, wer wer ist, wer tonangebend war. Es waren leider immer weniger Betroffene, die auf dem hashtag schrieben. Die, die es weiterhin taten, schienen mir teils so vertraut und sympathisch und ich hatte plötzlich keine Lust noch länger zuzusehen. Also machte ich mir einen Twitteraccount mit nur einem Ziel: Antifeminist_innen Paroli bieten was das Zeug hält, so lange es eben geht: Wenn es nicht mehr ginge, würde ich den account einfach löschen. Ich hatte so gut wie keine Ahnung, wie twitter funktioniert. Mein erster tweet ging direkt an den Antifeministen, den ich als Wortführer wahrnahm. Es folgte ein Monat mit intensivem Schlagabtausch. Eins konnte die tweets damals noch nicht automatisch threaden (miteinander verketten), ich war unbeholfen im Nummerieren der tweets und haute ordentlich typos (Tippfehler) raus in die Welt, was die Antifeminist_innen dazu anspornte, klassistisch zu sein. Überhaupt waren sie fix mit allen Ismen zur Hand, Adultismus, Sexismus, Ableismus, cisSexismus, Rassismus, you name it. In ihrer Vorstellung waren alle Feminist_innen so um die

20, wollten die Welt retten und studierten gender studies. Manchmal war es fast witzig, wie immer dasselbe abgespult wurde, auch wenn es Null zu der Person passte, die ihnen Paroli geboten hatte. Es war einfach nur entlarvend. Schlagfertigkeit ist oft ein gutes Kompensationsmittel für mich, aber an einigen Tagen nahm ich den Scheiß mit in den Schlaf, oder schlief erst gar nicht wegen absurden victim-blamings und Dingen, die unter die sogenannte Gürtellinie gingen. Nach einem Monat hatten wir von A-Z alle Themen durchgekaut. Da mich Wiederholung frustriert, fragte ich mich, was ich nun mit dem account machen sollte. Mir folgten von Anfang an sieben Leute, die noch den hashtag nutzten, ansonsten war es schwer, mich überhaupt zu bemerken. Ich bemerkte, dass mir nur Feminist_innen folgten und somit entschied ich zu bleiben: Vielleicht war es höchste Zeit, Feminismus nicht als Nebenthema zu behandeln, explizit Feminist_in zu sein, nicht nur auf die Nachfrage „Bist Du etwa Feminist_in?" hin, auf die ich in der zweiten Hälfte meines Lebens immer nur kurz und knapp mit Ja geantwortet habe.

Ich weiß mittlerweile, warum es Leute gibt, die das erstaunt, dass ich mich so bezeichne. Viele haben eine Definition von Feminismus, aus der eine Menge Menschen herausfallen. Ein_e Feminist_in muss, um als solche anerkannt zu werden, eine „Powerfrau" sein, Erfolg haben, sich ihren Platz erkämpfen, unabhängig sein. Gleichzeitig wird dieser Erfolg so wahrgenommen werden, als ob diese Person den Feminismus nicht mehr braucht. Einer Person, die nicht mit Erfolg glänzen kann, die dafür zu marginalisiert ist, um als „unabhängig" wahrgenommen zu werden, also einer Person wie mir, wurde erzählt, ich könne das nicht sein. Emanzipiert sein wurde mit unabhängig sein gleichgesetzt. Da ich nicht so unabhängig bin, könne ich nicht emanzipiert sein, wurde behauptet. Gleichzeitig gehe es den Frauen in der „westlichen Welt" doch gut, was brauchen die eigentlich Feminismus, war kein selten anzutreffender Standpunkt. Ökonomie und Status sind ein Gradmesser, nachdem andere zu beurteilen versuchen, ob eins überhaupt Grund oder Berechtigung hat, sich so zu nennen. Hat eins angeblich nicht, wenn eins zu erfolgreich oder nicht erfolgreich genug und zu marginalisiert ist. Wer bleibt da übrig? Es stellte sich schnell heraus, dass es für mich daher nicht irgendein Feminismus sein kann. Ich hätte mich schon früher explizit Feminist_in genannt, wenn die mir bekannten Feminismen gepasst hätten. Ich fand Feminismus nie überflüssig, aber ich konnte mich als Jugendliche_r in den 80ern mit der „zweiten Welle" und deren essentialistischem Bild[48] vom Frausein nicht identifizieren. Ich war keine Frau. Ich war auch kein Mann oder tomboy[49]. Ich war und bin nichtbinär.

---

48 Der Feminismus der 80er Jahre war in großen Teilen noch ein Differenzfeminismus, der weniger von sozialen Unterschieden, als von Unterschieden innerlicher Fähigkeiten und Qualitäten ausging. Es wurde versucht durch das bloße Aufwerten von Frausein und „weiblichen" Qualitäten eine Gleichstellung zu erlangen. Dabei finden aber wieder binärgeschlechtliche, festlegende Zuschreibungen statt, die den angeblichen Stärken eines „weiblichen Geschlechts" gelten und es wird behauptet, dass diese Eigenschaften angeblich „wesenhaft" (Essenz=Wesen) seien für das Geschlecht, das Aufwertung erfahren soll. Eine bloße Umwertung von dem, was früher als „schwach" galt, in „stark" verlässt nicht den engen Denkraum der Dichotomien (Gegensätze), macht viele Existenzen/Identitäten unsichtbar, orientiert sich immer noch stark an Anatomie, von der diese vermeintlich wesenhaften Eigenschaften abgeleitet werden. Die angestrebte „Stärke" verpufft in einem „Teile und Herrsche" und zerstört nicht die die Komplexität anderer, verwobener Unterdrückungssysteme.

49 So werden Mädchen teils bezeichnet, wenn sie sich angeblich „jungenhaft" verhalten, kleiden etc.

Es dauerte aber eine Weile bis ich auf das label „nichtbinär“ stieß, welches für mich passte. Längere Zeit misgenderte ich mich selbst weiterhin und bezeichnete mich als cis[50], weil ich das Gefühl hatte, ich sei nicht trans genug oder vielleicht wolle ich ja das nur sein, wäre es aber nicht. Oh, dieses „etwas nicht genug sein“-Narrativ ist sehr hartnäckig.

Als ich versuchte einer twitter Bekanntschaft anzudeuten, dass ich wohl queer bin, wurde ich unterbrochen, es wurde für experimentieren oder kokettieren gehalten, mir fehlte ja genau diese Form der Unterdrückung während meiner Sozialisation in Kindheit und Jugend. Schlussfolgerung daraus: War meine Sozialisation nicht queer, war ich es auch nicht. Einen Moment rutschte ich wieder zurück und dachte: Dann bin ich es wohl doch nicht, ich habe keine Gefahr explizit deswegen erlebt, ich habe keine festen Beziehungen mit NichtcisMännern gehabt, bloß Anziehungen, die nicht lebbar waren (weil die Personen hetero waren und oder in monogamen lesbischen Beziehungen lebten, oder eventuell, weil ich eben auch schlicht weder dem queeren, noch dem heteronormativen Körperideal entspreche, noch dem von einem gesunden Körper). Es war nicht so, dass ich mega viele Chancen hatte, Männer wurden am ehesten auf mich aufmerksam,

---

50 Cis Personen stimmen mit dem Geschlecht überein, dass ihnen bei Geburt zugewiesen wurde. Das bedeutet nicht, dass sie sich mit diesem oder den Rollenerwartungen an ihr Geschlecht zu 100% wohl fühlen müssen. Es geht darum, ob das zugewiesene Geschlecht bei der Geburt das Geschlecht ist, mit dem die Person im Großen und Ganzen übereinstimmt. Bei der Geburt eines Kindes kann eigentlich keine_r wissen, welche Geschlechtsidentität diese Person haben wird. Diese Zuschreibung hat gravierende Folgen. Trans Personen wird bei der Geburt das falsche Geschlecht zugewiesen.

weil sie mich als hetero Frau lasen, während meine eigentliche geschlechtliche Identität für andere nicht existierte und meine anderen Anziehungen vermeintlich nur der Neugier geschuldet waren. Ich wusste vor twitter nicht mal, dass eins bi und queer sein kann. Ich bezeichne mich mittlerweile als pansexuell, weil ich mir nicht vorstellen kann, dass irgendein gender anziehungstechnisch nicht in Frage kommt, weil meine Anziehungen nach all meiner Erfahrung nicht davon abhängen, ob die Person Mann, Frau, agender, gender fluid, femme, boi etc. ist. Mittlerweile ist das kristallklar für mich: Ich bin crystal queer.

Am Anfang dachte ich, label (Bezeichnungen) würden einengen, aber der große Unterschied zur Fremdzuschreibung ist, dass eins sich selbst label aussucht, die am Ehesten passen. Es ist wie eine Abkürzung, anstatt langer Erklärungen und storytelling. Letzteres habe ich so oft versucht, anhand einer Geschichte aus meinem Leben etwas deutlich zu machen, zum Beispiel „das nicht als weiblich identifizieren“: Meist wurde dann auch die Geschichte spannend gefunden, aber die Interpretationen waren frei und gingen in alle möglichen Richtungen, nur oft nicht in die gewünschte.

Die Wege von mir und einigen followis (Leute, die mich auf twitter lesen) trennten sich, als ein Bruchteil von diesen sich als swerfs, also sexworker_innen ausschließende Feminist_innen und terfs, trans Personen ausschließende Feminist_innen, entpuppten. Ich erinnere mich gut an den Vorwurf des gaslightings an mich, weil ich eine anti-sexwork propagierende Person darauf aufmerksam machte, dass ihre Version von „Sexworker_innen haben oft sexualisierten abuse in ihrer Kindheit erlebt und nun würde sich das Trauma bei jedem Kundenkontakt (tm!) wiederholen“ sehr an ein damaged goods-Narrativ erinnert, so als wüssten Sexarbeiter_innen nicht, was sie da tun und müssten gerettet werden. Ich spreche hier explizit nur von sexwork als Entscheidung, alles andere ist Menschenhandel. Ich war und bin selbst nicht ganz frei von Vorurteilen gegen sexwork gewesen, aber auch da gab und gibt mir twitter die Möglichkeit die Ursachen zu reflektieren. Ich weiß von Betroffenen, dass sexwork in der Regel (im Gegensatz zum abuse) als kontrollierte Situation empfunden wird, denn es gibt eine Abmachung, eine Geschäftsabmachung, es werden Bedingungen und Grenzen genannt. Abmachungen werden vielleicht nicht immer eingehalten, aber das liegt auch daran, dass Sexworker_innen wegen fehlender Rechte und ihrer gesellschaftlichen Position es schwerer haben sich gegen Übergriffe zu schützen. Stigmatisierung hilft jedenfalls nicht. Der ausgetragene Konflikt war sehr heftig, besonders der Vorwurf des gaslightings nagte an mir, der eine Verdrehung war, weil die Person mir unterstellte, ich wäre unsolidarisch mit anderen „Opfern von abuse“, würde mich als einziges gültiges Opfer sehen. Uff, das hieß mehrere Tage mit wiederkehrenden Angstzuständen verbringen wegen des Themas und mich fragen, ob der Quatsch Kreise zieht.

#Transfeindlichkeit

Mit den trans Personen exkludierenden Menschen gab es auch nur aufwühlende „Diskussionen“. Aber eins dreht sich da sehr im Kreis, wenn eine Seite von biologischen Geschlechtern ausgeht und den Sozialisationsbegriff falsch gebraucht wie ein reines Reiz-Reaktions-Schema (Sozialisation ist in Wahrheit ein Patchwork an Einflüssen und bewirkt nicht bei allen dasselbe, es stellt nur eben einen unausweichlichen Einfluss da, zu dem eins sich verhalten muss. Aber WIE das geschieht, fällt unterschiedlich aus). Auch biologisches Geschlecht ist ein soziales Konstrukt, Genitalien, Chromosomen und Gonaden bestimmen nicht unsere geschlechtlichen Identitäten.

So, das war ein langer Vorlauf, denn das Wort Ableismus begegnete mir nur selten und es dauerte Wochen, bis mir jemensch erklärte, was es in etwa heißt, und ich so: "Oh my gosh!", denn Ableismus betrifft mich fast mein Leben lang sehr stark, und ich war immer der Einzelfall gewesen, di_er Empfindliche, durch all meine Lebensbedingungen, dabei hatte diese Unterdrückung einen Namen und sie war strukturell. Ich fragte in meinem Umfeld nach blogposts auf Deutsch zum Thema, die schien es 2013 nicht zu geben, Ableismus kam nur in Nebensätzen vor, mit Fußnote auch nur manchmal, die eine kurze Definition enthielt, allenfalls. Ich stellte aber fest, dass es in der englischsprachigen TL disability Aktivist_innen und viel Beschäftigung mit Ableismus als Struktur gab. Es gab hashtags, die Wissen dazu zu Tage förderten, und dieses Wissen wurde in kollektives Wissen verwandelt. Nicht wenige Menschen rümpfen ihre Nase über Hashtag-Aktivismus, dabei liefert dieser Material, über das sich qualitativ forschende Menschen, seien es Soziolog_innen oder Sprachwissenschaftler_innen, ein Geäst freuen würden. Von wem erfahren wir denn, wie diese Gesellschaft beschaffen ist, wenn nicht von den Akteur_innen? Als betroffene Person findet eins auf hashtags die Möglichkeit, sich nicht länger als Einzelfall zu begreifen, sich wiederzufinden oder von anderen Aspekten des Themas zu erfahren, über den eigenen Tellerrand zu schauen und dazu zu lernen.

Das Internet, in dem Menschen für sich selbst sprechen und gegebenenfalls „Gehör" finden können, in welchem neues Wissen entsteht, hat meiner Meinung nach schon lange eine neue Ära der Wissensproduktion eingeläutet. Vermutlich haben das schon zig Menschen vor mir behauptet. Aber in der Gegenwart werden Netzaktivismus und das dort entstehende Wissen leider immer noch überwiegend abgewertet.

Ich begann nach etwas mehr als zwei Monaten twitter das Wort „ableism" zu nutzen, ich benutzte lange den englischen Ausdruck, weil mir eben der eingedeutschte gar nicht geläufig war und auch, weil meine ersten Reflektionen von englischsprachigen accounts wie @EverydayAbleism angestoßen wurden. Dieser account regt mit geposteten Fragen Gespräche über Ableismus und Be_Hinderung an und wird von verschiedenen disability Aktivist_innen betreut. Der account und die hashtags des englischsprachigen twitters haben mir enorm dabei geholfen, andere Betroffene zu finden und zu connecten.

Dass das Lernen und Ent_Lernen nicht immer linear verläuft, zeigte sich, als ich zeitweilig in meinen Anfängen in einen whataboutism zurückfiel. Ja, Ableismus ist kaum Thema in vielen politischen Zusammenhängen und wird als Unterdrückungsform nicht sehr ernst genommen, das heißt aber nicht, dass es um die Sensibilisierung für andere Unterdrückungen viel besser bestellt ist, nur weil es zum Kampf gegen jene teils mehr Lippenbekenntnisse gibt, wie zum Beispiel gegen Sexismus oder Rassismus. Wenn eins damit argumentiert, entsteht der Eindruck, diese anderen Kämpfe wären schon ausgefochten und es macht diese unsichtbar. Es ist niemals okay, egal wie berechtigt die Kritik an fehlender Sensibilisierung ist, die Behauptung aufzustellen, da und dort sei mehr erreicht und damit die anderen andauernden Kämpfe unsichtbar zu machen. Dieser Punkt ist ein harter Brocken. Ich kaue immer noch daran, dass ich ein paar Mal in diese Verhaltens-/Argumentationsweise zurückgefallen bin. Ich muss mich weiterhin davor hüten. Auch das gehört zu meinem Beginn mit dem genaueren Wahrnehmen von Ableismus.

Nun zu den Orten, die Gedanken angestoßen haben:

Hashtags wie #AreWeWellYet, #TheAbleistScript, im Deutschen #isjairre, #notjustsad und #behindernisse haben

Menschen empowert und Gelegenheit zum Aufzeigen der ableistischen Strukturen gegeben. Ich erlebe die hashtags, an denen ich mich beteilige, als sehr empowernd.

#AreWeWellYet wurde gestartet von @LynxSainteMarie, um die Perspektive Ableisierter, dass Be_Hinderung etwas zu Überwindendes sei, aufzuzeigen. Be_hinderte/chronisch kranke Aktivist_innen posteten dort, welche derartigen Kommentare sie häufig zu hören bekommen.

#TheAbleistScript[51], gestartet von @autistichoya, war für mich der stärkste hashtag überhaupt, ich habe durch diesen noch besser die Struktur von alltäglichem Ableismus begriffen und habe vieles für mich dort auf den Punkt bringen können. Drei meiner tweets auf diesem hashtag habt Ihr ja im ersten Teil des Textes gelesen.

#isjairre wurde gestartet von @SassyHeng (@habibitus) und der Namensvorschlag kam von @Frollein_Punkt, auf doodle wurde über die Namensvorschläge abgestimmt. Der hashtag beschäftigte sich mit dem Stigma, welches Menschen mit psychischen Erkrankungen/„Störungen" aufgedrückt bekommen. Es wurde dort sarkastisch gespiegelt, während #notjustsad, initiiert von @Mali_2, eher beschreibend die Möglichkeit gab, die vielen Facetten von Depression anschaulich zu machen, jenseits von Bagatellisierung (just sad) oder Romantisierung.

Der #behindernisse[52]-hashtag war die großartige Idee von @_FL_ash, dort wurde über alle Arten von Barrieren und

---

51 Mehr zum Hintergrund der Entstehung des hashtags auf autistichoya.com: Brown, Lydia X. Z. (07.11.2015): #TheAbleist-Script (The Original Tweets). Online unter: http://www.autistichoya.com/2015/11/theableistscript-original-tweets.html?m=1 (Zugriff 5.04.2018).

52 https://be-hindernisse.org/ (Zugriff 05.04.2018).

eben Be_Hindernissen geschrieben, auf die be_hinderte Menschen in der Gesellschaft und Umwelt stoßen. Ich musste feststellen, wie viele Be_Hindernisse ich selbst nicht auf dem Schirm hatte, wenn es um andere Einschränkungen als meine eigenen ging.

Ich selbst habe auch einen in der englischsprachigen TL erfolgreichen hashtag lanciert, aber dazu gen Schluss.

Im Netz gibt es natürlich dieselben Dynamiken wie offline, es potenziert sich noch einmal, weil es für jede öffentliche Aussage viel mehr Zeug_innenschaft gibt als offline. Und dadurch, dass es „Zuschauer_innen" gibt, fährt eins einen Konflikt schon mal schneller an die Wand, der Druck ist groß, die Uhr tickt sehr laut und schnell, wenn alles eine unmittelbare Reaktion zu erfordern scheint, während wir offline manche Konflikte in Schrittchen und über einen längeren Zeitraum zu klären versuchen. Meist bekommt eins als Dank für das Sprechen über Diskriminierung die Diskriminierungsform vor den Bug gehauen, über die eins gerade gesprochen hat.

Das ist übrigens immer real life. Das sind reale Menschen, die verletzen und die verletzt werden - eins ist nur online für viel mehr Menschen erreichbar, leider auch als Zielscheibe.

Die positiven Seiten des Netzaktivismus sind: Im Feminismus sind die bekanntesten Speaker_innen (Sprecher_innen) offline oft *weiß*, cis, aus der Mittelschicht und akademisiert, im Netz ist das nicht zwingend so. Das sichtbar werden können auch als marginalisierte Person, „zugehört" bekommen und „zuhören" können ist hier eher möglich. Es ist ein unvergleichlicher Lernort, Betroffene sind Expert_innen und können sich selbst repräsentieren. Nicht umsonst greifen Wissenschaften Wissen und Entwicklungen aus dem (Netz)Aktivismus auf, sie übernehmen Begriffe aus dem Aktivismus und vice versa.

Mein Unbehagen bezüglich ableistischer Sprache nahm immer mehr zu. Es fing damit an, dass ich Worte nicht mehr lesen wollte, weil sie verletzend und unpräzise waren. Offline waren sie mir natürlich schon vorher begegnet, aber manchmal macht der gehäufte Gebrauch, wenn eins täglich diese Worte inflationär mitliest, stutzig, was Leute eigentlich damit sagen wollen und wozu es möglicherweise dient.

Und es war echt erstaunlich, wie viel backlash[53] oder Defensive es gibt, wenn eins Kritik an ableistischer Sprache übt. In der eigenen peer group (Bezugsgruppe) ebenfalls. Wir wissen ja: Wer queer/feministisch/links etc. ist, kann gar nicht istisch sein. Leider hindert diese Überzeugung politische Bewegungen an ihrer Weiterentwicklung.

Wie stark Ableismus und Klassismus zum Abwehren von Kritik benutzt werden, wird vielleicht an folgenden Reaktionsbeispielen deutlich:

- Erklär mir das, aber LOGISCH! (Übersetzung: Du bist subjektiv und emotional, zu empfindlich, nicht objektiv.)

- Hat ein_e Akademiker_in was dazu geschrieben, was Deine These belegt? (Übersetzung: Dein Status flößt mir nicht genug Respekt ein.)

- Wenn Du den Begriff richtig verstanden hättest, die Herkunft/Etymologie kennen würdest, fändest Du ihn sicher nicht ableistisch! (= Ableistisch und klassistisch, weil vom Nichtverstehen und Nichtwissen ausgehend.)

53 Rückschlag nach einem Fortschritt/Gegenschlag, meist seitens der privilegierten Gruppe

- Ich kenne aber eine_n Betroffene_n, der_m macht das gar nichts aus, di_er sieht das anders! (Übersetzung: Ich habe immer diese_n eine_n marginalisierte Freund_in, di_er zur Bestätigung meiner Meinung herhalten darf, ansonsten höre ich nicht zu.)
- Spalt mal nicht rum! Es gibt wichtigere Dinge. (Übersetzung: Stell Deine Anliegen zurück für „die Sache".)
- Hast Du dazu noch mehr links? (Übersetzung: Bitte investiere alle Deine Kraft und Zeit darein mich zu überzeugen, auch wenn Du dazu unglaublich viel geschrieben hast, ich es in der Suchmaschine checken oder followis fragen könnte.)
- Wenn Du das netter gesagt hättest...! (Übersetzung: Ich lenke Aufmerksamkeit auf deinen Ton und Deine Wut und ab vom Grund dafür.)

Ein Teil dieser Fragen wäre okay, wenn ein Text oder eine Tweetkette mehr Fragen aufwirft als beantwortet. Ich erwarte nicht, dass jede_r dasselbe weiß und dass Geschriebenes auf Anhieb einleuchtet und abgenickt wird. Nur, als Reaktion auf Kritik, mit der eins angesprochen wurde oder sich angesprochen fühlt, SO zu reagieren, schafft eine Beweislast auf Seiten der eh schon verletzten Person, die am ehesten weiß, wovon sie spricht. Wer gibt sich denn solche Konflikte zum Spaß, sagt: „Das verletzt mich" und macht sich damit noch verletzbarer, wenn diese Aussagen oft sofort individualisiert werden und eins daraufhin als „überempfindlich" abgestempelt wird? Durch das Nichtanerkennen der Verletzung findet noch mehr Verletzung statt. Wie viel würde es eine Person kosten, diese Verletzung auf Anhieb zu glauben, auch bevor es eine hieb- und stichfeste Erklärung gibt dafür, dass diese Verletzung einer strukturellen Diskriminierung entspricht? Warum nicht erstmal den Hinweis nehmen und selbst darüber nachdenken? Warum ist es plötzlich wichtiger das Selbstbild zu bewahren oder Recht zu haben als diskriminierungsfreie Sprache zu benutzen?[54]

Anfangs diskutierte ich tagelang allein zu dem Gebrauch von dumm und blind als Metaphern oder Xyz-phobie[55] für gruppenbezogene Menschenfeindlichkeit. Mit „Troll_innen" würde ich mich in der Regel nicht mehr so lang, breit und tief darüber auseinandersetzen, nach den ersten Monaten erkennt eins nicht ernst gemeinte Diskussionsintros sehr gut. Auch eine direkte istische personalisierte Beleidigung eingangs verrät doch einiges über die Absichten. Viel schwerer zu verarbeiten und zu bewältigen sind die Konflikte innerhalb der bubble (der eigenen Filterblase) oder eines politischen Spektrums, dem eins sich zuordnet, und ich rede hier nicht von unterschiedlichen Praxen, Herangehensweisen oder Standpunkten, auf die eins sich stützt, sondern von dem Umgang mit Kritik, mit dem das Vertrauen steht und fällt. Gerade wenn dieses defensive Verhalten von peers kommt, die eins schon als solidarisch erlebt hat, schätzt, mit denen eins Interessensüberschneidungen hat, ist das sehr verstörend, nachhaltig.

---

54 Anlässlich der Häufung von Konflikten innerhalb der bubble und dem schlechten Umgang mit Kritik schrieb ich den blogpost „Und bei Kritik macht die bubble peng" am 04.01.2016. Online unter: https://mikamikrokosmonautisch.wordpress.com/2016/01/04/und-bei-kritik-macht-die-bubble-peng/ (Zugriff 08.02.2018).

55 Zur ableistischen Verwendung des Phobiebegriffs schrieb ich am 11.10.2015 diese Tweetkette: https://twitter.com/MikaMurstein/status/653315654754410496 (Zugriff 05.04.2018). Auf Englisch gibt es folgende Tweetkette vom 10.05.2016: https://twitter.com/MikaMurstein/status/730064412174913537 (Zugriff 05.04.2018).

Sehr hilfreich ist für mich, bei mir selber zu gucken, ob ich etwas Verletzendes mit meiner „an sich okayen Absicht" entkräften will. Intent (Absicht) wird oft mit impact (Auswirkung) verwechselt oder die Absicht wird höher gewichtet als das Resultat einer Handlung. Aber auch, wenn ich jemenschen ohne Absicht auf die Zehen trete, kann das sehr weh tun. Da ist es besser sich dafür zu entschuldigen, DASS ich weh getan habe, anstatt mich zu entschuldigen, FALLS ich weh getan haben sollte, vor allem, wenn die andere Person gesagt hat, dass es schmerzhaft gewesen ist. Mir ist bewusst, wie die Zeit bei einem Konflikt rast. Deshalb schadet eine ernstgemeinte Entschuldigung auch nicht, bevor eins eine Kritik nachvollzogen hat. Ich habe schon Zeit damit vertan, erst eine Verletzung oder eine Kritik ganz nachvollziehen zu wollen und dann war es schon zu spät. Wer will schon ewig und drei Tage später wieder alles aufgewühlt bekommen?

Sprache ist Handlung. Das sehen wir an solchen Erlebnissen, wo Sprache sehr stark etwas bewirkt und verändert. Und sie ist niemals neutral.

Redewendungen wie „Auf dem rechten Auge blind sein", „Bist Du blind?", „blindes Vertrauen" zeigen, wie sehr wir „sehen" mit „erkennen" gleichsetzen. Was Menschen eigentlich meinen, wenn sie diese Redewendungen benutzen, ist klar, aber damit setzen sie Blindheit mit absichtsvoller Ignoranz gleich. Also mit etwas sehr Negativem und wie immer, wenn eine Krankheit, gesundheitliche Einschränkung oder Be_Hinderung als Metapher für negative menschliche Eigenschaften benutzt wird, ist dies ableistisch.

Bei Trump ist nicht die angenommene „Dummheit" das eigentliche Problem. Den eigenen Machterhalt zu bewirken ist alles andere als dumm. Die meisten „alt-right"[56] Menschen, Breitbart-Menschen und die Identitären kommen nicht ungepflegt und ungebildet daher, sie sind medial so akzeptabel geworden, weil sie sich in den codes nicht so stark von der Mitte der Gesellschaft unterscheiden, und es wird mittlerweile positiv über ihre styles geschrieben, als gehe es bloß um irgendwelche Stars auf irgendwelchen Galas. Das heißt, mit der falschen Kritik bewirkt eins oft gar nichts, vielleicht sogar das Gegenteil. Und schmeißt nebenbei Dis_Ableisierte (Be_Hinderte) unter den Bus.[57] Falsche Kritik, die Ismen reproduziert, auch gegen di_en politische_n Gegner_in, ist niemals zielführend und in Ordnung.

Am Anfang habe ich versucht anderen den Gebrauch von „dumm", „asozial" etc. für menschenfeindliches Verhalten madig zu machen mit dem Hinweis darauf, dass diese Wörter auch im Wertesystem von Nazis eine Rolle spielten und spielen. Bestimmte Gruppen werden als weniger intelligent, zivilisiert oder arbeitsam von Nazis dargestellt, es wurde schon deswegen getötet. Es wurden Menschen von Nationalsozialist_innen getötet, weil sie angeblich einer „minderwertigen Gruppe" angehörten, weil sie angeblich nicht intelligent genug waren, es gab einen extra

---

56 "Alt-right", also „Alternative Rechte", ist eine verniedlichende Selbstbezeichnung rechter US-Amerikanischer Bewegungen, Breitbart ist ein rechtes Nachrichtenportal in den USA, das sehr an Einfluss gewonnen hat in den letzten Jahren und die „Identitären" sind eine völkisch orientierte Bewegung, die in Österreich und Deutschland mehr und mehr Zulauf erlebt.

57 Unter den Bus schmeißen ist eine von deutschsprachigen Aktivist_innen wortwörtlich aus dem Englischen übersetzte aktivistische Redewendung (im Original: "to throw people under the bus"). Sie beschreibt den Vorgang des Stigmatisierens und Opferns einer anderen Interessengruppe als der eigenen.

Winkel für sogenannte Asoziale im KZ. Der erste Mensch, der dem systematischen Mord an be_hinderten und kranken Menschen zum Opfer fiel, bekam die Diagnose „Idiotie".

Dennoch haben Nazis kein Monopol auf abwertende Sprache und die Reproduktion von Ismen. Erst in der letzten Zeit habe ich mich wieder viel mit Klassismus und Ableismus von Links auseinandersetzen müssen und bin dabei auf Folgendes gestoßen: Aussagen zum „Lumpenproletariat"[58] und die Verwendung des Wortes asozial durch linke Theoretiker_innen. Kurz: Das Lumpenproletariat ist laut Marx so sehr auf das eigene Überleben fixiert, dass ihm nicht zu trauen ist, denn was würde es nicht alles tun für dieses Überleben, tricksen womöglich, irgendwelche dubiosen Geschäfte tätigen, sich opportun zeigen. Das hat mich sehr getroffen, diese Vorurteile gegenüber den Ärmsten der Armen. Diese haben demnach nicht die Voraussetzungen das theoretische und praktische framework des Sozialismus und Kommunismus zu verstehen, alles klar. Rosa Luxemburg hatte auch Meinungen dazu, was asozial sei, und der Sozialdemokrat Alfred Grotjahn hatte sogar eugenische „Sozialhygiene" im Sinn.

So etwas zu lesen ist für mich Herzbruch. Als dis_ableisierte, größtenteils mit Sozialhilfe aufgewachsene Person habe ich immer gespürt, dass ich noch unter der redlichen Arbeiter_innenklasse rangiere, aber herauszufinden, dass diese Vorurteile auch von großen linken Theoretiker_innen reproduziert wurden und sich immer

---

58 Schwartz, Michael (1994): „PROLETARIER" UND „LUMPEN". Sozialistische Ursprünge eugenischen Denkens. In: Institut für Zeitgeschichte, München (Hg.): Vierteljahrshefte für Zeitgeschichte Jahrgang 42, Heft 4, S. 537-570. Als Pdf online unter: http://www.ifz-muenchen.de/heftarchiv/1994_4_2_schwartz.pdf (Zugriff 05.04.2018).

noch wie ein roter Faden durch viele linke Bewegungen ziehen, tut sagenhaft weh. Seitdem nenne ich mich eben manchmal „Lumpi, das Proletariat". Aber es erklärt auch ein wenig, warum der Klassismus in den linken Gruppen, in denen ich mich befand, so präsent war. Viele Mitstreiter_innen stammten eher aus der Mittelschicht, sind mit theoretisch versierten linken Eltern aufgewachsen und hatten diesen Dünkel übernommen. Daran war nichts wirklich neu.

Für nicht wenige Menschen war der englischsprachige Text "Ableism/Language" von @autistichoya[59] ein guter Einstiegstext, um sich über antiableistische Sprachführung Gedanken zu machen. Das Unbehagen beim Hören und Lesen von „slurs", also hier: ableistischen Beschimpfungen und Beleidigungen, war nicht länger zusammenhangslos nach dieser Lektüre. Der Text enthält ein Glossar der Wörter, die sich im Ursprung auf Erkrankungen, neuroatypisch sein und Be_Hinderungen etc. beziehen, und in abwertender Weise gebraucht werden. Worte sind eben nicht nur Worte, sie sind auch Macht- und Unterwerfungsinstrumente.

Es ist sehr ermüdend immer wieder von vorne die Gedanken zusammenzukratzen, um in Diskussionen die eigenen Standpunkte und Kritikpunkte nachvollziehbar zu machen. Die Person, die eine Kritik nicht annehmen will, hat meist in dem Moment nicht auf dem Schirm, wie oft eine betroffene Person schon diese oder eine ähnliche Diskussion geführt hat, sondern nur ihr unangenehm berührt sein und den angeblichen „Vorwurf".

---

59 Brown, Lydia X. Z. (Juli 2012, zuletzt aktualisiert am 07.12.2016): Ableism/Language. Glossary of Ableist Phrases. Online unter: http://www.autistichoya.com/p/ableist-words-and-terms-to-avoid.html (Zugriff 05.04.2018).

Mir fehlt obendrein oft die körperliche fitness für einen vertiefenden blogpost, um dem writing flow nachzugeben, denn länger als zwei Stunden soll ich nicht sitzen, ich tippe aber nicht gerade schnell und obendrein sehr unkoordiniert. Wenn ich einen blogpost nicht am Stück fertigschreibe, dann ist das Risiko groß bis zur nächsten Gelegenheit den roten Faden verloren zu haben. Auch emotional stresst mich das Unabgeschlossene, es rumort dann weiter. Diese nicht am Stück geschriebenen blogposts teile ich nie. Deshalb stehen so wenige publiziert auf meinem blog.

Zum Glück gibt es die Möglichkeit tweets zu verbinden, wie in diesem folgenden Beispiel, und auch so wird ein kleiner Text zu einer wieder auffindbaren Ressource im twitterverse (Twitteruniversum).

Nach etwa zwei Jahren Diskussion fasste ich meine Gedanken in einem thread, einer Tweetkette, zusammen, denn mir hatte noch etwas gefehlt in der Diskussion, nämlich, dass es nicht um paternalistische Schonung vor einer tatsächlichen Wahrheit geht, wenn eins darauf verzichten soll, jemenschen als dumm zu bezeichnen.

Am 12. Januar 2016 schrieb ich:

„Wer meint, eins dürfe ‚dumm' nur nicht sagen aus Rücksicht auf Disableisierte, berücksichtigt noch nicht, dass ‚Dummheit' und Intelligenz keine objektiven Werte sind, die etwas über die Gesinnung oder die sozialen Fähigkeiten einer Person aussagen. Intelligenz muss als Wert an sich dekonstruiert werden, denn ganz offensichtlich ist ‚intelligent sein' UNGLEICH ‚ein guter, aufgeklärter Mensch sein' oder ‚sozial sein'. ‚Du bist dumm!' wird nicht nur ‚weniger intelligenten' Menschen gesagt, es funktioniert als Verletzung gegen alle und jede_n, jede_r ist da verletzbar, weil ‚Intelligenz' eben als falscher Wert viele Eigenschaften und Fähigkeiten suggeriert, die einem_r mit dieser Beleidigung abgesprochen werden. ‚Idiot(ie)' existierte hierzulande schon als medizinischer, pathologisierender Begriff. Es geht also weniger darum, Menschen zu schonen, als darum, zu zeigen, dass diese Beleidigung nicht ideologiefrei ist. Wäre ‚Dummheit' schuld an menschenfeindlichen Verhalten, spräche das nicht die so Bezeichneten von ihrer Verantwortung frei? Und setzte die Checkung von Verhältnissen und Privilegien als etwas, das den ‚Intelligenteren' vorbehalten (und möglich) ist, voraus? Das Wort ist unpräzise, aber mit Absicht, das ist auch etwas, das oft untergeht. Unser Genuss an ableistischen Beleidigungen, obwohl sie oft nicht bezeichnen, was eins exakt meint. Ableistische Beleidigungen verletzen halt effektiv. Und erscheinen knackiger als ‚Du menschenfeindliches Arschloch!'. Angesichts von Ideologien wie Eugenik und Rassismus, die Ableismus als festen Bestandteil beinhalten (wie ich gestern erklärte), ist es einfach geboten, von ableistischen Beleidigungen Abstand zu nehmen."[60]

Etwas später im selben Monat schrieb @_FL_ash einen sehr guten und verständlichen blogpost zum Thema mit dem Titel „Warum Nazis nicht dumm sind"[61], der seitdem eine wichtige Ressource im Netz darstellt.

So werden die unterschiedlichen Überlegungen einzelner Menschen zu einem Thema, zu kollektivem Wissen einer (das Netz betreffend: losen und dynamischen) community. Und dieses kollektive Wissen entsteht durch

---

60 Originaltweetkette online unter: https://twitter.com/MikaMurstein/status/686820679665225728 vom 12.01.2016 (Zugriff 05.04.2018).

61 Blogpost von @_FL_ash (24.01.2016): Warum Nazis nicht dumm sind. Online unter: https://hirngefickt.wordpress.com/2016/01/24/warum-nazis-nicht-dumm-sind/ (Zugriff 05.04.2018).

sichtbar gemachte Selbstreflektion und Austausch. Durch dieses Hervorbringen neuen Wissens, neuer Sichtweisen, eröffnet sich die Möglichkeit antiableistische Praxen zu entwickeln. Ich wünschte, wir könnten uns sehr viel mehr darauf konzentrieren und dass diese emanzipatorische Arbeit nicht von so vielen als nebensächlich erachtet wird. Oder eben sogar bekämpft.

Bevor ich auf die Repräsentation von be_hinderten Menschen eingehe, möchte ich noch derzeitige belastende Entwicklungen erwähnen. Die wenigsten marginalisierten Menschen sind nur von einer Unterdrückung betroffen. Wenn eins das deutlich macht, kommen schon auch mal Angriffe von links, eins betreibe „Identitätspolitik". Das kommt meist von Menschen, die intersektionalen Aktivismus für überflüssig halten, weil sich im Kommunismus alle anderen Unterdrückungen mit der Aufhebung von class in Luft und Wohlgefallen auflösen würden. Identitätspolitik wird aber dort notwendig, wo die Identität von Marginalisierten negiert oder abgesprochen oder im Hier und Jetzt unsichtbar gemacht wird. Diese Kritik kommt in der Regel von Leuten, deren Identitäten nicht dauernd in Frage gestellt werden und die das Wort „Privileg" oft missverstehen. Jemenschen auf ein Privileg aufmerksam zu machen heißt nicht, ih_m_r eine Schuld zu unterstellen oder die Abwesenheit von jeglicher Unterdrückung zu behaupten. Eine *weiße* Frau aus der Mittelschicht erlebt trotzdem Sexismus, ein *weißer* Mann, der queer ist, kann Unterdrückung durch Heteronormativität, class etc. erfahren. Privilegien negieren weder die Unterdrückungen, die eine Person erlebt, noch heben die Unterdrückungen die Privilegien auf. Class ist nicht der Trumpf, der sticht, und oft wird so getan, als ob eins ENTWEDER von class ODER etwas anderem betroffen sein kann. Was auch nur offenbart, wie *weiße* Personen sich universal setzen und in dem Moment den großen Anteil von Personen of Color innerhalb der Arbeiter_innenklasse unsichtbar machen.

Mir macht es sehr zu schaffen, mein links sein abgesprochen zu bekommen, weil ich nicht glaube, dass eine andere Gesellschaftsform ohne Intersektionalität je gelingen wird. Neulich gab es diese Behauptung „von links“: Eins könne gender auch ohne Queerfeminismus verstehen, den brauche es nicht, es gäbe ja materialistischen Feminismus. Ohne jetzt im Detail zu erklären, was all die Unterschiede zwischen diesen Theorien sind, finde ich es höchst absurd anderen zu erzählen, was sie brauchen zu ihrer Befreiung und was nicht. Zumal es im materialistischen Feminismus manchmal vor cisSexismus nur so wimmelt. Ich gehe auf dieses Gerangel um „Was darf sich links nennen?“ und auf mangelnde Intersektionalität noch in den Texten „What's left? -Ausschlüsse in linken Gruppierungen“ und „I am a Trend! – Beissreflexe? Ich beiße nicht, ich hexe!“ ein.

Das alles passiert zu einer Zeit, wo obendrein ein sehr polemisches Buch namens „Beissreflexe“ für Furore gesorgt hat, das angeblich innerqueerfeministische Kritik aufgreift, aber eigentlich eine Kritik an Kritik und queerfeministischen/antirassistischen Praxen und Interventionen[62] ist. Wieder wird queere Identität abgesprochen, es gibt scheinbar so ein urqueer und ich bin als nichtbinäre queere Person bloß ein Trend. Das höre/lese ich nicht zum

---

62 Der Sozialwissenschaftler und Biologe Heinz-Jürgen Voß schrieb über den „Beißreflexe“-Band einen sehr empfehlenswerten blogpost: Voß, Heinz-Jürgen (14.06.2017): Die Kritik in „Beißreflexe“ hat keinen intellektuellen Biss, sondern will nur verletzen. Eine Auseinandersetzung mit dem aktuellen Diskussionsstand. Online unter: https://dasendedessex.de/die-kritik-beissreflexe-hat-keinen-intellektuellen-biss-sondern-nur-verletzen-eine-auseinandersetzung-mit-dem-aktuellen-diskussionsstand/ (Zugriff 05.04.2018).

ersten Mal, mir wurde auf twitter schon gesagt, mein gender sei eine tumblr Erfindung, dabei existierte ich schon vor dem Internet und mein Bewusstwerden, dass ich nicht in die zweigeschlechtliche Norm passe, entstand im Grundschulalter, weil ich offenbar nicht den Rollenerwartungen des zweigeschlechtlichen Systems entsprach, ich konnte mich nicht identifizieren. Aber mit „queer als Identität" bin ich eben nicht dieses als subversiv geltende perverse queer, welches dann auch gleichzeitig als politische Praxis gilt. Auch Asexuelle fallen raus aus diesem queer, welches sich auf der Ebene der Sexualität beweisen lassen muss. Als sei Asexualität nicht auch etwas, was sich que(e)r zur Heteronormativität verhalten kann. Der Ausschluss, den nichtbinäre/bisexuelle/asexuelle/trans/inter Personen aus der Kategorie queer erfahren, basiert auf misgendering, Bifeindlichkeit, cisSexismus und Allosexualität als vorausgesetzte Norm. Vernachlässigt wird bei dem Ausschluss dieser Gruppen aus der Kategorie queer, wie die genannten Gruppen als „queer", also seltsam, nicht normal, behandelt wurden und werden. Ihre Pathologisierung hält bis heute an. Ohne die gewaltvolle Zuschreibung an Körper, der Orientierung daran, was sichtbar zu sein scheint, und wie das Sichtbare, zum Beispiel genderperformance, interpretiert wird, gäbe es diese Art des Ausschlusses nicht. Ich bin aber mehr und oft etwas anderes als das „Sichtbare".

Dann gibt es angeblich Sprechverbote durch Marginalisierte und ich denke so: In which universe habe ich zum Beispiel diese Macht den Autor_innen dieses Bandes „Sprechverbote" zu erteilen? Weil sie einmal nicht die Expertise zu etwas bieten können, einmal wer anders das Mikro in der Hand hält, als sie selber, ist das schon ein Sprechverbot? Ich habe schon erlebt, wie Menschen ewig und drei Tage darüber sprachen, wie sehr sie gerade aufgrund ihrer Privilegien(!) aus einem Raum für anders Betroffene ausgeschlossen wurden. Wenn sich über safespaces (geschütze Räume) für eine bestimmte Gruppe beschwert wird, obwohl eins in die Mehrheit aller (queeren) Räume kommt, habe ich dafür wenig Verständnis. Eigentlich bestätigt dieses Verhalten, dass es safespaces braucht. Es braucht dort nicht Menschen, die immer über andere und ihre Erfahrungen hinwegreden. Mehr dazu in „I am a Trend! – Beissreflexe? Ich beiße nicht, ich hexe!".

Was diese diversen backlashes gemeinsam haben: Sie kritisieren auf eine reaktionäre Weise Konzepte wie Intersektionalität, DefMa (Definitionsmacht), Kritik an cultural appropriation (kultureller Aneignung), safespaces und immer wieder fällt auf, wie die Definitionen dieser Begriffe verdreht werden, um sie dann zu diskreditieren, was nicht schwer ist, denn die Verdrehungen[63] dieser Begriffe haben wenig Ähnlichkeit mit den eigentlichen Definitionen. Es ist sehr mühsam, wenn eins erstmal all diese Verdrehungen wieder „richtig herumdrehen muss", also die Begriffe so erklären, wie sie tatsächlich einmal definiert wurden oder angewandt werden, das alles zu belegen, während bei dem, woran sich eins abarbeiten muss, sich gar nicht die Mühe der Genauigkeit (der Recherche/der Differenzierung, etc.) gemacht wurde. Das ist eine Schieflage von Anfang an. Eine sachliche, gut argumentierte Reaktion abliefern zu müssen auf eine reaktionäre Polemik ist eine Unternehmung, bei der die mehrfach marginalisierte Person sich unendlich abarbeiten kann und es trotzdem weiterhin mehr zählt, WER SPRICHT (Status der Person). Und die, die am meisten über Sprechverbote klagen, sitzen am

---

63 Den sehr guten Artikel „Dreiste Umkehrung" zu diesem Phänomen der Verdrehung allgemein und der Aversionserzeugung gegen bestimmte Praxen und Begriffe veröffentlichte Anna Böcker in der taz vom 26.12.2016, online unter: http://www.taz.de/!5365005/ (Zugriff 08.02.2018).

häufigsten auf Podien, kriegen die beste Sendezeit, haben die besten Auflagen.

Warum ich diese allseitigen backlash-Konflikte erwähne? Weil es den Aktivismusalltag, den Kampf gegen Unterdrückung be_hindert. Es frisst dermaßen viel Energie, wenn eine_r_m ständig Identität abgesprochen wird und eins jeden Fortschritt verteidigen muss. Für mich macht Aktivismus ohne Verortung, ohne das Wissen um eine sich immer weiterentwickelnde Identität, keinen Sinn. Wenn ich weiß, wo ich mich befinde, dann ist deutlicher, was meine Perspektiven prägt und beeinflusst: Nämlich Betroffenheiten und Privilegien gleichermaßen. Eins könnte jetzt sagen: Wie soll ich das denn wissen, dass das, was ich als selbstverständlich erachte, gar nicht universal und selbstverständlich ist? In dem eins anders Betroffenen zuhört, Glauben schenkt, zum Beispiel, wenn eins darauf hingewiesen wurde, was eins in der eigenen Perspektive außer Acht lässt: Der Hinweis ist so etwas wie ein reminder (Erinnerungsnotiz). Eins hat die Info bekommen, worauf eins mehr achten sollte, es ist nicht mehr unbekannt, worum es sich dabei handelt. No excuses.

Ich hätte ohne die großartige Arbeit von Personen of Color nicht annähernd begriffen, was „Weißheit" bedeutet, wie sie perpetuiert wird und es ist eben auch bezeichnend, dass Personen of Color *weiße* Menschen mitdenken müssen, während *weiße* Menschen nicht dazu gezwungen sind Personen of Color mitzudenken.

Da ich nicht nur von einer Unterdrückung betroffen bin, mehrere Diskriminierungsformen täglich erlebe, gibt es viel zu verarbeiten. Das ist sehr anstrengend, und obwohl twitter zu einem Teil halt eine Potenzierung der Auseinandersetzung wird, die auch in einem overload an Information münden kann, tut es gut, nicht alleine konfrontiert zu sein mit gesellschaftlicher Realität, eine Vielstimmigkeit vorzufinden, die eigenen Gedanken sichtbar werden zu lassen zu den geteilten Informationen. Manche blogposts und Artikel sind auch Balsam, wenn sie die Worte finden, nach denen eins gesucht hat, oder für die eins nicht mehr die Energie hatte. Auch als mehrfach marginalisierte Person erlebe ich natürlich nicht alle Betroffenheiten. Deshalb ist es mir wichtig auf meinem account auch viel Raum für andere Betroffenheiten zu lassen. Stimmen Betroffener zu verstärken, ist eine Möglichkeit sinnvoll zu supporten. Auf twitter kann eins das praktizieren durch retweeten, verlinken und credits geben, Lektüren empfehlen und indem eins nach Möglichkeit mehrfach Marginalisierte finanziell für die emanzipatorische Arbeit, von der so viele profitieren, vergütet.

Nach diesem ausführlichen „alles hängt mit allem zusammen", sorry, möchte ich zur medialen Repräsentation von be_hinderten und chronisch kranken Menschen kommen.

In den sozialen Medien sind dis_ableisierte Menschen in der Lage sich selbst zu repräsentieren wie nirgendwo sonst. Nicht jede_r ist so bekannt wie Aimée Mullins, die ich im ersten Teil erwähnte, und natürlich sind die Reichweite und der Einflussbereich der meisten wesentlich geringer, nichtsdestotrotz bewirkt Selbstrepräsentation self-empowerment und gegebenenfalls empowerment von peers. Leider orientieren sich Organisationen, Schriftsteller_innen, Filmemacher_innen, Journalist_innen viel zu wenig an den Selbstrepräsentationen be_hinderter und chronisch kranker Menschen. Die eigene Position in einer ableistischen Gesellschaft wird oft nicht hinterfragt und auch nicht, wie ethisch es ist, über und für andere zu sprechen und an welchen Bildern sich orientiert wird.

So hat das nichtbehinderte Fotomodel Kylie Jenner vor einigen Jahren einen Fotoshoot gemacht, der viele in der disability bubble (zu Recht, wie ich finde) aufgeregt hat, weil die Darstellung, in der Kylie Jenner wehrlos aussehend, wie eine Sextoypuppe geschminkt, an „einen Rollstuhl gebunden" inszeniert wurde, auf so vielen Ebenen problematisch ist. Im begleitenden Interview des Magazins „Interview", und hier kommt die Aussage, die die problematische Kontextualisierung unterstreicht, äußerte sie, „wie der frühe Ruhm sie ‚begrenzt' habe" und diese Begrenzung sollten der goldene Rollstuhl und das daran gefesselt sein veranschaulichen. Uff, wo anfangen? Der Rollstuhl ist hier also ein sexy Accessoire und „Gefängnis" zugleich, in dem eine Person passiv und wehrlos sitzt. So sind die Be_Hinderung und die mit ihr einhergehenden Vorstellungen in diesem Fall der Fetisch. In Wahrheit ist der Rollstuhl für viele aber kein Gefängnis, sondern bedeutet Freiheit, er ermöglicht zu partizipieren, von A nach B zu kommen, sich von Orten zu entfernen, wo es einem_r nicht gut geht. Das Problem ist nicht, dass Hilfsmittel und be_hinderte Körper als sexy dargestellt werden, für viele be_hinderte Menschen ist das selbstverständlich, wenn auch nicht so einfach zu empfinden in einer Gesellschaft, die eine_n entweder desexualisiert oder, wie in diesem Fotoshoot, Be_hinderung als Fetisch hypersexualisiert. Es empowert halt in den seltensten Fällen, wenn so ein shoot dem typischen cis männlichen, nichtbehinderten Blick geschuldet ist und eingeschränkte Bewegungsfähigkeit mit Passivität und mangelnder agency[64] gleichgesetzt wird.

64 „Agency" bedeutet nicht einfach Handlungsmacht oder Autonomie. Jedes Subjekt ist gesellschaftlichen Bedingungen unterworfen. Aber der Versuch sich selbst zu vertreten, für sich selbst zu sprechen, ist die Form von agency, die ich hier meine. Deshalb sind Worte wie „Handlungsmacht, Teilhabe, Partizipation oder Autonomie" für mich nicht synonym zu setzen. Mir begegnete der Begriff zum ersten Mal bei Ruth Lister, die viel über Armut und agency schrieb. Es ist nicht zu verwechseln mit „Wer nur stark genug will, kann sein Leben und die Repräsentation desselbigen,

Wovon mir ein wenig schlecht ist, dass letzteres der sexy turn on (Reiz) der Fotos zu sein scheint.

#abuse

Be_hinderte Menschen erleben gehäuft viele Formen von abuse[65]. Gerade aber der sexualisierte abuse von be_hinderten Menschen (jeden Geschlechts!) ist in dieser Gesellschaft so gut wie nicht sichtbar. Be_hinderte Menschen werden nicht für sexuelle Wesen gehalten, entsprechen in mancher Hinsicht nicht den Körper- und Schönheitsstandards, also kann das ja nicht wahr sein, diese Gewalt. Das ist eine völlig falsche Vorstellung von abuse, der eben in erster Linie nicht auf Attraktivität oder Begehren basiert, es geht um Macht, weniger um Anziehung. Deshalb sind gerade die Menschen oft Täter_innen, die sich in Vertrauenspositionen, als Lehrer_innen, Pfleger_innen, Familienmitglieder etc., befinden und von denen eins natürlich partiell abhängig ist. Diese Personen profitieren davon, falls sie sich abusive verhalten, dass be_hinderte Menschen ihren support brauchen, dass be_hinderte Menschen als desexualisiert gedacht und helfende Menschen als „gut" wahrgenommen werden. All das geht mir durch den Kopf, wenn ich dieses Bild ansehe. Kylie Jenner empowert nicht, wenn sie als nichtbehinderte normschöne Person vorgibt zu zeigen, wie sexy ein Rollstuhl sein kann und gleichzeitig damit ihre „Verkrüppelung" durch Medienaufmerksamkeit deutlich machen will, und dies als sexy interpretiert wird. Sie kann Be_Hinderung nicht repräsentieren, es ist Null ihre eigene gelebte Erfahrung.

---

die Rezeption komplett steuern."

65 Abuse bezeichnet nicht nur sexualisierte Misshandlung, sondern auch sonstige Formen physischer und emotionaler, oft lang andauernder, systematischer Misshandlung.

Als Reaktion auf diesen Fotoshoot haben sich be_hinderte Menschen auf twitter sexy im Rollstuhl abgelichtet, aber auch mit Rollstuhl in alltäglichen Situationen und geschrieben, was er für sie bedeutet: Nämlich ein Stück Unabhängigkeit. Aber nichtsdestotrotz ebenso über die Ambivalenz, über die Barrieren, die nicht der Rollstuhl, sondern die Gesellschaft schafft für Rollstuhl Nutzende, wurde nachgedacht. Darüber, wie schwer oder unmöglich es ist sich einen adäquaten Rollstuhl zu leisten. Über die Verarbeitung des Verlusts eventueller früherer größerer Mobilität.

Nicht unerheblich ist unser Bild von Be_Hinderung durch Bücher, Filme und Zeitungsartikel geprägt. Ich verfüge leider nicht über das Budget, sonst würde ich das Pensum an diversen Kinder- und Jugendbüchern zu dieser Repräsentation nachholen wollen, die es zu meiner Zeit scheinbar nicht gab, oder auf die ich nicht gestoßen bin. Es gab schon tolle, freche, autonome Charaktere, aber diese waren eben mehrheitlich nichtbehindert. Außer der Figur Kai in den Großstadtkrokodilen fällt mir so schnell nichts auf Anhieb ein, aber unter den Jugendbüchern gab es zwei, die haften blieben. In Myron Levoys „Der gelbe Vogel" ist es allerdings ein Junge namens Alan, aus dessen Sicht seine Freund_innenschaft mit einem neuroatypischen Mädchen namens Naomi geschildert wird. Naomi ist traumatisiert, nachdem ihre Familie von den Nazis verfolgt und ihr Vater getötet wurde. Das Buch stellt Alans Bemühungen, Naomi zu helfen, mehr in den Vordergrund als das, was in Naomi wirklich vorgeht. Damals hat mich das Buch sehr berührt. Heute sehe ich solche saviour Narrative (Retter_innen-Narrative) kritischer, selbst wenn die Geschichte nicht unrealistisch endet. Das andere Buch, an welches ich mich sehr gut erinnere, ist „Behalt das Leben lieb" von Jaap ter Har. Beer ist 13, als er durch einen Unfall erblindet. Am deutlichsten sind mir das Mitleid, der Ableismus und die Unbeholfenheit seines Umfelds in Erinnerung geblieben. Ich stellte das Buch einmal in der Schule vor, danach wurde ich mit dem Buchtitel aufgezogen, ein Mitschüler rief mir ein paar Mal nach: „Behalt das Leben lieb!"

Es gibt viele be_hinderte Menschen auf twitter, oft eine ganze Generation jünger als ich, die mit diversen Veröffentlichungen und Kinder- und Jugendbüchern Schritt halten. Unter dem hashtag #criplit von @nicolaz finden sich immer wieder interessante chats zu diesem Thema.

Be_hinderte Menschen sind also oft eher Gegenstand der Wohltätigkeit anderer: Es gibt hauptsächlich viele Rettungsnarrative, wie andere dazu beitragen, dass eine be_hinderte Person aus sich herauskommt, ihr Potenzial entfaltet, ihren Wert erkennt (durch den Blickwinkel anderer, leider). Oder sie werden als die ultimativen Bösewicht_innen dargestellt, was wie ein sehr archaisches Muster anmutet, aber immer noch ein häufig vorkommendes Narrativ ist. Schon in der Bibel gibt es dieses Narrativ, von Dämonen besessen zu sein, ein unreiner Geist führe zu Krankheit. Krankheit als Strafe. Als Aussonderungsgrund. Eins muss mal überlegen, was bei dem Ausspruch „Das ist doch krank!" alles mitschwingt.

Auf dem englischsprachigen hashtag #FilmDis veranstaltet @dominickevans regelmäßig chats über die Repräsentation be_hinderter Menschen und damit verzahnter anderer Marginalisierungen im Film. In vielen Mainstreamfilmen wird es als etwas ganz Selbstverständliches dargestellt, dass Menschen, die sich plötzlich in ihrem Leben mit Be_Hinderung oder chronischer Krankheit konfrontiert sehen, ihr Leben nicht mehr als lebenswert empfinden, als sei es nicht mehr ihr Leben. In Filmen wie "Me Before You" (Ein ganzes halbes Jahr) wird das als etwas ganz Logisches präsentiert, obwohl der Protagonist noch über andere

Privilegien verfügt: Er ist *weiß*, lebt nicht prekär, hat einen guten Job, den er vermutlich auch weiter nachgehen könnte, weil er sich die Anpassungen leisten kann und dann gibt es da noch die Partnerin, die ihn liebt. Aber das ist ja alles nichts verglichen mit dem „Davor". Es herrscht gegenüber Suizidalität eine so unglaubliche Doppelmoral: Egoismus oder Feigheit sind die ersten Vorwürfe, die suizidalen Menschen gemacht werden. Es sei denn: Ein Mensch ist tödlich krank oder vom Hals abwärts gelähmt. Naja, selbst da nicht immer, es wird dann scheinbar eher akzeptiert in der Theorie/Fiktion. Für be_hinderte Menschen ist das eine schreckliche Botschaft: Wenn du nicht autonom, unabhängig genug von support bist, dann ist dein Todeswunsch nachvollziehbar. Dann ist das kein lebenswertes Leben, also verständlich, darauf verzichten zu wollen. Dabei ist auch dieses Thema so vielschichtig: Schmerzen können depressiv machen, beziehungswiese Depression verstärken, Begrenzungen durch Gesellschaft/Ableismus, die prekären Lebensbedingungen etc. ebenso. Es geht nicht darum, für andere zu bestimmen, was diese aushalten können sollen, das ist ganz und gar nicht mein Anliegen. Dieses Pseudo-Verständnis für diese eine „Begründung", und dagegen kein Verständnis für die individuellen Wünsche und Bedarfe der Menschen zu haben, die erfüllt sein müssten, um ein menschenwürdiges Leben zu leben, ist bedrückend. Dass nicht der support geboten wird, der Betroffenen annähernd das Leben ermöglichen könnte, das sie brauchen und wünschen, dass nicht gegen Ableismus, den Betroffene erfahren, gekämpft wird, verrät so viel über Wertigkeiten.

Die Darstellung von *weißen* Täter_innen, die oft nachweisbar aus politischen Motiven gehandelt haben, mündet in der Regel in eine ableistische Darstellung als „lone wolf"-Einzeltäter_in, eins müsse ja verrückt sein, um so etwas Grausames wie einen sogenannten Amoklauf, nicht selten eher einen geplanten Anschlag, durchzuführen. Da können die Täter_innen ellenlange Pamphlete oder aussagekräftige Videos mit gruppenbezogenen Hass vor der Tat anfertigen, die Gesellschaft will sich lieber beruhigen damit, dass dieses „Monströse" nicht Teil von ihr ist, selbst wenn Ansichten des_r Täters_in geteilt wurden, nur ohne das überspitzte „Fazit". Das muss dann psychischer Krankheit geschuldet sein. Ein_e *weiße_r* Täter_in, di_er des Terrorismus angeklagt wird, ist eine Seltenheit. Durch die Verschiebung der Ursachen auf „psychische Störungen" entfällt die volle Schuldfähigkeit, entsteht gleichzeitig der Eindruck, es bestehe eher Bedrohung durch „unberechenbare Verrücktheit". Während diese Form des Ableismus die_n *weiße_n* Täter_in entlastet, verletzt sie unzählige Menschen: unbeteiligte psychisch kranke und neuroatypische Menschen. Diese ableistische „Erklärung" für solche Taten wird dem Fakt nicht gerecht, dass psychisch erkrankte/neuroatypische Menschen häufiger Opfer von Gewalt werden, als dass sie diese anwenden, dass neuroatypischen Menschen weniger Glauben geschenkt wird, wenn sie Gewalt erfahren. Auch ist das framing (der Deutungs-/Darstellungsrahmen) ein anderes, wenn di_er Täter_in muslimisch ist. Sofort ist von Terrorismus die Rede. Hat die Polizei wieder „aus Versehen" einen Schwarzen Menschen erschossen, muss schnell etwas Kriminelles in dessen Vergangenheit gefunden werden, um nachträglich den Eindruck von Rechtfertigung zu erzeugen. Be_hinderte/neuroatypische Schwarze Menschen sind größerer Gefahr ausgesetzt Opfer von Polizeibrutalität zu werden, ihr Leben bei einer Auseinandersetzung mit der Polizei zu verlieren, sogar wenn sie diese selbst um Hilfe gerufen haben.

Zurück zu dem Motiv des_r *weißen* Einzeltäter_in, die_r ja einfach nur „psychisch gestört" sei.

Der Name Fjotolf Hansen wird Euch wahrscheinlich nichts sagen, der Name Anders Behring Breivik dagegen schon. Es ist ein und dieselbe Person. Der Täter hat seinen Namen im Juli letzten Jahres ändern lassen. Am 22. Juli 2011 tötete er auf der Insel Utøya 69 Menschen, nachdem er zuvor in Oslo acht Menschen mithilfe einer Bombe tötete. Auf Utøya waren 50 der Opfer nicht älter als 18 Jahre, die Zielgruppe waren also vorwiegend Jugendliche, die ein Camp der Parteijugendorganisation AUF besuchten. Zuvor veröffentlichte er ein 1500 Seiten langes Manifest, in dem seine Motive deutlich geschildert werden: Hass auf „Kulturmarxismus und Multikulturalismus" und insbesondere auf den Islam. Obwohl wegen des Ausmaßes an Planung, der Opferzahl als auch der Nachweisbarkeit von politischen Motiven mehr Medien als sonst von ihm als Terroristen sprachen, gab es anfangs ein Bemühen, den Täter für psychisch unzurechnungsfähig zum Zeitpunkt der Taten zu erklären. Dieses erste Gutachten wurde aber wieder außer Kraft gesetzt, da das psychologische Personal des Gefängnisses die Diagnose nicht bestätigt sah im Verhalten des Täters. Sicher waren die Aktionen, wie dem Hass des Täters Liebe entgegen zu setzen, ihn nicht gewinnen zu lassen, eine nette, besonnene Reaktion, dennoch hat bei der darauffolgenden Wahl die konservative Partei Høyre in Koalition mit der christdemokratischen Partei und der rechten Fortschrittspartei gewonnen. Letztere, die Fremskrittspartiet, ist die Partei, in der Breivik Mitglied war. In Norwegen sind viele Asylsuchende am „Ende der Welt" untergebracht, die Fremskrittspartiet wollte sogar einmal nach einer Gewalttat durch einen Asylsuchenden, der seinen Abschiebebescheid bekommen hatte, „geschlossene Aufnahmelager" einrichten. Wie krass für Menschen, die aus ihrer Heimat vor solch staatlicher Drangsal fliehen. Sind also solche diskriminierenden Haltungen/Positionen psychischer Erkrankung geschuldet? Ganz sicher nicht.

Nach solchen Taten wie der von Breivik begangenen fehlt die Selbstreflektion einer Gesellschaft, was die Ansichten und Haltungen[66] betrifft, die sie mit einem Täter womöglich teilte, warum dieser sich vielleicht in seinem Handeln bestätigt sieht durch bestimmte „Werte“, die hochgehalten werden. Das ist politisch eine sehr traurige und fatale Entwicklung: Der Täter hat zumindest seinen Wunsch erfüllt bekommen, dass die, die er als Feind_innen sah, weniger Einfluss haben auf die Gestaltung der Gesellschaft.

Ich komme nun auf den sogenannten „Amoklauf“ von Isla Vista zu sprechen, der auch in mehrfacher Hinsicht schwer zu verarbeiten ist, weil abgesehen davon, welche Zielgruppe und Motive der Täter hatte, die Berichterstattung doch wieder das meiste mit psychischer Erkrankung, Außenseitertum und Mobbing zu erklären versuchte. Ich will nicht behaupten, dass sich bestimmte politische/menschenfeindliche Haltungen und eine psychische Erkrankung ausschließen, ich glaube nur, dass eine psychische Erkrankung in den seltensten Fällen ausschlaggebend für hate crimes (politische Hassverbrechen) ist. Auch sind nicht alle Menschen, die Mobbing erfahren haben, „tickende Zeitbomben“, sie sind sozial vielleicht vorsichtiger mit Vertrauen und leichter sozial anxious (unsicher bis hin zu Angstzuständen). Sogenannte „Persönlichkeitsstörungen“ führen seltener zur Gefährdung anderer als zur

66 Mit dem Buchtitel „Einer von uns“ (En av oss) trifft Åsne Seierstad den Kern dessen, was ich meine: All die „monströs“ erscheinenden Feindlichkeiten, die den Taten Breiviks zu Grunde liegen, sind in der Gesellschaft geduldet, so lange sie nicht in extremen Taten ausagiert werden. In der Gesellschaft wird Angst vor Islamisierung und „Linksruck“ mehr geschürt als vor dem Erstarken des Rechtsextremismus. Das ist so meine freie Assoziation zu dem Buchttitel. Die Gesellschaft würde diese gefährlichen Einstellungen lieber nur im Einzeltäter verorten.

Selbstgefährdung oder Rückzug. Elliot Rodger, der Täter von Isla Vista, verfasste ein 176 Seiten langes misogynes (frauenfeindliches), teils rassistisches Manifest, und stellte ein Video ins Internet, das er mit „Tag der Vergeltung" übertitelte, bevor er seinen Plan in die Tat umsetzte. Der Tenor seines Manifests war: "If I can't have you girls, I will destroy you." (Wenn ich euch Mädchen nicht haben kann, werde ich euch vernichten.)[67] Elliot Rodger hinterließ auch misogyne und antifeministische Äußerungen auf PUA/ MRA-Seiten[68]. Nachdem Elliott Rodger sechs Menschen auf seinem Vergeltungszug tötete und im Anschluss sich selbst, wurde die Abgabe von Waffen an Menschen mit psychischer Erkrankung diskutiert, anstatt wie alltäglich es für Frauen ist, mit diesen männlichen entitlements (Anspruchshaltungen), von denen die Taten des Täters getragen wurden, konfrontiert zu sein. Getragen von der Empfindung, ihm hätte mehr zugestanden. Cis hetero Männern wird in dieser Gesellschaft immer noch vermittelt,

---

67 Von @halfjill_2010 stammt folgender blogpost auf der mädchenmannschaft über die misogynen Taten von Elliot Rodger: Schönwetter, Charlott (25.05.2014): Einzelfall Elliot Rodger. Oder: Wieder sexistisch motivierte Morde. Online unter: https://maedchenmannschaft.net/einzelfall-elliot-rodger-oder-wieder-sexistisch-motivierte-morde/ (Zugriff 05.04.2018).

68 PUA steht für Pick-Up-Artists, die sich nach Selbstbeschreibung der Kunst der Verführung widmen. Ihre Tipps und Tricks sind teils von NLP Praktiken entliehen, teils einfach stereotype Annahmen, womit Frauen rumzukriegen seien. Dass dieses „strategisch" jemenschen dazu zu bringen, dasselbe zu wollen, eine Gefahr birgt, liegt für mich auf der Hand. MRA bedeutet „Men's Rights Activists", also zu Deutsch Männerrechtler. Das Engagement letzterer für Männer mit zum Beispiel Gewalterfahrungen oder für Obdachlose fällt dürftig aus. Viel Energie wird dagegen investiert, um Feminismus und Feminist_innen anzugreifen und eine Benachteiligung von Männern zu behaupten.

sie hätten einen Anspruch auf den Körper, die Zeit und die Aufmerksamkeit von Frauen. Die „Sanktionen" bei Nichterhalt fallen natürlich nicht immer so drastisch aus, aber (nicht nur) jede Frau kann Geschichten über diese Form des entitlements erzählen. „Neins" und „Grenzen" werden nicht beachtet. Im Kino laufen endlos viele Geschichten, in denen der Protagonist nicht lockerlässt und hartnäckig seine Zuneigung deutlich macht und dabei als großer Liebender dargestellt wird. Als wäre stalking romantisch. Als wäre klar: Wenn Elliot Rodger so oft zurückgewiesen wurde, dann ist DAS die Megatragödie, denn hätte er nur ein bisschen Liebe bekommen, wäre das alles nicht passiert. Was für ein schreckliches Narrativ. Wie immer wieder die Taten von *weißen* oder *weiß* gelesenen Tätern entschuldigt werden. Wir wissen, dass das framing anders wäre, hätte ein Schwarzer Amerikaner diese Taten begangen oder ein Muslim. Elliot Rodger hat selbst Rassismus internalisiert als jemensch, der als "mixed race" angesehen wird, fühlte sich aber Schwarzen Männern überlegen. Er äußerte Unverständnis darüber, warum *weiße* Mädchen eher auf diese stehen würden als auf ihn. Als Antwort auf das in den Hintergrund treten der misogynen Aspekte der Tat und das Abwälzen auf psychische Erkrankung als Erklärung gab es den hashtag #yesallwomen. Von #notallmen Männern kam der Einwand, der Täter habe aber letztendlich mehr Männer als Frauen erschossen, es könne sich also nicht um ein frauenfeindliches Motiv handeln. Er tötete diese Männer aber, weil er auf sie neidisch war und aus taktischen Gründen.

Nachrichten über solche Taten zu verarbeiten ist sehr schwierig für mehrfach marginalisierte Personen. Da ist einmal die Misogynie, das entitlement und dann auch noch der Ableismus, in diesem Fall „sanism" (Diskriminierung von neuroatypischen Menschen). Obendrein wird in dem Sprechen über die Motive der Tat deutlich, dass cis hetero normatives Denken vorherrscht. Warum geht es plötzlich darum, ob die Person heartbroken und zurückgewiesen war, warum wird plötzlich so getan, als hätte jede_r ein „Anrecht auf Liebe und Sex?“ Muss mein Feminismus sanft zu dya[69] cis hetero Männern sein, damit diese mir und dem Feminismus gewogen sind? Ich finde nicht. Aktionen wie #heforshe der Schauspielerin Emma Watson sagen mir daher nichts, sie haben dyacis hetero Männer als „noble Ritter“ im Fokus und ist nicht auch das ein entitlement, dass wir diese bräuchten als Schutz vor, ähm, was nochmal? Ah ja, vor dyacis hetero Männern. Steckt in dem Ableismus bei solchen Taten ein Vorwurf an die „Opfer“, den Täter nicht geliebt zu haben, nicht ernst genommen zu haben? Der Mangel an „Liebe“ brachte ihn soweit und setzte seiner Psyche zu? Genau das ist gaslighting, die Opfer sind nicht mehr die Opfer, sondern die angebliche „Ursache“, die den Täter soweit brachte.

Am 22.Juli 2016 tötete der 18-jährige David S. in München neun Menschen im Olympia-Einkaufszentrum und Umgebung. Viele der Opfer hatten einen sogenannten Migrationshintergrund. Davids Hass auf „Ausländer“ wird von einem Freund bestätigt, er sei in einer Klassenstufe der Schule zeitweise von Mitschüler_innen mit „Migrationshintergrund“ gemobbt worden. Er hatte mehrere Psychatrieaufenthalte hinter sich, was den Fokus von politischen Motiven (er beging seine Tat am Jahrestag von Utøya und bewunderte Breivik) wieder auf eine Persönlichkeitsstörung lenkt. Nachhaken lässt sich nicht, der Täter erschoss sich selbst. Auf dem neuroqueerblog erschien am 25.Juli 2016 dieser wichtige Text namens „Der ableistische Hass nach München und Reutlingen“[70] zum Thema. Der blog-

---

69 Dya heißt einfach, dass eine Person nicht intergeschlechtlich ist.

70 lhabc (25.07.2016): Der ableistische Hass nach #München und #Reutlingen. Online unter: https://neuroqueer.

post versucht aufzuräumen mit Vorurteilen gegenüber psychisch erkrankten und neuroatypischen Menschen, besonders gegenüber Menschen mit Persönlichkeitsstörungen. Geschildert wird, wie diese Vorurteile und das Stigma sich auswirken, mit dem wir Dis_ableisierte Tag für Tag konfrontiert sind, wenn wir die Zeitung aufschlagen, uns ins Internet einloggen, in der U-Bahn sind, am Arbeitsplatz, im Café. Durch die stigmatisierende und sich auf falsche Ursachen berufende Berichterstattung werden wir immer mit verletzt.

#hate_crime #antiblack_racism

Dylann Roof erschoss neun Schwarze Menschen, während diese mit ihm beim Gebet saßen. Er hatte zuvor in einem eher kurzen Manifest seine rassistischen Ansichten kundgetan. Als er lebend festgenommen wurde, durfte er noch in Ruhe einen Burger kaufen. Einer seiner Anwälte versuchte es mit einer Lüge: Sein Klient sei autistisch. Und versuchte damit das so ungemein verletzende Bild vom Autisten ohne Empathie zu perpetuieren. Letztendlich wurde Dylann Roof zu neunmal lebenslänglicher Haft verurteilt wegen vorsätzlichen Mordes in neun Fällen, die als „federal hatecrime" (Hassverbrechen) eingestuft wurden, aber nicht als „domestic terrorism" (Inlandsterrorismus). Dieses Jahr wurde die Todesstrafe für Dylann Roof verhängt, und seit April 2017 wartet er im Todestrakt auf die Verhängung der Strafe.

#sanism

Nach dem vorsätzlichen Absturz eines German Wings Flugzeuges am 24.März 2015 und dem Bekanntwerden der Diagnose Depression des verantwortlichen Piloten wurde sogar über ein Berufsverbot[71] für depressive Menschen „in

---

wordpress.com/2016/07/25/der-ableistische-hass-nach-muenchen-und-reutlingen/ (Zugriff 05.04.2018).

71 Innenminister Hermann versuchte dieses Berufsverbot anzuregen, das Bundesgesundheitsministerium schloss sich ihm zum

verantwortungsvollen Berufen" diskutiert. Scheinbar ist nicht klar, wie viele depressive Menschen tagtäglich verantwortungsvollen Berufen nachgehen, ich denke an die hohe Dichte von Menschen mit Depressionen in sozialen Berufen. Diese Dämonisierung von Depression als etwas, das eins gleichgültig für das Gegenüber mache, das eine Bereitschaft erzeuge, andere mit in den Tod „zu reißen", hat sehr geschadet. Bei solchen Ereignissen versuchen dis_ableisierte Personen im Netz eine Gegenaufklärung zu betreiben. In diesem Fall gab es einmal keine politischen Motive, aber bei all den vorigen genannten Fällen nachweislich.

Die Crux mit dem Ableismus ist, dass er die überwiegend *weißen* Täter_innen von ihrer Verantwortlichkeit entlastet, aber im Gegenzug Dis_ableisierte stigmatisiert und dämonisiert.

Es herrscht eine ungleiche Behandlung von „Tatverdächtigen" vor. Wenn die Verdächtigen muslimisch/Personen of Color sind, ist so gut wie nie die Rede von psychischer Erkrankung als Tatursache, schnell wird Terrorismus als Tatmotiv vermutet.

Glück nicht an. Trotzdem ist von der Darstellung depressiver Menschen als die Öffentlichkeit gefährdend etwas hängen geblieben: 58% der Bevölkerung stimmten laut einer Emnid-Umfrage für ein Berufsverbot für depressive Menschen in solch verantwortungsvollen Berufen, wie zum Beispiel im Transportwesen. Ob den Befragten klar ist, dass sie damit auch ein Misstrauensvotum gegen Menschen in ihrem Umfeld aussprechen? O.V. (2015): Hermann hält Berufsverbot bei Depressionen für denkbar. In: Süddeutsche Zeitung vom 10.04.2015. Online unter: http://www.sueddeutsche.de/panorama/bayerns-innenminister-herrmann-haelt-berufsverbot-bei-depressionen-fuer-denkbar-1.2430073 (Zugriff 05.04.2018).

Personen of Color werden viel öfter Opfer von Polizeigewalt, für nicht wenige endet eine „Auseinandersetzung" mit der Polizei tödlich. Deshalb wachsen viele Personen of Color mit dem elterlichen Gebot "stay out of trouble" (halt dich aus Unruhen/Problemen raus)[72] auf, weil es das Leben kosten kann selbigen zu haben. Selbst wenn sie gar nicht den „trouble" machen, jede Verkehrskontrolle ist eine Zitterpartie, racial profiling[73] und alle damit verbundenen rassistischen Vorstellungen bestimmen das Handeln der Polizei. Ich erwähnte im ersten Teil, wie der Polizist Darren Wilson Michael Brown beschrieb, er sei ihm vorgekommen wie ein Dämon, ob seiner Statur und Größe. Darren Wilson ist ebenso groß wie Michael Brown und ähnlich in der Statur.

Der Tod von Michael Brown in Ferguson war der Beginn von #blacklivesmatter. Für viele nicht von Rassismus Betroffene war es vielleicht das erste Mal, dass sie deutlich erkannten, wie so ein „thug Narrativ" (Gangster Narrativ) nach dem unrechtmäßigen Töten einer unschuldigen Schwarzen Person zurechtgezimmert wird, wie versucht wird etwas Kriminelles in der Biographie der getöteten

---

72 Darüber spricht Ta-Nehisi Coates sinngemäß nach dem Tod eines Freundes in seinem Buch "Between the World and Me" (2015), Melbourne: The Text Publishing Company.

73 Jamelle Bouie beschreibt in seinem englischsprachigen online Artikel "Michael Brown Wasn't a Superhuman Demon" vom 26.11.2014 sehr genau, wie Darren Wilsons Darstellung/Wahrnehmung von Michael Browns Physis auf Jahrhunderte alten rassistischen Vorstellungen „vom Wilden/Biest" etc. beruht.
Bouie, Jamelle (2014): Michael Brown Wasn't a Superhuman Demon. But Darren Wilson's racial prejudice told him otherwise. Online unter: http://www.slate.com/articles/news_and_politics/politics/2014/11/darren_wilson_s_racial_portrayal_of_michael_brown_as_a_superhuman_demon.html (Zugriff 05.04.2018).

Person zu finden. Es wird darauf gebaut, dass es dann keine_n empört (außer die, die wissen, dass es eine Lüge ist). Ich habe einmal ansatzweise in einem Sprachkurs versucht zu erklären, welche Gegenöffentlichkeit twitter gerade bei solchen Ereignissen darstellen kann, wenn eins Betroffene liest. Der Lehrer meinte, eins könne nicht mit Sicherheit sagen, ob Darren Wilson ein Rassist sei. Uff, ich habe dann Darren Wilson zitiert und geschildert wie das erste Bild, dass ich dazu sah, eins in Echtzeit war, das ein Bewohner vom Balkon aus vom toten Michael Brown, der in der Ferne regungslos lag, gemacht hat und wie schmerzhaft das für die_n Zeug_in war. Das war, bevor klar wurde, was eigentlich passiert ist und wer da liegt, es ging darum, dass dies kein ungewohnter und doch immer wieder schmerzhafter Anblick für Schwarze US-Amerikaner_innen ist, die ihre Kinder, Nachbar_innen, Freund_innen verlieren.

Schwarze Kinder/Kinder of Color werden obendrein oft älter geschätzt und die Liste von durch die Polizei getöteten Kindern in den USA ist lang. Der zwölfjährige Tamir Rice war eines der getöteten Schwarzen Kinder. [74]

---

74 Schwarze Kinder und Jugendliche werden oft älter geschätzt. Die Vorstellung, dass Unschuld und Jugend zusammengehören, bezieht sich oft nur auf *weiße* Kinder und Jugendliche. Es ist immer wieder frappant, wie *weiße* junge Erwachsene als Täter_innen verkindlicht werden und ihre Taten mit Unreife entschuldigt, während Schwarze Kinder und Jugendliche auch unbewaffnet zu einer Gefährdung, als kriminell fantasiert werden. Wer meint, in Deutschland gebe es diese rassistischen Stereotype in Bezug auf Alter nicht, di_en möchte ich dran erinnern, dass es inoffiziell racial profiling gibt bei Kontrollen und minderjährige unbegleitete Geflüchtete müssen sich ohne gültige Papiere einer „medizinischen" Untersuchung unterziehen, bei der Handknochen/Weisheitszähne/Schlüsselbein geröntgt werden und oder die Genitalien äußerlich betrachtet werden, um dann vom Entwicklungsstand auf das Alter zu schließen. Jede_r, di_er nur den Hauch einer Ahnung

Für be_hinderte und neuroatypische Personen of Color ist die Auseinandersetzung mit der Polizei besonders risikoreich.

Magdiel Sanchez war eine gehörlose Person, die kürzlich von einem Polizisten erschossen wurde, obwohl Zeug_innen dem Polizisten zuriefen, dass Magdiel Sanchez ihn nicht hören könne.

Selbst als neuroatypische Person of Color die Polizei zu Hilfe zu rufen kann tödlich ausgehen.

Als der 15-jährige autistische Paul Childs ein Messer an seine eigene Kehle hält, wird er kurzerhand von der Polizei erschossen. Auch Paul Childs war eine Schwarze Person.

Diese Form des rassifizierten Ableismus, die Schwarze und andere Personen of Color als „gefährlicher" einstuft, umso mehr, wenn diese neuroatypisch sind oder sich physisch „abweichend bewegen", ist keine Seltenheit.[75]

Bestimmte Griffe, wie der chokehold (Würgegriff) sind fragwürdig, immer wieder sterben Menschen durch diesen, wie zum Beispiel Eric Garner, der bis zum Schluss sagte: "I can't breathe!", als er keine Luft mehr bekam. Ob-

---

davon hat, wie unterschiedlich Entwicklung und Wachstum verlaufen, wird diese „Körperinterpretation" als nicht valide ablehnen. Auch stellen diese Verfahren einen Eingriff in die Unversehrtheit dieser jungen Menschen dar.

75 Ein Gespräch zwischen der langjährigen Schwarzen disability Aktivist_in Anita Cameron und Leroy Moore von Krip Hop Nation thematisiert die Darstellung von Polizeibrutalität gegen Schwarze be_hinderte Menschen in den Medien:
National Black Disability Coalition (o.J.): Journalism & Police Brutality Against Black Disabled People. Online unter: http://blackdisability.org/content/journalism-police-brutality-against-black-disabled-people (Zugriff 05.04.2018).

wohl der chokehold seit 1993 in New York verboten ist, gab es wieder keine Verurteilung des verantwortlichen Polizisten. Auch Taser (Elektroschocker) können Menschen mit Herzbeschwerden töten. Beim wem welche Gewalt angewandt wird, offenbart, dass es diese oft behauptete „colorblindness" nicht gibt.

#Eugenik

Eugenik ist für mich eine der zugespitztesten Formen von Ableismus. Viele halten sie für etwas, das der Vergangenheit angehört, einer Zeit, wo eine unhaltbare Theorie über „Rassen" und „unwertes Leben" aufgestellt wurde. Ich behaupte, dass eugenische Positionen sich bis in die Neuzeit gehalten haben. Dazu habe ich nach #Sagamihara einen blogpost[76] geschrieben. Sagamihara wird vielleicht nicht jede_r_m was sagen, hier ein paar Fakten: Am 26.Juli 2016 tötete Satoshi Uematsu 19 be_hinderte Menschen in einer Pflegeeinrichtung „im Schlaf", indem er auf sie einstach. Der Täter hatte noch wenige Monate zuvor in dieser Einrichtung gearbeitet. Was mich verfolgt, ist dieses „im Schlaf", denn in Wahrheit werden die Personen aufgewacht sein von der Attacke, nicht realisiert haben, was passiert, aber das vertraute Gesicht des Mörders als letztes Bild vor sich gehabt haben. Die 19 be_hinderten Menschen haben keine Namen. Während nach anderen Attacken die Namen der Opfer genannt werden und ihrer gedacht wird, handelt es sich hier um eine anonyme Masse. Über die schwer verletzt Überlebenden wurde auch nicht näher berichtet. Liegt es daran, dass die Öffentlichkeit bei schwer/mehrfach be_hinderten Menschen vermutet, dass es eh nichts über deren Leben zu berichten gäbe?

---

76 Mika Murstein (04.09.2016): Being needy and disabled after Sagamihara and why independence is a myth. Online unter: https://mikamikrokosmonautisch.wordpress.com/2016/09/04/being-needy-and-disabled-after-sagamihara-and-why-independence-is-a-myth/ (Zugriff 05.04.2018).

Wird die Meinung des Täters geteilt, die er in einem Brief äußerte, dass Menschen, die keinen Hobbies nachgehen und Haushaltsaufgaben nicht selbst erledigen können, kein lebenswertes Leben hätten und daher ihre Existenz nichts als Elend in die Welt brächte?[77]

Als fühlte nicht jeder Mensch Schmerz, Unbehagen oder Behagen, als machte nicht allein das „menschlich“: die Verletzbarkeit.

Der Gedanke, dass dieser Täter zuvor in der Einrichtung gearbeitet hat, lässt mich nicht los. Mir ist bekannt, dass Helfende, seien sie nun medizinisches/pflegendes Personal oder Familie/Partner_innen, ableistisch sein können, dass gerade vom nahen Umfeld und von Institutionen, auf deren support eins angewiesen ist, Gewalt und abuse ausgehen kann. Be_hinderte Menschen haben ein hohes Risiko Gewalt zu erfahren. Das Töten be_hinderter Menschen wird oft als „mercykilling“ dargestellt, als sei ein Mensch ein Pferd, das lahmt und der Tod die einzige Erlösung für die be_hinderte Person. Eine „Gnade“, wird von Ableisierten behauptet. Wie sehr sich Ableisierte Personen selbst belügen, wenn sie etwas so Grausames als „gute Tat“ rechtfertigen.

Den Nationalsozialist_innen ging es beim Programm T4, durch das mehr als 70 000[78] be_hinderte Menschen getö-

---

77 Die Presse konzentriert sich auf das „Wirre“ in Satoshi Uematsus Brief und vernachlässigt dabei, dass es auch sehr rational klingende Euthanasie-Befürworter_innen gab und gibt, die auch mit „Ökonomie und zum Wohle der Gesellschaft“ argumentier(t)en. Dieser Artikel enthält den Brief des Täters: Peckitt, Michael Gillan (o.J.): After the Sagamihara Attack. Online unter: https://www.accessible-japan.com/after-the-sagamihara-attack/ (Zugriff 05.04.2018).

78 Insgesamt gab es mehr als 200 000 Krankenmorde während

tet wurden, eher nicht um einen „gnadenvollen Tod“, was der eigentlichen Übersetzung des Begriffes Euthanasie entsprechen würde. Der Tod fand völlig unkonsensuell durch Spritzen oder Gas statt und war nebenbei ein Probelauf für spätere Massentötungen. Auch wenn diese Tötungen nicht öffentlich waren, was dachten die Leute bitte, wo all die be_hinderten Menschen aus ihrer Nachbar_innenschaft plötzlich hin sind? Kinder wurden gegen den Willen der Eltern in „Anstalten“ gebracht. Irgendwann kam ein Brief, der die Eltern über den Tod ihres Kindes informierte, mit einer Aufforderung die Beerdigungskosten zu erstatten. Konnte wirklich kein Mensch etwas wissen? Ich erinnere an das im ersten Teil erwähnte Poster, dass veranschaulichen sollte, dass ein „invalider“ Mensch in einer bestimmten Zeitspanne 60 000 Reichsmark kosten würde. Es ging den Nazis um den „Kostenfaktor“ und die „Volksgesundheit“.

Ist das nicht alles düstere Vergangenheit, ist so etwas wie in Sagamihara nicht ein krasser Einzelfall? Die Tat selbst, in dem Ausmaß, mag selten sein, die Einstellungen und Ansichten des Täters aber nicht. Es sind daher diese Einstellungen und Ansichten gegenüber be_hinderten Menschen, die gefährlich sind.

Im Feminismus gab und gibt es Eugenikbefürworter_innen. Es ginge dabei um die Befreiung der Frau, wurde behauptet.[79] „Verantwortliche Mutterschaft“ sollte, laut der Feministin Charlotte Perkins Gilman, die Evolution und den sozialen Fortschritt vorantreiben. Von der „Last

---

der Herrschaft der Nationalsozialist_innen.

79 Lamp, Sharon/Cleigh, W. Carol (2011): A Heritage of Ableist Rhetoric in American Feminism from the Eugenics Period. In: Hall, Kim Q. (Hg.): The Feminist Disability Studies Reader. Bloomington, Indiana: Indiana University Press, S. 175-181.

der Defizitären" ist bei ihr die Rede. Margaret Sanger beschränkte sich darauf, die „Defizitären und Schwachsinnigen" als Hindernis auf dem Weg zu der ökonomischen Unabhängigkeit der Frau zu identifizieren. Sanger dagegen erweiterte die Kategorie der eugenisch „Unfitten" auf die Armen. Auch diese sollten sich besser nicht reproduzieren. Eine Sterilisation behinderter Menschen bei Zustimmung des Vormundes ist bis heute in vielen Ländern üblich.

#Tod #Sparpolitik

Eugenische und sozialdarwinistische Überzeugungen finden sich auch in der gegenwärtigen Sozialpolitik. Sei es im UK nach dem Brexit und in der jahrelangen Sparpolitik der Tories[80] be_hinderte Menschen betreffend, die zu Toden be_hinderter Menschen geführt hat, durch Mangel an medizinischer Versorgung, durch Obdachlosigkeit, Hunger, Suizid. Sei es in den USA unter Trump, wo ein Versuch nach dem anderen unternommen wird, um den ACA (affordable care act), den Obama eingeführt hat, zurückzunehmen und medic aid (Gesundheitsleistungen für Bedürftige) abzuschaffen. Es wird also nicht mehr direkt getötet, nur eben der Geldhahn zugedreht für jene, die nicht aus eigener Kraft finanziell überleben können. Viele ableisierte US-Amerikaner_innen äußerten Unverständnis, warum sie für kranke Mitbürger_innen Steuern

80 Es starben 120 000 Menschen seit der Einführung der Sparpolitik, ein Viertel davon waren Menschen, die „fit for work", also als „arbeitsfähig" nach oberflächlichen Assessments (Testverfahren/Befragungen) erklärt wurden. Die britische Regierung streitet natürlich ab, dass diese gehäuften Tode kausal damit zusammenhängen. Sie könnten ja Krankheit und ungesundem Lebenswandel geschuldet sein. So zynisch. Matthews-King, Alex (15.11.2017): Landmark study links Tory austerity to 120,000 deaths. In: The Independent Online. https://www.independent.co.uk/news/health/tory-austerity-deaths-study-report-people-die-social-care-government-policy-a8057306.html (Zugriff 05.04.2018).

und Beiträge zahlen sollen. Eins könnte antworten: „Hey, weil es auch Dich treffen könnte!“ Aber das hat mir zu viel von: „Okay, nur deshalb.“ Ich habe das Gefühl, Menschen denken über das Wort „Solidarität“ im Wort „Solidaritätsprinzip“ einfach nicht nach. Es ist nur eine sehr brüchige Schicht, die unsere Gesetze darstellen, denn sobald diese sich ändern, zeigt sich, ob Menschen sich nur murrend dem Gesetz nach dem „Solidaritätsprinzip“ unterworfen hatten oder ob sie wirklich solidarisch waren und sind.

Ganz konkret: Für disability Aktivist_innen, denen ich folge, können dieser „Sozialabbau“ und diese Entsolidarisierung den Tod bedeuten. Es ist schon vorher schwer mit staatlicher Hilfe über die Runden zu kommen, gerade deshalb gibt es immer wieder crowdfundings online für notwendige Dinge, die nicht von staatlicher Leistung, vom Lohn oder durch Versicherungen gedeckt sind. Wenn die basics (das Notwendigste) nicht gewährleistet sind, ist das das finale Aus für viele.

Für disableisierte Personen of Color ist es besonders schwierig, da aufgrund des strukturellen und institutionalisierten Rassismus und des rassifizierten Ableismus eine Ungleichbehandlung/Benachteiligung im Gesundheitssystem stattfindet.

Bei der deutschen Bundestagswahl 2017 hat die AfD etwas mehr als 13% aller Stimmen erreicht. Das bedeutet erst einmal eine große Gefahr für alle nicht *weißen* Deutschen und Personen of Color aller Nationalitäten, die AfD hat weder in Talkshows noch im Wahlprogramm aus ihren dem Grundgesetz zuwiderlaufenden Ansichten einen Hehl gemacht. Sie ist leider auch nicht „geschichtsvergessen“, sondern betrachtet Vergangenheit halt anders, hat andere „Held_innen“. Sie diskriminiert nach Körpern, die als anders markiert sind, und sozialem Status. So findet sich in dem Parteiprogramm die Absicht, weniger Menschen

Grundsicherung zu gewähren, weil einige selbst schuld an ihrer Lage wären und außerdem könnten Arbeitslose einen „Arbeitsdienst" von 30 Wochenstunden leisten. Gruselig. Wenn da nicht bei eine_r_m die Alarmglocken schrillen, liegt es sicher am Privileg.

Das alles ist nicht neu. Die Parteien der „Mitte" reden seit den 80ern davon, „dass das Boot voll sei", seit den 90ern verstärkt von „Sozialschmarotzern". Manchmal wird der Klassismus in Worte wie „Bildungschance" und „Anreize" netter verpackt, es ändert wenig am Inhalt. Den Rassismus versucht eins zu kaschieren, indem eins auf Nützlichkeitsrassismus ausweicht: Fachkräfte und gut ausgebildete Menschen seien ja willkommen. Mal abgesehen davon, dass dies kaum glaubwürdig ist, wenn mensch einmal betrachtet, wie schwer es ist, nicht in Deutschland erworbene Abschlüsse anerkannt zu bekommen. Es offenbart sich, wie sich die Aushöhlung des Paragraphen 16a des Grundrechtes auf politisches Asyl ausgewirkt hat. Dass Menschen nicht kommen, weil sie ihre Fertigkeiten einbringen wollen und ihnen der Baedeker Reiseführer und das Goetheinstitut Deutschland schmackhaft gemacht haben, sondern weil es um das nackte Überleben geht, ist plötzlich ein unredlicher Grund. Nützlichkeitsrassismus ist eine Form von Ableismus.

Das war jetzt sehr viel über Leben und Tod und sicher nicht leicht zu verarbeiten. Ich musste so weit ausholen, um aufzuzeigen, warum so viele Kämpfe für mich verbunden sind, warum Intersektionalität in JEDEM Aktivismus wichtig ist. Das bedeutet auch, dass es notwendig ist, zu erkennen, in welcher Form Ableismus ein fester Bestandteil von allen Unterdrückungsformen ist und diesen zu bekämpfen.

Da ich intersektionale Perspektiven/gelebte Erfahrungen von Personen of Color wichtig finde und weil ich natürlich nicht alle Perspektiven abdecken kann, bin ich sehr froh, dass dieses Buch ein großartiges, ausführliches Interview mit @SchwarzRund enthält.

Vilissa Thompson initiierte den hashtag #DisabilityTooWhite, um darauf hinzuweisen, dass disability Aktivismus oft von *weißen* Menschen dominiert, *weiß* gedacht und gemacht wird.

Ich habe die soziale Plattform auch dazu benutzt viel über label nachzudenken, so befreiend es ist Namen und Abkürzungen zu haben, anstatt lange Erklärungen und Rechtfertigungen abgeben zu müssen, so wehmütig macht es mich auch. Was, wenn ich mich früher als queer bezeichnet hätte, als nichtbinäre Person, als be_hindert im Sinne eines politisch-sozialen Modells von Be_Hinderung? Hätte ich dann so etwas wie eine community mit ähnlich Betroffenen gehabt? Ich lerne sehr viel von wesentlich jüngeren Menschen im Netz. Dass für diese ein Vorsprung existiert, ist mir klar, ich bin nicht mit dem Netz aufgewachsen, in den 80ern kannte ich das Wort queer gar nicht. Es begegnete mir erst Mitte der 90er an der Uni in gender theory Seminaren. Da war ich schon Mitte/Ende zwanzig. Ich setzte mich mit diesen Theorien im selben Zeitraum auseinander, in dem ich mit einer Menge anderer Themen, wie postkoloniale Theorie, bekannt gemacht wurde; mir begegnete also theoretisches Wissen, dass sich hier und da anwenden ließ, aber so mancher Groschen fiel erst durch die Stimmen, denen ich auf twitter „zuhörte", durch die Menschen, die ich las, oder mit denen ich über Themen sprach. Ich wünschte, ich könnte das abbilden, was dieses „Zuhören" und „zugehört bekommen" auf twitter macht. Ich ziehe jedes "I hear you!" den sonst üblichen Reaktionen vor. Ein twitteri, @dressedasahuman schreibt anderen manchmal: „Ich les Dir zu.", was nicht nur besser passt, sondern eine wunderschöne Formulierung für eine bestimmte Haltung ist.

Gerade nach der „Beissreflexe"-Veröffentlichung war füreinander da sein in der bubble nötig. Dennoch spüre ich merklich, wie mein Alter mich mehr und mehr trennt, wie die Erfahrung mit Be_Hinderung und chronischer Krankheit zu altern mich marginalisiert und wie einzelne Betroffenheiten mich nicht automatisch verbinden mit anderen. Wir erfahren Be_Hinderung nicht alle gleich. Während meine Be_Hinderung mich lange nicht vom Ausleben meiner Sexualität abgehalten hat, ist diese Kombination von Altern und Be_Hinderung, also die Verschlechterung meines gesundheitlichen Zustandes, plötzlich ein sehr viel heftigerer Ausschlussfaktor als gedacht. Nein, wir erleben nicht alle queer sein gleich, nichtbinär sein gleich, Be_Hinderung gleich. Ich glaube, ageism ist auch in der queerfeministischen Szene selten Thema. „Wir diskriminieren nicht, Du passt nur einfach nicht rein." Reflektion über Körpernormen findet nicht ausreichend statt. Wie wird mit Menschen umgegangen, die keine queeren äußerlichen Marker vorweisen, die weder Normschönheit, noch queer Schönheit besitzen, die sich durch „schön" nicht empowert fühlen können, die eben nicht die Realität weg reden können, dass sie mehrheitlich gespiegelt bekommen, sie seien hässlich? Ich muss da sehr viel allein mit mir ausmachen. Das heißt Einsamkeit in diesem Punkt. Wenn ich wählen könnte, ich würde immer noch das bewusster werden, wer ich bin, wählen. Nur verändert das nicht automatisch die Welt um mich herum. Ich latebloome einsam vor mich hin.

Während ich das schreibe, dass ich mich immer wieder als am Rand befindlich empfinde, also als outsider unter outsidern, komme ich mir total undankbar vor. Eine Statistik sagt über meinen twitteraccount, es sei ein account mit bescheidener Reichweite, aber einem sehr aufmerksamen Publikum. Und auch die Momente, in denen kollektive Verzweiflung in Albernheit umschlägt und ein ironischer oder sarkastischer hashtag kreiert wird, sind manchmal sehr schöne, befreiende Momente, was eins nach meinem Bericht über Konflikte und nach den vielen krassen Themen sicher kaum für möglich hält.

Ich hätte gerne mehr Raum, um mit anderen über Maßnahmen gegen NB[81]-Feindlichkeit und Transmisogynie zu reden. Letztere kann lebensgefährlich sein. Wobei ich nicht kleinreden will, was NB-Feindlichkeit mit der Psyche macht. Auch die körperliche Gewalt, die ich erlebt habe, habe ich teils als „korrektive Gewalt" erfahren. Misgendering und cisSexismus halten mich auch davon ab feministische und queerfeministische Räume aufzusuchen. Ich will keine Solidarität, die auf Verkennung beruht. Dennoch ist dieses mich zurückziehen nicht vergleichbar mit der heftigen Transmisogynie, die trans Frauen auch in queerfeministischen Räumen erfahren, für die es schon bedrohlich ist, Toiletten zu benutzen, wenn sie kein passing als das Geschlecht, das sie sind, haben. Der Hass ist unverhohlen. Trans Frauen, besonders trans Frauen of Color, sind am stärksten diesem Hass ausgesetzt. Die Liste der ermordeten Trans Frauen of Color ist entsetzlich lang jedes Jahr, die Anzahl der Suizide von trans Jugendlichen ebenfalls.

Ich habe im ersten Teil des Textes auch die Pathologisierung von Homosexualität[82], Trans sein, Weiblichkeiten

---

81 NB-Feindlichkeit meint die Diskriminierung nichtbinärer Menschen.

82 Bis in die 70er Jahre des zwanzigsten Jahrhunderts waren „homosexuelle Handlungen" in der BRD verboten. In vielen Ländern gab es psychopathologisierende „Therapieformen", die von Homosexualität heilen sollten. Leider hat die Psychoanalyse mit ihren Theorien dazu, wie diese „Devianz" des „effiminierten" (verweiblichten) Mannes zustande komme, nicht gerade zur queeren Emanzipation beigetragen. Dazu: Bruns, Claudia (2011): Zur Patho-

etc. erwähnt. Diese Pathologisierung ist für mich eine Form von Ableismus. Aber eben eine andere Form als der Ableismus, der auf tatsächlich be_hinderte und chronisch kranke Menschen abzielt. Die Pathologisierung erklärt Neigungen, Anziehungen und Identitäten für falsch und als krank. Cis hetero zu sein sind die propagierten Eigenschaften des defaults (vom „Gesamtkatalog" der Normen), wer abweicht, sei krank, wider die Natur. Wieso ich das nicht einfach nur Pathologisierung nenne, sondern den Ableismus betone: CisSexismus propagiert, dass es vom Körper ableitbare Geschlechter, Eigenschaften und Rollen gibt. Die bloße Existenz von Menschen, die darüber Auskunft geben, dass sie anders empfinden, überzeugt cissexistische Menschen nicht. Sie deklarieren dieses Abweichen von den Zuschreibungen als Störung oder als Einbildung. Der ganze Prozess zur Personenstandsänderung, zum Erhalt von Hormontherapie etc. ist von dieser Pathologisierung, der angeblichen Geschlechtsidentitätsstörung, überschattet. Jegliches seelische Leiden wird auf diese sogenannte „Störung" geschoben, und nicht auf Unterdrückungsformen und andere Faktoren zurückgeführt, unter denen trans Individuen in dieser Gesellschaft leiden. Letztlich ist dieser der „Störung" zugeschriebene Leidensdruck entscheidend, ob Wünschen der trans Person stattgegeben wird. Nichtbinäre trans Personen müssen lügen, um gewünschte Behandlungen zu bekommen und sie müssen „full time real life experiences" (Erfahrungen im Alltag) sammeln in der „neuen Rolle". Ob die gender performance[83] überzeugt, entscheiden wieder

---

logisierung und Rassisierung des effeminierten Homosexuellen. In: v. Auga, Ulrike u.a. (Hg.): Dämonen, Vamps und Hysterikerinnen. Geschlechter- und Rassenfiguationen in Wissen, Medien und Alltag um 1900. Bielefeld: Transkript, S. 161-184.

83 Genderperformance meint die Gesten, Merkmale, Rituale,

meist cis Menschen. Als wäre die Person plötzlich eine andere. Ist sie nicht. Es findet kein „Geschlechtswandel“ statt. Nur die Lebensbedingungen und gegebenenfalls auch der Körper werden der eigenen Identität, den eigenen Bedürfnissen angeglichen. Das sogenannte „Transsexuellengesetz“ müsste unbedingt abgeschafft und durch supportende Leistungen ersetzt werden. Trans sein ist keine Sexualität, es heißt nur, dass Trans Personen nicht mit dem bei der Geburt zugewiesenen Geschlecht übereinstimmen. Trans Personen können hetero, gay, bi, pan, asexuell etc. sein. Auch ist die Silbe trans allein noch kein Geschlecht, sie verrät noch nicht, ob eine Person ein Mann, eine Frau, nichtbinär, agender oder nichtbinär genderfluid, femme, demiboi etc. ist. Wenn Ihr mehr zu trans Themen erfahren und Euch über Transmisogynie und Transfeindlichkeit informieren wollt, dann empfehle ich Euch @epiclout, @redhidinghood_, @PrettiestPurple und @DierYane zu lesen. Außerdem stellt @cuffedCatling immer wieder großartige threads mit eigenen Gedanken und gesammelten Informationen zu Nichtbinarität und Intergeschlechtlichkeit zusammen.

Zu dem Verhältnis von Be_Hinderung und Geschlecht jenseits der cis Normativität wird es weitere Gedanken in diesem Buch geben.

---

mit denen scheinbar eine Geschlechtsrolle ausgeübt, eine Geschlechtsrolle sichtbar gemacht wird. Die Crux ist, dass viele dieser Gesten und Rituale übernommen worden sind und dass die genderperformance nicht mit der Geschlechtsidentität übereinstimmen muss. Daher sind auch diese „reale Lebenserfahrung als Mann/Frau sammeln“-Vorgaben, die trans Personen im medizinischen System vorweisen müssen, nur ein Machtinstrument, das auf der Reproduktion von bestimmten Rollenerwartungen aufbaut.

Während des Schreibens geschah etwas für mich Unerwartetes: Das Bundesverfassungsgericht hat entschieden, dass es eine dritte Option zum Geschlechtseintrag geben müsste, nachdem Vanja[84] und viele Mitstreiter_innen sich dafür jahrelang eingesetzt haben. Nach der ersten Euphorie kehrt aber wieder die Angst zurück, wie die Bundesregierung diese dritte Option gesetzlich umsetzen wird. Es geht nicht um EIN drittes Geschlecht, sondern darum, dass es mehr Geschlechter gibt als bloß Mann und Frau. Auch die Vermutung, dieser Eintrag wäre nur für intergeschlechtliche Menschen interessant, ist falsch. Intergeschlechtliche Personen können Mann oder Frau sein, aber auch nichtbinär, agender etc. Eigentlich würde diese dritte Option meiner Meinung nach für Sonstiges stehen. Aber auch die Möglichkeit, dann dort frei das eigene Geschlecht hinein zu schreiben, schützt nicht vor Diskriminierung aufgrund von Geschlecht, gerade wenn es um so Marginalisierungen von inter, trans und nichtbinären Personen geht. Vielleicht wäre es am besten, den Geschlechtseintrag langfristig abzuschaffen, bis dahin sollte eins aber die Möglichkeit haben, das eigene tatsächliche Geschlecht eintragen zu können, um nicht weiter von bürokratischen Institutionen etc. misgendert zu werden. Auf jeden Fall bin ich auf Seiten der Kampagne „dritte Option" und ihrer Forderungen, z.B. dass es keiner medizinischen „Differenzierung" von Geschlecht bedarf und dass keine Gutachten für den dritten Geschlechtseintrag oder seine Löschung nötig sein sollten.

Ich hätte auch gerne mehr Raum für so etwas wie gemeinschaftliche Fürsorge in einer community. Oft wird eins in Gruppenzusammenhängen nach Hause geschickt, mit dem wohlmeinend klingenden: „Ruh Dich aus, self care (Selbstfürsorge) geht vor." Heißt das, ruhen, sich re-

---

84 http://dritte-option.de/ (Zugriff 05.04.2018)

generieren ist in der community nicht möglich? Eins soll wiederkommen, wenn wieder fit, sonst nicht? Warum sind so viele self care Ideen mit wellness, sich Zeit/Urlaub nehmen können, mit nicht für jede_n erschwinglichem Konsum und Energieressourcen verbunden? Viele Dinge kann ich mir gar nicht leisten, für andere habe ich dann gerade gar keine Energie. Eine prekär lebende und mehrfach marginalisierte Person mit der Hausaufgabe „self care" nach Hause zu schicken ist viel bequemer für die Gruppe, als sich über Strukturen, die zur Ermüdung beitragen, Gedanken zu machen. Für mich hat das nie funktioniert, Twitterpausen zu machen oder so. Als sei offline Leben für jede_n erholsam. Es gibt ja keine Pause von der sozialen Realität für mich. Vor allem, wenn ich dann die meisten Eindrücke in einem diskriminierungsreichen Alltag alleine bewältigen muss.

Mein erster blogpost auf meinem eigenen blog lautete: „Who cares? Wenn Freund_innen-/Partner_innenschaften, Familien nicht ausreichend supporten können."[85]

Ich schilderte dort, wie in einer sehr schwierigen „Situation" (die viereinhalb Monate andauerte!) mir mein Umfeld nicht ausreichend oder wie gebraucht helfen konnte.

Eine Freundin sah es als logistisches Problem, und auch da ist etwas dran, je mehr Menschen im Umfeld, desto größer die Chance, dass jemensch darunter ist, di_er die passende Hilfe anbieten kann.

---

85 Mika Murstein (07.08.2014): Who cares? Wenn Freund_innen-/Partner_innenschaften, Familien nicht ausreichend supporten können. Online unter: https://mikamikrokosmonautisch.wordpress.com/2014/08/07/who-cares-wenn-freund_innen-partner_innenschaften-familien-nicht-ausreichend-supporten-konnen/ (Zugriff 05.04.2018).

Abgesehen davon, dass ich mich von 80% meines „Besitzes“ (aus 42 Jahren, es ging mehr um den ideellen Wert, welchen die Sachen hatten und auch um die Anstrengung überhaupt halbwegs ausreichend eingerichtet zu sein) verabschieden musste, reagierte ich allergisch auf die problemauslösende Ursache. Monatelang nachts Husten und nicht schlafen können, piksende Haut, Übelkeit, Magenschmerzen. Ich war in einem zu schlechten Zustand, um nach anderen Wohnungen zu gucken, ich musste jeden Morgen erst einmal zwei Stunden die Wohnung nach Problemverursachern absuchen, und war sehr anxious, bloß an niemenschen das Problem abzugeben. Freund_innen halfen mir bei den Kosten und einigen Autofahrten etc. Aber ich war mittendrin in dem mich isolierenden Horror und das viel zu lange. Dass ich nicht bei jemensch anderem so lange wohnen konnte, bis das Problem behoben war, hatte jeweils individuelle nahvollziehbare Gründe, dennoch ging etwas kaputt durch dieses: „Kein Mensch kann Dir helfen, wie Du es brauchst.“

Ein Knackpunkt war dieser:„Jede_r, der_die sich mit viel Belastung durch das Leben schlägt, kennt beim Auftauchen von größeren Problemen auch die damit einhergehende Verlustangst, dass eins zu sehr belasten könnte, dass ein Ungleichgewicht entsteht, dass ein_e signifikante_r andere_r geht, weil alles zu viel ist. Und eins selbst muss dableiben, im eigenen Leben und kann den Schauplatz des Ereignisses nicht einfach so verlassen.“

Im zweiten Teil des blogposts mache ich mir Gedanken darüber, wie eine queere caring community für be_hinderte Menschen aussehen könnte. Einiges davon habe ich schon erwähnt, es geht um nichtableistischen, individuellen support. Hier noch mal ein paar Beispiele:

1. Die betroffene support suchende Person formuliert, welche Art des supports sie sich wünscht. Menschen, die

diesen support leisten können, bieten Hilfe an. Keine ungefragten Ratschläge/Tipps.

2. Wenn Person A Person B etwas geben kann, ist Person B der supportenden Person nichts schuldig. Vielleicht hat Person B nicht die passenden skills oder Ressourcen, um A auch mal zu helfen, dafür aber irgendwann Person C oder D. Eine große Gruppe bietet vermutlich eine größere Bandbreite an Hilfen.

3. Akzeptieren, dass Menschen Unterschiedliches hilft; de_m_r einen Auseinandersetzung, de_m_r nächsten Ablenkung, gemeinsam etwas kochen oder, oder, oder.

4. Vielleicht bekannte Stress-Situationen formulieren, was hilft eins erfahrungsgemäß, welches Verhalten von anderen ist dann unerwünscht. Grenzen benennen. Anerkennen.

(….)

Des Weiteren geht es darum, Hilflosigkeit aushalten zu lernen und um Überlegungen, wie das Risiko von abuse in helfenden Beziehungen klein gehalten wird.

Ich hatte damals leider nicht auf dem Schirm, dass Frauen of Color schon lange vor mir über „communities of care" geschrieben haben. In einer Unterhaltung hatte eine Person erwähnt, dass es für das von mir geschilderte Dilemma ja die Idee von „caring communities" gebe. Da ich mit der falschen Bezeichnung dabei nur auf ein, zwei passende Texte gestoßen bin, und sich der Suchbegriff oft nicht auf mein Thema bezog, fehlte anfangs die Referenz auf die großartigen Texte, die sich auf Leah Lakshmi Piepzna-Samarasinhas blog[86] mit „self care" und

86 Leah Lakshmi Piepzna-Samarasinhas blog heißt brownstargirl.org. Auf ihm befindet sich der sehr wichtige, den gängigen self care Begriff hinterfragen-

„communities of care“ auseinandersetzen. Communities of care sehen „care“ als politische Aufgabe, nicht nur als individualisierte Problemstellung. Mit *weiß*gewaschenen Vorstellungen von community und self care hat das wenig zu tun. Selbst/Fürsorge ist zentral für den Widerstand gegen die Unterdrückungen.

Um nicht bei Quellen zu failen (Fehler zu machen) wie ich beim ersten blogpost auf dem eigenen blog: Traut Euch, so lange um Hilfe zu bitten, Menschen zu fragen, bis Ihr auf die Originalquellen zu einem Begriff stoßt und credits geben könnt. In den meisten Fällen hat schon eine Person of Color dazu geschrieben. Und erasure (das Ausradieren/Unsichtbarmachen) dieser Vor/Arbeit ist immer schmerzhaft, egal ob es absichtlich oder aus Unwissen passiert.

Ich hatte in den letzten Vorträgen gesagt, dass ich Lust hätte, zu Eugenik, damals und heute, zu forschen, für mich allein wäre so ein Projekt zu aufwändig. Ich habe aber ebenfalls Angst, dass es dann so wird wie bei Gruppenarbeit in der Schule, im Studium oder wie in politischen Gruppen, wo meist eine Person Zugpferd ist, oft die Person, die die Idee oder Vision hatte. Ich kann aber nicht dafür sorgen, dass alle dieselbe Vision teilen oder sich auf eine Herangehensweise einigen. Ich habe Angst, dass ich dann den Großteil der Arbeit tun würde, obwohl ich auch nur Autodidakt_in bin in vielerlei Hinsicht. Wenn Menschen auf mich zukommen, die das spannend finden, aber selbst noch kein Wissen dazu haben, bin ich zu schnell in der educatenden (Bildungsarbeit leistenden) Rolle. Es geht dabei nicht um Dünkel, mehr darum, für welches Arbeiten

---

de englischsprachige blogpost: Padamsee, Yashna Maya (19.06.2011): Communities of Care, Organizations for Liberation. Gerebloggt auf: brownstargirl.org am 20.06.2011. http://www.brownstargirl.org/blog/-communities-of-care-organizations-for-liberation (Zugriff 05.04.2018).

an einem Projekt ich Löffel[87] hätte, und dafür braucht es mehr Aufgabenteilung.

Was den Netzaktivismus betrifft, steuere ich seit etwas mehr als eineinhalb Jahren auf einen burnout zu. Zu einem liegt das an Konflikten, die immer bei einer etwas tiefergehenden Kritik an Ableismus entstehen, aber auch an dem Gefühl auf der Stelle zu treten, nicht weiter zu kommen. Es ist total klar, dass immer wieder neue Leute auftauchen, die noch nichts von Ableismus wissen, wir alle wissen unterschiedliche Dinge und können diese einbringen, aber ich merke, dass mir mehr und mehr die Kraft und die Geduld für Wiederholungen und Erklärungen fehlen. Ich habe das Gefühl, ich lebe einfach schon furchtbar lang. Am meisten an den Konflikten schlaucht, dass es sich ja auch um Menschen dreht, die teils solidarisch waren und die ich schätz(t)e, aber sobald die Kritik keine oberflächliche an ihrem Ableismus war, war es plötzlich wichtiger, ob ich es nett gesagt habe oder nicht (tone-policing), ob es wirklich so schlimm ist oder überhaupt ableistisch, ob die fave (Lieblings-) Aktivist_in oder Theoretiker_in nicht wenigstens die ableistische Trope, den ableistischen Be-

87 Die spoon theory (Löffeltheorie) ist keine wissenschaftliche Theorie, eher eine Metapher/Erzählung, die Christine Miserandino während eines Restaurantbesuchs mit einer Freundin eingefallen ist. Ihre Freundin fragte sie nach so vielen Jahren des Einanderkennens und der Zeitzeug_innenschaft, wie es ist chronisch krank zu sein. Christine versuchte dies durch die Löffel, die auf dem Tisch bereitstanden, zu erklären: eine gesunde Person fühlte sich, als habe sie unbegrenzt davon, während die chronisch kranke Person sich jeden Tag neu fragen muss, wie viele Löffel wohl vorhanden sind und was sich mit diesen erledigen lässt. Jeder Tag muss genau geplant und die begrenzte Energie, die vorhandenen Ressourcen eingeteilt werden. Miserandino, Christine (2003): The Spoon Theory. Online unter: https://butyoudontlooksick.com/articles/written-by-christine/the-spoon-theory/ (Zugriff 05.04.2018).

griff benutzen darf, weil Verdienste…es reißt so maßlos den Boden unter den Füßen weg. Es ist schwer Bündnisse einzugehen, auch im Stillen, wenn alles jederzeit fragil ist, wenn Ableismus nicht als so zerstörerisch wie andere Unterdrückungen wahrgenommen wird.

Wenn Ihr be_hinderte Aktivist_innen einladet, einen Vortrag zu halten oder einen workshop zu gestalten, dann fragt bitte als Erstes nach den Barrieren, die beseitigt werden müssen. Akzeptiert, falls jemensch nicht bereit ist über eigene Grenzen zu gehen, nur damit Ihr das Thema mal hattet und somit abhaken könnt. Informiert Euch, wie ein barrierefreier Raum[88] gestaltet ist. Wenn ich eingeladen wurde, habe ich versucht auch an die Barrieren anderer zu denken, ich wollte zum Beispiel, dass große Institutionen, wenn der Vortrag öffentlich sein soll, Gebärdensprachdolmetscher_innen bereitstellen. Dass das selbst bei einer größeren Institution mit „Kostenfaktor" abgeschmettert wurde, ist für mich unter anderem ein Grund keine Vorträge mehr zu halten. Be_hinderte Menschen und Barrierenabbau werden im Kapitalismus oft genug als Kostenfaktor bezeichnet, in emanzipatorischen Zusammenhängen tut

---

88 Barrierefreier Raum bedeutet mehr als rollstuhlgerecht und Be_Hinderten-WC in erreichbarer Nähe. Es bedeutet zum Beispiel auch: Ein leicht zu erreichender, reizarmer Raum, mit Bewegungsfreiheit, guter Akustik, eine barrierearme Präsentation mit Gebärdensprachdolmetscher_innen und/oder projiziertem Fließtext/Skript in gut lesbarer Schrift. Bei Veranstaltungen über mehrere Tage mit Verköstigung müsste drauf geachtet werden, ob das angebotene Essen diverse Nahrungsmittelunverträglichkeiten berücksichtigt, Alternativen angeboten werden. Auch Veranstaltungen und Konferenzen, die Eintritt oder eine Gebühr verlangen, sind für prekär lebende be_hinderte/chronisch kranke Menschen eine ökonomische Barriere. Die berechtigte Furcht, in vielen Räumen Ableismus zu erfahren, nicht gut untergebracht zu sein, ebenfalls.

das nochmal mehr weh. Da muss eine neue Struktur her, da muss geguckt werden, wie sind bisher die Prioritäten, wofür haben wir Geld, wofür ist es uns bisher zu schade, können wir das Geld für einen barrierefreien Raum/eine Veranstaltung durch Partys/Benefiz-Veranstaltungen/crowdfunding/Konzerte/Spenden/Stiftungen finanzieren? An Honoraren wird ebenfalls oft gespart, das ist in allen Bereichen des Lebens für be_hinderte Menschen so, eins soll froh und dankbar sein mal eine Bühne zu bekommen, darüber, dass eins mitmachen darf, na schön. Oder die Arbeit be_hinderter Menschen wird angeeignet, da kannst Du auch wenig sagen und geltend machen, wenn Dir die Leistung als eigene gar nicht erst nicht zugetraut wird. Dass be_hinderte Menschen fair entlohnt werden, besonders angesichts des Umstands, dass Leben mit Krankheit und Be_Hinderung teurer ist als im Durchschnitt, ist immens wichtig. Eins muss dabei beachten, in welcher Form eine prekär lebende Person vergütet werden kann, das muss genau vorher besprochen werden, darf jemensch etwas dazu verdienen oder kann das Honorar in Form von etwas Zweckgebundenem erfolgen.

Im Februar 2016 startete ich den hashtag #YourActivismIsAbleist, der auf ableistische Strukturen und Ausschlüsse in aktivistischen Kreisen aufmerksam machen sollte. Ich startete ihn abends, mit wenig Hoffnung, dass er so richtig los geht, aber am nächsten Morgen wachte ich zu ganz vielen Benachrichtigungen auf. Viele Menschen aus meiner englischsprachigen TL hatten sich beteiligt und ich war sehr happy, dass auch von einigen die Auffassung geteilt wurde, dass es nicht nur darum geht, Ableismus von Nichtbehinderten anzuprangern, sondern auch festzuhalten, wie sich internalisierter Ableismus von be_hinderten Aktivist_innen äußert oder der Ableismus gegen Menschen, die anders be_hindert werden, als eins selbst.

Hier ein paar tweets, die ich auf dem hashtag absetzte:

“But 'those' ppl never attend our meetings! Wonder why that is. #YourActivismIsAbleist”[89]

(Aber „diese“ Leute kommen eh nie zu unseren Treffen. Frag mich echt, warum das so ist.)

“You use all kind of slurs+blame hate on 'low intelligence' instead on power structures+where ppl are located in these #YourActivismIsAbleist”[90]

(Ihr benutzt alle möglichen Beschimpfungen und macht „geringe Intelligenz“ für Hass verantwortlich anstatt Machtstrukturen und wo sich Menschen in diesen befinden.)

Um nicht den ganzen hashtag und meine tweets nachzuerzählen: Wenn Ihr mein twitterhandle @MikaMurstein und den Namen des hashtags “YourActvismIsAbleist“ in der twittersearch (Suche) eingebt, findet Ihr unter „top“ die am häufigsten beachteten Ergebnisse und unter „neueste“ sogar alle von mir dazu geschriebenen tweets. Ich empfehle aber die tweets von den vielen anderen Aktivist_innen ebenfalls zu lesen, die mir geholfen haben, über meinen Tellerrand zu gucken. Ich danke da besonders den autistischen und gehörlosen Menschen mir bewusst gemacht zu haben, dass ich „audist privilege“ (das Privileg hören zu können und Ausrichtung auf Hörende) und „allistic privilege“ (ich erfahre nicht die Benachteiligung, die autistische Menschen erfahren) besitze. Wenn Ihr alle Ergebnisse von allen Beteiligten lesen wollt, gebt Ihr nur den hashtag Namen ein in die Suchmaske.

---

89 https://twitter.com/MikaMurstein/status/702564840687140865 (Zugriff 05.04.2018).

90 https://twitter.com/MikaMurstein/status/702567201249894400 (Zugriff 05.04.2018).

Mein letzter Vortrag war ein großer Einschnitt. Die Vorträge davor waren sehr gut gelaufen, es gab positives Feedback und es gab genug interessierte Menschen, um mich wohl zu fühlen mit meiner seltenen Lizenz zum Quatschen. Ich genoss das sehr, trotz des komplexen Inhalts, den ich nur nach Stichwörtern auf Karteikarten rekonstruierte. Bei meinem letzten Vortrag jedoch fing es schon damit an, dass ich den Raum suchen musste und mit den Worten „Wir haben hier so einen netten, versteckten Raum" empfangen wurde und ich musste an die vielen Mails vorher zu Barrierefreiheit denken und dass „versteckt" sicher nicht zu barrierefrei zählt. Drinnen stand alles kreuz und quer, auch das sollte gemütlich sein. Rollinutzer_innen und gehbehinderte Personen hätten das sicher anders gesehen. Ich hatte um einen Drehstuhl gebeten, er war kaputt und schief, ich verzichtete dankend, denn schief war ich selber und der Stuhl nicht eben, wie ich es brauchte. Der Tisch von mir stand mehr abseits als mittig und falsch herum, ich musste Leute bitten, ihn richtig herum zu drehen, damit meine Knie nicht mit der Tischrückwand kollidierten. Ich legte los. Aufmerksam waren alle schon, aber für mich war kaum deutbar, was die Worte mit den Leuten machen. Alles war wie eine höfliche Wand. Mir hatte es die vorigen Male geholfen, mich auf die interessiert Guckenden unter den Anwesenden zu konzentrieren, aber hier wusste ich nicht, auf wen. Es war so eine Riesendistanz spürbar. Ich hatte nur ein kleines Zeitfenster für Fragen, Feedback und Kommentare, bevor mein Zug fuhr. Am meisten Raum nahmen zwei Menschen ein, denen es ganz und gar nicht gefallen hatte: Das ist ihr gutes Recht. Leider wurden sie eher persönlich als inhaltlich kritisch. Ich sei gar nicht depressiv, sondern hätte „nur" PTSD, weil, depressive Menschen leiden unter ihrem Depressiv-Sein. Der Kommentar bezog sich auf meine Aussage, dass ich ab einem bestimmten Punkt in meinem Leben meine

Depression als mich möglicherweise mein ganzes Leben begleitend akzeptiert habe und dass ab da etwas mehr Energie frei war. Daraus wurde geschlossen, ich litte überhaupt nicht. Die andere Person fragte: Was denn diese ganze Selbstdarstellung soll? Ja, was soll das, wenn eins plötzlich für sich selbst spricht statt nur allgemein, über all die gelebte Erfahrung, sich selbst repräsentiert anstatt sich repräsentieren zu lassen? Ich bin sehr dafür, dass die Akteur_innen nicht mehr nur Objekt des Gespräches sind. Ich wurde gefragt, was ich denn mit diesem Format erreichen will.

Ich sagte, ich will, dass die Leute sich fragen, wo sie Ableismus erleben, beobachten und reproduzieren. Natürlich kann ich nicht für alle sprechen, decke nicht alle Erfahrungen mit Be_Hinderung ab, aber ich kann neugierig machen oder vielleicht Lust sich mit dem Thema auseinanderzusetzen, in der Hoffnung, dass begonnen wird mehr be_hinderte Referent_innen einzuladen, nicht nur zu diesem Thema, wir kämpfen nicht selten für mehr als nur diese Belange.

Was ein ableisierter Mensch mit dem, was ich erzähle, anfangen soll, wollte jemensch wissen. Ich antwortete: Wir könnten uns alle Vorträge, alles Zuhören, alle Bücher und Filme sparen, wenn wir uns nicht etwas vorstellen wollten, was jenseits der eigenen Erfahrung liegt (Wenn ich an eine Kraft glaube, dann an Vorstellungskraft!).

Das war eine Weggabelungs-Erfahrung. Bis dahin war dieses „mikaformat" meines Vortrags größtenteils begrüßt worden, manche hatte es angestoßen, gerade weil es so viele unterschiedliche Zugänge bietet. Und obwohl ich ein wenig Theorie und Wissenschaft einflechte, sie meistens aber im Subtext und zwischen den Zeilen belasse, gab es plötzlich den Stempel „subjektiv". Nun ja, wenn das bedeutet, dass ich als Subjekt wahrgenommen werde, dann begrüße ich das. Den unterschwelligen Klassismus und Ableismus verdeckt diese Kategorisierung leider nicht.

Nach diesem „Auftritt" war der Wurm drin. Ich schrieb viel über Bedingungen, damit ich Anfragen positiv beantworten könnte. Ich schrieb auf twitter darüber, dass der Versuch des Barrierenabbaus, so gut es geht, eine Voraussetzung ist, den gewünschten Vortrag überhaupt halten zu können. Die Anfragen nahmen dadurch natürlich ab. Dennoch erreichten mich einige Anfragen, ob ich mich für eine bloße Aufwandsentschädigung auf einen viel zu weiten, beschwerlichen Weg machen könnte. Ich konnte und kann nicht. Eine Gruppe schien auch Interesse an einem aufgezeichneten Vortrag, bei dem ich nicht vor Ort sein musste, zu haben. Anschließend sollte es eine skype Diskussion geben. Es wurde von einer Person sogar ein barrierearmer Raum gefunden und eine Stiftung hätte diesen und die Technik für die skype Diskussion bereitgestellt. Leider war die Gruppe von mir weniger überzeugt, als die engagierte Person, die sich sehr reinhängte in die Organisation. Die Gruppe sagte ab. Alles, was ich weiß, was mir über mehrere Ecken vermittelt wurde, ist, dass sie meine Kapitalismuskritik verkürzt fanden (über die hatte ich gar keine Auskunft gegeben, aber was soll's) und Publikationen von mir hätten lesen wollen vorab (so „richtige", keine blogposts). Sie schrieben dann selbst einen Text über Ableismus, in dem ihre Auseinandersetzung mit Ableismus auf einer theoretischen Ebene festgehalten wurde und das Wort „Produktionsmittel" ausreichend vorkam. Ich hatte den Eindruck, auch mein Queerfeminismus war eine Komponente, die bei der Ausladung eine Rolle gespielt haben könnte. Belegen lässt sich letzteres nicht. Aber es schien sehr viel Angst zu geben, dass mir nicht vorgeschrieben werden konnte, wie das Thema, mein Thema, zu behandeln sei. Über ihren ausgeübten Ableismus und Klassismus waren sie sich, glaube ich, nicht einmal im Klaren.

Ich weiß gerade nicht, wie es aktivismustechnisch mit mir weitergehen soll. Ich werde auf jeden Fall weiter Aktivismus betreiben, es fragt sich nur in welcher Form. Mein Körper findet schreiben nicht so toll, besonders mein Rücken von jeher, hinzugekommen ist eine leichte, aber sehr einschränkende Augenerkrankung, mit der ich auch nicht viel Zeit am Bildschirm verbringen sollte, weniger lesen kann. Ich kann durch diese Kombi halt viel weniger meinen Interessen nachgehen, die mir doch Kraft gegeben haben. Als ich dieses Buch anfing, wusste ich noch nicht, dass das mit den Augen hinzukommen wird. Dass ich, weil ich nicht zu lange sitzen soll, das Buch im Schneckentempo schreiben muss, eine Seite pro Tag, an Tagen, an denen ich das kann, war mir klar. Aber nun ist es noch schwieriger durch dieses Augenfoo (Augenproblem). Ich hatte für einen kurzen Moment die Idee, dass ich gleich im Anschluss mal den lange anvisierten Roman runterschreibe, Romane schreiben kann nämlich auch Aktivismus sein, nur realistisch ist das meine Verfassung betreffend nicht. Vielleicht sehe ich aber auch ein, dass ich auf twitter bleiben darf, selbst wenn ich nicht mehr so viele „brauchbare" threads beisteuern kann wie früher (Leistungsdruck im Aktivismus is a thing), wenn ich nur über den täglichen Widerstand schreibe. Auch der tägliche Kram ist politisch und ich folge ja ebenfalls Leuten, die nicht andauernd politische „Hochleistungsthreads" schreiben und lerne dennoch so viel von ihnen, aus ihren Berichten und lese sie gerne.

Hier wollte ich ein paar Zeilen aus @ntranloan s blogpost "Revolution from my bed" einfügen, der für mich ein Schlüsseltext für meinen Aktivismus war und sehr gut beschreibt, was selfcare und Aktivismus als chronisch kranke/be_hinderte Person bedeuten kann. Leider wurde die URL wohl gehighjacked, und immer auf eine andere Seite umgeleitet, das ist sehr schade und so muss ich auf das Zitieren aus dem blogpost verzichten.

Falls Ihr Euch fragt, wie Ihr be_hinderte/chronisch kranke Aktivist_innen unterstützen könnt: Erkundigt Euch, was aktuell gebraucht wird, zweckgebundene Unterstützung (zum Abbau von Barrieren zum Beispiel) und nicht zu riesige Geschenke darf ich zum Beispiel annehmen. Ihr könnt auch hier erwähnte disability Aktivist_innen in ihrer Arbeit unterstützen und oder ihnen eine Freude machen. Erkundigt Euch, auf welche Art dies erwünscht ist. Und gebt den Betroffenen Raum und Möglichkeit für sich selbst zu sprechen. Lasst Artikel von Betroffenen schreiben, Vorträge von Betroffenen halten und verwendet bitte nicht einfach unser Wissen und erntet dann die Früchte unserer Arbeit. Das passiert immer wieder, nicht durchgehend aus böser Absicht, sondern aus mangelnder Reflektion. Mit credits sollte eins nicht zu sparsam sein. Verbreitet unsere Arbeit, macht sie bekannt. Zumal es eine Vielzahl unterschiedlicher Perspektiven auf das Thema Be_Hinderung und Ableismus gibt.

Die Vorträge habe ich gewohnheitsmäßig mit „I am a dis_abled feminist! Das gibt es nicht mehr getrennt!" abgeschlossen, weil ich verdeutlichen wollte, dass Feminismus, der Dis_Ableisierte ausschließt, nicht meine Heimat werden kann. Und ein disability Aktivismus, der nicht zugleich (queer)feministisch ist, ist auch nicht meins.

Aber ich ende diesmal mit der Überschrift dieses Mammuttextes:

I'm a queerfeminist cyborg, that's okay.
Ein bisschen müder cyborg, di_er in den Scharnieren knirscht, aber auch das ist, wartet mal einen Moment, okay.

Gedanken zu Verwobenheit, mehrdimensionaler Verletzbarkeit und fragilen Bündnissen

Interview mit SchwarzRund

An einem Mittwochnachmittag machte ich mich auf den Weg zu einem dieser glaswürfelartigen Räume der Humboldt-Universität. Und dort, umgeben von gläsernen Wänden und Wärme, führte ich ein Interview mit SchwarzRund, die eine queere fette Schwarze Latinx Aktivist*in und Schriftsteller*in ist und Texte zu mehrdimensionalen Lebensrealitäten schreibt.

Mika: Intersektionalität – das ist ein buzzword im Aktivismus. Ob nun im Feminismus oder im disability Aktivismus. Leider wird dann auch oft dieser Begriff aus dem Kontext gerissen, um bloß die eigenen Anliegen zu verstärken, z.B.: „be_hinderte Menschen müssen mehr inkludiert werden in den Aktivismus" („Und gegen Ableismus muss angegangen werden! Sonst ist es nicht intersektional."), und gleichzeitig werden dennoch be_hinderte Personen of Color nicht mitgedacht, nicht mitgemeint und kommen nicht zu Wort.

Das erste Mal habe ich Dich auf einem disability panel gesehen, ich bin ganz froh, dass Du auf diesen wunderbaren Text von Christiane Hutson[91], „mehrdimensional verletzbar", zu sprechen gekommen bist.

---

91 Christiane Hutson (2010): mehrdimensional verletzbar – Eine Schwarze Perspektive auf Verwobenheiten zwischen Ableismus und Sexismus. In: Jacob, Jutta/Köbsell, Swantje/Wollrad, Eske (Hg.): Gendering Disability. Intersektionale Aspekte von Behinderung und Geschlecht, Bielefeld: transcript Verlag, S. 61-72.

Der Text erklärt den Begriff Verwobenheiten und ist ein großartiger akademischer Text einer Schwarzen deutschen be_hinderten Sozialwissenschaftlerin, die sich auch nicht davor scheut „gelebte Erfahrung“ mit in ihre Texte hineinzunehmen. Wie bist Du auf den Text gestoßen und was bedeutet er Dir?

SchwarzRund: Meine Begegnung mit diesem Text hängt mit diesen Räumen zusammen, in denen wir gerade sitzen, Uniräumen. Räume sind ja immer in meinen Arbeiten ein großes Thema, was auch viel mit Barrieren zu tun hat, sie sind ja an einen Raum gebunden, wenn auch nicht immer von einem physischen Raum abhängig und dieser Text ist mir in diesem Raum begegnet durch eine *weiße* be_hinderte Theoretikerin, Anna-Lin Karl[92], die sich 2016 für den Tod entschieden hat. In ihrem Seminar gab es dann diesen Text von Hutson. Er bedeutet für mich unglaublich viel, ich bin ja selber auch Wissenschaftler*in, das heißt für mich so viel in dem Sinne: „Wie kann ich mit Wissen umgehen, wie kann ich Wissen dekolonial darstellen“, er bedeutet für mich aber vor allem ganz neuen Zugang innerhalb meiner Empowermentarbeit, innerhalb meines eigenen Überlebens mit meinen vielen Perspektiven, die ich habe.

Zu der Frage „Wie betrachte ich eigentlich Diskriminierungssituationen?“ hat dieser Text mir ganz neue Antworten aufgeworfen.

Hutson sagt: Die Begriffe, mit denen üblicherweise an die Betrachtung von Diskriminierungen herangegangen wird, egal ob wir jetzt von eindimensionalem Rassismus, Sexismus oder Ableismus ausgehen, oder ob wir sagen,

---

92 Exklusion aus der Wissenschaft war eines der Kernthemen von Anna-Lin Karl.

wir meinen das interdependent oder intersektional, beziehen sich immer stark auf die Intention der Täter*innen.

Was sie hier ja ganz stark macht in diesem Text, ist, zu sagen: „Ich beziehe mich auf die Person, die die Verletzung erlebt, und deren Realität ist prägend für alles andere." Es ist auch ein [#CN] ableistischer Begriff von Fanon[93], Fanon hat sich das angeguckt und gesprochen von dieser „doppelten Schizophrenie", also dass sowohl die Kolonialisierenden, wie auch die Kolonialisierten irgendwie widersprüchlich im Handeln sind, das meint er eigentlich mit diesem ableistischen Begriff. Genau das ist bei Schwarzen Personen oder Personen generell, die Rassismus erfahren, eine ständig zu leistende Übersetzungsarbeit, dass immer für das Gegenüber mitgedacht werden muss.

Das ist ja auch bei be_hinderten Personen so, es muss immer mitgedacht werden: „Ableisierte Personen grapschen mir ständig an den Rollstuhl, dann stell ich mich anders in den Raum hin." Oder bei mir, wenn Leute sehen, dass ich mich irgendwie abstütze, sagen sie, dass es schon besser werden wird, ohne zu berücksichtigen, dass das eine Knochenstellung ist, die sich auch nicht ändern wird und die auch genauso gut ist.

Etwas, womit sie sich in dem Text beschäftigt: Es ist eine unglaubliche Last, ständig lesen zu müssen, warum das Gegenüber das jetzt getan hat und erst dann die eigenen Gefühle legitimieren zu dürfen. Sie beschreibt es als cis hetera mit deutschem Status, dass sie Diskriminierungen erlebt aufgrund von Sexismus, Ableismus und aufgrund von Schwarzsein, also aufgrund von diesen drei Punkten.

---

93 Siehe „Schwarze Haut, weiße Masken" des Schwarzen französischen Psychiaters, Politikers und Schriftstellers Frantz Fanon – Wien: Turia + Kant, 2015.

Wenn wir jetzt sagen: „Das sind drei Achsen!“, dann klingt das alles schon total mechanisch, das mag ich an den Begriffen interdependent und intersektional nicht, sie klingen...

Mika: …wie Mathematik.

SchwarzRund: Genau, es ist eine sehr kolonialisierende Art Erfahrung zu beschreiben, ich müsste es jetzt interdependent an Achsen festmachen. Allein schon das so zu sagen ist absurd. Deswegen mag ich ihren Begriff „Verwobenheiten“ so gerne, er weckt direkt ein Bild, eine Emotion in mir. Auch wenn ich „mehrdimensional“ in workshops verwende, sehe ich, dass andere schnell ein Bild dazu haben.

Hutson hebt diese mechanische Analyse der Täter*innen-Perspektive auf und sagt: „Nee, in dem Moment bin ich ja immer alles gleichzeitig. Und es ist ja für mich in meinem Überleben, in meinen Strategien, relevant, wer ich bin. Auch in dem Moment der Verletzung bin ich immer Schwarz, Frau, Be_hindert gleichzeitig.“

Dieses Aufspalten ist etwas sehr Schmerzhaftes. Also, dass gesagt werden kann: „Hey, Du hast mich diskriminiert!“, und dann zu sagen: „Ja, wie?“, und dann musst Du sagen, ob Rassismus oder Sexismus.

Diese Aufteilung, die ständig an Dir verübt wird, musst Du Dir selber auch noch antun, um Dir Rechte einfordern zu können. Und das schmeißt sie völlig über den Haufen, indem sie sagt: „Das ist vollkommen irrelevant, die Täter*innenperspektive ist nicht die Bezugsperspektive, sondern meine Überlebensperspektive.“ Und das hat mich auf einer sehr persönlichen Ebene berührt, aber auch auf einer aktivistischen, weil ich viel zu dem Thema arbeite, und in Bezug auf die Frage: „Wie beschreibe ich eigentlich Erlebnisse?“. Also, muss ich ständig das Gegenüber beschreiben, beschreiben, was die privilegierte Seite denkt. Warum jetzt Peter super rassistisch war, „Und dass ja sein Vater in Wirklichkeit und seine Mutter auch…". Ist das überhaupt relevant für den Schwarzen Charakter, den ich gerade beschreibe? Ist das wirklich eine Information, die ich im Alltag hätte? Natürlich nicht. Ich frag ja nicht meinen Täter noch nach seinem Lebenslauf. Und deshalb ist dieser Text für mich auf ganz vielen Ebenen ein großer Punkt zum Andocken. Und ich besinne mich immer wieder sehr darauf zurück und versuche das einfließen zu lassen.

Mika: Ich find genau das bemerkenswert, wie sie in dem Text klarmacht, wie Du auch sagst, dass die Täter_innenperspektive a) nicht belegbar ist; wie der Mensch eine_n wirklich sieht und wie es gemeint ist und b) beschreibt sie ja mit diesen Jugendlichen, die sich über ihr krankheitsbedingtes Aussehen lustig machen, wie sie nicht sagen kann, ob sie mehr rassistisch oder ableistisch oder sexistisch diskriminiert wird und das auch nicht zählt, weil es sie ja trotzdem als Frau und als Schwarze Person und als kranke Person auf einmal trifft, weil immer alle diese Eigenschaften Teile ihrer Identität da sind.

SchwarzRund: Ich mag auch, dass sie später noch mal klar macht, ich glaube es ist das zweite Fallbeispiel, wo sie über Situationen mit Krankenschwestern spricht, dass es ganz explizite Erfahrungen gibt, die nur Personen machen, die diese mehrdimensionale Verletzbarkeit erleben.

Da spricht sie darüber, dass Schwarz sein und krank sein gleichgesetzt wird. Also es wird gesagt, dass sie eine gewisse Krankheit hat, die vor allem Leute aus „der Karibik" haben und dass das einerseits Schwarzsein als krank typisiert, und dass andererseits Kranksein auf das Schwarzsein berufen lässt, was dazu führt, dass die beiden Konstrukte, die ja Gewaltkonstrukte sind, um die Menschen einzuteilen und zu unterdrücken, sich dadurch gegenseitig bestätigen und dass genau dies eine Erfahrung ist, die weder ableisierte Schwarze Personen, noch be_hinderte *weiße* Personen machen.

Was ich auch daraus ziehe: Eine Herleitung von einem ganz bestimmten Gefühl von "loneliness", etwas, das Teil von femme und vielen Schwarzen deutschen Identitäten ist. Und noch einmal viel stärker mit einer mehrdimensionalen Verletzbarkeit ge- und erlebt wird. Wenn ein Erfahrungsschatz, mit dem Du versuchst Dich in communities einzufinden, ein ganz anderer ist.

Mika: Sie erwähnt ebenfalls zwei Beispiele oder Auszüge von Audre Lorde[94] und May Ayim[95], die auch beide dis_ableisiert waren, leider weiß ich da weniger über den Hintergrund, ich habe das „Krebstagebuch" von Audre Lorde noch nicht gelesen z.B. Der Umgang im Gesundheitssystem mit kranken Menschen ist eh schon paternalisierend und die Beispiele, die sie da bringt, dass der Arzt Audre Lorde sagt, wie sie zu leiden haben wird und dass ihre Entscheidung (eine Untersuchung aufzuschieben) nicht „vernünftig" ist und wie da noch mehr infantilisiert wird als eh schon und getan wird, als läge die Vernunft bei *weißen* Personen. Das hat mich ganz schön mitgenommen, diese Stellen zu lesen, weil das sowieso schon eine nahezu machtlose Position ist gegenüber Ärzt_innen und Diagnosen.

---

94 Lorde, Audre (1994): Auf Leben und Tod. Krebstagebuch. Berlin: Orlanda.

95 Ayim, May (2002): Weißer Stress und Schwarze Nerven. In: Grenzenlos und unverschämt. Frankfurt a. M.: Fischer, S. 111-132.

SchwarzRund: Dieses Absprechen von „Ratio“ ist ja generell eine sehr mächtige Strategie, auch im Umgang mit Schwarzen Personen, wenn wir uns die ganzen Förderpolitiken heutzutage angucken, die sogenannten „Förder“politiken, gegenüber Ländern auf dem afrikanischen Kontinent oder in Mittel- und Südamerika, die auch genau damit arbeiten zu sagen: „Es ist nicht so, dass wir Reparationen zahlen, es ist so, dass wir Förderpolitiken aufstellen“, das hat auch auf die Biografien von be_hinderten Schwarzen Personen, von Schwarzen Personen of Color in diesen Regionen ganz klare Auswirkungen. Ich bin selber migriert worden und das Bild von Schwarz gleich krank und deswegen bedürftig, bzw. weiß gleich gesund und deswegen heilend, ist auf jeden Fall etwas, was sehr tief in diesen Politiken von „Hilfsorganisationen“, alles wirklich mit vielen Anführungszeichen versehen, drinne steckt. Diese Idee von: „Wir bringen die Heilung.“, also die christliche Heilung. Das ist auch das, was sie wiederum anspricht: Die Heilung von *weißen* Körpern meint: „Du bist relativ nah an der privilegiertesten Position dran“, da ist nur „das Krank- oder Be_hindertsein, welches dich davon trennt“, während es bei Schwarzen Personen, kolonialisierten Körpern, darum geht: Du musst eigentlich erst christianisiert und aufgenommen werden, dann wird dein Körper und deine Psyche normiert, und dann kannst Du irgendwie Teil davon sein.

Was sie da schreibt, war für mich ein sehr großer Andockungspunkt an die Theorien von Bhabha. Also Bhabha hat geschrieben zu dem Begriff des „mimikry“[96], also das gleich sein, aber doch nicht (ganz) gleich sein (“almost the same, but not quite“) und das war für mich auch ein sehr empowernder Moment das zu lesen, das dominante Ge-

96 Bhabha, Homi K. (1994): The Location of Culture. London/New York: Routledge, S. 86.

sellschaften immer verlangen, dass Leute sich integrieren und irgendwie verschwinden, Integration meint Assimilation in dem Punkt, also dass es keine Auffälligkeiten mehr aufgrund von race, ethnicity und culture gibt, sondern so einen Einheitsbrei, damit der *weiße* Blick nicht irritiert wird und letztendlich ist ja diese Forderung völlig utopisch gerichtet an Schwarze Körper. Es ist vollkommen irrelevant, wie ich mich verhalte, wenn mein Körper an sich schon das Merkmal ist für das "othering" und es rassifizierte Grundlagen gibt, aufgrund deren wir ja ganz klar aus der Definition des Menschen der Aufklärung ausgeschlossen wurden.[97] Darüber spricht Bhabha so großartig, das ist genau diese Mimikry, dieser ständige Versuch von kolonialisierten Personen einerseits Macht zu kriegen, also in der Bank Chef zu werden als Schwarzer Mann, gleichzeitig sich aber das Schwarzsein erhalten zu wollen und auch niemals ablegen zu können aufgrund von rassistischen Markierungen. Und diese Spaltung steckt für mich auch darin, wenn gefragt wird: Warum tauchen Schwarze Körper so wenig in Kontexten von disability Aktivismus auf? Weil es eben genau dieses mimikry von mir verlangt. Erneut müsste ich mich aufspalten, mit einer unglaublichen Kraftanstrengung versuchen mich einzulesen in *weiße* Perspektiven, um dann vielleicht auch extra das Schwarzsein irgendwo erwähnen zu dürfen und doch immer erkennbar nicht Teil zu sein.

---

97 Vgl. Schiller, Friedrich: Briefe zur ästhetischen Erziehung des Menschengeschlechts, insbesondere Siebenter Brief, online unter http://gutenberg.spiegel.de/buch/ueber-die-asthetische-erziehung-des-menschen-in-einer-reihe-von-briefen-3355/1 (Zugriff 24.04.2018) – Schiller spricht darüber, wie der perfekte Mensch der Aufklärung entstehen soll, und setzt dieser Entwicklung den Schwarzen Menschen als „Naturmensch" entgegen – als zu überwindendes Stadium. #CN N-Wort.

Immer diese Frage von „Was bist Du in der Hauptsache in welchem Raum?“, das mag ich so gerne an diesen Wörtern, die uns Schwarze, of Color und Brown Dozierende, Personen und Theoretiker*innen geben, weil sie zwar einerseits in der Universität schreiben, aber aus einem breiten Spektrum an Realitäten heraus schreiben. Sie versuchen, uns neue Wörter für Sachverhalte zu geben.

Begriffe wie „diversity“, „interdependent“, das waren mal Schwarze Wissenschaftsbegriffe. Die wurden leider wieder mal von *weißen* Personen einverleibt. Und die Frage ist, wenn so ein Text von Christiane Hutson bekannter wäre, würde dann dasselbe passieren? Und warum wird er nicht bekannter? Weil sie eben die Be_Hinderungs-Perspektive mit reinbringt. Das ist Fluch und Segen zugleich, weil es ein Schutz ist davor, vereinnahmt zu werden und gleichzeitig…

Mika: …wird man weniger ernst genommen.

SchwarzRund: Genau. Und zu den Zitaten von May Ayim und Audre Lorde im Text: Dabei ist für mich auch relevant, wie wir be_hinderte Geschichte schreiben. Es wird auch oft gesagt: „Aber es gibt ja niemanden, es taucht ja keine*r auf!“, und genau solche Behauptungen straft sie mit ihrem Text Lügen, in dem sie sagt: „Ich beziehe mich auf Schwarze Perspektiven ganz, ganz explizit, die auch noch bekannt sind in aktivistischen Kreisen“…

Mika: In einer Situation bekommt Audre Lorde z.B. gesagt, sie sei ja ein intelligentes Mädchen, deshalb würde sie schon das tun, was der Arzt für richtig hält.

SchwarzRund: Diese Erfahrung, die *weiße* Ableisierte machen, wenn sie Kind sind, Adultismus, ist ja eine Erfahrung, die Schwarze und be_hinderte Perspektiven ihr Leben lang prägen. Und das fand ich einen sehr starken Teil von dem Text, dort zu sagen: „Ja, es ist eine Diskriminierungsform, aber trotzdem, wenn ich jetzt adultistisch gegenüber diesen *weißen* Jugendlichen handele…", sie spricht auch davon, dass *weiße* Kinder sie beleidigen, und wenn ich Adultismus gegenüber diesen ausübe, fühlt sich das vielleicht nicht gut für mich an, vor allem, weil es eine Unterdrückungsform ist, die ich immer noch selber erlebe. Das heißt, ich denk zwar, ich bin höhergestellt, weil ich ja eine erwachsene Person bin, aber da ich Schwarz und be_hindert bin, erlebe ich immer noch adultistische Strukturen, d.h., ich kann noch nicht mal mir mit dieser Unterdrückung diesen Moment mit aneignen, weil ich so viele Unterdrückungsformen gleichzeitig erlebe.

Das ist für die Praxis total relevant. Wenn wir uns Empowerment-Arbeit angucken oder Bildungsarbeit für be_hinderte Personen, ist es total wichtig, genau das mitzudenken, d.h., dass nie für alle die gleichen Strategien funktionieren werden. Ich hatte einen Empowerment-Workshop besucht für Schwarze Personen und da ging es dann um Wut. Für mich als Latin@ ist Wut etwas, dass sehr kolonialisiert worden ist, also ich darf eigentlich nicht wütend sein, generell, schon als Schwarze Person nicht, vor allem aber nicht als Afrolatin@, wir sind die Lautesten der Lauten und dürfen es erst recht nicht. Wir müssen am leisesten sein. Ich habe dann erzählt, dass es für mich ein sehr empowernder Moment ist zu sagen: „Ich bin aber wütend und ich schreie und ich fluche."

Ich reagier mit dem, was meine Vorfahr*innen mir geschenkt haben als Potential, um mit Aggressionen umzugehen.

Ein Schwarzer Bruder meinte zu mir, dass das total sinnvoll klingt, aber für ihn keine gangbare Strategie wäre, weil andere, *weiße* Körper sich so dadurch bedroht fühlen würden, dass er Angst hätte umgebracht zu werden. Das ist zwar auch Teil von Afrolatinx Geschichte, aber noch mal ganz anders bei Schwarzen maskulinisierten Körpern. Das zeigt, dass wir keine Strategien haben, die für alle funktionieren, sondern wir immer damit festschreiben, wer Teil der Gruppe ist.

Das ist auch eine Kritik, die ich habe an *weißen* Be_Hinderten-Bewegungen in Deutschland. Es gibt wenig Mut dazu eine Gleichzeitigkeit von verschiedenen Bedürfnissen zuzulassen, sondern es muss immer gesucht werden nach der einen Sache, diese eine Sache muss disability-freundlich sein. Was an sich schon paradox ist, weil, wenn wir uns einen Raum nehmen und machen diesen einen Raum disability-freundlich, dann können wir uns ja einen Wolf arbeiten, wenn sich dann zwei Personen nicht sehen können wegen Traumata, hilft uns der Raum auch nicht weiter, weil es eben nur ein einziger Raum ist. Wenn wir uns z.B. die mad and pride parade angucken: Eine Strecke zurücklegen, um dann sich lange herumstehend Texte anhören zu müssen, und das awareness-team wird nur spontan eingeführt. Das sind ganz viele Barrieren, die passieren, selbst bei dem Versuch Barrieren zu beseitigen, einfach, weil es keine Gleichzeitigkeit gibt. Es könnte ja z.B. gesagt werden, dass der mad and pride ein disability Tag ist und dann an dem Tag gibt es vielleicht 10 Events, die stattfinden, das eine ist draußen, das andere ist drinnen, also, es könnte ja versucht werden durch Vielseitigkeit viele Barrieren zu minimieren. Aber stattdessen ist es eben eine sehr dominante *weiße* Perspektive zu denken: "Ich bin so nah an meinem Privileg dran, das Einzige, was zwischen mir und meinem Privileg steht, ist, dass es keine Rampe gibt." Das ist eben das Verständnis von *weißen* cis Personen, die Be_Hinderung erfahren, diese Idee von: „Es ist doch nur dieser eine Sprung bis zum Privileg.", bei *weißen* cis Frauen sind es diese zwei Sprünge, bis sie zur privilegierten Gruppe gehören. Und das ist ein eklatanter Unterschied. Perspektiven, die sagen: „Ich bin so weit weg von dem, was als Norm betrachtet wird, ich bin so weit weg davon Menschenrechte zu erfahren, ob du da jetzt eine Rampe hinstellst oder nicht, ändert nix daran, dass da Nazis drin sein dürfen, weil sie ja auch Be_Hinderungen haben können." Das ändert nix daran, dass die mich dann tothauen. Und das sind Perspektiven, die mir sehr, sehr fehlen im Be_Hinderten-Aktivismus.

Mika: Ich beobachte das auch aus großer Distanz: Leute, die sich nur um Be_Hinderung „kümmern" (aber Queerfeminismus spielt keine Rolle dort), weil das für mich genauso ausladend ist, wie wenn es nur um Feminismus geht, ich bin da nicht safe (als queerfeministische Person, die cis Sexismus, Klassismus und Ableismus erfährt). Und je mehr eins marginalisiert ist, desto unsafer wird es.

Diesen einen Raum, ich habe das auch manchmal in meinen Bemühungen, dass er barrierefrei oder barrierearm sein soll, und dann aber nur dieser eine Raum, dieses eine Mal (für eine Veranstaltung) und danach ist wieder alles beim Alten (Unterdrückungsformen, die nicht angegangen werden, sind auch Barrieren), das ist fragwürdig.

Magst Du Dich als „disability Aktivist*in" bezeichnen, wo dieser Aktivismus meist weiß gedacht und gemacht wird?

SchwarzRund: Ich glaube eher als neurodivers. Ich sehe mich schon mit meinen körperlichen Einschränkungen als Teil von dem disability Begriff, aber die Erfahrungen, die ich zuerst gemacht habe, waren unter dem label Neurodivers.

Es sind so viele Dimensionen, anhand derer ich ausgeschlossen werde. Ich werde schon mal nicht mitgedacht, weil ich Schwarz bin, erst recht nicht, weil ich latinx bin, das ist schon mal völlig komisch, dann erst recht nicht, weil ich queer bin, aber wenn ich dann auch noch sage: „Ich bin nur neurodivers", was nicht stimmt, aber was ich aber lange Zeit gemacht habe aus Scham heraus, bin ich erst recht nicht Teil davon, weil es ja innerhalb der deutschen Be_Hinderten-Bewegung ganz lange und meiner Meinung nach bis heute so eine große Idee gibt von: „Die richtigen Be_Hinderungen sind die physischen, die falschen Be_Hinderungen sind neurodivers." Deshalb mag ich mich nicht ausschließlich mit dem Begriff bezeichnen, ich glaube, ich brauche dann immer eine Kombination. Weil: Ich bin immer alles gleichzeitig, ich bin immer dis_ableisiert als Schwarze Person, das muss immer mit auftauchen, weil nur das in dem Kontext mich beschreibt. Nicht nur aufgrund *weißer* Perspektiven, auch aufgrund dessen, woher Sachen kommen und wie ich Sachen erfahren habe.

Mika: Versuchst du das dann zu lösen, indem du davor deine anderen Verwobenheiten setzt? Queere Schwarze disability Aktivist*in?

SchwarzRund: Meist eher: „SchwarzRund arbeitet zu mehrdimensionalen Unterdrückungsformen" und dann stehen dahinter verschiedene Kategorien, die ich auch immer wieder selektiere, je nach Kontext. Also bei einer Konferenz zu Be_Hinderung mag ich es auch, das Wort dis_ability gar nicht drin zu haben, sondern nur neurodivers, um damit die Norm vor Ort zu irritieren und zu sagen: „Was ist denn jetzt Dein Problem?"

Denn *weiße* cis Typen, die über Be_Hinderungen referieren, schreiben auch nicht dazu, was sie haben, sondern schreiben, sie sind Peter Schmidt und arbeiten zum Thema was-weiß-ich, weil sie denken, innerhalb des Kontextes von einer Be_Hinderten-Konferenz brauchen sie es ja gar nicht mehr zu sagen. Während es bei mir wieder angemerkt wird. Weil ich dann oft so als die Rassismus-Expert*in gesehen werde, als würde sich das ausschließen mit der Be_Hinderung. Das ist, glaube ich, dieser Zwiespalt, in dem Schwarzsein auch einfach existiert, einerseits wird es mit krank gleichgesetzt und anderseits wird es auch mit hyper-vital assoziiert.

Mika: …als stark, als unverwundbar?

SchwarzRund: Genau, als unverwundbar, stark. Auch innerhalb von Schwarzen communities ist es sehr, sehr schwer mit Krankheit und Be_Hinderung umzugehen, weil eben diese Unverletzbarkeit ja einerseits eine moralische Legitimation darstellte für Kolonialherren: „Wir können denen diese Gewalt antun, das sind ja keine Menschen. Die sind ja so wie Pferde, sie ertragen mehr Schmerz." Andererseits ist es auch innerhalb der community eine Überlebensstrategie geworden zu sagen: „Wir dürfen auch keine Verletzbarkeiten zeigen, wir müssen überleben. Guck doch mal, was unsere Vorfahr*innen geschafft haben und jetzt kommst Du an mit deiner klinischen Depression und willst hier irgendwie Aktivismus dazu machen."

Es ist auch diese Frage nach kolonialen Traumata, die auch sehr widersprüchlich behandelt wird, für manche ist es ein total wichtiger Begriff, um klar zu machen: „Nee, meine Traumata sind kolonial bedingt und das ist ein koloniales Trauma, das ich habe", für andere Personen, die Schwarz sind und Übergriffe im Kindesalter erlebt haben, ist es hingegen total relevant zu sagen: „Hey, Moment mal, der Traumabegriff heißt was ganz anderes für mich!"

Ich glaube, das sind so Diskurse, über die sich viele *weiße* disability Aktivist*innen keine Gedanken machen, die aber Schwarze disability Aktivist*innen total beschäftigen, die sie ganz intensiv führen, um Worte zu finden für zugleich kollektive und doch individuelle Lebensrealitäten.

Mika: Sind das auch durch Strukturen bedingte Traumata, wie durch Rassismus und Mikroaggressionen[98]?

SchwarzRund: Koloniale Traumata[99] bezeichnen etwas Anderes. Das schließt es zwar so ein bisschen mit ein, aber koloniales Trauma meint ein Generationen übergreifendes Trauma, ein vererbtes Trauma. Dies geschieht z.B. auf biologischer Ebene, Sozialisierungsebene, aber eben auch durch z.B. den Diebstahl der eigenen Kulturen.

Kolonialismus ist ja keine abgeschlossene Zeit, die mal war, sondern er hat sich einfach nur verändert, verschoben. Der Film „Der Dreizehnte" zeigt das sehr gut, wie so

---

98 Der Begriff Mikroaggressionen meint diskriminierende Äußerungen/diskriminierendes Verhalten, die alltäglich und wie nebenher erscheinen, die aber Betroffene systematisch ausschließen und/oder ihre Erfahrungen und Gefühle abwerten.

99 Koloniale Traumata sind sowohl die Folge von historischem Kolonialismus als auch von kolonialen Kontinuitäten. SchwarzRund geht auf diesen Punkt wenig später ein. Koloniales Trauma beschreibt, wie die Erfahrungen mit kolonialer Gewalt, Genozid, Versklavung durch anhaltenden Rassismus für Betroffene immer wieder vergegenwärtigt werden und so generationsübergreifend prägen und traumatisieren. Da sich *weiße* Personen oft nicht um die Aufarbeitung der kolonialen Vergangenheit und *weißer* Täter_innenschaft bemühen und so die rassistischen Strukturen und Einstellungen im Kern unangefochten bleiben, entsteht das, was koloniale Kontinuität genannt wird. Es werden bis heute Begründungen gefunden, dass eins ja nur das Gute gewollt habe mit der kolonialen Unternehmung. Siehe hierzu auch Reimann, Isabelle (15.03.2017): (UN)SICHTBAR #2 Kolonialismus im Alltag. In: weiterdenken, Heinrich Böll Stiftung Sachsen, online unter: http://www.weiterdenken.de/de/2017/03/15/unsichtbar-2-kolonialismus-im-alltag (Zugriff 24.04.2018)

strukturelle Veränderung von Unterdrückung passiert. Da wird gesagt, dass es die Zeit der Versklavung gab, dann gab es die Zeit des prison complexes (der Masseninhaftierungen), und nun gibt es technische Erneuerungen zur Inhaftierung Schwarzer Menschen in ihren Eigenheimen, trotzdem können sie so keiner geregelten Arbeit nachgehen, das Haus nicht verlassen und nicht als legalisiertes Vorbild ihren Kindern dienen, letztendlich haben sie weiterhin stark eingeschränkte Bürgerrechte, werden dehumanisiert, was letztendlich nur eine transformierte Form des Kolonialismus ist. Und das ist der Diskurs, der daran aufgemacht wird: Einerseits sind wir alle traumatisiert durch die Versklavung, andererseits wollen wir uns auch nicht als krank festschreiben lassen, nur weil wir Schwarz sind.

Das sind Diskurse, die ich ganz viel führe mit be_hinderten Aktivist*innen, aber ich habe das Gefühl, dass es Diskurse sind, die, obwohl sie öffentlich geteilt werden, *weiße* Aktivist*innen nicht als Teil von sich begreifen, jene sagen dann eher, dass diese Themen relevant für Schwarze be_hinderte Menschen sind.

Wenn wir uns verschiedenste Theoretiker*innen angucken, ist immer…taucht immer wieder die Feststellung auf: „Moment mal, wir sind alle Teil von Kolonialisierung", *weiße* Körper haben Kolonialisierung erlebt, nur mit anderen Auswirkungen. Dieser Herrschaftsgedanke, dieses Gefühl jeden Raum zu besitzen, diese Empörung, wenn ein Raum eine*r*m mal nicht gehört. Diese Verletzbarkeiten, auch bei *weißen* Personen, sind kolonial bedingt. Deswegen wäre dieses Thema genauso relevant für *weiße* Aktivist*innen, nicht nur aus einer Empathie-Perspektive, sondern aus einer ganz eigenen Perspektive heraus. Warum tut Dir als hetero cis Mann deine Be_Hinderung so unglaublich weh? Ja, weil Du empört bist! Eine queere *weiße* trans Frau, die mit 40 Jahren den Rollstuhl benutzt, wird nicht diese Empörung wie Du empfinden, weil, diese ist Ausschluss schon gewöhnt. Sie hat schon Überlebensstrategien entwickelt. Natürlich wird das weh tun und natürlich kann das Leben verändern, das möchte ich nicht absprechen, aber dieses grundlegende Empörungsgefühl, dass die Welt einem nicht mehr zu Füßen liegt, ist bedingt durch einen Kolonialisierungsprozess.

Und deswegen finde ich es schade, dass es so hermetisch getrennt ist, die Themen der Minoritäten innerhalb der Community und die Themen für die anderen, während ich das als Thema für alle betrachten würde.

Mika: Welche Unterschiede erlebst Du im Gesundheitssystem und wie äußert sich der rassifizierte Ableismus dort? Wird deine unsichtbare und deine sichtbare oder körperliche Be_Hinderung anders behandelt?

SchwarzRund: Das würde ich auf jeden Fall mit einem großen JA beantworten. Allein schon was Zugänge angeht…

Universität ist ja ein Zugangsmechanismus, um erstmal überhaupt in die Position zu kommen Arzt zu sein. Wenn wir uns die Unis in Deutschland angucken, dann haben die ein massives Problem mit der Verteilung von Studienplätzen, in dem System, das durch class und race geprägt ist. Am Anfang sind es noch ganz viele *weiße* Frauen, die mit dem Studium anfangen, aber in dem höher gehenden Studiengang fallen die weg, es wird auch erzählt, es wären proportional zu viele, also anteilig mehr, Frauen an den Unis. Das mag statistisch so sein, das hat aber nichts damit zu tun, wer weiterkommt. Ab dem Master ist es dann schon wieder so, dass das Verhältnis 50:50 ist und ab der Doktorant*innenstelle ist es schon bei 80:20. Also eine massive Verschiebung, wer wirklich Geld an der Uni dann verdient und die Uni prägt.

Dafür reicht dieses einmal durch die Uni laufen und einmal einen Artikel schreiben nicht, das endet in einem massiven Trugschluss, weil so Macht nicht funktioniert. Und das sind die Ärzte, mit denen wir dann konfrontiert sind, Medizinstudenten, die genau dieses System erlebt haben, kommen in eine Schule, wo fast 80 Prozent migrantische Kinder sind, kommen an eine Uni, wo auf einmal fast alle *weiß* sind, wo aber viele erleben, dass sie dort weiterkommen, sie erlernten, dass sie diejenigen sind, die es „verdient" haben, bis sie in einer eigenen Praxis arbeiten, das ist allein schon etwas, was die Perspektive des Arztes unglaublich beeinflusst.

Und wenn wir Behandlungszahlen betrachten von Schwarzen Personen, von Personen of Color, von dicken/fetten Menschen und so weiter, dann ist zu sehen, dass es eine massiv schlechtere Behandlung gibt von jeder dieser einzelnen Gruppen, wie auch immer sie rausgefiltert werden. Ich vereine genau das: Ich bin eine dicke, chronisch kranke, migrierte, Schwarze, queere so-called Frau. Ich habe all diese Gruppen, die da negativ bewertet werden, in mir vereint.

Das hat meinen Weg zu einer jetzt okayen Gesundheitsversorgung extrem geprägt. Z.B. wurde mein Bipolar-Sein ganz lange nicht erkannt. „Das ist halt so, DIE sind halt aufgewühlter, rassistische Zuschreibungen" und das Traurig-Sein wurde gar nicht gesehen. „Das war halt so, dann muss sie sich halt erholen von ihrer Schwarzen Wut, die sie so nach draußen trägt." Und auch, was Schmerzen angeht, die als unauthentisch gelten, die „Schwarze Lüge" ist ja ein Mysterium in *weißen* Köpfen, also dass Schwarze Leute ständig lügen würden, und das macht auch jeden Gang zu jedem Arzt immer zu so einem Kampf. Ein Kampf darum, dass mir überhaupt erstmal geglaubt wird, was ich sage. Ein Kampf um ein Ernstnehmen meiner Schwarzen Schmerzen. Ein empathisches Verhalten gegenüber Schwarzen Körpern ist schwer zu leisten, wenn sie Schwarzen Menschen generell misstrauen. Bei diesem Bildungsweg ist dies kein versehentlicher Nebenschauplatz, es ist sogar absolut notwendig, um sich durchzusetzen.

Würden sich *weiße* cis männliche Personen empathisch verhalten, würden sie es gar nicht zur Spitze schaffen. Dann hätten sie irgendwann mal einen Schritt zurück machen und das System kritisch betrachten müssen.

Bei meinem Vater war es das Gleiche, dass er drei Wochen im Krankenhaus lag und keine*r ihm geglaubt hat, dass er kein Bier trinkt. Es gibt ganz viele Zuschreibungen, die einfach passieren, die die Behandlungen verlangsamen, verunmöglichen, gar nicht erst zugänglich machen oder sehr limitieren. Und das bedeutet, dass einen Zugang zu finden, gerade als be_hinderte Schwarze Person, viel energieintensiver ist. Es ist eh schon energieintensiv, natürlich, weil es ein ableistisches System ist. Aber dann noch die richtige Person in einem System zu finden, wo du zwar die richtigen Schmerzmittel für den Rücken kriegst, aber jedes Mal mit einem psychischen Desaster wieder herauskommst, weil Du Dir rassistischen Mist anhören musstest, ist eine unglaublich filigrane, anstrengende Sache, die eigentlich neben einem 40-Stunden-Job nicht zu leisten ist.

Auch die ganzen Diagnoseverfahren beziehen gar nicht systematische Unterdrückung mit ein. Dann steht da, wenn man sich die Fragen zur Angstdiagnose anguckt, bei generalisierter Angststörung: „Haben sie Angst, abends auf die Straße zu gehen?“ Natürlich kreuze ich da „Ja“ an. Ich habe in einem Nazi-Kiez gewohnt, das ist eine vollkommen lösungsorientierte, sinnvolle Sache, dass mein Körper da Angst ausströmt, weil es eine Realität ist.

Das wird in diesen Fragebögen, sowohl Sexismus, Rassismus wie auch Ableismus, gar nicht mit einbezogen. Diese Verkettung wird aber gar nicht hergestellt zwischen systematischen und individuellen Erkrankungen.

Das ist auch mit ein Grund, warum viele Personen, die Schwarz sind, sich gar keine Hilfe holen in diesem System, weil die sich sagen: „Ich habe keine Lust, dass meine völlig reale Erfahrung, die eh schon durch gaslighting von *Weißen* ständig delegitimiert wird, jetzt auch noch pathologisiert wird." Was durchaus tödliche Konsequenzen haben kann. Weil es eben auch ganz physische Sachen gibt. Ich habe eine bipolare hormonelle Veränderung, das kann durch Medikamente unterstützt werden, weil es physisch ist, dieser Aspekt geht aber in der Behandlung verloren, wenn alles an rassifizierte Merkmale und Lesarten gekoppelt wird. Das beschreibt auch noch mal, was Christiane Hutson sagt: Das sind ganz explizite Erfahrungen, die nur die Menschen machen, die genau in dieser Mehrdimensionalität leben. Und die keine andere Person teilt.

Mika: Da begegnest Du dieser vorgestellten „Unverletzbarkeit", „einen Schwarzen Menschen kann das seelisch nicht verletzen"…

SchwarzRund: Ja.

Mika: …ich habe gelesen, dass, wenn etwas diagnostiziert wird, es eher psychische Störungen sind, weniger Depressionen, auch wenn es sich um welche handelt. Ich finde auch, dass es, wie Du sagst, ein großes Manko ist, dass es keine Anamnese-Bögen gibt, wo eins angeben kann, eins leidet unter diesen und jenen Unterdrückungsformen, und das und das macht dann

wieder „nur" Angst, weil es Barrieren sind. Das würde helfen, alles aufzudröseln.

SchwarzRund: Es ist wichtig noch mal anzugucken, wann kommen Leute in Diagnosesysteme rein. Oft schon im Kindes- und Jugendalter, da ist noch mal die Frage nach *weißer* Elternschaft bei Schwarzen Kindern. Das ist etwas, was ich in meinen Workshops ganz viel erlebe, dass die 18-jährigen, 19-jährigen, die so langsam anfangen, sich mit dem Schwarzsein zu beschäftigen, die wirklich davon berichten, dass sie Rassismus erlebt haben und das jetzt auch so benennen können, dass sie deswegen wütend waren und deshalb pathologisiert wurden. Das ist dann eine systematische Ruhigstellung von Schwarzer Wut. Hier bräuchte es ein Gesundheitssystem, das das kompensiert, jene *weiße* Elternschaft und die Probleme, die damit einhergehen, diese auffangen würde, z.B. fragen: „Warum war denn ihr Kind eigentlich wütend? Warum hat es den Tisch durch den Raum geschmissen oder das *weiße* Gör geschlagen? Wie kam es denn dazu? Was ist der Hintergrund davon?". Aber das wird nie gefragt. Sondern es wird eher davon ausgegangen, dass es eine Wutproblematik gibt.

Es herrscht noch immer dieser durch die Aufklärung geprägte Ansatz vor, der vermittelt wird in *weißer* Wissenschaft, dass alle Körper final gleich zu sein haben. Wenn vor der Gerichtsbarkeit alle Menschen gleich sein müssen, wird der falsche Rückschluss gezogen, dass Unterschiedlichkeit der Ursprung sei für Schlechterbehandlungen, dabei geht es nicht darum, dass es eine differenzierte Welt gibt, sondern eine Hierarchisierung von Unterschiedlichkeiten.

Die Idee der einen wahren Wahrheit wird beim Verständnis von Körpern genauso weiter verhandelt. Es darf nur eine Lesart eines erstrebenswerten Seins geben, sowohl psychisch wie auch körperlich. Wenn es nur eine einzige Variante gibt, die richtig ist, gibt es auch nur einen Weg, den alle zu beschreiten haben, das ist das, was die Decolonial Studies dann kritisch analysieren als den Fortschrittsgedanken. Der Fortschrittsgedanke verhindert, dass es gelebte Unterschiedlichkeiten gibt, die gleichwertig koexistieren, es braucht zwangsläufig eine Hierarchisierung, um bestimmen zu können, wer am entwicklungsbedürftigsten ist. Dekolonialisierung in der Medizin kann also nicht bedeuten, dass wir versuchen allen Körpern zu ermöglichen *weißen* Idealen zu genügen, somit eine Politik fahren, die diversity nutzt, um alle „gleich in ihrer Unterschiedlichkeit" zu machen, da alle das gleiche erstrebenswert finden sollen, sondern die Ideale zu hinterfragen und kontinuierlich zu dekonstruieren.

Diversität ist, glaube ich, eine falsche Aufarbeitung von historischem Rassismus innerhalb der Geschichte von Medizin. Das ist ein sehr einfacher Weg zu sagen: „Jetzt ist alles schön, jetzt sind alle Menschen gleich, da sie das gleiche Idealbild des Körpers und der psychischen Verfasstheit erstreben", aber das hat natürlich nichts damit zu tun, dass über die Jahrhunderte hinweg das ganze medizinische System, die ganzen Zugänge und Nichtzugänge, sehr geprägt von dem *weißen* cis männlichen Körper war, der als Bezugsebene für alles gilt… Ob wir uns da jetzt Zahlen angucken, den BMI, ob wir uns angucken, welche Hormonwerte wie zu sein haben, wie Medikamente zu funktionieren haben, das sind alles *weiße* cis sexistische Vorgaben, wo alle anderen Körper, Erlebnisse und Traumata zwangsläufig rausfallen und pathologisiert werden können. Dekolonialisierung liefert da keine einfache Lösung, zeigt aber genauere Konturen eines großen Problems auf.

Mika: Unter diesen Voraussetzungen, mag man da eigentlich in die Psychiatrie gehen als Schwarze Person, obwohl man es vielleicht gebrauchen könnte?

SchwarzRund: Das ist schwierig. Ich habe nur tagespsychiatrische Erfahrung, ich war mal zwei Wochen stationär in einer psychosomatischen Klinik und das hat genau aus diesen Gründen absolut nicht funktioniert. Immerhin hat es die eine Betreuerin in meinen Roman geschafft. Ich habe es danach mit Tageskliniken versucht, weil ich das wirklich brauchte.

Einen stationären Aufenthalt könnte ich für mich einfach nicht umsetzen. Ich würde mich so sehr selber wieder traumatisieren damit, das wäre ein endloser Zyklus, in den ich mich begeben würde. Schwarze Personen/ Personen of Color in Deutschland haben schon immer versucht, sich aktiv Räume zum Heilen zu verschaffen. Durch community, events, Yoga, Gesprächsgruppen. Wir müssen kompensieren, was das Gesundheitssystem uns verwehrt. Und natürlich wieder selbst finanziert, ohne Bezahlung. Die Krankenkassen fördern das natürlich nicht.

Mika: Das wär schön, wenn die communities of care fördern würden!

SchwarzRund: Das wäre großartig, ein wichtiger Schritt. Für viele Personen, die Transfeindlichkeit und Rassismus erleben, ist es so, dass sie in Kliniken gar nicht reinkommen würden. Allein schon wegen der Namensdiskriminierungen. Generell ist Psychiatrie auch sehr unzugänglich für Schwarze maskulinisierte Körper, weil dort Schwarz und maskulin sein so sehr als Bedrohung wahrgenommen wird, dass die anderen Patient*innen davor „geschützt" werden sollen. Gerade für viele Schwarze Geflüchtete ist das ein großes Thema, dass es da gar kein System der Hilfe gibt.

Mika: Du hast auch eine Skoliose, oder? Wirst Du in dieser Hinsicht auch anders behandelt, was Deine körperliche Gesundheit angeht, als die seelische?

SchwarzRund: Ich würde das schon sagen, ich glaube, das ist so ein Moment, der schwer ist. Für mich ist meine Erfahrung, die ich als dicke Person mache, sehr geprägt durch mein Schwarz- und Afro-Latinx-Sein. Weil es egal ist, welches Gewicht ich habe, mein Körper wird aufgrund der Proportionsverteilung schon mal als fett gelesen, d.h., auch die Kategorie „dünn" ist sehr geprägt durch *weiße* Ideale. Und die Erfahrung, die ich mit der Skoliose mache, ist, dass sie mir oft abgesprochen wird, weil ich dick bin. Also wirklich so, dass Ärzte von hinten auf den Rücken rauf gucken und sagen: „Nee, sie haben ja gar keine Skoliose. Ich sehe das ja gar nicht!"

Mika: What, haben die den Röntgenblick?

SchwarzRund: Den Antiröntgenblick. Und dann sag ich: „Auf den Röntgenbildern ist das ja klar zu erkennen", steht ja in meiner Akte drin, seitdem ich sechs bin oder so. Aber dann heißt es: „Nee, ich kann das ja nicht ertasten, die Schmerzen kommen eher daher, dass Sie dick sind.", das sind dann Dinge, die ganz zwangsläufig erwähnt werden. Ich habe ohnehin das Gefühl, dass die Diagnosestellung, auf die die Ärzte am stolzesten sind, als Erstes ist zu erkennen, dass ich Schwarz bin, zweitens, dass ich dick bin. Dies stellt auch den Bildungsweg für Ärzte in Frage, wenn das das einzige Resultat ist. Denn das können mir auch schon dreijährige Kinder in der U-Bahn erklären. Dafür braucht es kein Medizinstudium.

Und das Thema Berührung…viele von den herkömmlichen oder auch nicht herkömmlichen Behandlungen basieren darauf, dass man berührt wird, so wie Ergotherapie, Massagen oder Sport als Behandlung, weil so der

Körper manipuliert wird, um zu sehen, wie man Mikromuskeln stimulieren kann. Ich will mich nicht von jeder *weißen* Person berühren lassen. Es gibt Kontexte, wo das geht, aber ganz sicher nicht im medizinischen „Ausbesserungs"-Kontext…

Mika: [Der Kontext ist zu] hierarchisch?

SchwarzRund: Genau, um meinen Körper zu manipulieren. Und das macht es für mich relativ unmöglich mich in klassische Behandlung zu geben. Und was gibt es darüber hinaus? *Weiße* Personen, die sich Kulturen angeeignet haben, die dann Yoga anbieten oder pseudo-orientalistische Sachen, die es außerhalb *weißer* Exotisierungssehnsüchte gar nicht gibt. Die damit unglaublich viel Geld machen *weiß* zu sein, aber Wissen von Personen of Color weiterzugeben oder Wissen of Color anzuwenden, sie geben es ja nicht mal weiter. Dort kann ich mich auch nicht in Behandlung geben, ohne mich kolonialisieren zu lassen.

Das ist genau der Knackpunkt, den Christiane Hutson meint, dass dieser ganze Therapiekontext geprägt ist durch dieses „Zivilisieren von etwas". Und das ist für *weiße* be_hinderte Körper sicher schon schmerzhaft, aber für Schwarze Körper verstärkt auf viel mehr Achsen, weil ich damit mein Schwarzsein zurücklassen sollte, was ja auch mit meinem Kranksein verbunden ist. Ich bin sehr glücklich darüber bipolar zu sein, ich bin sehr froh darüber, dass ich meltdowns habe, weil mir das eine gesellschaftliche Form innerhalb von *Weiß*sein ermöglicht, wo ich meine Wut leben kann. Natürlich weiß ich, dass es auch mein Schwarz- oder Latinxsein ist, aber ich habe so die Möglichkeit mich auf verschiedene Gründe zu berufen. Ich bin darüber froh, dass es für mich kein Negativanteil ist. Aber dahin zu kommen, war ein weiter Weg. Bis dahin musste ich mir viele verletzende Sachen anhören und viele verletzende Erfahrungen machen.

Mika: Ist es so, dass Du aus Deinem Nicht-der-Norm-Entsprechen Deinen Widerstand bildest?

SchwarzRund: Ja. Genau. Der sich auf verschiedene Argumente beziehen kann.

Mika: Rassifizierter Ableismus an der Uni, wie äußert sich der?

SchwarzRund: Es ist schwierig, weil es einfach so wenig Schwarze und of Color Körper an der Universität gibt. Es ist eine unglaubliche Singularisierung.

Mika: Findet man einander?

SchwarzRund: Ja, aber auch dann muss die Person an einem ähnlichen Punkt sein wie man selbst. Und ich bin nicht die Person, die eine andere Person im Seminar outet. Das ist ein sehr krasses Herausfinden, ob man miteinander schwingt. Und in meiner gesamten Unizeit hatte ich ungefähr drei Seminare, wo ich nicht die einzige migrantische Person war. Allein das lässt mich schon herausstehen. Mein Körper, mein Sein, meine Perspektiven auf Themen, weil ich mich vor allem in Schwarzen Wissenschaften bewegen möchte und ich keine Lust darauf habe, ständig nur white studies zu studieren, lässt mich schon „die Andere*" sein.

Wenn ich aber dann noch Anforderungen an den Raum stelle, muss ich unglaublich stark sein an der Uni, um das machen zu dürfen, was ich machen möchte, zu den Themen zu forschen, zu denen ich forschen möchte, und wenn ich einem *weißen* cis Professor gegenüber stehe und ihm erkläre, warum ich ihn gänzlich unqualifiziert finde, um über mich zu sprechen, und dann aber darum bitte, dass wir uns doch setzen können, weil ich Rückenschmerzen habe, mache ich mich sehr verletzlich in dem Moment. Und das ist etwas, was die Gesellschaft nicht trennen kann, sie kann nicht trennen: „Die Person findet mich richtig Kacke, braucht aber jetzt Assistenz." Diese fehlende Trennschärfe zwischen Assistenz, Empathie und Hilfe sein ist etwas, was viel Potenzial bieten kann, aber gerade in solchen Momenten sehr, sehr schmerzhaft ist. Weil ich mich genau auf eine solche Trennschärfe berufen können müsste. Dass ich sagen können müsste: „Hey, die Uni müsste ein Raum sein, der für be_hinderte Personen zugänglich ist, hier gibt es diese und jene Konvention, deswegen setzen wir uns jetzt hin, um zu reden und ich finde es übrigens schlecht wegen..." und das müsste eigentlich nebeneinander funktionieren können und das tut es überhaupt nicht.

Also, ich muss mich in Seminaren sehr bewusst entscheiden, was bin ich jetzt mehr, Schwarzer Rebell oder Studierende mit chronischen Schmerzen? Das ist dann wieder eine Form von Selbstkolonialisierung. Ich schneide mich selber erneut in Einzelteile meiner Identität.

Mika: Ist es ein Problem, dass Kritik als „Mangel an Respekt" (Infragestellung der Autorität/Ordnung) ausgelegt wird?

SchwarzRund: Das vielleicht auch. Aber der Punkt, den ich eigentlich meine, ist: Das, was wir benennen, und das, was wir nicht benennen. Wenn ich sage: „Ich schreibe über eine be_hinderte Frau", dann imaginieren wir die schon als cis hetera, als klassenprivilegiert und wir tun so, als wären alle diese Ebenen nicht besprechenswert, aber wenn ich sie Schwarz mache, ist es mit einmal ein „zu großes" Thema.

Für mich ist es aber viel naheliegender, über eine Schwarze Perspektive zu forschen, statt erneut *Weiß*sein zu zentrieren, indem ich es unbenannt als Norm stilisiere. Dieses *Weiß*sein ist viel schwerer und viel komplexer zu beschreiben als eine nicht-privilegierte Perspektive. Wir müssen uns ein Leben lang schon erklären, dazu gibt es Texte, Grundlagenforschung und youtube-Videos, die es mir auch noch mal erklären, wenn ich es immer noch nicht verstanden habe, während sich privilegierte Positionen ja nie rechtfertigen müssen. Das heißt, wenn ich das immer in die Forschung miteinbeziehen würde, was eigentlich der Anspruch sein sollte, dann wären alle Themen immer zu groß. Aber es sind nur die Themen jener, deren Geschichten marginalisiert, nicht mitgedacht und deswegen ausführlich benannt werden müssen, zu groß, zu wuchtig, um Platz im Studium zu finden.

Und dann gibt es wieder nur Texte, die schreiben erneut von dem be_hinderten cis Mann, der *weiß* ist. Der klassenprivilegiert ist, aber das wird nicht erwähnt. Dann lesen wir den 437. Text zu neuem Gebäudedesign und Rollstühlen. Das ist so ein kleiner Teil der Be_Hinderten community. Warum gibt es dazu den 437. Theorietext? Das ist, glaube ich, etwas, das für studierende Personen sehr anstrengend ist, immer wieder zu hören: „Du bist eigentlich zu viel!".„Du mit Deinen Themen, Du als Person, theoretisch, in der Realität, auf allen Ebenen."

Mika: „Schreiben und Aktivismus" - ist Schreiben, gerade auch außerhalb der Uni, z.B. das Schreiben von so einem Roman wie „Biskaya", Widerstand?

SchwarzRund: Ich beziehe mich da immer gerne auf Nina Simone, dass Kunst, Musik, Literatur, das, was du am besten kannst, Widerstand ist. Nina Simone hat zur Black-Panther-Zeit viel gearbeitet und hatte damals überlegt, ob sie mit auf die Straße gehen soll, mit Waffen, ob Selbstmilitarisierung, um die Gewalt von *weißen* Polizisten zu verhindern, ein Weg ist...aber da meinten Brüder aus der Black-Panther-Bewegung zu ihr: „Nein, wir brauchen

Deine Lieder, das ist das, was Du der Bewegung geben solltest: deine Stimme!".

Und ich glaube, das ist was ganz Wunderbares am Schwarzen Aktivismus für mich, dass es da eben eine ganz lange Historie gibt von be_hinderten Stimmen, die ihre Schnittpunkte und Orte gefunden haben, um praktisch aktivistisch partizipieren zu können. Das ist das Fantastische am Schreiben, generell am Kunst machen, dass ich auf ganz vielen Ebenen aktivistisch sein kann und trotzdem mich, mit meinen Bedürfnissen, nicht vergessen muss.

Ich bin auch durchaus im Straßenaktivismus unterwegs gewesen, und das ist etwas, wo ich die ganze Zeit über meine Grenzen renne, und zwar auf eine sehr schmerzhafte Art und Weise. Während ich beim Schreiben auch über meine Grenzen renne und auch über meine Grenzen getrieben werde, aber ich am Ende das Gefühl habe etwas zu geben, das auch schön ist. Das ist für mich etwas, das ich sehr am Schreiben mag. Ich kriege von vielen *weißen* Personen das Feedback: „Oh, krasser Roman irgendwie, hab voll viel gelernt!", finde ich ganz schön, aber wenn mir Schwarze Personen schreiben, ist das eher so: „Ach cool, ich hatte eine gute Lesezeit." Das ist natürlich nur ein Satz, aber ich denk mir, das ist so ein wertvoller Moment, wenn da eine Schwarze Person daheimsaß und fünf Minuten eine gute Zeit hatte, dann freut mich das schon, denn das ist so schwer zu kreieren in dieser Welt. Black Joy ist unzerstörbar und ist zugleich etwas unglaublich Fragiles. Dass es überhaupt immer diese Debatte gibt: „Ist Kunst eigentlich Aktivismus?", ist eine sehr sexistische, ableistische Diskussion, weil…

Mika: Hatte ich in linken Kreisen immer!

SchwarzRund: Immer. Genau. Natürlich ist nur, was maskulinisiert und dominant ist, Aktivismus. Alles andere, also care Arbeit, Kunst machen, sich um das Essen kümmern, die ganzen emotionalen Dramen auffangen, die irgendwelche Dudes produziert haben, das ist alles Teil von Aktivismus und ist an sich schon Aktivismus. Das Großartige an Kunst ist, dass es Teil von Aktivismus sein und ihn zeitgleich kritisch betrachten kann. Du kannst dich weniger drin verlieren. Wenn du auf der Straße stehst und gemeinsam demonstrierst, brauchst du einen gemeinsamen Nenner, um dich vor der Polizei zu schützen. Während ich, als ich diesen Roman geschrieben habe, wirklich versuchen konnte, viele Perspektiven einzubringen und zu gucken, was ist eigentlich Schwarzes storytelling, wie kann ich diesen Schwarzen Charakter aufbauen. Wirklich gleichzeitig versuchen mich in meinem Aktivismus zu reflektieren. Das ist etwas, was mir sehr an anderen Aktivismen fehlt, dieser Moment der Reflektion, und eben auch Gelerntes weiter zu tragen. „Biskaya" kann auf jeden Fall in deutschsprachigen Ländern gelesen werden, und Leute können sich mit einer Perspektive beschäftigen, die sehr singularisiert ist. Schließlich geht es um eine Hauptperson, die Musikerin ist, Schwarz, in Deutschland, die nicht weiß, woher ihr Schwarzsein kommt, und psychopathologisiert wird.

Mika: Neuroatypisch ist?

SchwarzRund: Genau. Und genau damit sehr dazwischen. Natürlich könnten jetzt Leute, die solche Biographien haben, versuchen das jedem Menschen zu erzählen, aber das wäre wieder sehr aufbrauchend. Das finde ich so schön an Kunst, wenn eine Person sich hinsetzt und einen Text schreibt, dann kann er kopiert, vervielfältigt, gekauft, gehört, erzählt werden. Und es kann einfach eine Perspektive, die sehr marginalisiert ist, sehr viel mehr

Raum einnehmen. Das ist es, was ich im Roman zu sagen versucht habe: Kunst ist immer wie ein Flaschenhals, es ist super verengt, wie viel Raum solche Stimmen kriegen, aber wenn ich es schaffe, dadurch marginalisierte Perspektiven zu quetschen, dann können danach jene lauter und öfter ge_erhört werden.

Mika: Es ist auch eine tolle Form, um Verwobenheiten darzustellen und Selbstrepräsentation voranzutreiben, die ja im Straßenaktivismus oft nicht so möglich ist, wenn eins dann so im mainstream der Bewegung untergeht und sich „der (angeblichen) Sache“ unterordnen muss.

SchwarzRund: Bücher heben die Differenz zwischen dem Gegenstand des Aktivismus und der aktivistischen Person auf. Es ist für mich Teil von Schwarzer Bewegungs-Geschichte zu sagen: „Wir stehen für uns selber ein“ und für Leute, die Teil von diesem „uns selber“ sind. Bei den Black Panthers waren ja auch viele Feminist*innen unterwegs, die zu explizit feministischen Themen gearbeitet haben, die sagten: „Wir haben aber dieses große gemeinsame Ziel.“ Es ist ebenfalls eine Latinx-Geschichte zu sagen: „Wir kämpfen für eine Befreiung von der USA, aber wir kämpfen auch für feministische Grundrechte.“ Das macht ein Buch für mich auch möglich, auszudrücken: „Ich kämpfe dafür, das Alltagsrassismus gehört und gesehen wird von Leuten, die Macht daraus ziehen ihn nicht zu sehen, sondern nur auszuüben, aber ich kämpfe auch dafür, dass wir in unseren Schwarzen communities queere Stimmen lauter hören.“ Das geht für mich durch Kunst sehr gut, ob es nun Musik wie bei Tue[100] oder ein Roman wie bei mir ist.

---

100 Tue ist die Hauptfigur in SchwarzRunds Roman „Biskaya“. SchwarzRund (2016): Biskaya. Wien: Zaglossus Verlag.

Mika: Was ich auch sehr schön finde, sind die Freund*innenschaften, die sich dort ergeben. Es gibt nicht unbedingt so die große community, aber schon die Verbundenheit daraus, die eigene Geschichte nicht so zu kennen, aber einander zu erkennen in dieser Betroffenheit. Das ist sehr gut dargestellt. Meist fehlt es an Schwarzen Protagonist*innen und auch an der Darstellung von Freund*innen und Freund*innenschaft ganz oft. Fehlt mir zumindest sonst oft.

SchwarzRund: Es ist für mich aber auch ein ganz wichtiger Punkt: Dass es ewig diese Trennung gibt. Wenn Du selber diese Verwobenheiten lebst, gibt es nicht den Moment, wo Du Künstler*in bist, den Moment, wo Du Aktivist*in bist, den Moment, wo Du Freund*innenschaft lebst.

Tue, die Hauptperson in „Biskaya“, lebt ja alles immer gleichzeitig, in einem Moment, Backstage, lässt sie alle berufliche Professionalität fallen, ist die Version von sich selbst, die gegen *weiße* Vorherrschaft mit Unverschämtheit ankämpft, und merkt nicht, dass sie sich diskriminierend verhält. Es war für mich ein wichtiger Punkt aufzuzeigen, dass es viel Arbeit ist in diesen Verwobenheiten mit sich und anderen zu leben. Zu erleben: Eigentlich bin ich sonst die am meisten diskriminierte Person, aber auf einmal verhalte ich mich scheiße, auf einmal diskriminiere ich.

Und das sind Themen, die immer zu kurz kommen. Weil wir Rassismus one on one, Ableismus one on one besprechen, als wenn wir nur versuchen würden, die sehr Marginalisierten an dieser Minorität zu messen, an dem *weißen* ableisierten cis Mann, der klassenprivilegiert ist, das ist ja eine kleine Gruppe von Menschen eigentlich, auszurichten...trotzdem richtet sich alles nach denen.

Mika: Und obwohl sie eine kleine Gruppe (ich meine

die Gruppe, die alle Privilegien vereint) sind, haben sie so viel Macht.

SchwarzRund: Genau. Und trotzdem versuchen wir nur für sie Geschichten zu erzählen. Also wir versuchen ihnen dies und jenes zu erklären, aber dabei müssten wir uns einander gegenseitig ganz viel erklären, um diese Kompliz*innenhaftigkeit mit dem System aufzuheben.

Und das ist das, was ich eben auch durch diese Freund*innenschaften zeigen wollte, dass Tue sich nicht in diesem krassen community Zirkel bewegt, wo alle sich voll schätzen und alles ist super, alle machen nur gute, großartige Sachen, das ist nicht die Geschichte, die ich erzählen wollte, sondern: Es gibt Leute, die richtig schlecht soziale Kontakte halten können, die das alles nicht so super hinkriegen und trotzdem diese Freund*innenschaften haben und daran zerbrechen, leiden und lieben und versuchen, das irgendwie hinzukriegen. Deswegen war es mir auch wichtig, dass es da keine dominante Liebesgeschichte gibt…

Mika: Ein Glück!

SchwarzRund: Weil egal, wie eins versucht es aufzubrechen, es immer dominanter, wichtiger als jede Freund*innenschaft klingt.

Mika: Magst Du noch was sagen zu der Wichtigkeit der eigenen Geschichte, die aufzuspüren? Im Buch geht es ja darum, dass die Protagonistin, Tue, etwas erfährt über ihre Väter.

SchwarzRund: Wir hatten vorhin über koloniale Traumata gesprochen und dass so etwas prägt. Vieles von dem, was an Tue pathologisiert wird, ist darin begründet, dass sie vieles über sich nicht weiß, dass es wenig Rückbezug auf die Vergangenheit gibt, Rücksicherungen in der Vergangenheit fehlen. Und dass das, was passiert ist – das ist jetzt ein Spoiler- aus der Idee heraus geschah ein Schwarzes Kind schützen zu wollen. Einer der Gründe, warum nix erzählt worden ist, war: „Du brauchst eine heile, queere, Schwarze Vergangenheitsgeschichte, auf die Du Dich beziehen kannst, weil ich nicht will, dass Du zerbrichst. Ich will, dass Du überleben kannst. Und wenn Du erfährst, wer zum Teil deine Vorfahren sind, dann ist das zu schmerzhaft."

Mir war es wichtig, diese Zweistufigkeit reinzubringen, dass es einmal dieses Trauma gab, das ganz nah dran ist an der Generation vor ihr und auch die Rückbesinnung auf Achmed, der wirklich existiert hat. Achmed gab es in Brandenburg, da beziehe ich mich auf eine historische Figur, er ist der erste Schwarze Deutsche, von dem wir Namen und Gesicht kennen, deswegen habe ich ihn ausgewählt als Charakter. Er wurde mit 12 Jahren versklavt, entführt, verschleppt, an den Hof seines Entführers Prinz Karl Alexander von Preußen, und musste zwangsläufig als Künstler arbeiten, musste in orientalistischer Kleidung vor dem Heer tanzen, diente als Amüsement für die *weißen* Personen.

Und genau in diesem Zwiespalt bewegt sich auch Tue. Sie möchte einerseits Kunst machen, es ist ein erfolgreicher Überlebensmechanismus, auch mit ihrer Neurodiversität, und andererseits folgt sie damit auch einer kolonialisierten Schwarzen Geschichtserzählung, nach der Schwarze Leute Musik machen, klatschen und tanzen und ansonsten nichts können, was mit Menschlichkeit gleichgesetzt wird. Das ist jenes Trauma, das weit zurückliegt, außerdem gibt es das neuere Trauma in der Generation der Väter. Es war für mich wichtig zu sagen, dass koloniale Traumata nicht heißen, da war mal was vor Ewigkeiten und dann passierte nichts, und deswegen geht es mir heute so, sondern koloniale Traumata beschreiben genau diese Kontinuität von Geschichte. Und deswegen war es für mich so wichtig aufzuzeigen, wie Tue von ihrer Vergangenheit erfährt, was das mit ihr macht und wie sie sich dazu verhält.

Es gibt ja auch Traumata, welche Tue innerhalb des Romans erlebt. Mir war es wichtig keine Bewältigungsgeschichte zu schreiben. Ich wollte nicht im ersten Teil das Trauma beschreiben und im zweiten Teil kommt irgendwas anderes und im dritten Teil hat sie es dann geschafft. Es ist wichtig zu zeigen, dass es für Schwarze Personen, die eh schon pathologisiert werden, meistens keine Heilung von Traumata gibt, weil es dafür keine institutionellen Möglichkeiten gibt. Sie erfährt ja das eine Trauma eben in der Institution selber, natürlich geht sie nicht wieder in die Klinik, um sich dabei „helfen" zu lassen. Zu dieser Erfahrung, die wir selber im Leben machen, kommen diese kolonialen Erfahrungen hinzu. Diese ständigen Verunsicherungen wechseln sich auch mit Versicherungen ab, sie erfährt dadurch ja auch, dass sie eine ganz lange Geschichte in Deutschland hat. Diese Ebenen, die *weiße* nicht-migrierte Körper gar nicht in der Intensität betreffen, waren mir wichtig zu erzählen.

Mika: Es sind dann viele Ebenen, die traumatisieren. Die kolonialen Traumata, das persönliche/individuelle Trauma und dann noch die Mikroaggressionen.

SchwarzRund: Wobei das alles das Gleiche ist. Es wird ja oft so getrennt. „Warum regst du dich DARÜBER auf!" Was Quatsch ist. Das, was Achmed erlebt hat, waren bis auf die Verschleppung alles Mikroaggressionen. „Du kannst dich doch glücklich schätzen!" Das trägt sich bis in die Jetzt-Zeit hinein, durch Aktionen, die Tue erfährt, durch Bilder, mit denen Tue gleichgesetzt wird, aber eben auch durch das, was ihr Körper mit sich bringt. Dieses Wechselspiel zwischen dem, was unsere Körper mit sich bringen, und dem, was die *weißen* Körper auch noch in sich tragen an Verhalten, war das, was ich damit aufzeigen wollte.

Mika: Ich kann mir vorstellen, dass das Buch gerade deswegen so empowernd ist, weil Du es nicht schreibst wie so eine Geschichte, an deren Ende die „Heilung" stehen muss, die Person sei nur superstark, sondern die Person darf trauern, um das, was sie verloren hat, um das, um was sie gebracht worden ist, oder auch über die Wahrheit, die sie erfährt am Ende und die sie auch noch verarbeiten muss. Das hat mich dazu gebracht noch einen anderen Text von dir zu lesen, der heißt „Müde Aktivist*innen"[101] und der gefällt mir auch ausnehmend gut, weil es da um diese ständigen Selbstvorwürfe geht, das mensch zwar was tut, aber es ist nie genug im Aktivismus, insbesondere als Schwarze Aktivist*in mit dem Überleben und für sich selbst sorgen zu tun zu haben ist dann eben auch Aktivismus/Widerstand.

SchwarzRund: Ja. Auch alles, was bewältigt wird, was wir von außen nicht sehen. All die Momente. Das ist das, was ich vorhin meinte mit dem Beispiel eines *weißen* Mannes, der sich freiwillig mit Rassismus beschäftigen möchte, der kann sich sagen, das ist eines von vielen Themengebieten in meinem Leben. Schwarze Menschen hingegen erleben die rassistischen Erfahrungen und arbeiten aus dieser Schwächung heraus gegen Rassismus. Das Problem ist, dass wir diese zwei unterschiedlichen Personen ständig gleichsetzen und dann den Aufwand des Aktivismus nur bewerten anhand dessen, was einen Aufwand aus *weißer* Perspektive darstellt. Somit nicht sehen, dass schon

101 SchwarzRund (20.05.2015): „müde aktivist*innen – du trägst dazu bei, dass…" Online unter: http://schwarzrund.de/video-text-mude-aktivistinnen-du-tragst-dazu-bei-dass/ (Zugriff 24.04.2018).

Existenz Aktivismus ist, das hat ja auch schon Audre Lorde gesagt: "We were never meant to be alive". Es ist Aktivismus als Schwarze be_hinderte Person zu überleben und zu existieren. Das ist schon etwas, was nie so gewollt war. Das schreibt Audre Lorde auch ganz klar aus einer afro-karibischen Perspektive. Wir wurden verschleppt und auf den Inseln gelassen und zwar mit dem ganz expliziten Grund: „Die können wir auf dem Festland nicht versklaven, die dienen höchstens für die Zuckerrohrplantagen, wenn sie nicht eh einfach krepieren." Die waren nie zum Überleben gedacht. Noch weniger als die, die auf dem Festland, der heutigen USA, gelandet sind. Das ist etwas, was für mich da mit drinsteckt: Dass wir das nicht sehen und dass wir nur die Stimmen, die am lautesten sind in der anti-rassistischen Bewegung, das sind ganz oft *weiße* cis Typen, hören, die eben die Kapazitäten haben, laut zu sein. Da greift wieder die Löffeltheorie, allein schon für's Überleben, Rausgehen, Atmen verbraucht es so viele Löffel, dass alles andere, was passiert, dadurch natürlich limitiert, nicht gesehen oder abgewertet wird, weil es „ja nur so ein Einstehen für sich selber ist."

Mika: Das wird vielleicht maximal mit selfcare betitelt.

SchwarzRund: Ja. Das ist ja Quatsch, wenn ich für Schwarze Perspektiven eintrete, trete ich genauso für den Bruder ein, der mich vielleicht tierisch ankotzt. Oder ich trete für die hetero Schwester ein, deren cissige Perspektive mich hart nervt.

Das ist nicht nur selfcare oder community Arbeit für uns, das ist ebenso Aktivismus und auch selfcare ist für mich Aktivismus, weil er Schwarze Körper am Leben erhält. Das ist etwas, das systemkritisch ist und das System so nicht möchte. Und in meiner Empowermentarbeit geht es auch ganz viel um Verweigerung gegenüber *weißen* Ansprüchen. Das ist verdammt aktivistisch. Denn nichts macht *weiße* Leute so sauer, wie wenn sie plötzlich nicht mehr über Schwarze Körper verfügen können.

Mika: Wenn so etwas wie eine Koalition entstehen soll, muss aber nicht zwangsläufig, also ich glaube fest daran, das Identitätspolitik notwendig ist, und dass das nicht ausschließt, dass man ab und zu kooperativ miteinander zusammenarbeitet, wenn auch nur zeitweilig, denn das andere geht vor…aber wenn so etwas wie Koalitionen entstehen sollten für so etwas wie „crip future", das heißt, 'ne Zukunft, die nicht nur „irgendwie besser" ist für be_hinderte Menschen, sondern lebenswert und selbstbestimmt, was wären die Voraussetzungen, damit es nicht nur eine „*weiße* crip future" wird?

SchwarzRund: Ich glaube erstmal anzuerkennen. Da müssten sich *weiße* Personen erstmal mit dem Zwiespalt beschäftigen, sich sagen: „Ich werde unterdrückt von einem System, von dem ich gleichzeitig benefit (Vorteile/Nutzen) habe." Also: „Ich erfahre Ableismus, aber dass ich als *weiße* Person so gut gestellt bin, liegt daran, dass früher *weiße* Personen Ableismus kreiert haben."

Das Aushandeln und emotionale Begleiten durch diesen Zwiespalt ist etwas, auf das ich, ich als Schwarze Person, sehr, sehr wenig Lust habe.

Dieses koloniale Erbe, das einfach Teil ist von *Weiß*sein, damit überhaupt gemeinsam gesprochen werden kann. Damit ich nicht alleine die Transferleistung leisten muss. Ich glaube, so lange das so ist, werden wir immer Ausschlüsse im Aktivismus haben, weil das immer so sein wird, dass die Personen, die am meisten marginalisiert sind, am meisten übersetzen müssen, was sie eigentlich sagen wollen, in die Sprache der Herrschenden. Innerhalb der Gruppe. Und erst, wenn sich das auflöst, aufbricht, aufteilt, dann kann es möglich sein, überhaupt pluralistischer zusammenzuarbeiten. Weil, sonst wird diese Leistung immer von denen mit den wenigsten Kapazitäten verlangt.

Wenn wir uns das so rein marktwirtschaftlich angucken würden, Energie übersetzen in z.B. Geld: Dann ist das eine sehr schlechte Rechnung. Manche haben 10 Euro, andere nur 2 Euro, aber die, die 2 Euro haben, sollen 8 Euro geben, damit die, die 10 Euro haben, mit ihnen zusammenarbeiten. Das funktioniert so nicht. Das ist einfach eine Ressourcenverteilung, die so nicht aufgehen wird. Und das ist genau das, warum so viele mehrdimensional verletzte Personen sich so aufbrauchen im Aktivismus, weil sie die ganze Zeit versuchen, diese Rechnung zum Funktionieren zu bringen. Und wenn dieser Punkt nicht von Einzelnen und von communities anerkannt wird, werden das immer fragile Bündnisse sein, die mit Schmerz enden.

„Du bist du trägst dazu bei, dass
Kategorien sich verschieben
du trägst dazu bei, dass
Rassismus eine Geschichte mit Ende sein Wird"[102]

---

102 SchwarzRund (20.05.2015): „müde aktivist*innen – du trägst dazu bei, dass..." Online unter: http://schwarzrund.de/video-text-mude-aktivistinnen-du-tragst-dazu-bei-dass/ (Zugriff 24.04.2018).

Beautiful freak
Wahrnehmung von Körper und Be_Hinderung

Einmal, als ich bei einer Freundin zu Besuch war, legte diese eine CD in den Player ein, dann ging sie zum Fenster hinüber, lehnte sich gegen den Sims und hörte zu. Ich stellte mich neben sie und lauschte ebenfalls. Das Lied, das sie spielte, war "beautiful freak" von eels. Ich fand es ziemlich schön, wusste aber keinen Kontext, in den ich es hätte setzen können. Es war eindeutig ein Liebeslied, soviel war klar, denn "I love you, beautiful freak, beautiful freak" erklang es aus den Boxen. Mit wem identifizierte sich die Freundin, mit der liebenden Person oder mit dem freak? Es gab immer wieder Phasen, wo ich ausprobierte, ob freak als reclaim mich empowern könnte. Aber das scheiterte auch ebenso oft, wie ich es versuchte.

#CN #Ableismus ab hier

„I am a freak" schrieb ich eine Weile in diverse Schulutensilien. Eigentlich hätte das eher als Frage dort stehen müssen, „Bin ich ein freak?", denn ich wurde die meiste Zeit nicht wie ein_e Außenseiter_in behandelt, auch wenn ich „anders" war. Es wurde mir nie direkt an den Kopf geworfen, ein freak zu sein. Aber ich fragte mich, was Menschen hinter meinem Rücken sagten und was sie wirklich dachten. Auch „Krüppel" wurde ich nur einmal meines Wissens hinter meinen Rücken genannt. Die Freund_innen hatten mich zum Schlittschuhlaufen mitgenommen, obwohl ich nicht mitlaufen konnte, ging der letzte Platz im Familienauto an mich. Das nahm eine Person, die dadurch nicht teilnehmen konnte, sehr übel: „Aber mika, der Krüppel, wird gefragt!" Für einen Moment beunruhigte mich das, ich hatte immer Angst, dass, wenn jemensch so eine Sicht auf mich äußern würde, andere vielleicht auch plötzlich davon überzeugt sein könnten und mich ebenfalls in diesem Licht sehen würden. Aber alle Freund_innen haben dieser Person gehörig die Meinung gesagt. Offensichtlich wollten sie mich dabeihaben und es war keine Geste des Mitleids gewesen. Ich stand damals am Rand und sah zu, vielleicht las ich etwas nebenbei, hin und wieder kam jemensch an den Rand gefahren und wir unterhielten uns. Ich hatte kein Problem damit, dass andere eine gute Zeit hatten, mit etwas, das ich nicht konnte, ich fühlte mich dadurch nicht abgeschnitten. Ich sehe es schlichtweg gerne, wenn Menschen, die ich mag, eine gute Zeit haben, es macht mich in der Regel froh, auch Zeug_in davon zu sein.

Als ich nach der Wirbelsäulen-OP aus dem Krankenhaus kam und immer noch schief war, aber nicht mehr so sehr, wollte ich gewappnet sein dafür, dass Be_Hinderung für die meisten Unbetroffenen ein sichtbares Abweichen von der körperlichen Norm bedeutet. Es war keine Schönheits-OP gewesen, es ging um das Abwenden eines Risikos, so nachhaltig wie möglich. Aber ich weiß nicht, was andere erwartet haben, dass ich total gesund und „normal" wie frisch aus dem Ei geschlüpft zurückkäme, wie neu modelliert oder was in den Köpfen von gesunden Menschen so vorgehen mag. Ich erzähle in „How I met ableism and it never left me" ein paar dieser Begebenheiten, zum Beispiel, wie „mika sich gemacht hätte", dass ich „gar nicht so hässlich" sei, davon, dass ein Mitschüler das erste Mal die upgedatete Version meines Rückens betrachtete, mit nur noch einem geringen Rippenbuckel und einer sehr schmalen, filigranen Narbe, die wenig erahnen ließ, wie invasiv die OP gewesen ist. Und dabei hatte ich mir als Flucht nach vorn schon den Namen „Quasimoda" zurechtgelegt, für den Fall, dass Menschen auf der immer noch vorhandenen Abweichung rumreiten sollten, wollte ich etwas haben, das ihnen den Wind aus den Segeln nimmt.

Wegen meines Körpers war ich also gar nicht mal so offensichtlich ein „freak". Ich kann mir aber vorstellen, dass dieses Wort dennoch auf mich angewandt wurde hinter vorgehaltener Hand. Ich hatte Charaktereigenschaften, die Leute spalteten: War meine Offenheit nun schön, meine Direktheit etwas Schätzenswertes oder war sie eine Zumutung und eine Unverschämtheit? War meine Ehrlichkeit „Dummheit"/Nichtstrategischsein/Naivität geschuldet oder meiner Un_Verschämtheit und meinem Eingenommensein von mir selber? War sie taktlos oder taktisch? Kannte ich keine Grenzen oder Scham, wer dachte ich eigentlich, wer ich war? Für mich selbst ist diese Frage sehr leicht zu beantworten: Nichtdirektheit und Unehrlichkeit waren einfach zu anstrengend für mich, es waren zu gewundene Umwege, für die ich keine Löffel hatte. Das ist schon fast das ganze „Geheimnis". Aber nicht ganz.

Vielleicht brachte auch mein Selbstbewusstsein auf, mit dem ich mich, trotz meiner „Mängel", zu Wort meldete. Ich denke, das fanden viele freakish oder zumindest erzeugte es Ambivalenz. „Du freak!", „Was bist Du für ein freak!" haben viele Menschen mit mobbing Erfahrungen zu hören bekommen. Auch deswegen kann ich dieses Wort nicht für mich reclaimen und in etwas für mich Empowerndes verwandeln.

#CN #lookism ab hier

Beautiful. Das ist der nächste Begriff, der mich leider nicht empowert, so sehr ich mich freue, wenn er es bei anderen tut. Ich finde dieses „Jede_r ist auf seine_ihre Weise schön" lenkt ab, wie sehr pretty privilege eine Rolle im täglichen Leben spielt, dass normative Schönheitsmaßstäbe auch unser Verhalten anderen gegenüber beeinflussen. Sei es bei der Bewerbung um einen Job, wo die Person mit dem „angenehmeren Äußeren" ihn bekommt, sei es bei Reichweite im mainstream Feminismus jüngster Zeit, sei es bei all den unbewussten Zuschreibungen, schöne Menschen seien gut/sympathisch etc. Weil wir ja wissen, hässliche Menschen sind bestimmt bitter und gemein, weil sie vom Leben benachteiligt werden. Zumindest will es so das Vorurteil.

Wenn sich Menschen in mich verliebten, war es eher auf den zweiten Blick und zwar in das, was andere als „Eigenheiten" bezeichnen. Mehr als eine_r war gerührt über die eigene Zuneigung zu mir, weil diese bestand, obwohl ich abweichend und schwierig zu lieben war. An diesem „Ich sehe Deine wahren Farben/Dich wie Du bist/ Deine innere Schönheit" ist irgendetwas, was mir creepy erscheint. Auch ich hatte schon Verliebtheitsgefühle, die eher mich selbst erhöhten, weil ich die andere Person zu er_kennen meinte. Es gibt jemenschen Macht, dieses An_er_kennen. Als rufe es di_e_n Andere_n erst als wirkliches Wesen ins Leben, wenn si_er durch mich anerkannt wird. Anerkennen und aberkennen verleiht Macht. Meine Menschlichkeit besteht aber völlig unabhängig vom Zusprechen von Schönheit, Klugheit und Interessantheitsgrad. Ein Freund gab an mit meinem Filmwissen und bei seinen Freunden war das cool, weil ich einen, jetzt kommt misogyner Scheiß, „nicht so weiblichen Geschmack" hatte. Stolz konnte eins auch sein auf meine Kreativität, mein Schreiben, Übersetzen und meine körperliche Ungezwungenheit. Ein flüchtiger lover dagegen meinte einmal: "You don't know how sexy you are." Er lag falsch, zumindest fühlte ich mich vor der Aussage sexy oder anziehend oder sowas in der Art. Obwohl mein asymmetrischer Rücken keine Tabuzone darstellte, konnte mir kein Expartner beschreiben, wie sich der Rippenbuckel anfühlte, obwohl er nicht bei Berührungen ausgelassen wurde. Immer sei ihnen gar nicht wirklich etwas aufgefallen. Das wundert mich einfach. Hatte das etwas mit „Ich sehe Dich, nicht Deine Be_Hinderung!" zu tun, womit vorgegeben wird, eins wolle jemenschen nicht auf Einschränkungen reduzieren, aber außer Acht gelassen wird, dass dies auch der Verdrängung aller als unangenehm empfundenen Aspekte meines Lebens gilt? Als ich einen Expartner zwei Jahre nach Ende der Beziehung in der Bibliothek traf, wollte er wissen, wie es mir so ergangen ist. Ich hatte gerade eine kleine OP mit Riesennarbe hinter mir, ich erzählte davon, dass ich dieses große Muttermal, das ihm bestimmt mal aufgefallen sei, habe entfernen lassen müssen? Es hatte mich eine Weile verstört und beängstigt, dass so ein Körpermerkmal, welches ich von Geburt an hatte, sich immer mehr und so sehr veränderte. Es entzündete sich und es war wegen seiner Position irgendwann schmerzhaft zu sitzen. Es sei ihm nie aufgefallen, diese große, erhabene Muttermal und ich dachte, nun gut, what else is new. Wenn dann doch eine Abweichung nicht zu verdrängen war, war es mein „unweibliches Verhalten", mein nicht einfügen und Hineinpassen in erwartete cis sexistische Rollen. Das verunsicherte. Ein Mensch, den ich attraktiv fand, meinte, es sei einfach ungewohnt, dass ihm „der Hof gemacht wurde" als Mann. Bin ich also ein freak?

Es gab Dinge, die ich an meinem Körper mochte, ganz unabhängig, ob andere diese auch schätzten oder von ihnen wussten. Das war die Textur meiner Haut, sie war weich, aber auch fest, es ging eine Ruhe davon aus. Es waren die Mulden neben dem Beckenknochen, das Schlüsselbein vor seinem Bruch, mein Magen, der früher vieles vertrug, mein Mund, mein Blick. Wie bei allen Dingen, die persönliche Halte-und Ruhepunkte sind, ist der Verlust eben dieser immer eine Bedrohung. Ich bin ein eher haptischer als visueller Mensch, wichtig ist für mich, wie es sich buchstäblich anfühlt. Deshalb die große Enttäuschung, als mein Magen mich nicht mehr alles essen ließ und ein Reizdarm wurde, die Mulden verschwanden, mein Blick jetzt durch eine chronische Erkrankung mir ein anderer zu sein scheint, angestrengt und schmerzig, auch die Haut um die Augen herum sieht aus, als ob sie im Zeitraffer einen Alterungsprozess durchläuft, aber es hat einfach mit einem Ungleichgewicht zu tun, gegen das gegebenenfalls nur etwas getan werden kann, wenn eins die Ursache findet. Ich habe aber nur die Diagnose bekommen und noch keinen Anhaltspunkt, welche der vielen möglichen Ursachen es sein kann. Und ich bin überrascht, wie sehr mich das aus der Bahn wirft, diese damit einhergehende optische Veränderung, Mein Schiefsein ist voll okay, so lange nicht zu bedrohlich, das bin ich gewohnt, aber wie das Hinzugekommene meinen An_Blick beeinträchtigt, darüber möchte ich weinen. Während es körperlich bedeutet, dass ich meinen Augen weniger zumuten kann, sie weniger zum Lesen und am PC einsetzen kann, ein Fakt, der allein mich schon sehr runterzieht, beeinflusst es auch meine Kommunikation mit anderen. Ich ziehe mich zurück. Das hat mit hässlich oder schön sein eher wenig zu tun, sondern mit dem Gefühl des Verlusts von mir angenehmen und kraftspendenden Ressourcen meines Körpers und Trauer darüber.

#CN #Ableismus und #Rassismus (#othering) ab hier

Der Begriff „freak" lässt sich nicht völlig losgelöst von seiner Historie betrachten. Eli Clare schreibt in "Freaks and Queers"[103] anschaulich darüber, wie freak shows eine ganze Weile zur US-amerikanischen „Kulturlandschaft" gehörten. In den freak shows wurden ableistische und rassistische Stereotype in Form eines Spektakels produziert. In Deutschland gab es sogenannte Völkerschauen, die den rassistischen Voyeurismus, „Exotisches/Orientalistisches/Unverfälschtes/Wildes" präsentiert zu bekommen, bedienten. Den Nationalsozialist_innen dienten

103 Clare, Eli (2015): Freaks und Queers. In: Exile and Pride. Disability, Queerness, and Liberation. Durham, NC: Duke University Press, S. 81-118.

diese Schauen noch eine Weile als „Argument" für die Rekolonisierung früherer Kolonien, aber dann verhängten sie ein Auftrittsverbot für Schwarze Menschen und die Völkerschauen fanden ein Ende. Doch der kolonisierende Blick wurde von Schwarzen Darsteller_innen bei der Gewerbeschau 1896 zu Kaiserzeiten subversiv beantwortet: „Einen Sommer lang werden sie hier im Treptower Park von Millionen Schaulustigen angestarrt. Doch die Kinder, Frauen und Männer aus Afrika und Ozeanien schauen auch aufmerksam zurück. Der Kameruner Kwelle Ndumbe/Bismarck Bell kauft sich dafür eigens ein Opernglas. Sie wehren sich gemeinsam gegen die Zumutungen des Kolonialregimes. Ganz anders als von den Behörden geplant, bleibt eine Reihe von ihnen in Deutschland und verlässt die Kolonien dauerhaft."[104]

In den freak shows der USA wurden Personen of Color und Schwarze Menschen ohne Be_Hinderungen als „Wilde" und als „missing link" in der Evolution vom Tier zum Menschen konstruiert, also gewissermaßen dis_ableisiert, ohne be_hindert zu sein. Während be_hinderte *weiße* Menschen teils Personen of Color darstellen sollten, gerade kognitiv be_hinderte Menschen sollten „unverständliche Sprache und unverständliches Verhalten" performen. All das diente[105] den Zuschauenden sich ihrer eigenen Normalität und ihrer Zivilisiertheit zu versichern. Der be-

---

104 Zitat von der Homepage des Projekts „Zurückgeschaut. Erste Deutsche Kolonialausstellung 1896. Ein Projekt des Museums Treptow-Köpenick in Kooperation mit der Initiative Schwarze Menschen in Deutschland und Berlin Postkolonial". Online unter: http://zurueckgeschaut.de/hintergrund-ausstellung (Zugriff 15.05.2018).

105 Clare, Eli (2015): Freaks und Queers. In: Exile and Pride. Disability, Queerness, and Liberation. Durham, NC: Duke University Press, S. 87-91.

hauptete Lerngehalt von Völkerschauen und freak shows wird entlarvt durch den entsetzten, amüsierten oder sich überlegen fühlenden rassistischen und ableistischen Blick. Nicht alle Darsteller_innen der freak shows waren unfreiwillig Teil dieses Geschäfts, eins muss sich in Erinnerung rufen, dass be_hinderten Menschen über viele Jahrhunderte wenig Berufe zur Verfügung standen: Es blieb Betteln, von der Gnade und den finanziellen Verhältnissen der eigenen Familie abhängig sein, das Armenhaus oder sogenannte Asyle, in denen kognitiv be_hinderte und neuroatypische Menschen verwahrt, vernachlässigt, angekettet, misshandelt wurden. Die freak show versprach ein besseres Leben, das Begafft-Werden, so schmerzhaft es war, wurde bezahlt. Es bedeutete zu überleben. Diese Ambivalenz gegenüber dieser Überlebensmöglichkeit schildert Eli Clare in seinem Essay "Freaks und Queers" ebenfalls, in dem Eli überlegt, warum es ihm schwer fällt „freak" gleichermaßen zu reclaimen wie das frühere Schimpfwort „queer". Den Darsteller_innen agency oder das Bewusstsein dafür abzusprechen, was sie da taten, wäre paternalistisch. Sie performten „freakdom". Dennoch setzten sie sich gegen Vereinnahmung durchaus zur Wehr. Mercy Lavinia Warren, die kleinwüchsige Darsteller_in einer Show, weicht einem Präsidentschaftskandidaten aus, der sie, von sich selbst gerührt bei ihrem Anblick, küssen will. Sie sagte, es sei anfangs schwer den Leuten klar zu machen, dass sie kein Kind sei[106]. Einige Darsteller_innen schaffen es im Laufe ihres Lebens sich selbständig zu machen. Als das medizinische Modell von Be_Hinderung sich durchsetzt, ändert sich auch die Perspektive auf Be_Hinderung. Sie ist nicht mehr per se Schicksal oder Gottes Strafe oder sein geheimer Plan,

---

106 Clare, Eli (2015): Freaks und Queers. In: Exile and Pride. Disability, Queerness, and Liberation. Durham, NC: Duke University Press, S. 90.

damit andere ihre Güte beweisen können, sondern etwas zu Überwindendes, das Anstreben der Normalität wird zur Norm, di_er „Andere" soll ein_e „Gleiche_r" werden, vorausgesetzt diese Normalisierung gelingt. Waren Be_Hinderte vorher von Almosen, Verwandten und freakshow Arbeitgeber_innen abhängig, sind sie es nun vom Staat und seinem Gesundheits- und Sozialsystem. Ich muss daran denken, wie Jean-Martin Charcot, der Pariser Neurologe und Pathologe, Patient_innen vor der versammelten Studierendenschaft „Hysterie" performen ließ. Weit bevor sich das medizinische Modell von Behinderung durchsetzte. Neuroatypisch sein wurde als Spektakel vorgeführt, nur eben ab da im medizinischen System, das fortan durch institutionalisierten Ableismus unterdrückt. Es gibt kein Geld mehr für's Vorgeführtwerden, es dient ja der Forschung, der Wissenschaft und der möglichen Heilung. Körper und Verhalten werden in der Gruppe studiert. Wie sich das für das entblößte Studienobjekt anfühlen mag, wird nicht gefragt.

#CN #ableistische_Rezeption

Eine Zeit lang war ich großer Fan der Fotografien von Diane Arbus. Ich war erleichtert und interessiert daran, Menschen, die in der Regel nicht als so attraktiv galten zu sehen, sichtbar werden zu sehen. Für mich waren sie nicht „die ganz anderen". Kunst, die nicht nur das Schöne für abbildenswert hielt, sondern die Diversität von Realität und Sein, war etwas, worauf ich mich beziehen konnte. Aber dann gibt es da leider so viele Aussagen der Fotografin, in denen immer wieder das Wort freaks vorkommt, in denen sie ihrer „Faszination" Ausdruck verleiht und in denen sie ihre Objekte stark andert, auch wenn wir alle ihrer Meinung nach angeblich „aliens" sind. Das Marketing setzte dann desgleichen auf die Vermarktung der freaks, zu denen „female/male impersonators", also vermutlich auch trans Personen gezählt werden, die Diane Arbus abgelichtet hat. Nicht im Verborgenen, im Wissen abgelichtet zu werden, schauen manche der Personen akward, die meisten eher selbstbewusst oder trotzig in die Kamera. Was ich mag: Sie sehen di_en Betrachter_in meist an. Was Susan Sontag dagegen zu einer, meiner Meinung nach, paternalistischen Kritik bewegt[107]:

„Die Ambivalenz in Arbus' Werk entsteht dadurch, dass sie sich scheinbar einer der geläufigsten Unternehmungen der Kunstfotografie verschrieben hat – der Konzentration auf Opfer, Unglückliche, Enteignete – aber ohne mitfühlende Absicht, dem ein solches Projekt dienen sollte. Arbus Werk zeigt Leute, die erbarmungswürdig, bedauernswert sind, sowie abscheulich, abstoßend, aber es erzeugt keinerlei Mitgefühl.

[…] Ein Großteil des Mysteriums der Fotografien von Arbus liegt in dem, was sie suggerieren, wie sich die Dargestellten gefühlt haben mögen, nachdem sie der Aufnahme zugestimmt haben. Sehen sie sich selbst, fragt sich di_er Zuschauer_in, auf diese Weise? Wissen sie selbst, wie grotesk sie sind? Es sieht so aus, als wüssten sie es nicht.

[…] Arbus fotografiert Menschen, die nur unbewusst, und in unterschiedlicher Ausprägung, zu ihrem Schmerz, ihrer Hässlichkeit in Beziehung stehen."

Ich denke, Susan Sontags Kritik fällt selbst sehr diskriminierend und stigmatisierend aus.

So sehr wie ich die Frage nach fortgesetztem Konsens wichtig finde, weil es enorm problematisch ist, wenn die Aufnahme, der ein Individuum zuerst zugestimmt hat, hinterher völlig anders kontextualisiert wird als an-

---

107 Sontag, Susan (1973): Freak Show. In: The New York Review of Books, Ausgabe vom 15.11.1973, o.S. Online unter: http://www.nybooks.com/articles/1973/11/15/freak-show/ (Zugriff 15.05.2018).

genommen und mit Bildüber-/Unterschriften wie „freaks“ oder „female/male impersonator“ versehen wird, bin ich dennoch nicht geneigt dem restlichen Fazit von Susan Sontag zuzustimmen, es schwingt einfach zu viel „denn sie wissen nicht, was sie tun“ mit in diesem Essay von Susan Sontag. Ja, es ist fragwürdig, wie Diane Arbus immer betont hat, dass freaks sie faszinieren und dass sie sie bewundert und nie klar wird, für was eigentlich. Für das bloße in der Welt sein und Standhalten? Dennoch gucken die meisten Dargestellten ganz direkt in die Kamera, selbstbewusst oder selbstvergessen sei dahingestellt, aber auf jeden Fall sich der Situation bewusst, dass sie „festgehalten“ werden. Auch sogenannte „normale“ Menschen werden abgelichtet in Momenten, wo sie seltsam erscheinen, das „Monströse“ ist vielleicht immer nur ein paar Sekunden entfernt. Wenn Diane Arbus Bilder für mich etwas transportieren, dann das: Die Monstrosität liegt im Auge de_r_s Betrachter_in.

Warum gilt nur Schönheit als sublim? Oder die aufgedeckte „Wahrheit“? Warum dachte Susan Sontag, gerade dis_ableisierte Menschen seien sich nicht bewusst, wie sie wahrgenommen werden? Ist es unmöglich, dass Menschen um die Außenwahrnehmung wissen und trotzdem lachen wie die Menschen mit Down-Syndrom in Arbus Bildern oder finden sie sich schön und was wäre daran verkehrt? Was ist, wenn es eins ab einem bestimmten Punkt kaum noch juckt, ob eins als schön oder hässlich wahrgenommen wird? Muss Mitgefühl geweckt werden? Susan Sontag macht einen Unterschied zwischen Menschen, die wüssten, dass sie leiden und anderen, von denen sie annimmt, dass sie es nicht wüssten. Da schwingt dieser Paternalismus mit und offenbart die Gewichtung, welche Sorte Leid/Schönheit/Wahrheit es verdient abgelichtet zu werden.

Das erinnert mich an die zwei verbreitetsten Perspektiven auf Be_Hinderung:

Als bemitleidenswert, kaum ertragbar, der Anblick muss vermieden werden oder als Inspiration nutzbar sein.

Die dritte, neuere Variante ist das supercrip Narrativ, in dem wir uns besonders erfolgreiche oder fotogene be_hinderte Menschen zum Vorbild nehmen sollen. Auch wenn die meisten marginalisierten Menschen es niemals diesen Vor_Bildern nachtun können.

Ich kann „freak" nicht für mich reclaimen, dennoch kann der reclaim des Begriffs für andere Dis_ableisierte ein widerständiger Akt sein, ein „den anderen den Wind aus den Segeln nehmen", aber auch mehr als das, nämlich ein selbst_bewusster Blick, den eins den Betrachtenden zurückwirft.

Das gleiche gilt für empowerment durch Schönheit: Nur weil mich nicht jegliche Definition von Schönheit empowert, heißt das nicht, dass ich mich nicht freue, wenn es bei anderen sich anders verhält. Keah Brown hat den hashtag #disabledandcute gestartet, der rege von be_hinderten und chronisch kranken Menschen genutzt wurde, um Selfies von sich zu posten. Selbstrepräsentation ist wichtig für selbstbestimmte Narrative. Damit bewusst wird, wie wir uns als Individuen selbst sehen.

Wenn es überhaupt etwas gibt, was mich in dieser visuellen Kultur empowert oder herausfordert zu reflektieren, dann der direkte Blick zu den Zuschauenden hin oder in die Kamera, ein Blick, der sagt: „Ich bin mehr als das, was Du siehst, ich bin mehr als das, was Du weißt. Du musst mich nicht an_er_kennen, um mich ins Leben zu rufen und wirklich werden zu lassen. Ich bin."

Limits of control
Leben mit chronischem Schmerz

Die Empfindungen und Erfahrungen mit chronischem Schmerz variieren nicht nur zwischen chronisch kranken Individuen, sondern auch innerhalb der Lebensspanne einer Einzelperson. Der Umgang mit und die Bedeutung von Schmerz können sich mit der Zeit verändern.[108]

Meine ersten Erfahrungen mit chronischem Schmerz waren die wiederkehrenden Bauchschmerzen, deren Ursache erst recht spät erkannt wurde. Wenn ich auf der Toilette verschwand und nicht nach ein paar Minuten wiederkehrte, dann war ich in der Schmerzhölle versunken und krümmte mich. Am schlimmsten war es, wenn ich in einem solchen Moment nicht zu Hause war, sondern in der Schule oder auf einem Ausflug und viele Menschen drum herum. Dass die Schmerzen für psychosomatisch gehalten wurden, half auch nicht gerade. So litt ich ein paar Jahre, ohne dass „es hätte sein müssen“. Wäre der Nabelbruch früh erkannt worden, nicht erst nach der Entstehung einer Sepsis, wäre mir das erspart geblieben. Vielleicht kamen auch da schon Unverträglichkeiten hinzu, auf die damals noch nicht so häufig getestet wurde. Das weiß ich nicht mit Sicherheit.

---

108 @AlinaManns hat einen sehr empfehlenswerten Text über das Leben mit chronischen Schmerz, Diagnosefindung und das Einteilenmüssen der „Löffel“ auf kleinerdrei.org veröffentlicht, der mich zu meinem eigenen Schmerzbericht angeregt hat: Manns, Alina (2016): „Von Löffeln und #chroniclife – Leben mit chronischen Schmerzen“, auf: kleinerdrei.org am 1. Juni 2016. Online unter: http://kleinerdrei.org/2016/06/von-loeffeln-und-chroniclife-leben-mit-chronischen-schmerzen/ (Zugriff: 15.05.2018).

Da ich keine Berührung vertrug, wenn ich Schmerzen hatte, stellte sich meine Mom manchmal so vor mich hin, dass ich nur sacht meinen Kopf an ihren Bauch anlehnen konnte. Das stützte und beruhigte mich ein wenig. Auch die „Berührung“ durch eine Wärmflasche war undenkbar, alles von Gewicht oder alles, was Druck verursachte, war unerträglich.

Nach der Nabelbruch-OP mit fast elf Jahren hatte ich nie wieder diese Sorte Bauchschmerzen. Ich hatte so Angst gehabt, dass ich sie mein Leben lang haben würde und diese mich be_hindern, immer wieder unversehens aus Angenehmem herausreißen würden.

Die rapide Verschlechterung meiner Skoliose machte sich dann auch durch sehr starke Schmerzen am Ende bemerkbar. Ich erinnere mich an dieses Ohnmachtsgefühl, dieses verzweifelte „Ich tue doch alles in meiner Macht Stehende für die Verbesserung, warum hilft es denn nicht, verdammt!“ All die vielen Stunden Gymnastik, das fragwürdige Korsett, das korrigiert werden bei der Haltung hatte keinen Erfolg gebracht.

Im Krankenhaus bekam ich vor der Wirbelsäulen-OP jeden Tag starke Schmerztabletten, nachdem der metallene Halo für die Streckung an meinem Kopf befestigt worden war. An der Menge der Schmerzmittel schien ablesbar, wie stark die Schmerzen wohl sein müssten bei einer solchen Prozedur ohne sie. Bevor der metallene Halo an meinem Kopf befestigt wurde, gab es vier gigantische Spritzen an die Stellen, wo die Schrauben an der Schädeldecke befestigt wurden. Ich sagte keinen Ton. Dafür erhielt ich das obligatorische Lob, ich sei so tapfer. Diese Behauptung, ich sei tapfer, wirkte lange wie ein Placebo. Wenn andere das annahmen, war ich es eben. Angeblich machte es Dinge auch leichter. Jammern dagegen mache alles schlimmer, sagten die Erwachsenen. Erst im Erwachsenenalter begriff ich, dass Tapferkeit für mich persönlich nichts leichter macht, sondern nur für die anderen, die mit mir umgehen müssen. Das Tapferkeitslob war wie so ein Disziplinierungsbonbon für kranke Kinder und Jugendliche. Alles war unter Kontrolle. Selbst wenn es das ganz und gar nicht war. Eine Mitpatientin hatte auf ihrem Gips stehen: „In the middle of the road, bist Du auf der Stelle tot." Dieser lakonische/trockene Humor brachte schon damals Erleichterung.

Auf eine Art war die Entfernung des Gipses, den ich neun Monate lang nach der OP tragen musste, ein Schock. Ich war sehr viel „gerader" mit nur noch 23° Verkrümmung statt der ursprünglichen 70°. Ich hatte mir auch nicht vorgestellt, dass ich total„geheilt" und„neu" wäre nach allem. Aber vielleicht begriff ich erst da, dass ich ein Leben lang körperlich eingeschränkt sein werde und die Konsequenzen dieser Be_Hinderung. Ein Schock war auch, dass ich, nachdem ich keine Schmerzmittel mehr nahm und alle Eingriffe länger her waren, zuweilen so starke Schmerzen hatte. Diese Sorte Schmerz alarmierte mich, handelte es sich um eine Bedrohung? Saß das Instrumentarium richtig in meinem Rücken oder bestand eine Gefahr für die Nervenbahnen? Wenn ich damals schon gewusst hätte, dass ich ein Leben lang diesen chronischen Schmerz haben würde, hätte es vermutlich auch nur teilweise beruhigt und auf andere Art verzweifelt gemacht. Wenn mir jemensch mit vierzehn gesagt hätte: „Dieser Schmerz ist ätzend und chronisch, aber muss nicht zwangsläufig eine Bedrohung des Operationsergebnisses bedeuten, er ist nur etwas, dass Sie ein Leben lang begleiten wird", hätte ich ebenfalls unbegeistert reagiert.

Die Kontrollen galten also der Feststellung, ob das Instrumentarium halbwegs so saß, wie es sitzen sollte, nicht meinem Schmerz. Nach ein paar Jahren flatterte mir eine psychologische Befragung ins Haus, die post-operativen Skoliose-Patient_innen wie mir galt. Es ging um Körperwahrnehmung und wie der Eingriff empfunden wurde, um meinen Alltag etc. Ich habe so etwas damals für psychologisierend gehalten und es weggeschmissen. Leider. Heute denke ich, so ein rundum Einbeziehen von wie sich so ein Eingriff auf alle Aspekte des Lebens auswirkt, war ja gerade das, was fehlte. Aber zu der Zeit hatte ich mich gerade damit abgefunden, dass es nur der Schmerz ist, der plagt und dass aber „alles okay ist" ansonsten.

Ich darf nicht zu lange sitzen oder stehen. Für liegen gilt dasselbe. Ich kann nicht schwer tragen. Es bringt mir keine Erleichterung einen Tag im Bett zu bleiben oder daheim. Das im Bett oder daheim bleiben würde ein Schmerzinferno sondergleichen generieren. Ich hätte mit Grundschmerz, wie ich meinen Durchschnittswert an chronischem Schmerz nenne, und extra Schmerz, also Verspannungen und Migräne zu tun. Das Beste für meinen Körper wäre, wenn ich andauernd spazieren ginge. Aber das ist nicht so kompatibel mit einigen Beschäftigungen, wie schreiben und lesen zum Beispiel.

In der Regel achte ich darauf, nach zwei Stunden Sitzen etwa mich zu bewegen. Seit dem Netzaktivismus und beim Schreiben dieses Buches überziehe ich aber schon mal dieses Zeitlimit und das hat schmerzsteigernde Konsequenzen.

Mit den Jahren sind die Schmerzen stärker geworden und das Instrumentarium hat sich mit der Wirbelsäule zusammen geneigt. Natürlich kann sich der chirurgische Stahl nicht verbiegen, eins muss sich diese Verschiebung wie mit einem Geodreieck vorstellen, genau damit messen Orthopäden an der Röntgenaufnahme entlang die Verschiebung. Vor etlichen Jahren war die Verkrümmung dann doch wieder bei über 40 Grad und dass die Verschlimmerung von Schmerzen mit tatsächlich wieder fortschreitender Verkrümmung einhergeht macht mir große Angst. Warum mich das als prekär lebender Mensch ohne Umfeld, das assistieren könnte, in meiner „partiellen Autonomie“ bedroht, beschreibe ich in „How I met ableism and it never left me“. Dieses Altern UND gesundheitliche Verschlechterung als prekär lebende Person beunruhigen mich sehr. Es ist kein schönes Szenario, ohne Verdienste „kein verdienter Lebensabend, keine Sicherheit“.

Bereue ich teils meinen Körper über seine Grenzen gezwungen zu haben, bis es nicht mehr ging? Ich glaube, nein. Ich hätte die paar Reisen, die ich zwischen meinem 16. bis 28. Lebensjahr machte und die ich jetzt gewiss nicht mehr schaffen würde, sonst nie unternommen. Ich hatte immer zu viel Gepäck dabei. Für den Fall, dass ich „einfach“ woanders bleiben würde. Die körperlich überfordernde Struktur im Studium hatte ich mir auch nicht ausgesucht, mein Kopf und meine Interessen waren dort gut aufgehoben, nur leider mein Körper nicht. Fast den ganzen Tag sitzen müssen, wer hatte sich das ausgedacht? Ich habe immer Unmengen Bücher aus der Uni-Bibliothek entliehen und diese natürlich nicht nach Gewicht, sondern nach Interesse ausgewählt. Wer hätte die für mich tragen sollen? Ich bereue nicht die Jahre, in denen ich oft tanzen ging und erst am Morgen mit schmerzenden, steifen Knien heim schlich, bis eine erste 6 Monate andauernde Schleimbeutelentzündung in den Schultergelenken dem ein Ende setzte. Diese Entzündung sandte einen Schmerz von den Schultern aus durch den Arm bis in die Fingerspitzen. Manchmal konnte ich nicht einmal ein Gemüsemesser halten. Bestimmte Putzaufgaben musste ich auf Mitbewohner_innen umverteilen. Ein paar befreundete Menschen brachten mir ab und zu für die Woche Vorgekochtes vorbei. Am Anfang hatte ich versucht diesem Schmerz mit viel Bewegung beizukommen, da wusste ich noch nicht, dass das in dem Fall genau das Falsche war. Weil dann der Muskelgürtel über die entzündete Gelenkkapsel schubbert und dann noch mehr Entzündungsschleim produziert. Seitdem versuche ich rechtzeitig zu bemerken, wenn sich etwas Derartiges ankündigt und mich dann konsequent zu schonen.

Im letzten Sommer fing dann diese chronische Lidrandentzündung an und kurz darauf waren auch die Augen selbst entzündet, mussten mit Cortison und Antibiotika behandelt werden. Allein schon die Augen zu bewegen tat weh. Ich bin wegen der Chronifizierung dieser Lidrandentzündung und der trockenen Augen auf medikamentöse Behandlung angewiesen, damit nicht wieder eine so schlimme Entzündung entsteht, die für das Auge und seinen Hintergrund gefährlich werden kann. Am Bildschirm sitzen ist nun noch weniger empfehlenswert als früher bei diesem augenfoo und ich habe Probleme länger zu lesen, die Schrift wird immer kleiner mit der Zeit und die Augen sind sehr angestrengt. Das schränkt mich ausgerechnet bei den Beschäftigungen und Interessen ein, die mir sonst Kraft geben.

Mir bringt es nichts mich gegen den Schmerz zu wehren. Meine Bewältigungsstrategie ist „durch den Schmerz durchgehen". Dagegen wehren hat sich bei mir als nutzlos erwiesen, sogar kontraproduktiv, weil es von anstrengenden Emotionen, die sich gegen den Körper richten, begleitet wurde. Ich glaube allerdings nicht, dass es nur diese coping Strategie gibt.

Dennoch geben Mitmenschen am laufenden Band ungefragte Ratschläge:

Mehr Bewegung, mehr Schlaf, denn „Schlaf ist so wichtig!" (als ob ich das nicht wüsste und erst mal können vor Lachen), gesunde Ernährung, NLP, positiv Denken überhaupt, Marihuana, teurer selbst zu zahlender Feldenkrais-Kurs, Meditation, Yoga hilft sowieso gegen alles und wenn auch das nicht stimmen sollte, kann eins das Schmerzgedächtnis löschen oder sich spirituell „reinigen".

Ich sage nicht, dass diese Dinge nicht hilfreich und wirksam sein können, aber es gibt nie ein Rezept, das bei allen wirksam ist. Und viele dieser „Rezepte" sind gar nicht so einfach erreichbar. Feldenkrais kann ich mir nicht leisten, Schlaf ist schon seit 20 Jahren wegen PTBS ein Problem, da habe ich schon einiges versucht, um das positiv zu beeinflussen. Marihuana kann ich mir nicht leisten und käme wegen Angst vor Kontrollverlust nur als Tropfen in nichtberauschender Form in Frage. Alles Sedierende, also sehr starke Schmerzmittel und Schlafmittel, löst bei mir Angstzustände aus.

Das mit dem Schmerzgedächtnis hat mich besonders zum Schmollen gebracht: Bei meinem Schmerz handelt es sich ja nicht um das Echo eines alten Schmerzes, sondern um etwas, das rund um die Uhr generiert wird, das sich intensiviert mit gesundheitlicher Verschlechterung oder zusätzlichen Belastungen. Außerdem erzählt mir der Schmerz, dass etwas los ist, was nicht ignoriert werden sollte. Er weist mich auf Grenzen hin.

Ich werde also meinen eigenen Umgang mit den Schmerzen immer wieder neu finden müssen. Ich schließe nicht aus, dass ich bei einem konstanten unerträglichen Schmerzlevel irgendwann Medikamente nehmen muss. Und ich habe volles Verständnis für alle, die Schmerzmittel nehmen. Es ist nur meine ganz persönliche Kosten-Nutzen-Rechnung, weswegen ich diese Lösung so lange wie möglich hinauszuschieben versuche. Es würde mich meine Konzentration kosten, die auch nur ein paar Stunden am Tag sehr dicht ist, wenn sie vorhanden ist, und dieses Konzentrierenkönnen auf etwas hält mich bis jetzt am Leben. Wenn auch das nicht mehr möglich ist, wird sich ein anderer Halt finden müssen.

Die Schmerzen anderer sind immer ein bisschen unwirklicher als die eigenen. Vor allem für Leute, die selten krank sind und fast nie welche haben, sind Schmerzen schwer nachvollziehbar. Sie gehen davon aus, eins habe womöglich nur „eine geringe Schmerztoleranz/-schwelle". Mal abgesehen davon, dass es keine objektiven Messverfahren für Schmerz gibt, ist es sehr vermessen, dies ausgerechnet Personen mit chronischen Schmerzen zu erzählen, die unfreiwillig sagenhaft viel über „Schmerzmanagement" wissen.

„Dann nimm doch eine Ibu!" passt halt nicht für jede_n, ich bin nicht nur allergisch auf Ibuprofen, ich würde die eigentliche Wirkung vermutlich auch nur im großen Zeh spüren. Mein Magen findet Tabletten obendrein sehr unerfreulich. Später, wenn es soweit ist, werde ich Schmerzmittel in Tropfenform nehmen.

Nicht umsonst gibt es die numerische Schmerzskala von 1-10, die de_r_m chronischen Schmerzpatient_in vorgelegt wird, zwecks Selbsteinschätzung und schmerztherapeutischer Beobachtung. So gelten die Zahlen 1-3 für noch leichten Schmerz, 4-7 für mittleren bis starken Schmerz, 8-10 für sehr starken Schmerz, die 10 steht für den schlimmst vorstellbaren Schmerz. Auch ein_e Ärzt_in kann nicht verifizieren, wie arg Deine Schmerzen sind und muss sich an den Aussagen der Patient_innen orientieren. Angeblich gibt es auch Fragebögen, die die Schmerzarten aufdröseln, also Beschreibungen anbieten wie „dumpfer Schmerz", „stechender Schmerz", „klopfender Schmerz" etc. Solche Fragebögen finde ich eine gute Idee, denn nicht immer kommt eins auf passende Worte, die den eigenen Schmerz beschreiben, besonders wenn er sich nicht so typisch äußert wie die oben genannten.

Leider hat mir nie jemensch so einen Bogen mit differenzierten Schmerzbeschreibungen vorgelegt.

Ich bewege mich konstant zwischen Schmerzlevel 6-7. Es kann sich aber bei Ungünstigkeiten schnell zu 8-9 entwickeln, vor allem wenn verschiedene Schmerzsorten zusammenkommen.

Schmerz ist in meinem Fall ein Botschafter. Deswegen hätte ich Angst ihn wegzudämmen, bevor ich weiß, was los ist, was gerade passiert, welche Handlungsoptionen es gibt, wenn es welche geben sollte.

#CN #Depression #Suizidalität

Aber Schmerz ist auch ein nicht zu unterschätzendes Risiko. Er kann Depressionen verursachen oder verstärken, er kann sogar suizidal machen, wenn er so zur Einschränkung wird, dass eins das Gefühl hat, das Leben sei nur noch Qual.

Niemensch kann eine_r_m anderen vorschreiben, was si_er zu ertragen hat. Seltsamerweise haben Menschen bei der Vorstellung äußerster Schmerzen plötzlich eher Verständnis (in der Theorie), wenn jemensch nicht mehr leben mag.

Was ich mir wünsche, ist daher das supporten individueller Lösungen und Therapien für Menschen mit chronischem Schmerz: Sei es das teure, aber gute Medikament, sei es Marihuana, sei es Feldenkrais, die richtigen Möbel, die der Be_Hinderung angepasste Wohnung, kurz alle Hilfsmittel, die den Schmerz in Schach halten, aushaltbar machen oder sogar vermindern können.

Darauf hoffe ich.

Trouble everyday
Be_Hinderung, Barrieren, Diskriminierung im Alltag

Der Alltag als be_hinderte, prekär lebende und auch sonst hier und da „abweichende" Person kann ein Spießrutenlauf sein. Es beginnt mit der U-Bahn-Fahrt, überall schwirren Satzfetzen herum, manche davon diskriminierend. Wenn ich es endlich zur U-Bahn geschafft habe, habe ich schon etliche Morgenstunden hinter mir, inklusive austesten, was mir der Körper erlaubt und wie ich die anliegenden Dinge erledigen kann.

Allein das Sitzen und Schreiben, ein wenig Handwäsche waschen und putzen, das wackelig auf dem Duschwannenrand stehen um das Badfenster zu öffnen und zu schließen, das Föhnen der Haare, was immer zu lange dauert, führt in der Summe zu Erschöpfung und Schmerzen.

Um mich herum in U-Bahnen oder Cafés oder sonstigen öffentlichen Räumen fallen Sätze wie:

„…können doch arbeiten gehen!", "…sieht doch gesund aus…", „…ist doch noch jung genug…", „…ich muss ja auch zusehen, wie ich über die Runden komme." Auch wenn diese Satzfetzen nicht immer an mich persönlich gerichtet sind, meinen sie aber „Menschen wie mich". Ich habe auch schon direkt solche Sätze gesagt bekommen, sie schicken eins durch eine ganz besondere Hölle des Ableismus und Klassismus. Manchmal reden Leute abfällig von Menschen, die „hartzen" und entwerten am laufenden Band Sozialhilfeempfänger_innen, meinen aber angeblich nicht mich, ich bin ja die Ausnahme. Und ich kann mir sicher sein, dass sie mich einschließen würden in ihr Vorurteil, wenn sie mich nicht kennen würden, oder es

#CN #Klassismus #Ableismus

spätestens ab da tun, wo wir deswegen aneinandergeraten und ich zu oft Paroli gebe. Ich lehne nein-dankend ab die Ausnahme zu sein, um ein gnädiges „Aber Du kannst ja wirklich nicht." zu ernten im besten Fall. Das Amt und Amtsärzte haben Jahre dafür gebraucht das festzustellen, der durchschnittliche Mitmensch ist sich seines Urteils da viel schneller sicher. Witze, wie ich zu Geld kommen könnte, aber alles illegale Sachen, finde ich auch nicht so lustig. Diese „Vorschläge" kamen von einer Person, die erzählte, dass sie viele kennt, die bewusst „hartzen". Da sie aus einer Familie kommt, wo eins dreimal so gut sein muss wie andere, hatte sie kein Verständnis dafür. Ich erinnerte mich an meine nichtlineare Bildungslaufbahn und wusste, dass ich besser sein musste als die gesunden Mittelschichtskinder meiner Klasse etc. Aber das hielt mich nicht von Solidarität ab, denn ich weiß, dass das System beschissen und unmotivierend ist, wenn es „Chancen" ungleich verteilt und diskriminiert.

Es gibt immer ein paar Leute mit „Sozialneid nach unten", so nenne ich das, wenn sie denken, dass andere scheinbar ohne Anstrengung das Nötigste zum Leben haben und dieses geneidet wird. „Du musst nichts tun und bekommst Geld!", „Du kannst machen, was Du willst.", „Du hast immer Urlaub." Mir wurde das sogar von Künstler_innen geneidet, ob ihrer eigenen Prekarität, die ein sehr verunsichernder Preis ist, gewiss, aber ich habe mich nicht für Prekarität entschieden, um mich zu verwirklichen, sondern ich bin in sie hineingezwungen worden. Ich habe mein ganzes Leben prekär gelebt. Es ist schwer, Leuten ihre Vorurteile als solche bewusst zu machen, wenn sie nicht bemerken, dass es unterschiedliche Prekaritätserzählungen gibt. Lebenslange Armut macht mürbe und ist kein Urlaub. Und das, was ich bekomme, reicht eben eigentlich nicht für Ent_Hinderungen, passende Möbel zum Beispiel, verträgliche Nahrung, erleichternde Technik, selbst zu zahlende Medikamente.

Nichtbehinderte Menschen gehen in ihren Kalkulationen von den Kosten aus, die eine gesunde Person hat, die sich nur mal eine Zeit lang (am Anfang der Berufslaufbahn, zwischen zwei Jobs, im Studium) bescheiden muss. Diese Experimente wie: „Einen Monat Hartz4, ich konnte gut davon leben!", „Ein Tag im Rollstuhl – und ich merkte, es gibt Barrieren!", sind für mich verachtenswert. Bei Hartz4 und Grundsicherung bei dauerhafter Erwerbsminderung ist nicht das Problem, dass eins nicht einen Monat davon gut leben könnte. Die Schwierigkeit ist damit auf Dauer menschenwürdig zu leben. Mit der Zeit entstehen Kosten und Defizite, eins kann sich Anschaffungen und Reparaturen nicht leisten, weil die Pauschalen dafür nicht realistisch sind. Ein Darlehen des Amtes ist auch keine Lösung, es wird in Raten vom Existenzminimum abgezogen, wo macht das Sinn? Wenn eins es kann, leiht sich eins privat das Geld, sobald ein Notfall eintritt. Der Schuldenberg wächst und ist erdrückend.

Menschen unterschätzen, welcher Aufwand es ist zu überleben. Ich meine, Lohnarbeit ist auch erschöpfend und ein großer Aufwand, um zu überleben, ohne Frage. Aber ebenso Bürokratie zu überleben, nicht ein Netz zu haben, das auffangen kann, ist eine Riesenanstrengung. Mit der einhergehenden Diskriminierung und Abwertung umzugehen ist Alltag.

Dieser Alltag ist bestimmt kein Urlaub. Ich verlasse schon erschöpft und schmerzig das Haus. Dann versuche ich etwas zum Ausgleich für die täglichen Mühen zu finden, am ehesten kann ich das lesend in meinem Stammcafé, das eine beruhigende Mischung an Gäst_innen hat, von denen sich auch viele konzentriert mit etwas zu beschäftigen versuchen oder in Gesprächen versunken sind. Das ist oft mein einziges garantiertes Sozialleben am Tag in der offline Welt. Ich werde nicht gestört, in der Regel, aber ich kann auch mal ein paar Worte wechseln mit Bekannten, wenn mir danach ist. Abends ist keine_r da, di_er fragt, wie mein Tag war. Das erzähle ich dann twitter, falls es etwas zu erzählen gibt. Und wenn ich Freund_innen treffe, erfahren sie meist nur nachträglich aus der Retrospektive, was inzwischen passiert ist oder wie eine Geschichte weiter verlaufen ist.

Urlaub stelle ich mir anders vor. Als kurze Pause vom Sorgen machen, als bewusstes, auch räumliches Abstand nehmen, die räumliche Entfernung fand ich, als ich noch reisen konnte, hilfreich dabei. Die Sorgen gibt es permanent, sie gelten Geld und Gesundheit. Und der Bürokratie. Sie gelten der Belastbarkeit zwischenmenschlicher Beziehungen und fragilen Solidaritäten. Sie gelten meinen inneren Ressourcen, die ich brauche, um ein für mich sinnvolles Leben zu führen.

Auf dem Rückweg von meiner „Pause" muss ich einkaufen. Das ist mittlerweile die Hölle. Ich habe mir früher eingebildet, ich wäre nicht so leicht aus der Ruhe zu bringen, und hatte mich für Geduld gelobt, aber in den letzten paar Jahren, in denen meine Gesundheit sich rapide verschlechterte, regen mich Unachtsamkeit und Rücksichtslosigkeit mehr auf. Mich überfordern solche Situationen sehr, wenn Menschen nicht merken, dass eins mit Sachen und Taschen jonglieren muss und diese Sachen ablegen müsste, auch um ans Portemonnaie zu kommen, dafür muss ich aber den Rucksack abnehmen und um das zu können erstmal diese Waren ablegen und wo ist der verfluchte Warentrenner, natürlich ganz weit weg, keine_r schiebt ihn her. Es gibt sicher Leute, die sich über dieses Warentrenner-Dings lustig machen, als sei es zwanghaft, den dazwischen legen zu wollen… Ich weiß aber nicht, wie oft mir Zeug, das anderen gehört, auf den Bon gebongt wurde und dann steht eins da und es muss storniert werden. Sorry, das kostet mich Nerven, von denen ich in der Situation eh schon wenig habe, denn ich muss dauernd Lasten verlagern und in den Momenten, wo ich alles auf eine Seite verlagern muss, könnte ich schreien vor Schmerz.

In der U-Bahn sieht mir wieder keine_r an, dass ich be_hindert bin, wegen der Abwesenheit von äußeren Hilfsmitteln. Eins sieht allenfalls, dass ich schief bin, aber das ist ja dann eher ein ästhetisches Problem für andere. Wenn die Kraft noch ausreicht, bitte ich Menschen, deren Taschen einen ganzen Sitzplatz beanspruchen, diese beiseite zu nehmen. Es ist immer wieder krass, wie unfreundlich Menschen darauf reagieren. Als würde eins sich anstellen, als hätte ihre Tasche den Platz mehr verdient als ich und überhaupt ist diese doch ein Abstandsmarkierer, sehe ich das etwa nicht? Bei allem Verständnis für Abstandswünsche, die habe ich auch, ich selbst muss diesen Kompromiss (weniger Abstand, dafür sitzen) eingehen, weil ich nicht so lange stehen kann. Wenn alles regulär besetzt ist, kann ich gar nichts machen. Ich habe keinen Schwerbehindertenausweis beantragt. „Da könnte ja jede_r kommen." Nur einmal hat eine Person mir ihren Platz angeboten, ich war so am Ende und mir war auch schlecht und ich bin froh, dass die Person es gemerkt hat und habe ihr dafür gedankt.

Auf dem letzten Wegabschnitt kaufe ich Mineralwasser, Waschmittel und ähnliches, alles, was schwer ist. Obwohl es eine kurze Strecke ist, ist dieses Tragen so schmerzhaft, dass ich manchmal versucht bin, die zu schweren Dinge weinend zu Boden fallen und dort liegen zu lassen.

Selbst diese Schilderungen beschreiben nicht, was für ein unglaublich kräftezehrender fulltime job es ist täglich mit Schmerzen und mehrfacher Diskriminierung umzugehen. Neben physischen Barrieren ist Diskriminierung eine riesige Barriere. Orte, an denen Ausschlüsse und Diskriminierung gang und gäbe sind, sind immer weniger verlockend. Leider kann eins sich nicht immer aussuchen, ob eins diese Orte aufsuchen mag oder nicht, ob eins drinnen bleibt oder nicht. Es reicht obendrein die Zeitung aufzuschlagen, den Fernseher anzumachen, ins Internet zu gehen: Da ist sie immer noch, die Diskriminierung, alive and kicking und wird von manchen sogar abgefeiert.

Es brennt überall gleichzeitig. Meine Körperuhr tickt laut, die letzten Jahre waren schlecht für meine Wirbelsäule, auch der Netzaktivismus und dieses Buch zu schreiben sind einer Stagnation meiner Verkrümmung, für die ich schon dankbar wäre, abträglich, ich werde immer schiefer und ich sehe immer schlechter. Aber ich kann nicht nur den ganzen Tag turnen und bloß Gedanken vorbeiziehen lassen und mich mit nichts beschäftigen. Meine massiven Schlafstörungen aufgrund von PTBS gingen ins 20. Jahr vor ein paar Monaten, ich habe immer weniger Löffel für Maßnahmen, die Schlimmeres abwenden sollen.

Wie finde ich Lösungen für die Barrieren in dieser Wohnung, der Boden ist sehr schief, nach zwei Seiten ungleich abschüssig und nicht eben mal auszugleichen, indem ein Hölzchen unters endlich mikakompatible Bett gelegt wird. Umbauten wären zu teuer, eine andere und bezahlbare Wohnung zu finden ist schwierig, vor allem sie zu bekommen. Und die meisten Wohnungen sind auch nicht perfekt. Ausgerechnet bei den Wohnungen mit sozialhilferechtlich anerkannter Miete wollen Vermieter_innen nur „Erwerbstätige, keine Grundsicherungsempfänger_innen“. Auf welche Wohnungen aber sollen wir uns denn bewerben, wenn nicht auf die bezahlbaren? Ich habe hier den besten Vermieter der Welt, daran versuche ich mich zu erinnern, wenn ich wieder wackelig auf dem Wannenrand stehe, um das Fenster zu öffnen oder zu schließen, leider schützt das nicht vor dem Risiko zu stürzen, falle ich nach vorne, schlage ich auf dem Fenstersims auf, falle ich nach hinten, schlage ich im eng verbauten Bad auf das Rohr oder den Klodeckel auf, das wäre schlecht für's Genick. Ich darf auf keinen Fall fallen oder in dem Moment Durchzuckschmerz haben, nicht vom Hals bis in die Finger oder ins Bein oder im Bereich der Lendenwirbelsäule. Ich stehe jeden Morgen verspannt und zerschlagen auf, weil das Liegen in einem Bett, das auf schiefem Boden steht, dazu führt, dass ich alles andere als gerade liege oder entspannt.

Ich werde Hilfe brauchen. Für den Haushalt und vielleicht irgendwann Pflege. Vor letzterem habe ich Angst. Was wird das sein für eine Pflege, mehr Vernachlässigung als Pflege, vermutlich, ein angewiesen und ausgeliefert sein, ein dankbar sein müssen, für die paar getakteten Minuten. Sporadisch können mir Freund_innen helfen, also wenn es um das Putzen von etwas geht, wenn ich etwas wegen des eingeschränkten Bewegungsradius nicht erreichen kann. Aber dafür ist selten Zeit. Das Drehen der Matratze schiebe ich ewig hinaus, weil es dafür zwei Leute braucht, die Zeit haben und diese anheben, während ich die Rollroste richte. Das ist schwer zu koordinieren, irgendwie treffe ich fast nur Menschen einzeln. Niemensch hat Zeit, mir regelmäßig Dinge heim zu tragen oder Ähnliches.

Manchmal male ich mir aus, wie es wäre einen personal trainer zu haben, eine Person, die individuell einen guten Plan erstellt, was ich gegen die Verschlechterung meiner Skoliose tun kann und die keine überfordernden Pauschalrezepte ausgibt. Oder mir Umbauten leisten zu können und ausschließlich passende Möbel. Wenn nahe Menschen mich in diesem immer barrierereicheren Alltag unterstützen könnten, ohne dass es in „Aufopferung“ ausartet. Wie es wohl wäre in Partner_innenschaften zu leben, die „Pflege“ als Thema nicht ausklammern?

Manche Menschen sagen: „Geld macht nicht glücklich.“ Glücklich vielleicht nicht, aber es kann in so vieler Hinsicht das Leben erleichtern und Verschlechterungen abwenden. Es würde mich nicht gesund machen, aber es würde helfen hier und da Barrieren gegen Ent_Hinderungen auszutauschen. Der Mangel an Geld und Klassismus sind Barrieren.

Viele prekär lebende be_hinderte Menschen wissen das. Es ist ein Luxus, Geld zu verpönen, so lange es über Möglichkeiten und Unmöglichkeiten eines Individuums bestimmt.

Beim täglichen Aufprall mit Barrieren und Diskriminierungen bleibt wenig Kraft für Hoffnung. Dennoch ist die Hoffnung auf crip future die einzige, die mir bleibt. Und zu dieser Zukunft führen die politisierten be_hinderten Subjekte, die für sich selbst „sprechen“ und Menschen, die solidarisch „unsere“ Forderungen umsetzen.

More than (just) words
Warum Sprache Handlung ist

„Das sind doch nur Worte!"

„Eure Kritik erschöpft sich in bloßer Sprachkritik."

„Du willst doch nur beleidigt sein."

„Du bist einfach überempfindlich."

„Aber ich meine das doch ganz anders!"

Kommen Euch diese Sätze auch bekannt vor? Das sind ein paar der häufigsten Reaktionen auf Kritik an Sprache. Reaktionen auf nicht irgendeine Kritik, meist handelt es sich um Kritik an verletzender, diskriminierender Sprache.

„Das sind doch nur Worte!" Ich bin immer wieder erstaunt, wenn Menschen diesen Satz so leicht dahinsagen. Menschen machen doch schon von klein auf die Erfahrung, welche Wirkung Worte auf sie haben, vor allem abwertende, verletzende Worte, die wiederholt auf sie angewandt werden. Jede_r kann also (mehr oder weniger) entweder aus eigener Erfahrung und oder Beobachtung/Reflektion feststellen, das Worte eine Wirkung haben. Abwertende Worte können unser Selbstbild und unser soziales script sehr stark prägen. Überhaupt sind Worte, welche Vorstellungen mit ihnen verbunden und vermittelt werden, nicht unwesentlich für unser Welt- und Menschenbild.

„Du willst ja bloß beleidigt sein." Was steckt eigentlich hinter dem Wort „beleidigen" und wie kommt es, dass Beleidigungen „nichtig" und verharmlosend dargestellt werden? Im Recht wird bei einer Beleidigung von Ehrverletzung ausgegangen. Ich möchte mich aber auf die Herabsetzung und die Beugung der Würde eines Menschen konzentrieren, weil mir „Ehre" zu sehr vom Status eines Menschen abhängig scheint.

Bei den Überlegungen, warum Sprache Handlung ist, lege ich den Fokus auf Ableismus in diesem Text.

In „digital late bloom" beschrieb ich schon einige meiner Gedanken zu dem Wort „dumm" und dessen Gebrauch. Manchmal wurde dieses Wort damit verteidigt, dass gar nicht immer die ganze Persönlichkeit des anderen Menschen damit gemeint sei, sondern vielleicht eine einzelne Handlung des so bezeichneten Menschen. Bei einigen Erörterungen stellte sich heraus, dass damit tatsächlich nicht unbedingt verminderte Intelligenz gemeint war als Absicht di_er Sprecher_in. Aber genau da ist meine Frage: Warum dann das Wort „dumm" verwenden, wenn eins nicht „dumm" meint? Wenn eins mangelnde Planung/ Durchdachtheit oder mangelnde Reflektion kritisieren will? Oder absichtsvolle Ignoranz? Wie kann eins außer Acht lassen, welche schmerzhaften Erfahrungen mit dem Wort „dumm" zusammenhängen können? Wenn Menschen wegen angeblich verminderter Intelligenz ausgesondert wurden (und werden), sogar unter den Nazis getötet wurden, falls die „Diagnose: Idiotie" anwendbar war? Wäre jemensch, di_er tatsächlich Schwierigkeiten hat Informationen zu verarbeiten, denn verantwortlich für ihr Handeln und Fehlschlüsse?

Warum erklären sich Menschen „böse Handlungen" mit Mangel an Intelligenz und Bildung, wo es doch so viele Gegenbeispiele in der Geschichte gibt? Vielleicht ist das Böse banal, wie Hannah Arendt behauptet. Viele ungeheuerliche Taten basieren jedenfalls nicht auf Unwissen.

Ich weiß nicht aus eigener Erfahrung, wie es ist die ganze Kindheit und Jugend hindurch „dumm" genannt zu werden, aber beobachten lässt sich schon, bei Personen, die mir davon erzählen, wie schwer es für sie war und ist, etwas anderes zu glauben. Wie es das soziale script beeinflusst, sowohl das Selbstvertrauen als auch das Vertrauen in andere. Sprache ist Handlung, nach einer Verletzung, besonders ihrer Wiederholung, verändert sich das gesamte Gefüge und in der Welt sein für die betroffene Person und führt immer wieder zur Infragestellung der eigenen Wahrnehmung. Die verletzte Person wird aus ihrem Ort (Sein) rausgerissen, des Platzes verwiesen, ihr wird ein anderer Platz zugewiesen und sie ist so zur Verarbeitung des Erlebnisses gezwungen. Für die die Verletzung ausübende Person geht das Leben oft einfach weiter, ohne dass sie sich mit dem eigenen Handeln auseinandersetzen muss.

Von klein auf wird uns Intelligenz als ungeheuer wichtiger Wert vermittelt. In einer Tweetkette[109] habe ich diesen mal für mich zu „dekonstruieren" versucht:

„Meine 2 cents zu Intelligenz:

1. Sie ist nicht angeboren. Am Anfang gibt es den Prozessor und die ersten Lernerfahrungen.

2. Sie ist nicht valide messbar. Testverfahren beruhen auf Voreingenommenheit/Vorannahmen, welche Form der Intelligenz angeblich zählt.

3. Der IQ variiert innerhalb der Lebensspanne ein und derselben Person.

4. Lernschwierigkeiten an „verminderter Intelligenz" festzumachen ist falsch. Auch intelligente Menschen könne diese haben, durch Reizüberflutung z.B. oder dem Voraussetzen neurotypischer Standards beim Lernen.

---

109 https://twitter.com/MikaMurstein/status/868442806938996737 (Zugriff 15.05.2018)

5. Eine weitere Fehlannahme ist, Intelligenz hänge von Genetik und Milieu ab, aber es gibt auch weitere Faktoren, die eine Rolle spielen, wie Bezugspersonen, Zugang zu Bildungsinstitutionen (die nicht automatisch „schlau" machen), und Oh Wunder, Intelligenz, ohne höhere Bildungsinstitutionen besucht zu haben, durch Autodidakt_innentum, fragenden Austausch mit anderen Menschen. Auch interessegeleitetes Lernen sorgt für bessere Merkfähigkeit. (Saug mir das nicht aus den Fingern, das sagt die Lernpsychologie.)

7. „Soziale Intelligenz" oder „emotionale Intelligenz" sind m.E. der Versuch, etwas, das ein Störfaktor im kapitalistischen Ablauf darstellen könnte eben für diesen nutzbar zu machen. Firmen legen darauf Wert, wenn es für sie nutzbar ist. #teamwork #softskills

Und wozu ist das denn dann alles gut, wenn der Begriff Intelligenz und auch IQ eh schwammig sind? Es dient der Hierarchisierung+Herrschaft. So wurde behauptet, Frauen, be_hinderte Menschen, Personen of Color und Arme[110] seien weniger intelligent, um Unterdrückungsstrukturen zu rechtfertigen und aufrecht zu erhalten. Intelligenz allein nützt einer mehrfach marginalisierten Person wenig, sie wird negiert oder als Kuriosum betrachtet. Intelligenz ist aber eh ein falscher Fuffziger (Wert). Sie bewirkt kein automatisches aufgeklärt\erleuchtet\gut sein. Intelligenz hält nicht vom Reproduzieren von Ismen

110 Bei Frauen wurde „angenommen“, dass ihre geringere Gehirnmasse geringere Intelligenz/Intellektualität zur Folge hätte. In „Rassentheorien“ wurde von physischen Vermessungen des Kopfes, also der Form des Schädels, auf die Intelligenz geschlossen. Be_hinderte und arme Menschen sollten sich nach Meinung der Eugenik-Anhänger_innen am besten nicht vermehren, damit das Erbgut, z.B. die behauptete niedrigere Intelligenz, nicht weitergegeben würde. Siehe S. 37

oder destruktivem Verhalten ab. Normierte Bildung auch nicht."

Dass jemensch ein bekennender Nazi ist, ist nicht Bildungsmangel, Unwissen oder mangelnder Intelligenz geschuldet. Auch nicht dem fehlenden „Ratio" oder der Abwesenheit von Vernunft (die Nationalsozialist_innen hatten sich bemüht, ihre Begründungen zur Vernichtung anders gesinnter Menschen als notwendig und rational darzustellen, in der Psychologie nennt eins diesen Abwehrmechanismus: Rationalisierung). „Dummheit", „Bildungsmangel", „Angst", „Besorgtheit" werden aber immer wieder als Ursachen für menschenfeindliches Verhalten herbeizitiert. Dabei fehlt es an vielen Schulen nicht an jährlicher Thematisierung von Nationalsozialismus und dem Holocaust. Die Frage ist auch, wie es eingebettet ist, in welche Form der „Erinnerungskultur", oft wird sich irgendeiner „Logik", also doch wieder „Rationalisierung" bedient, die erklären soll, was „damals" geschah.

Ein Dilemma ist die falsche Kritik. Es werden nicht die politischen Einstellungen und die politischen Ziele der Naziideologie kritisiert, sondern es werden Gewicht und Aussehen kommentiert, klassistische und ableistische Zuschreibungen vorgenommen. Mir geht es nicht um „nett" sein zu Nazis und es ist seltsam, wie oft ich das im Laufe meines Aktivismus betonen musste, sondern darum, dass Ismen nicht plötzlich ein präzises und okayes Instrument des Widerstandes darstellen, wenn es nur die „richtigen" trifft. Sie gehen nach hinten los, werfen Menschen, die nicht gemeint sind, unter den Bus und ermöglichen durch bloße Herabsetzung gar keine zielführende Analyse.

Das waren jetzt bisher populäre Beispiele für die Zuschreibung „dumm". Mir selbst ist sie mal in ganz anderem Zusammenhang widerfahren. Ein früherer Freund, für den ich eine langwierige und große Arbeit anfertigte, nachdem mich der halbe Bekanntenkreis drum gebeten hatte, das für ihn zu tun, wies meine Forderungen und Bedingungen für diese Arbeit, bzw. die Bitte darauf mehr einzugehen mit den Worten ab: „Für eine so intelligente Person, wie Du es bist, mika, verhältst Du Dich manchmal ganz schön dumm." Der Satz klingt an sich nicht so schlimm. In dem Kontext, dass auf keine meiner Bedingungen eingegangen wurde, dass ich nur abliefern sollte, nichts fordern, dass ich am Ende nur noch eine Bedingung stellte und auch diese gebrochen wurde, ist das eine fiese Strategie. Es dreht die Verantwortung für den Bruch einer Abmachung und die Nichtachtung von Bedingungen um: Ich war also selbst schuld, weil ich mich nicht strategisch verhielt. Die einzige Bedingung, an der ich festzuhalten versuchte, war für den Feinschliff der Arbeit, die zu 90 Prozent in etwa getan war, nicht mit einer Person zusammenzuarbeiten, die zuvor mir gegenüber im Privaten Grenzen überschritt. Es gab toxische Dynamiken zwischen uns und diese hätten eine Zusammenarbeit verunmöglicht. Was ich nicht wusste, war, dass trotz des Druckausübens auf mich diese nicht von mir legitimierte Person meine Arbeit längst erhalten hatte und so nur noch auf nachträgliche Legitimierung dieses Schrittes gewartet wurde. In diesem Abstreifen von Verantwortung meines damaligen Gegenübers, der Behauptung, ich sei nicht strategisch vorgegangen, um meine Forderungen durchzusetzen, gibt mir die Zuschreibung „dumm" Schuld an der mangelnden Verbindlichkeit und der mangelnden Berücksichtigung meiner Bedingungen. Vermutlich habe ich auch die gewaltvolle Reaktion der nicht legitimierten Person „provoziert", die, als ich mich über den Vertrauensbruch beschwerte, schrieb, dass ich unfähig sei und sie mir am liebsten Ohrfeigen verpassen würde. Menschen herabsetzen und sie für das eigene Fehlverhalten/das Fehlverhalten anderer verantwortlich machen geschieht häufig in abusive Beziehungen, kann aber auch als einzelne Strategie angewendet werden.

Es hat Jahre gebraucht, bis ich wieder Freund_innenschaften geschlossen habe, besonders mit „kreativen" Menschen und Zusammenarbeit an Projekten bleibt schwierig, weil ich zu oft erlebt habe, wie ich einen Großteil der Arbeit erledige und außer Ausbeutung und erasure/Aneignung meiner Arbeit ist nichts gewesen.

Während es viele Schimpfwörter gibt, die sich ursprünglich auf „Mangel an Intelligenz" beziehen/mit kognitiven Be_Hinderungen[111] assoziiert werden, werden Begriffe für körperliche Be_Hinderungen/Einschränkungen eher[112] in Analogien und als Metaphern verwandt. Wenn eine Be_Hinderung als Metapher für ein negatives Verhalten, eine negative Charaktereigenschaft genutzt wird, so ist dies (dis_) ableistisch. Die Gesellschaft ist rassistisch, aber nicht „auf dem rechten Auge blind". Einmal wurde mir sogar entgegnet: Aber Blindheit sei ja was Negatives, auch für die Betroffenen selbst, also zumindest stelle es eins ja vor eine Reihe Schwierigkeiten. Es geht mir gar nicht darum, Ambivalenzen oder Einschränkungen weg zu reden, aber die von der blinden Person erlebten Nachteile[113], die sicher nicht positive Gefühle auslösen, sind immer noch nicht dasselbe wie eine negative Charaktereigenschaft, in diesem Fall (absichtsvolle) Ignoranz, für die „blind" täglich viele Male gedankenlos verwendet wird. Wir haben

---

111 Wörter wie „dumm", „Idiot" „zurückgeblieben", „Cretin", „doof", „dämlich".

112 Es gibt natürlich auch Beschimpfungen, nicht nur Redewendungen in Bezug auf körperliche Behinderungen, z.B.: „Krüppel", „Spast", „Lahmarsch" etc.

113 Barrieren, die auch sozial bedingt sind. Z.B. gibt es wenig Schrifterzeugnisse in Braille oder als Audioformat.

unglaublich viele solcher Redewendungen im Repertoire, auch lahm oder taub (etwas stößt auf „taube Ohren" z.B.)

Begriffe für seelische Gesundheit bzw. psychische Krankheiten sind allgegenwärtig: Psycho, Wahn, wahnsinnig, verrückt (in unterschiedlichsten Kontexten und Konnotationen, mal dämonisierend, mal verharmlosend) in Schrift und Sprache.

Unverständliche, gefühlskalte Taten werden als „autistisch" deklariert und somit das Bild von autistischen Menschen als empathielos und gefährlich perpetuiert, obwohl gerade viele autistische Menschen eher von der Menge/Intensität an Empfindungen überwältigt sind. Dieses Bild ist so verletzend wie unwahr.

Wo setzt dieses Nachdenken über Sprache und das Hinterfragen des selbstverständlichen „Fremdbezeichnens" anderer Personen ein? Ich glaube, es beginnt mit dem eigenen Unbehagen. Vor twitter wurde ich z.B. nicht dauernd mit dem Wort -phobie für Menschenfeindlichkeit konfrontiert. Die linken Gruppen, in denen ich mich früher analog bewegte, benutzten diese Begriffe nicht ständig, was daran lag, dass Feminismus, wo diese Begriffe gebräuchlicher sind, keiner der Schwerpunkte dieser Gruppen war, der Fokus lag auf Antikapitalismus, linken Widerstandsformen gegen Rassismus und Faschismus. Auch litt ich damals noch nicht stark unter Phobien. Auf twitter ging es mir dann mit dem inflationären Gebrauch von -phobie richtig schlecht. Also habe ich innegehalten und mich gefragt, was mir daran nicht gut tut[114]. Als Erstes ist das diese enorme Kluft, zwischen dem psychologischen/klinischen Begriff der Phobie und seiner Kontextualisierung als soziologischer Begriff für

114 https://twitter.com/MikaMurstein/status/653315654754410496 (Zugriff 15.05.2018).

Menschenfeindlichkeit. Bei der klinischen Phobie ist die hauptleidtragende Person die phobische Person, beim soziologischen Begriff „-phobie" leiden andere unter der angeblich phobischen Person. Das ist ein gewaltiger Unterschied. Ich verstehe nicht, wie bei so unterschiedlichen, sich diametral gegenüberstehen Definitionen für Phobie an dem Gebrauch des Wortes für gruppenbezogene Menschenfeindlichkeit festgehalten werden muss. -feindlichkeit ist eine Alternative und es gibt und gab auch schon 2014, als ich anfing darüber zu diskutieren, präzisere Alternativen, um bestimmte Aspekte der Feindlichkeit/Diskriminierung zu betonen: -normativität,-ismus wie in cis Sexismus, Monosexismus, Bi-/Homo-/Queer-/ Transfeindlichkeit, Misogynie, Trans- und Bi-Misogynie, Fettenfeindlichkeit etc.

Klinische Phobie beschreibt eine nahezu unkontrollierbare Angst. Ich übernehme als phobische Person Verantwortung im Umgang mit meiner Phobie, täte ich das nicht, würde mein Alltag und mein Sozialleben zum Erliegen kommen. Ich bemühe mich Orte nicht zu meiden, an denen es vermehrt Auslöser für meine Phobie geben kann, wie die Bibliothek, das Café, die U-Bahn, die unbekannte Wohnung. Wenn Menschen neben mir sitzen, die diese Phobie mit auslösen, setze ich mich nur selten weg, ich mag niemensch vor den Kopf stoßen. Aber ich durchleide in diesen Momenten große Angst und in meiner Erinnerung können diese Szenen noch eine ganze Weile abgespult werden, selbst wenn die eigentliche Situation schon vorbei ist. Das alles geschieht wegen der Angst, eine frühere Situation, der ich zu lange ausgeliefert war, könnte sich wiederholen und ich wäre wieder so machtlos und von der Sinnlosigkeit des Ereignisses erdrückt. Es ist schlicht falsch, gruppenbezogene Menschenfeindlichkeit mit einer „Angststörung" gleichzusetzen und somit unbeabsichtigt Menschen größtenteils von ihrer Verantwortung für ihr diskriminierendes bis hasserfülltes Verhalten freizusprechen. Denn Angst lässt sich nicht komplett kontrollieren, denn dann wäre es eben keine. Auch dass es Phobie so suggestiv in die Nähe von gewaltvollen Verhalten und Hass bringt, schadet Menschen mit klinischer Phobie. Mein Herz rast, wenn ich zigmal diese fehlerhafte Anwendung des Begriffes lesen muss, mir wird übel, im schlimmsten Fall gerate ich in einen Angstzustand. Auch wenn eine hasserfüllte Person ebenfalls Angst empfinden kann, so gründet sich der gruppengezogene Hass dennoch auf politischen Einstellungen und oft einem bewahren wollen von Privilegien. Es geht um Machterhalt. Und die Angst, Privilegien und Macht einzubüßen ist eine ganz andere als die der klinisch phobischen Person im Moment der Phobie.

Mir wurde manchmal gesagt, dass doch jede_r den Unterschied kenne, zwischen Phobie und -phobie. Ich bin mir da nicht so sicher, weil wir viele Bezeichnungen als gegeben hinnehmen. Ich bin mir aber sicher, dass es genug Menschen gibt, die den Unterschied kennen und dennoch an dem Begriff festhalten, weil so Begriffe für psychische Erkrankungen/Störungen so richtig vor den Bug hauen.

Es wurde vermutet, dass ich die Etymologie des Wortes missachte, oder dass das Wort griechischen Ursprungs auch als „Aversion" (das ist wiederum ein lateinisches Wort späteren Ursprungs) ausgelegt werden kann und überhaupt sei das doch im kritisierten Falle ein soziologischer Begriff, wisse ich das nicht? Zunächst einmal: Etymologie legt nicht fest, wie ein Begriff im gegenwärtigen Diskurs benutzt wird, es gibt Bedeutungsverschiebungen und es ist schwer nachzuvollziehen, wann und weshalb sich eine Bedeutungsverschiebung im Sprachgebrauch der Mehrheit einer Gesellschaft bemerkbar macht. Auch es anders zu meinen, nimmt verletzenden Worten nicht ihre Kraft. Aversion steht ebenfalls in der Alltagssprache für „ich kann das nicht ab, ich kann nicht anders, ich habe halt eine Aversion dagegen". Es gibt tatsächlich etwas namens „Aversionstherapie", die bei Suchtkrankheit Anwendung findet. Da wird dann ein unangenehmer Reiz mit dem Suchtmittel gekoppelt. Und ich glaube, auch diese Strategie lässt sich nicht auf menschenfeindliches Verhalten übertragen. Fazit: Worauf es ankommt, ist, wie ein Begriff gebraucht wird und welche Wirkungen er zeitigt.

„Aber ich habe auch Phobien und mich stört die doppelte Verwendung nicht." Das ist schön für Dich, aber immer noch schlecht für Leute, die es verletzt. Es geht nicht um eine demokratische Wahl, es geht um die Betroffenen, die es verletzt. Was ist so schwer daran, darauf einzugehen und nach Alternativen zu suchen?

Der Gegenwind am Anfang wehte scharf, als hätte ich gedroht, ein Wort wegzunehmen (die Macht habe ich gar nicht) und als würde fortan eine Leerstelle klaffen und dann Worte für etliche Unterdrückungsformen fehlen. Abgesehen davon, dass es Alternativen zu dem Begriff gab und gibt, bin ich immer dafür, neue Worte zu (er)finden, wenn die alten ihren Dienst versagen, nicht präzise genug sind und oder verletzen. Worte sind unerschöpflich erschaffbar, das ist die gute Nachricht. Einige verloren sich in der Befürchtung, neue Worte könnten grammatikalisch nicht richtig sein, linguistisch falsch abgeleitet. Um ehrlich zu sein: Das finde ich nicht so wichtig. Wenn Menschen sich entschließen, Worte in einem neuen Bedeutungszusammenhang anzuwenden, wird sich zeigen, ob dieser aufgegriffen, verstanden und angenommen wird. Und ob er zielführend ist oder nicht. Es waren auch viele der Meinung, dass Alternativen nichts bringen, weil Englisch ja die Weltsprache ist und es dort vor -phobia

Begriffen „wimmelt“[115]. Dabei sah ich wie die Alternativbegrifflichkeiten mit -hatred, -ism, antagonism, -normativity verwandt wurden. @SiduriSabitu[116] hatte als Erstes in meiner damaligen timeline die Idee, -phobia mit -misia zu ersetzen, da misia aber meist als Vorsilbe vorkommt, wie in Misogynie und eben die Angst herrschte, das wäre dann falsch, wurde es nicht breit übernommen…bis vor einiger Zeit, also Jahre später, viele englischsprachige disability Aktivist_innen -misia wieder aufgriffen und in dieser Filterblase findet der Begriff nun mehr und mehr Verwendung. Ich selbst finde, es ginge noch verständlicher, indem eins direkt die Übersetzung von misia verwendet, nämlich Hass (hatred), aber das beschriebe den äußersten Pol einer Feindlichkeit und daher bin ich mehr dafür die ganze Skala der präzisen Ausdrücke zu nutzen, je nach Kontext.

Was ich für meine Kritik an dem ableistischen Gebrauch von -phobie bekommen habe, war und ist oft noch mehr Ableismus und Klassismus. Wenn ich nur die richtige Bedeutung und Definition von -phobie kennen würde, würde es mich nicht verletzen. Mir wurden soziologische Definitionen gesplaint, als seien diese in Stein gemeißelt und als bestehe nicht die Möglichkeit, dass ich diese Definitionen kenne und mich gerade ausführlich und kritisch mit ihnen auseinandergesetzt hätte. Uff.

Kaum bin ich auf twitter, schlage das Feuilleton auf oder ein populäres Buch, springt mich das Wort „Wahn“ an,

---

115 @baum_glueck versuchte ebenfalls zum Nachdenken über Alternativen zum -phobie Begriff anzuregen und wies darauf hin, dass „Bimisia“ nicht unbedingt ein notwendiger Begriff ist, da schon Monosexismus das Gemeinte ohne -phobie Endung bezeichnete.

116 @SiduriSabitu (25.09.2014): https://twitter.com/SiduriSabitu/status/515051416562712576 (Zugriff 15.05.2018).

alles und jedes Verhalten und Einstellungen, die eins nicht gutheißt, sind heutzutage „Wahn“ geschuldet. Von „Mietenwahnsinn“ bis „Genderwahn“, eine bunte Palette der Pathologisierung. Auch Theroretiker_innen, mit dem Anliegen, dass sich die Gräuel des Nationalsozialismus, die sich in diesem Land ereignet haben, nicht wiederholen mögen, haben mit „Wahn“ als Begriffskategorie gearbeitet: Theodor W. Adorno, Erich Fromm, Arno Gruen, Margarete und Alexander Mitscherlich z.B. Ohne alle Theorien und deren Gehalt der genannten, von denen ich das ein oder andere auch vor vielen Jahren gelesen habe, in Frage zu stellen, ging es mir bei einer Kritik vor einem Jahr nur um die Verwendung von „Wahn“ als Gruppenphänomen. Ich war an dem Tag nicht in Erklärlaune und habe die betreffende Person nur darauf aufmerksam gemacht, dass ich die empfohlene Schrift nicht lesen würde, wegen dieser Begriffsverwendung. Ich habe nicht gesagt: Lest nie Adorno. Mir tut es leid, dass das Gespräch ob meines Sauerseins schlecht verlief. Defensives Verhalten machte mich schnell wütend. Anstatt dass jemensch sagt: „Ich denk mal drüber nach.“ Ich nehm solche Konflikte mit Menschen, die mir folgen und denen ich folge, nicht auf die leichte Schulter. Es beschäftigt mich sehr lange. Auch wie ich etwas hätte anders machen/sagen können. Kontraproduktiv war, dass sich ein Journalist, der schon öfter sich über Anti/Ableismus lustig gemacht hatte, nonmentionmäßig diesen Streit aufgriff und falsch darstellte. Als hätte ich gesagt, der psychologische Begriff Wahn sei an sich ableistisch, der ganze Adorno ebenfalls. Daraus wurde abgeleitet, Antiableismus sei sowas wie die Ablehnung der (jüdischen) Psychoanalyse. Wenn eins eh mit einem Konflikt zu tun hat, ist dieses Aufgreifen und falsch darstellen äußerst kontraproduktiv, aber kein Zufall.

Ich zitiere an dieser Stelle die tweetkette[117], die ich nach diesem Streit verfasste:

„Bei Wahn denke ich nicht an Massenphänomene, etwas Böses habe sich der Menschen bemächtigt. Opportunismus, Pflichtgefühl, Vorteile, Angst vor Strafe, Lust an der Machtausübung reichen aus. Woran ich bei Wahn denke: in der Geschichte unserer Gesellschaft wurden Menschen abgeschoben in sogenannte „Asyle für Geisteskranke". Abgeschoben wegen Wahns von Familien oder oft Ehemännern. Vor sich hin vegetieren war die Regel. In manchen Systemen ließ man Gegner_innen in der Psychiatrie verschwinden. „Hör nicht auf di_en, di_er spinnt doch!". Bei Wahn denke ich an Berichterstattung, die das Böse mit Wahn oder Persönlichkeitsstörungen in Zusammenhang bringt EVERY FUCKING TIME. Dass dis_ableisierte Menschen öfter Gewalt erfahren, besonders neuroatypische, weil ihnen keine_r glaubt, ist Fakt. Dass 70.000 Be_Hinderte von den Nazis umgebracht wurden ist Fakt. Dass die Bürokratie schwer zu überleben ist, ist Fakt, besonders mit psychischer Erkrankung. Dass ich mich frage, ob meine Mom tatsächlich terrorisiert wird oder ob es eine psychotische Episode ihrerseits ist, obwohl sowohl das eine, echtes Harassment als auch Psychose schon mal vorlagen, danke ableistische Gesellschaft, dass sie deshalb nicht mehr ernst genommen wird, falls doch (wieder) einmal echt bedroht. Und ppl of Color, die neuroatypisch sind haben echt wenig Chance lebend aus einer Konfrontation mit Polizei hervor zu gehen. #Wahn UNGLEICH #evil. Merken oder abhauen. Danke."

Gerade bei Pflichtgefühl, Vorteile, Angst vor Strafe, Lust an der der Machtausübung habe ich an etwas Bestimm-

117 https://twitter.com/MikaMurstein/status/859797261399838720 (Zugriff 15.05.2018).

tes denken müssen, gewissermaßen sind es gleich zwei Referenzen: einmal das Stufenmodell moralischer Entwicklung von Lawrence Kohlberg[118], was ich als stringent gedachte Höherentwicklung kritisch sehe, aber Kohlberg berührt ein paar wichtige Punkte, nämlich worauf unsere „moralischen Entscheidungen/Einstellungen“ beruhen können: auf Angst vor Strafe, auf Vorteilsberechnung, auf Verpflichtetheit gegenüber „Gleichen“, weil nach Hinterfragung „gut begründet“ erscheinend oder als universales Gesetz. Meine zweite Assoziation war, wie viele Täter_innen im Nationalsozialismus sich damit rausreden, nichts gewusst zu haben und dennoch sagen, sie hatten halt Angst. Angst wovor, wenn sie angeblich nicht von dem wussten, was Angst hätte einflößen können? Eine weitere Assoziation war in diesem Streit über die Verwendung von Wahn, als Ursache für das gemeinsame Handeln als Gruppe, das Interview mit Walter Stier in Claude Lanzmann's Langzeitdokumentation „Shoah“[119], der als Beamter für den „Sonderzugverkehr“ zuständig war. Dieser spricht mit einer unglaublichen Sachlichkeit über Fahrpläne, die Bahnarbeiter veranlassen werden die Weiche (in den Tod) zum vorgegebenen Zeitpunkt zu stellen. Vom Ergebnis oder Ziel ihres Tuns habe keiner

#CN #Shoah

118 Oerter, Rolf/Montada, Leo (Hg) (1998): Entwicklungspsychologie: ein Lehrbuch. Weinheim: Beltz Psychologie-Verl. Union, 4. Korrigierte Auflage, S. 880-889.

119 Bei der Laufzeit 1:31:30 beginnt das Interview, das Claude Lanzmann mit Walter Stier führte. Das Interview beginnt mit der Frage „Also sie haben nie einen Zug gesehen?“ und im Verlauf wird deutlich, wie sehr dieses „am Schreibtisch“ Fahrpläne erstellt zu haben eine Distanz zu den Konsequenzen der eigenen Handlungen ermöglichte, auch wenn es dabei um Bürokratie mit tödlichen Folgen ging. Lanzmann, Claude [Regie] (1985): Shoah, 540 Minuten, Frankreich. Online unter: https://www.youtube.com/watch?v=LLv5m9biyFY (Zugriff 15.05.2018).

der Beteiligten gewusst. Worauf ich hinaus will: In dieser unemotionalen, sich keiner Schuld bewussten Sprache entdecke ich nicht die Erregung, die mit Wahn einher geht. Die Mehrheit der Täter_innen wird sagen, dass sie nur ihren Dienst taten oder nicht anders handeln konnten. Rationalisierung als Abwehrmechanismus zeigt sich hier sehr deutlich. Gehorsam, Gleichgültigkeit, Profitieren vom Machtverhältnis, eine solche „Normalität" erscheint mir daher gefährlicher als Wahn.

Mir persönlich ist das Machtgefälle, das wahnhafte Personen erleben und dass der Wahn sie meist isoliert, zu präsent, als dass ich mir vorstellen kann, wie der „Wahn" von Person zu Person hüpft, eine ganze Gruppe erfasst und das auch noch über einen langen Zeitraum hinweg. Und damit schädliche Handlungen erklärbar werden. Meine Begründungen gegen diese Verwendung des Wortes Wahn, das das Böse in Gruppen erklären soll, aber meiner Meinung nach nicht vermag, mögen überzeugen oder auch nicht. Das ist okay.

Weniger okay ist es, wenn ich ein Jahr nach besagtem Streit meine Kritik an der Verwendung des Begriffes total falsch dargestellt „wiederfinde" (also eigentlich nicht wiederfinde, was ich tatsächlich zu dem Thema geäußert habe) in einem Text innerhalb des „Beißreflexe"-Bandes.

Dort steht in einem Beitrag des Journalisten Alexander Nabert, der sich ganz als neutraler Kenner des twitter Aktivismus ausgibt, auf Seite 263 :

„Doch auch die kleinste Abweichung, das Infragestellen linker und queerfeministischer Dogmen kann zu einem solch umfassenden Ausschluss aus der Diskussion führen. Dass Linke um die richtige Meinung, um die richtige Haltung ringen und sich dabei gegenseitig kritisieren, ist etwas, was in dieser Blase nicht stattfinden soll. Als einmal eine queerfeministische trans Person ihre Blase zur Reflexion über die eigene Kritik(un)fähigkeit anregen wollte und auf Adornos Text „Meinung, Wahn, Gesellschaft" hinwies, wurde sie zurechtgewiesen, immerhin sei schon ‚Wahn' im Titel ableistisch und Adorno (und mit ihm die gesamte Psychoanalyse) keine legitime Stimme im Diskurs. Die Anekdote offenbart neben einer tiefen Theoriefeindlichkeit vor allem eins: den Wahn der Blase."[120]

Um es mit den Worten eines subtweets des Autors zu sagen: What the fuck did I just read? Ich hatte darauf hingewiesen, dass ich das Buch aus meinen tatsächlichen Gründen nicht lesen würde. Dieses Buch, nirgendwo steht, dass ich von allen Büchern Adornos abrate. Oder die ganze Psychoanalyse ablehne. Die Crux ist, ich lehne viele Begriffe der Psychoanalyse nicht ab, sondern nur ihre Verwendung in bestimmten Kontexten, wo sie nicht zielführend, aber vor allem pathologisierend sind. Wie und wofür eins Psychoanalyse/Psychologie nutzt, ist für mich eine entscheidende Frage hierbei. Dass die von mir kritisierte Person damals von Alexander Naberts Einmischung in den Konflikt nicht begeistert war und gesagt hat, dass die Psychoanalyse auch zur Psychopathologisierung von trans Personen genutzt wird und durchaus kritisiert werden kann, davon schreibt er kein Wort.

„Was mache ich hier eigentlich?", frage ich mich in solchen Momenten, wo Inhalte, Begriffe und Worte verdreht werden. Bin ich Sisyphus_ine beim Versuch es wieder richtig rum zu drehen, rollt der Felsbrocken beim Versuch das Dekontextualisierte auf ewig in den Kontext zurück

120 Nabert, Alexander (2017): Schwarmbetroffenheit – zur queerfeministischen Praxis auf twitter. In: L'Amour laLove, Patsy (Hg.): Beissreflexe – Kritik an queerem Aktivismus, autoritären Sehnsüchten, Sprechverboten. Berlin: Querverlag, 4. Auflage, S. 263.

zu führen jedes Mal zurück? Und dann beginnt alles von vorn?

Vielleicht ist es besser zu fragen, warum ich das Ganze mache, warum ich versuche das Nachdenken über Sprache und ihre Konsequenzen anzuregen.

Es scheint so, als wirkten die Worte „verletzen/verwunden" übertrieben für das, was Sprache bewirken kann, weil wir Gewalt in erster Linie mit Körpern und ihrer Verletzbarkeit assoziieren. Für Schmerz, sei es körperlicher oder seelischer, ist es gar nicht so einfach eine kompatible Sprache zu finden, da uns Schmerz auch sprachlos machen kann. Wir alle machen mehr oder weniger die Erfahrung, wie Worte uns „verfolgen" können und uns physisches Unwohlsein bereiten. Eins kann sich buchstäblich unter Worten krümmen, sie können zum Weinen bringen, den Herzschlag beschleunigen, eins in die Flucht schlagen, kurz sehr handfeste physische Folgen zeitigen und daher ist nicht verwunderlich, dass wir uns Analogien basteln, die Worte für physischen Schmerz entlehnen, um die durch Beleidigung oder Drohung verursachte Verwundung zu beschreiben. Die Welt dreht sich weiter, aber eins selbst erstarrt oder verstummt für einen Augenblick. Die Beleidigung z.B. ist eine Fremdbezeichnung, sie erhält ihre Macht erst aus der Zitathaftigkeit, d.h. die Person, die eine andere beleidigt, ist nicht einmal Urheber_in dieser Bezeichnung, muss nicht einmal viel mächtiger als die angesprochene Person sein. Dennoch ist di_er Sprecher_in verantwortlich für das Zitat. Di_er Sprecher_in profitiert davon, welche Kraft dem Wort durch seine Zitathaftigkeit innewohnt. Damit ist gemeint, di_er Adressat_in wird die Anrufung „Idiot_in!" als solche durch die Zitathaftigkeit und die Konvention, dass dieses Zitat als Abwertung verwandt wird, in der Regel als Beleidigung identifizieren. In den vorangegangenen Zeilen werdet Ihr viele Begriffe bemerken, die Judith Butler in ihrem Buch „Haß spricht – Zur Politik des Performativen“[121] aufgreift, um die Sprechakttheorie von John Austin auf ihre Anwendbarkeit auf hate speech (Hassrede) zu untersuchen. Ich will mich hier nur auf zwei Formen des Sprechaktes konzentrieren.

Natürlich haben Sprechakte nicht per se die Kraft Wirklichkeit zu konstituieren. Sie können auch misslingen. Es gibt Sprechakte, bei denen das Sprechen und die dadurch vollzogene Handlung im selben Moment zusammenfallen. Z.B. bei einer Trauung oder einem Urteilspruch. Das Gelingen dieses Sprechens und Handelns hängt nicht nur von der sprachlichen Konvention ab, sondern auch vom Kontext (Standesamt, Kirche, Menschen, die sich trauen lassen wollen) und der Autorität de_r_s Sprecher_in (Standesbeamt_in, Pastor_in etc.). Dies sind Voraussetzungen für ein Gelingen dieser Art von Sprechakt (felicity conditions).

Bei Beleidigungen hängt das „Gelingen“ wiederum von der Zitathaftigkeit und dem Kontext ab und auch davon, ob die „angerufene“/fremd bezeichnete Person dieses Sprechen als Beleidigung (er)kennt. Im Englischen sagt eins für jemenschen beleidigen „to call someone names“. Wenn dieser Name, mit dem ich angerufen werde, aber gar nicht mein Name ist und ich trotzdem reagiere, weil mir in dieser Verwirrung (jemensch gibt mir diesen Namen, das ist aber nicht mein Name!) die abwertende Absicht durch Zitathaftigkeit und Kontext klar wird, handelt es sich um ein Sprechen, das bei mir eine Wirkung zeitigt, die nicht unbedingt exakt mit dem Sprechen zusammenfallen muss. Auf jeden Fall ist die „angerufene“ Person diejenige, die in diesen Raum der Verwirrung stürzt, jemensch

121 Butler, Judith (2016): Haß spricht – zur Politik des Performativen. Berlin: edition Suhrkamp 2414, 5.Auflage.

gibt mir einen Namen, das ist aber gar nicht mein Name, und in dem Moment, wo das Sprechen als Beleidigung erkannt wird, die Verletzung erfährt.

Kann eins die Verletzung abwenden, indem eins so tut, als verstehe eins die Absicht des Sprechenden nicht, hilft der Spruch „Ignorier es einfach!" also doch? Nein, denn das hieße Diskriminierung zu ignorieren und durch Nichtbenennung verschwindet sie schon mal gar nicht. Judith Butler sieht das Delegieren des Umgangs mit und Sanktionierens verletzender Sprache kritisch, in einigen Fällen als gerechtfertigt an. Wir können davon ausgehen, dass bestimmte Worte als Fremdbezeichnung wie das N-wort oder Nazisymbole das, was sie in der Geschichte transportierten, auch weiterhin zu transportieren vermögen. Aber Gerichte bestimmen dann auch, was sagbar wird und können ebenso die Gruppe beschränken, die um ihren Schutz bittet. Was gilt aus Meinungsfreiheit und was als verfassungswidrig, was als Freiheit der Kunst, was als diskriminierend ohne anderen Inhalt?

Butler schlägt als Strategie die „Fehlaneignung" der verletzenden Begriffe vor, die zum Beispiel mit queer als Selbstbezeichnung eine gelungene Strategie zu sein scheint. In der Gemeinschaft der be_hinderten Menschen geschah dies mit dem Wort crip/Krüppel. Aber es gibt auch Worte, die sich nicht einfach so „resignifizieren" lassen, also nicht mit neuer, eigener Bedeutung füllen lassen[122]. Das Wort „dumm" ist für mich als selbstbewusste Selbstbezeichnung nicht denkbar. Auch verstehen viele Menschen nicht den Unterschied zwischen reclaim, also

---

122 Butler sagt über die Handlungsmacht des Subjektes: „Keine Übernahme der Handlungsmacht kann die Verletzbarkeit durch den anderen überwinden, die durch die dem Subjekt vorausgehende Anrede bedingt ist (auch aus diesem Grund fällt ‚Handlungsmacht' nicht mit ‚Beherrschung' zusammen)". Ebd., S. 47 ff.

dieser bewussten, widerständigen Fehlaneignung und der Macht der Fremdbezeichnung. Wenn ich mich „crip" nenne, dann verbindet mich das mit der widerständigen Benutzung des Wortes durch andere be_hinderte Menschen, durch dieses „wir zeigen Euch, was Ihr eigentlich denkt und dass das aber gar nichts mit dem zu tun hat, wer wir sind; wer wir sind und welche Bedeutung das für uns hat, bestimmen wir." Daher ist es nicht in Ordnung, wenn jetzt eine gesunde Person „Krüppel" zu mir sagt, nur weil ich mich selbst als „crip" bezeichne, weil unsere Positionen, von denen aus wir sprechen, andere sind. Eine nichtbetroffene Person kann den Begriff, der Betroffene ehemals abwertend bezeichnete, nicht reclaimen, weil sie in der Geschichte dieses Wortes nicht die Person war und ist, die diesen Begriff als Abwertung erfahren hat. Viele wollen das nicht verstehen und es gibt endlose Diskussionen à la „Warum darfst Du das sagen und warum darf ich das nicht." Für mich ist klar, dass ich als *weiße* Person nicht das N-Wort sagen kann, ohne dass es die verletzende Zitathaftigkeit unterstützt, dass es aber als reclaim Schwarzer Personen eine andere, widerständige Bedeutung gewonnen hat.

Die Menschen, die am besorgtesten sind, dass sie nun überhaupt nichts mehr sagen dürften und überall Sprechverbote wittern, sind oft die, die am meisten Bühne, Reichweite und „Sendezeit" bekommen. Von Sprechverbot nichts zu merken. Meine Kritik vermag keine Sprechverbote zu bewirken. Meinungsfreiheit können nur der Staat und seine Instanzen schützen oder einschränken. Gerichte können bestimmtes Sprechen verbieten, aber auch damit ist es nicht zu unterbinden, es wird bloß geahndet.

Was wünscht sich also das mika?

Angeblich gehöre ich ja einer Filterblase mit autoritären Sehnsüchten an.

Dabei habe ich diesbezüglich eine ganz andere und klare Sehnsucht:

Dass Kritik nicht als Angriff verstanden wird, sondern als Gelegenheit, über Sprache und ihre Wirkungen nachzudenken, darüber, wie eins Sprache gebraucht, mit welchem Ziel und mit welcher Wirkung, welche Erfahrungen eins selbst mit ihrer verletzenden Wirkung gemacht/anderen zugefügt hat oder über welche Beobachtungen eins verfügt und wie eins diese deutet.

Und außerdem wünsche ich mir Achtung, anstatt der herrschenden Verachtung, für Verwundbarkeit. Verwundbarkeit ist etwas, was uns allen gemein ist.

Ich bin froh über jeden Menschen, der Kritik als Anlass nimmt nachzudenken, Verletzung nicht als Vorwurf sieht und der Verwundbarkeit achtet.

How I survived my own thoughts – again and again

(Über-) Leben angesichts eines ableistischen Diskurses bezüglich Depression und Suizidalität

#CN #Depression #Suizidalität #sanism ganzer Text

Diesen Text über Suizidalität und Depression wollte ich schon eine ganze Weile niederschreiben. Er stellt kein Rezept zum Umgang mit diesem Thema dar, es sind einfach meine Erfahrungen und Beobachtungen bezüglich Depression und Suizidalität, die sich im Laufe meines Lebens summiert haben. Es ist ein Bericht darüber, was mir hilft und was mir nicht hilft mit Depression und zeitweiliger Suizidalität umzugehen und er behandelt den Ableismus im verbreiteten Diskurs über diese Themen, der mir immer wieder auffällt. Jedes Jahr gibt es einen #SuicideAwarenessDay, also einen Tag, der auf Suizidalität aufmerksam machen soll. Und jedes Jahr erlebe ich die Ratschläge, die dort gegeben werden, als äußerst triggernd. Es wird gesagt, eins solle die Hände nach Hilfe ausstrecken und ich muss daran denken, wie oft wir Menschen auf unterschiedliche Art und Weise unsere Hände ins Leere strecken und anstatt Unterstützung meist ableistische Reaktionen vorfinden, die uns noch mehr in die Nähe des Abgrundes schubsen. Diese Rhetorik, die eine Art Schuld(igkeit) dem suizidalen Individuum zu schiebt, macht mich dann jedes Mal sehr sauer. Und das wird es weiterhin tun, so lange diese awarenessdays nicht auch zur Auseinandersetzung mit Stigma führen, so lange nicht thematisiert wird, wie Stigmatisierung davon abhält, Suizidgedanken mitzuteilen. Es ist bis in die Gegenwart ein riesiges Tabu und das nicht ohne Grund. Solche „Aufklärungstage" ermutigen leider zu oft zu aktionistischen, meist unerwünschten Interventionen. Gespräche über die Befindlichkeit der betroffenen Person, die einem

Verhör gleichen, wenn mit der suizidalen Person wie mit einem Schuldigen gesprochen wird und dies obendrein aktionistische Interventionen ohne Konsens zur Folge hat, kann dies das Vertrauensverhältnis nachhaltig beschädigen. Um dies abzuwenden und auch um keine Belastung zu sein, muss die depressive Person den Nahmenschen beruhigen, trösten oder belügen. Ein weiterer Anstoß für diesen Text ist ein Essay von Jonathan Franzen über seinen verstorbenen Freund David Foster Wallace. Jonathan Franzens Text ist gespickt mit Pathologisierungen und Stereotypen bezüglich der Depression und des Suizids seines guten Freundes. Es hat Jahre gebraucht, diesen Text von ihm einigermaßen zu verarbeiten. Ich hoffe, ich bin jetzt soweit, darüber so zu schreiben, wie ich es möchte.

Das erste Mal, als ich sterben wollte,
war im Alter von 9 Jahren.
Das letzte Mal ist einige Jahre her.
Ich bin jetzt etwas über Mitte 40.

Ich habe meine eigenen Gedanken viele Male überlebt. Dadurch entstand bei mir der Eindruck, so ernst und wahrhaftig meine Verzweiflung in solchen Momenten auch ist, dass ich vielleicht alt oder sogar sehr alt werden kann trotz zeitweiliger Suizidalität, dass es da draußen Leute geben könnte, die auch Ihr ganzes Leben immer wieder mit Suizidalität zu tun haben, aber nicht an Ihr sterben. Bevor der Verharmlosungsvorwurf kommt: Ohne diese Hoffnung, machten da alle „Überlebenstipps" überhaupt einen Sinn? Ich dachte, es wäre einmal gut zu gucken, was mir persönlich geholfen hat mit Depression und Suizidalität zu leben und ebenfalls, was es mir erschwert.

Eine der Reaktionen gegenüber meinem ersten „Ausprobieren" mit 9 Jahren (ich wollte abschätzen, ob ich es durchziehen könnte, ich hatte gehört, wie Erwachsene über die Methode geredet hatten, die ein Mensch aus dem Ort angewandt hatte), war Ärger. Die erwachsene Person, die in mein Zimmer kam, guckte erst verständnislos, dann geschockt, am Ende ärgerlich und warf dann die Tür zu. Ich weinte. (Vielleicht hatte es vorher Streit gegeben, ich weiß es nicht mehr und eventuell wurde es deshalb anders kontextualisiert durch die erwachsene Person). War die Reaktion ein „Tu mir das nicht an!" oder ein Vorwurf des „Aufmerksamkeit-Heischen-Wollens"?

Zumindest war es ein klares „Tu's nicht!", eine Ablehnung dieser Tat, auch wenn es mich ganz alleine ließ.

Warum fragte die Person mich nicht:
"Willst Du wirklich sterben? Ist etwas passiert? Gibt es einen Grund, warum Du Dich schlecht fühlst? Kann ich etwas für Dich tun?"
Womöglich hätte ich dann darüber sprechen können, was ich unerträglich fand. Es war das Alter, in dem der sexualisierte abuse begonnen hatte, zudem hatte ich diese Rolle des kranken und besonderen Kindes, meine Feinfühligkeit war einzusetzen für andere, als Bringschuld sozusagen und ich dachte, andere wären besser ohne mich dran, zumindest mein kindliches Ich empfand das so damals. Aus dem, was für mich „zu viel" war, machte ich ein „ich bin zu viel".

Ich war allein damit. Das, worüber zu schweigen ist, wird nicht nur verbal vermittelt. Diese Gesichtsausdrücke der erwachsenen Person, die die Situation damals nicht wahrhaben wollte und ablehnte, hatten Bände gesprochen.

Die einzige Person, der ich zumindest andeuten konnte, dass ich mir Grenzen des Erträglichen vorstellen kann, war meine beste Freundin. Ich war dreizehn, als ich sagte: „Es muss irgendetwas besser werden, bis ich 16 bin. Sonst ist Schluss." Mit „es" meinte ich, die gehäuften Belastungen müssten sich reduzieren, sowohl die, die mich betrafen, als auch die Belastungen meines Umfelds. Was ich mit „Schluss“ meinte, musste ich nicht näher definieren, ich glaube, es war ihr klar. Sie hörte einfach zu. Sie sah mich an und wandte den Blick nicht ab. Auch das hat mir geholfen am Leben zu bleiben: ihr nicht verurteilender Blick auf mich.

Wann ich zuweilen suizidal bin:

- Wenn ich das Gefühl habe mit dem Rücken zur Wand zu stehen
- Wenn mir keine Handlungsoptionen zur Verfügung stehen
- Wenn ich zum Durchhalten sinnloser, quälender Situationen gezwungen bin, anstatt die Unterstützung zu bekommen, diese abzustellen oder zu mildern
- Wenn ich massive Gewalt erfahre
- Wenn alles zu viel wird und nichts als die schiere Erschöpfung bleibt
- Wenn ich Grund habe um meine ganz faktische Existenz zu fürchten, um mein finanzielles und somit körperliches Überleben.

Nicht jede akute depressive Phase geht mit Suizidgedanken einher. Manchmal ist es ein diffuses „Ich kann nicht mehr“, „Ich mag nicht mehr“, Erschöpfung, Ratlosigkeit oder ein anhaltendes Machtlosigkeitsgefühl. Als ich die Schule schmiss und diese Institution viele Monate am Stück nicht mehr besuchte, fiel ich in ein tiefes Loch. Ich sah dadurch auch meine Freund_innen nicht mehr täglich, wir konnten uns nicht mehr wie früher in der Schule für später verabreden, ich musste auf dem Festnetz anrufen und hoffen jemenschen zu erwischen. Dann kam der Umzug in die große, ferne Stadt, damit ich doch noch die Schule beenden konnte, einen guten Abschluss bekam. Als ich den in der Tasche hatte, gab es nichts als Leere und das Nachspüren des Verlusts. Ich lag oft bei Morgen- oder Abenddämmerung auf meinem Bett und dachte darüber nach, ob einer Person wirklich das Herz brechen kann. Wegen der Menschen, die Bedeutung haben und die fehlen, die eins vermisst, nicht wegen romantischen Gedöns in meinem Fall. Wenn das Herz brechen könnte oder irgendetwas anderes ähnliches physiologisches mit meinem Herzen aufgrund der immensen Traurigkeit/Trauer passieren würde, hätte sich das Thema, was tun damit, von selbst erledigt. Da ich mit meiner Mutter zusammenlebte waren die Jahre, in denen sie psychisch erkrankte, von Mitverantwortung geprägt. Ich war ihr gegenüber ableistisch auf eine Weise, wie ich es anderen Menschen gegenüber nicht gewesen bin. Mit anderen gab es keine Eltern-Kind-Verstrickungen und nicht das Gefühl von häufig vertauschten Rollen. Heute würde ich es trotzdem versuchen wollen und ich bin immer noch dabei, anders damit umzugehen. Sie ist eben nicht nur meine Mutter, sie ist ein eigenständiger Mensch, der unglaublich viel mitgemacht hat und sehr alleine damit war. Ein Mensch, der andere Hilfe benötigte und wünschte als ich mit meiner Depression. Unsere Depressionen und unsere Suizidalitäten sind unterschiedlich. Das gilt auch für unsere konkreten Diagnosen, in welcher Kombi die Depression auftritt. Ich musste einsehen, dass ich Vorurteile gegenüber Psychopharmaka hatte, die manchen Menschen das Leben retten, auch wenn sie mit unangenehmen Effekten einhergehen können, es gibt so viele unterschiedliche Antidepressiva, da ist es klar, dass der Suchprozess nach einem passenden, falls erwünscht, lange dauern kann. Dass wir über ihre Suizidalität sprachen, schien sie davon abzuhalten es zu tun und den Druck zu mindern. Als sie es fast zwei Dekaden später doch versuchte, hatte sie den Druck verspürt, dass sie es tun müsste für andere und war mitten in einer psychotischen Episode, wo viel Verzweiflung entsteht, weil die eigene erlebte Wirklichkeit sich überhaupt nicht deckt mit der von anderen beobachtbaren/nachvollziehbaren Realität. Das bedeutete eine immense Einsamkeit. Komorbiditäten, d.h., welche Krankheiten zusätzlich zur Depression auftreten, spielen eine große Rolle bei der Überlegung, wie coping Strategien aussehen können.

Ich habe selbst bittere Erfahrungen machen müssen, was den Umgang mit Suizidalität und Depression angeht. Ich beschreibe einen nicht geringen Teil davon in „How I met ableism and it never left me" in diesem Buch. Dass gerade nach der Gewalterfahrung in meinen Zwanzigern so wenig Verständnis herrschte für die Trauer um das Leben, das ich mir erst aufgebaut hatte, und welches mir danach aus den Händen glitt, trifft mich noch heute bis ins Mark. Die zynischen oder wütenden Kommentare, wie „Da ist ‚sie' ja und lebt noch", „Warum hast Du Angst den Weg allein nach Hause zu gehen, wenn Du eh sterben willst?" und der Klassiker „Warum tust Du mir das an?". Es gab obendrein die Vergleiche mit anderen, die es schafften trotz Depression positiv zu sein, wie die neue Freundin des besten Freundes, die mich beiseite nahm und zu mir meinte, eins dürfe Freund_innen nicht so belasten. Es war, als ginge ein großes Raunen durch den Raum: „Mika ist gar nicht so stark!", als hätte ich alle getäuscht und betrogen um etwas.

Direkt nach dem Überfall war das noch nicht so. Obwohl ich offensichtlich verstört war und unter täglichen Angstzuständen litt, hielten mich die meisten für stark. Nur weil mir etwas Schreckliches zugestoßen war und ich immer noch atmend vor ihnen stand. Naja, auch weil ich um dieses neue alte Leben kämpfte, ich wollte es zurückhaben, ich wollte nicht alles wieder verlieren. Ich versuchte mein „bestes" und zugleich „authentischstes" Selbst zu sein. Die Bemühungen der anderen sollten nicht umsonst sein. Und ich war weiterhin di_erjenige, mit de_r_m eins auch Schönes und Angenehmes erleben, Interessen teilen konnte. Es beruhigte tatsächlich ein wenig woanders zu schlafen, oder manchmal Begleitung auf einem späten Heimweg zu haben. Es gab mindestens genauso viele Menschen, die froh waren da etwas bewirken zu können, wie es Menschen gab, die meine posttraumatische Belastungsstörung pathologisierten. Aber dieses Credo „Ich setze einfach neue, gute Erfahrungen gegen die schlimmen", meine uralte coping Strategie, wirkte bei einem so extremen Lebensereignis nicht. Mein Körper erinnerte sich eigenmächtig, er vermittelte mir beständig, dass jederzeit alles passieren konnte und dass alles, was gut war, von einem Moment auf den anderen ein abruptes Ende finden könnte. Ich war zwar nicht gestorben, aber das alte neue Leben und mit ihm viele Möglichkeiten. Ich bemühte mich „ich zu sein, aber nicht nur schwer" und dabei trat, was eigentlich zum nachhaltigen Heilen, so gut es geht, beitragen konnte, in den Hintergrund. Die Enttäuschung der Menschen um mich herum trat erst ein, als ich nicht mehr konnte, als ich buchstäblich dieses mika nicht mehr ausreichend performen konnte, welches sie so schätzten.

Eine Mitbewohnerin einer Freundin, bei der ich übernachtete, meinte, ich sei so stark. Das war am Anfang. Am Ende standen die Telefonate und Briefe von Freund_innen, die mir die Freund_innenschaft kündigten, weil ich zu depressiv war.

Um ehrlich zu sein: Stark und schwach, diese Begriffe sagen mir gar nichts mehr. Eins tut auch selten Gutes damit, Menschen in diese dichotomen Kategorien einzuteilen.

Die Enttäuschung schwappte über mein Umfeld hinweg, kein Wunder, denn es sprach sich schnell herum, das Narrativ über meine Suizidalität gehörte nicht mehr mir. Es wurde sogar Gegenstand eines Seminars. Bis heute weiß ich nicht, wie so etwas okay gewesen sein soll. Die Person, die mit Studierenden und dem Prof darüber sprach, um sich die Belastung von der Seele zu reden und Rat einzuholen, war keine nahe Person. Sie war eine Mitbewohnerin einer Freundin, die einmal ans Telefon ging, als meine Mom dort anrief und eigentlich meine Freundin erreichen wollte, denn sie machte sich Sorgen um mich. Wegen dieser Sorge bat sie die Mitbewohnerin der Freundin bei mir vorbei zu schauen, was diese an einem frühen Sonntagmorgen tat, mit einer weiteren Person, die auch mit mir studierte. Ich öffnete die Tür lachend, denn eine Freundin von mir war zu Besuch, es mag einer der ersten unbeschwerteren Morgen seit langem gewesen sein, wir hatten über etwas lachen müssen und ich konnte nicht aufhören, bis ich diese entsetzten Gesichter vor meiner Tür sah. Die beiden waren anschließend sehr wütend. Aber davon erfuhr ich erst viel später. Um nichts in der Welt hätte ich die beiden freiwillig in mein Leben involviert. Für mich selbst fühlte sich das wie ein Übergriff an, was meine Mom da gemacht hatte. Sie konnte nicht jedes Mal, wenn sie sich jetzt Sorgen machte, jemenschen losschicken und mich überwachen lassen. Ich bekam dann nach dem Seminargespräch noch einen Anruf, in dem die unfreiwillig involvierte Person mir ihre Emotionen mitteilte. So leid wie mir das tat, aber ich hatte sie nicht involviert, sondern meine Mutter.

Manchmal bereute ich am Leben geblieben zu sein. Es herrschte in solchen Momenten so ein übermäßiges Gefühl von „was mir erspart geblieben wäre" vor. Aber ich war diesen „Pakt" eingegangen, es nicht zu tun. Mein bester Freund hatte an dem Abend, der als mein letzter geplant gewesen war, diesen Satz gesagt, der es erst einmal verunmöglichte. „Ich weiß nicht, wie ich dann damit weiter leben soll, ich weiß nicht, wie mein Leben dann weiter geht." Eine viel zu hohe Forderung für einen Menschen weiter zu leben und doch auch valide zu sagen: „Dein Tod hätte Auswirkungen auf mein Leben." Ich wusste, dass diese Freund_innenschaft unter dieser Forderung erst recht zerbrechen würde, aber ich fand, bei allem, was wir geteilt hatten, hatte er es am wenigsten „verdient" von so etwas umgeworfen zu werden.

Ich dachte da an unsere Zeit schon in der Vergangenheitsform, ich ahnte, dass nichts ihn vorbereitet hatte solche Belastungen mitzutragen. Ich erinnerte mich, wie wir uns an den Abenden trafen daheim. Bei der Person, bei der als Erstes Licht brannte, wurde geklopft und dann Tee aufgesetzt, wir saßen uns gegenüber und erzählten vom Tag, die Augen lächelten, bereit die Anekdote oder auch mal den Aufreger des Tages zu hören. Ich war zu Hause. Das erste und einzige Mal in meinem Leben, dieses „zu Hause sein"-Gefühl hatte es zuvor nicht gegeben. Ich konnte diese Dinge, Bücher, Filme, Gedanken, Freude an Auseinandersetzung mit Wissen, die mich in den einsamen Jahren am Leben gehalten hatten, mit jemenschen teilen. Wir streiften herum und entdeckten zusammen die Umgebung. Wir gingen auch zusammen mit anderen unter viele Menschen und ihn machte es anfangs verlegen, dass einige dachten, wir wären ein Paar. Irgendwann fand er sich damit ab, dass andere uns diese „Verschworenheit" andichteten, die es wohl tatsächlich gegeben hatte, die aber keine Absicht war. Eine Freundin meinte, sie wisse oft nichts zu unseren Gesprächen zu sagen, nicht weil sie sich bewusst ausgeschlossen fühlte, sondern weil es Gespräche seien, die immer schon so viel Vorlauf hatten und die wie ein einziges fortgesetztes Gespräch wirkten. Wir versuchten beide, das nicht so wirken zu lassen und ein „was bisher geschah" zu liefern, damit jemensch an dem Gespräch teilhaben konnte.

- „Du kennst aber viele Menschen!"

- „Nee, Du bist es, der so viele Menschen kennt."

Lachen

Ich hatte gelernt, mir die Fähigkeit temporär glücklich oder zufrieden sein zu können nicht mehr länger abzusprechen. Waren meine Bedingungen gut, war ich nur latent depressiv. Mal ein bisschen Glück machte mich nicht oberflächlich. Ich durfte das haben. All das waren Gefühle, die mir diese Freund_innenschaft vermittelten, bis auch sie aus dem Gleichgewicht geriet.

„Ich (er-)kenne Dich nicht mehr." Das schien dieser Blick zu sagen, der durch mich hindurch ging, als er die WG-Küche betrat. Es war ein bemühter Blick, dennoch tat er weh. Er ging vom selben Menschen aus, der bei einer Lesung spürte, wie ich plötzlich ganz starr vor Angst wurde, er drehte den Kopf und fragte: "Sollen wir rausgehen?" Wie hatte er diese Veränderung mitbekommen, er hatte doch wie ich nach vorne geschaut? Ich weiß aus eigener Erfahrung, dass ein Gefühlsvorrat für eine Person bei dauernder Überforderung irgendwann erschöpft sein kann. Bei ihm ging das relativ schnell, obwohl er mich so gut gekannt hatte. Er kam mit der veränderten Version nicht klar, vermutlich auch nicht mit dem overload an Gefühlen, die das erzeugte. Das wollte er nicht mehr. Dazu wählte er später auch den Weg mich zu verletzen, damit der gewünschte Abstand sich einstellte. Diese Interpretation bestätigte sich eines Tages, weil ein gemeinsamer Freund mir nach Jahren erzählte, wie sich der ehemalige beste Freund laut eigener Aussage gefühlt und verhalten hatte.

Eine befreundete Person rief mich an. Sie war suizidal. Wir saßen uns Minuten später in ihrer Wohnung an einem Tisch gegenüber. Sie sagte: „Ich weiß, dass ich Dir das sagen kann, dass Du mir nicht sagen wirst ‚Mach keine Dummheiten' oder ‚Reiß Dich zusammen' oder ähnliches." Ich fand es nicht schwer ihr zuzuhören. Dass sie darüber redete, anstatt in einem „Keine_r versteht mich" allein zu bleiben, verursachte gerade kein Gefühl von Machtlosigkeit. Ich weiß, dass mein Einfluss begrenzt ist, dass letztendlich die andere Person verantwortlich ist für ihr Leben. Das gar nichts, nicht mal mein eigenes Leben völlig unter Kontrolle ist. Aber das mir entgegen gebrachte Vertrauen flößte mir Hoffnung ein und Kraft da zu sein. Anders kann ich es nicht ausdrücken. Ich konnte die Überforderung der Rolle, zu der sie erzogen worden war, ein wenig nachvollziehen. Es ist schwer zu verweigern diese weiter auszufüllen, es sei denn, eins kann es gar nicht mehr. Ich sagte ihr, das einzige, was mir hilft, ist mir dieses nicht mehr können zu erlauben, mir diese Geduld mit mir, die ich sonst eher mit anderen habe, zu erlauben. Den Rest Energie verwende ich dann nur für das Abwarten, das Warten auf den ersten Tag, wo sich etwas graduell und allmählich besser anfühlt, weil das in der Regel passiert, dass ich irgendwann auch etwas anderes als die Verzweiflung spüre. Wenn genug Kraft da ist, müssen so viel wie möglich von den Belastungen abgestellt werden, das heißt vermutlich auch anderen Erwartungen zu verweigern, Aufgaben zu delegieren, hier und da Hilfe in Anspruch zu nehmen. Das alles ist natürlich schwer wegen möglicher Sanktionen des Umfelds. An erster Stelle steht das sich Zeit und Raum geben. Ich hatte den Eindruck, das darüber sprechen habe den immensen Druck verringert, auch wenn ich nicht weiß, ob meine coping Strategien auch für sie passten. Aber sie mitzuteilen hilft vielleicht auch der anderen Person herauszufinden, was ihr hilft, wenn meine coping Strategien keine Option, nicht für sie umsetzbar sind.

Freund_innenschaft ist der stärkste Halt in meinem Leben. Allerdings auch das, was mich stärker als alles andere umhauen kann, wenn sie zerbricht. Freund_innenschaft ist aber auch ein Risiko, denn sie ist kein diskriminierungsfreier Ort, die Verletzungen dort gehen tiefer als die von zufälligen Menschen.

In der psychosomatischen Klinik, in der mich die institutionelle Gleichgültigkeit mit voller Wucht traf, wurde mir geraten mehr small talk zu machen, mich von „destruktiven" Menschen in der Klinik fern zu halten und mich weniger mit intellektuellen Inhalten zu beschäftigen. Dann wäre ich weniger belastet. Was waren das für Ratschläge, bitte schön? Eine Vorgesprächstherapeutin meinte Monate später auch: „An ihrer Stelle würde ich mich nicht politisch engagieren." Als ob Nichtauseinandersetzung schon mal die Lebensbedingungen und die Welt verändert hätten, als ob alles, was Bedeutung hat, vermieden werden muss. Als sei das Gefühl von „alles ist bedeutungslos/sinnlos" nicht auch gefährlich unter Umständen. Als ich die Klinik vorzeitig verlassen wollte, gab es dieses Angebot, ich könne eine Klinikzeitung redaktionell betreuen, da könnte dann die Patient_innenkritik hinein? In welchem Universum machte das bitte Sinn, dass ich ein gnädiges Angebot, Kritik äußern zu dürfen, annehmen würde, wenn ich ohne diese Umgebung gar nicht diese Kritik an Zumutungen dort äußern müsste? Es war so absurd. Ich sagte, dafür habe ich keine Energie. Ich war gekommen, um so gut es geht zu heilen und nicht mich an Missständen vor Ort abzuarbeiten. Ich hatte über

Wochen den Ableismus vor Ort kritisiert, ohne das Wort für diese Diskriminierung zu kennen. Ich käme ihm sehr gefährdet vor, sagte der Oberarzt. Derselbe Oberarzt, der noch einige Zeit zuvor gefragt hat, warum ich solche Angst habe, das, was mir passiert sei, könne ihm auch passieren, und damit unglaubliche Ignoranz bewiesen hatte. Denn a) war es ihm nicht passiert, für ihn war es bloß eine theoretische Vorstellung und b) ist es nicht seinem Körper widerfahren, der sich endlos daran erinnern kann. Außerdem gender und Betroffenheiten und ach, wo hätte ich anfangen sollen?

Für die meisten Mitpatient_innen war ich nicht wirklich depressiv. Ich hatte ja Interessen, ich engagierte mich, ich hatte Wut. Und ich hatte ja Freund_innen.

„(Sehr langes Schweigen)
-Aber sie haben doch Freunde.
(Langes Schweigen)
Sie haben sehr viele Freunde.
Was geben Sie Ihren Freunden, dass sie so hilfsbereit sind?
(Langes Schweigen)
Was geben Sie Ihren Freunden, dass sie so hilfsbereit sind?
Was geben Sie?
(Schweigen)
(....)“ [123]

An diese Eingangssätze muss ich immer denken, wenn Menschen mir sagen: „Aber Du hast doch Freund_innen!“ Auch der Satz mit dem „Geben“ klingt irgendwie infam. Gebe ich so viel, um etwas zu bekommen? Um

---

123 Kane, Sarah (2002): 4,48 Psychose. In: Sämtliche Stücke. Reinbek bei Hamburg: Rowohlt, S. 213.

Freund_innenschaft und Solidarität zu bekommen? Muss geben und nehmen tatsächlich aufgerechnet werden? Lässt sich das Gegebene überhaupt miteinander vergleichen und in eine Währung ummünzen? Ist Freund_innenschaft auch nur eine Ökonomie? Was, wenn das, was ich zu geben habe, über_fordert? Nicht das Gebrauchte ist? Haben Menschen mit wenigen Freund_innen es weniger „verdient", also weniger gegeben? Alles an diesen Sätzen macht mich wütend, weil sie so treffend den herrschenden Diskurs wiedergeben, und ich erkenne so viel falsches Denken in ihnen wieder. Sarah Kane, der Autorin des Stückes, die sich später das Leben nahm, wurde vermutlich oft gesagt, sie habe Talent, Freunde, warum wolle oder könne sie da nicht mehr? Der Wunsch zu sterben lässt sich genauso wenig auf „Gründe" (ich nenne sie lieber Motive) reduzieren, wie der Wunsch zu leben sich allein auf „Gründe" reduzieren lässt.

Als eine befreundete Person das Essay „Farther away" von Jonathan Franzen[124] erwähnt, in dem der Autor unter anderem über den Suizid seines Freundes David Foster Wallace schreibt und über seine Trauer über diesen Tod, nehme ich mir vor diesen zu lesen. Es fängt an mit der Schilderung einer chilenischen Insel namens Masafuera, übersetzt „farther away" (weiter weg), von der Jonathan Franzen gehört hat und die später nach einem „Abenteu-

---

124 Franzen, Jonathan (2011): Farther away. "Robinson Crusoe," David Foster Wallace, and the island of solitude. In: The New Yorker, Ausgabe vom 18.04.2011. Online unter: https://www.newyorker.com/magazine/2011/04/18/farther-away-jonathan-franzen (Zugriff: 15.05.2018). Da mir nun auch die deutschsprachige Übersetzung in Buchform vorliegt, werde ich ein paar Seitenangaben zur Orientierung einfügen, die sich auf diese Ausgabe beziehen: Franzen, Jonathan (2013): Weiter weg. In: Weiter weg, Reinbek bei Hamburg: Rowohlt Verlag, S. 24-69.

rer“, Alexander Selkirk, umbenannt wurde, der wiederum Daniel Defoe zu seinem Roman „Robinson Crusoe“ inspiriert haben mag. Alle diese Erörterungen interessieren mich wenig, ich finde sie nicht so spannend, es geht auch weniger darum, etwas spannend zu finden, ich lese diesen Text halt aus einem bestimmten Grund: Es wird zu wenig über Suizid und Trauer geschrieben, ich bin jetzt bereit, darüber aus der Perspektive eines Menschen zu lesen, der mit dieser Leerstelle zurückbleibt, die ich noch nicht erleben musste, obwohl ich viele depressive Menschen kenne, von denen einige schon mal suizidal waren. Ich bin jetzt bereit für diese Auseinandersetzung, denke ich. Und nach ein paar weiteren Paragraphen reicht mir der der Autor scheinbar endlich das Eintrittsticket[125], indem er schreibt, dass er zu dieser Insel fahren will und dass er eine Weile „weiter weg“ allein sein muss, auch um zu sehen, ob er zwei Jahre nach dem Tod seines Freundes etwas anderes fühlen kann als flüchtigen Kummer und anhaltenden Zorn. Im Gepäck hat er einen Teil der Asche seines Freundes, die ihm David Foster Wallaces Ehefrau, Karen Green, anvertraut hat, weil sie den Gedanken mag, dass David auf einer weit entfernten Insel zur Ruhe kommen könnte.

Jonathan Franzen schreibt dann aber erst einmal über die Insel, über Heimweh als Jugendlicher, als er endlich

---

125 Amos Oz betrachtet in seinem Essay „Aber was war denn eigentlich vor dem Urknall?“ den Anfang einer Geschichte oder eines Textes als den Abschnitt, in dem di_er Leser_in mit de_r_m Autor_in einen (Geheim-)Vertrag abschließt, je nachdem, ob diese Zeilen etwas verheißen/versprechen. Leider kommt es auch dort zu Vertragsbrüchen. Deshalb schreibe ich anlehnend an jenes Essay davon, dass mir scheinbar ein Eintrittsticket überreicht wird. Oz, Amos (1997): So fangen die Geschichten an. Frankfurt am Main: Suhrkamp, S. 13.

einmal fort von daheim war wie sein großer Bruder, über Robinson, Abenteuer und Überleben[126]. Ich langweile mich ein wenig, ich kann mich nicht mit Robinson identifizieren, all diese Entdeckernarrative über „Wildnis und Überleben in ihr" sind so klassisch *weiß*-männlich. Auch, dass das Überleben für die einen ein Abenteuer darstellt, während es für andere eine zu große Anstrengung wird, daran muss ich denken. Das bloße Überleben flößt mir irgendwie keinen Respekt ein. Ein wenig Selbstironie fehlt nicht, als Jonathan Franzen die sogenannte Schutzhütte bezieht, die mit allem Überlebenswichtigen ausgestattet ist und wo er auf einer Schaumstoffmatratze nächtigen kann. Es geht weiter mit der Geburt des Genres Roman und um Überleben als Leistung, mit der Identifikation de_r_s Leser_in mit Robinson, wie in anderen Literaturkontexten auch frage sich di_er Leser_in: Was würde ich tun? Langsam werde ich ungeduldig und ärgerlich und will mein Geld zurück, aber halt, es ging ja nur um ein Versprechen, wovon dieser Text angeblich handeln soll.

Als Jonathan Franzen beginnt[127] über David Foster Wallace zu schreiben, eröffnet er mit einer Szene am Strand in Kalifornien, wo er eine Vogelspezies beobachtet und bewundert, und als er seinem Freund diese Schönheit zeigen will, murmelt dieser nur höflich: „Ja, sie sind hübsch." Er fährt fort zu betonen, wie sehr ihn das traurig machte, dass David Foster Wallace keinen Blick und auch keine Freude an den Kolibris in seinem Patio hatte, während ihm der Anblick eine Pause von seinem bewältigbaren Unbehagen erlaubte. Mir klingt das schon zu sehr nach einer mangelnden Qualität, nach dem Messen und Vergleichen von Empfindsamkeit.

126 Franzen (2013): S. 24-50.

127 Ebd. S. 51.

Aber dann kommen stigmatisierende Stereotype, auf die ich in der Anzahl nicht vorbereitet bin.

Er betont, dass sein Freund krank gewesen sei und verengt die Geschichte ihrer Freundschaft auf diesen Fakt, darauf, dass er einen Menschen liebte, der psychisch krank war. Obwohl er diesen Fakt zum einen betont, bleibt der Vorwurf nicht aus, dass David Foster Wallace diesen Tod kalkuliert, auf eine bestimmte Weise gewählt habe, um den Menschen, die ihn liebten und die er liebte, den größtmöglichen Schmerz zuzufügen. Ich schnappe jetzt schon nach Luft. Und dass er die betrogen habe, die das Versagen ihrer investierten Liebe zu beklagen haben und erleben müssen, wie die geliebte Person hinweggenommen und zu einer öffentlichen Legende stilisiert wird. Franzen kritisiert, wie der verstorbene Freund „als große und freundliche Seele" beschrieben wird, und ich verstehe noch nicht, wo das Problem ist, bis es darum geht, dass der Verstorbene wie ein Heiliger, wie ein großartiger hellsichtiger Künstler eingestuft wird, der die Bewunderung von Fremden der Liebe seiner Nahmenschen vorgezogen hätte[128].

Ich muss den Text einen Moment zur Seite legen. Ich komme doch nicht umhin den Text innerlich aus meiner Warte zu kommentieren, kann mich nicht von meiner gelebten Erfahrung, meinen Beobachtungen, meinem Wissen lösen, ich erkenne Tropen in diesen Zeilen wieder, vor denen ich mich so fürchte. Ich will die Form der Trauer nicht policen, sondern auf ableistische Stereotype in diesem Text aufmerksam machen. Ich muss Luft holen.

Es gibt manchmal diese Erleichterung bei einigen depressiven Menschen, wenn das Umfeld die Depression als Krankheit begreift, begreift, dass nicht alles unter Kon-

128 Franzen (2013): S. 52.

trolle zu bringen und eine Frage des Willens ist. Nur die Reduktion auf die Krankheit würde mich persönlich genauso unglücklich machen, also wenn meine gesamte Persönlichkeit mit ihr erklärt würde. Denn dann ist Pathologisierung/Psychologisierung nicht weit. Andererseits vermittelt das Umfeld manchmal auch: Ich ignoriere Dein psychisches Befinden, weil ich Dich nicht darauf reduzieren will. Ich sehe Dich, nicht die Krankheit. Das wiederum verhindert ein Erkennen der nicht teilbaren Realität.

Die Depression ist ein Teil von mir, sie ist nicht alles, was ich bin, aber sie hat entscheidenden Einfluss auf mein Leben. Sie ist nicht: Nicht-Ich. Auch das bin ich. Und da können andere noch so sehr das „Gute" an mir ins Töpfchen, „das Schlechte" an mir ins Kröpfchen tun wollen, ich werde mich nicht aufspalten können in diese binären Bestandteile. Auch das Paradox, dass Menschen Depression als Krankheit begreifen, aber der suizidalen Person Egoismus/Feigheit/verletzen wollen vorwerfen, ist verbreitet. Beides kann der suizidalen Person sehr schaden: Ist eins bloß krank, dann ruft es den Paternalismus anderer auf den Plan, die Selbstbestimmung der kranken Person steht dabei auf dem Spiel. Von der Richtigkeit der eigenen Wahrnehmung bis zur gesamten Urteilsfähigkeit werden Fähigkeiten der kranken Person angezweifelt. Menschen, die glauben, jemensch habe den einfachsten Weg gewählt und sich durch den Suizid aller Verantwortung entzogen, wissen nicht, wie viele Male eine Person zuvor „geblieben" ist, weil dieses Gebot „Tu mir das nicht an!" sehr stark wirkt. Auch die Zuneigung zu Menschen ist etwas sehr Mächtiges, nur ist sie eben nicht unbelastend, wenn es eins teils in Richtung Leben zieht, während alles Mögliche andere gen Tod zieht, es ist eine unglaubliche Zerrissenheit für das Individuum, ein Zustand, der sehr schwer ertragbar ist. Ich glaube, dass es den wenigsten Menschen darum geht, den größtmöglichen Schmerz zuzufügen. Und was den Egoismus betrifft: Was ist das für eine Erwartung, dass Menschen, die sich quälen, eins zu Liebe am Leben bleiben sollen und nicht für sich selber im Zuge konkreter Verbesserungen? Was ist das für ein entitlement, warum schulden suizidale Individuen ihrem Umfeld ihr Leben, ist das diese Bringschuld, muss das Investment in Menschen „wie mich" sich lohnen? Dass Liebe nicht alles vermag, ist eine der frühesten Lektionen, die ich lernen musste. Das Gewünschte nicht bewirken zu können ist ein unfassbarer Schmerz, das glaube ich jede_r_m sofort.

Karen Green, die mit David Foster Wallace verheiratet war, sagt, Wut ist nach dem Ereignis des Suizids einer nahen Person selbstverständlich. Vielleicht eher die Wut auf die Krankheit als auf die Person. Als ich dies in einem Interview[129] mit Karen Green lese, wird mir klar, wie sehr die Trauer, die wir fühlen, von unserer Position zu einer Person und der damit verbundenen Perspektive auf die Person mitbestimmt wird. Ein sich im Stich gelassen fühlen, sich betrogen fühlen, falls die verstorbene Person über ihre Verfassung gelogen hat, all das sind sehr nachvollziehbare Reaktionen. Suizidale Menschen lügen manchmal über ihre Verfassung, weil das Umfeld es meist nicht ertragen kann, davon zu hören, aber auch aus Angst vor Fremdbestimmung und ableistischem Stigma. Das, was mich noch mehr quälen würde als der temporäre Todeswunsch und meine Motive für ihn, ist Fremdbestimmung, dieses „Bleib am Leben, no matter what, halte durch, auch wenn nichts besser wird." Wir lügen oft sogar

---

129 Adams, Tim (2010): Karen Green: 'David Foster Wallace's suicide turned him into a "celebrity writer dude", which would have made him wince'. Interview in The Guardian. Online unter: https://www.theguardian.com/books/2011/apr/10/karen-green-david-foster-wallace-interview (Zugriff 15.05.2018).

in dieser Hinsicht unsere Therapeut_innen an, das ist eine traurige Wahrheit, weil das psychiatrische System nicht immer hilfreich ist, sondern auch den Anpassungsdruck und Normalisierungsdruck erhöht. Ich ertrage es nicht zu etwas gezwungen zu werden. Ich bin also eine Person, die anderen maximalen Schmerz hinzufügen kann, weil ich keinen Zwang ertrage. Mir wäre es nicht egal, dass es andere traumatisieren könnte, wenn ich es einmal nicht mehr schaffe meine Gedanken zu überleben, meine Realität auszuhalten. Aber es gibt keinen „rücksichtsvollen" Suizid, irgendwer wird immer damit konfrontiert, sei es zu Haus, sei es draußen. Suizidale Menschen machen sich in der Regel viel Gedanken darüber, über die Methode, vor allem, wenn eins berücksichtigt, wer eins finden wird und gleichzeitig geht es darum, den möglich effektivsten oder zugänglichsten Weg zu finden, dem Druck ein für alle Mal zu entkommen. Diese verschiedenen Überlegungen sind nicht unter einen Hut zu bringen. Wir denken über Zeitfenster und „sichere" Methoden nach, das ist insofern die Kalkulation, aber wir scheitern mit der Unvereinbarkeit, was Rücksichtnahme auf andere dabei betrifft. Diese potentielle Schuld kann am Leben halten, sie ersetzt aber nicht Lebenswillen, nicht das Leben, das wir brauchen, ersetzt nicht die benötigten Veränderungen, schafft keine andere Realität. Es muss doch bessere „Gründe" geben zu leben, als wegen des Drucks der potentiellen Schuld.

Während ich den Text lese, rebelliert es also in mir sehr wortreich. Die kritisierte „Heiligsprechung" hat der suizidale Autor vermutlich gar nicht planen können, auch diese Dinge sind außerhalb der eigenen Kontrolle, besonders wenn eins nicht mehr Einspruch erheben kann. Eins hat auch nicht viel von dem, was eins nach dem eigenen Tod nicht mehr erleben und wahrnehmen kann, das ist den meisten Menschen klar. Schon 1996 nannten einige Medien David Foster Wallace ein „Genie". Das Leben nahm sich der Autor im Jahre 2008. Er hatte Schwierigkeiten seinen letzten Roman zu beenden, aber sein Ansehen war nicht gesunken. Ich bin selber kein Fan irgendeine_s _r Autor_in, ich setze Schreiben und Leben nicht 1:1 gleich, keine Idole zu haben bewahrt mich vor großen Enttäuschungen. Aber was ich weiß, ist: Dieser Autor hatte einen ganz eigenen Stil, etwas, das mit der Zeit brach und ihr dennoch entsprach und dafür meinen Respekt. Niemals würde ich daraus einen makellosen Charakter ableiten. Meine Parteilichkeit entsteht da, wo er pathologisiert wird, weil er sich das Leben nahm, wo selbst sein Schreiben teils psycho-/pathologisiert wird, nicht durch irgendjemenschen, sondern durch einen Freund. An der Stelle, an der Franzen behauptet, der Suizid sollte seinem Freund einen Karrierevorteil versprechen, schüttele ich noch wütender den Kopf. Wozu, wenn er diesen nicht mehr genießen könnte, wozu, wenn er schon diesen Status des außergewöhnlichen Autors hatte. Der sogenannte „brüderliche" Wettbewerb zwischen den beiden, von dem Franzen gesprochen hatte, geht der über den Tod hinaus? Der Text gleicht einer Abrechnung.

Die Abwesenheit „gewöhnlicher Liebe"[130] im fiktionalen Universum des verstorbenen Freundes veranlasst Franzen davon zu sprechen, wie die Figuren nur liebend erscheinen wollen und dabei ihr Selbstinteresse maskieren. Dass sich die Leser_innen so erkannt, getröstet und geliebt fühlen, ist etwas, das Franzen am meisten „curious" findet und er erklärt sich das dadurch, dass die empfänglichsten Leser_innen vertraut sind mit den sozialen und spirituell isolierenden Effekten von Abhängigkeiten, Zwangsverhalten oder Depression. Das mag sein, dennoch klingt auch hier der Text so, als sei diese „Stärke" des Schreibens auf „Schwächen" zurückzuführen. Und es folgt der Satz:

---

130 Franzen (2013): S. 53.

„Auf der Inhaltsebene gab er uns sein Schlechtestes: Mit einem Ausmaß an Selbstzerfleischung, das den Vergleich mit Kafka und Kierkegaard und Dostojewski verdient, legte er die Extreme seines Narzissmus, seiner Misogynie, seiner Zwanghaftigkeit, seines Selbstbetrugs, seines entmenschten Moralisierens und Theologisierens, seines Zweifels an der Möglichkeit der Liebe und seine Verstrickung in eine Fußnote-zur-Fußnote-Selbstbewusstheit bloß."[131]

Um uns zu beweisen, dass David Foster Wallace auch bullshit reden konnte und kein Heiliger war, werden zwei Begebenheiten erzählt, das Zeichnen von einem Penis als Widmung in das Buchexemplar, dass er Jonathan Franzen schenkte und der Ausspruch „X sei der Inbegriff der Weiblichkeit" in der Anwesenheit seiner Freundin über die Freundin einer anderen Person[132]. Was mir nicht klar wird: Warum Jonathan Franzen davon ausgeht, eins wolle dies nicht wahrhaben, dass die verstorbene befreundete Person nicht nur toll war, sondern auch problematisch. Ist doch nur ein perfekter Mensch und Heiliger betrauerbar? Und zugleich ist es (zu Recht) kritikabel und romantisierend, wenn eine Seele als zu gut/empfindsam für diese Welt dargestellt wird? Jonathan Franzen hat weitaus mehr antifeministische Positionen öffentlich verlautbaren lassen und ist nicht umsonst ein twitter meme geworden, ist es eine Ungerechtigkeit, dass die Mängel seines verstorbenen Freundes für die Öffentlichkeit weniger ins Gewicht fallen, scheint dieser zu Unrecht so viel Anerkennung und Bewunderung bekommen zu haben? Da der Text permanent nach unheilschwangerem Geheimnis klingt, rechne ich mit dem Schlimmsten. Es wäre völlig verständlich für mich, wenn jemensch nach dem Tod ein

---

131 Ebd. S. 53-54.

132 Ebd. S. 54.

belastendes Geheimnis preisgeben will und nicht länger schweigen und damit allein sein will, sein kann, aber was kommt, ist oft nur Pathologisierung und mir graut immer mehr davor, dass irgendwer jemals so von mir und anderen suizidalen Personen sprechen könnte, im Namen der Trauer und der Freund_innenschaft.

Es folgen die üblichen Stereotype, dass der Verstorbene nicht wahrnehmen konnte, wie sehr er geliebt wurde[133] und nicht daran geglaubt hätte liebenswert zu sein und, um dieses zu untermauern, den gemeinsten Weg gewählt hätte, der die größtmögliche Verletzung bewirkt, und so nachträglich die über sich selbst verhängte „Todesstrafe" rechtfertigen wollen würde. Franzen benutzt sehr oft das Wort „hideous" (fies) in diesem Text, das nicht zufällig auch im Titel eines der bekanntesten Bücher von David Foster Wallace vorkommt, nämlich "Brief Interviews with Hideous Men" (Kurze Interviews mit fiesen Männern).

Obwohl bekannt ist, dass Nardil, das Medikament, das David Foster Wallace aus verschiedenen Gründen abgesetzt hatte, Nebenwirkungen bei langfristiger Anwendung zeitigen kann, wird auch das Absetzen dieses Medikaments pathologisiert. David Foster Wallace hatte dank Antidepressiva lange produktiv sein können, plötzlich ließ aber genau das nach und obendrein zeigten sich Nebenwirkungen. Ein Arzt riet zum Absetzen des Medikaments. Jede_r, bei de_m_r mal ein Medikament lange gewirkt hat und plötzlich nicht mehr, wird die Angst nachvollziehen können, die damit einhergeht, das alte wirkt nicht mehr, ein neues Medikament zu finden, heißt oft über Monate oder Jahre trial and error. David Foster Wallace hatte anscheinend keine Geduld mehr zu warten bis zum Finden

---

133 „Wir, die wir nicht uns nicht so pathologisch weit draußen im Spektrum der Selbstverstrickung befanden…" Franzen (2013): S. 55.

von letzterem, für dieses Ausprobieren. Die Verzweiflung darüber, sowohl mit Nardil als auch ohne Nardil nicht schreiben zu können, mag groß gewesen sein. Franzen behauptet aber, dass Foster diese Gelegenheit ergriff, um seinen suizidalen Plan umzusetzen[134]. Natürlich spüre ich den Impuls in mir zu verteidigen, Möglichkeiten durchzugehen, was einer Person durch den Kopf gehen mag, die an so einem Punkt anlangt. Es ist nicht meine Erfahrung, ich kann nur spekulieren, aber zu Gunsten der Person, ich kann versuchen es mir vorzustellen, es geht weniger um ein „Verstehen", welches oft als Rechtfertigung gelesen wird, sondern um ein Durchgehen der eigenen Erlebnisse und der geschilderten Erlebnisse anderer in meinem Leben. Wir sind so schnell mit dem judgen, was wir als „Grund" gelten lassen, ich möchte lieber von möglichen Motiven sprechen. Am vertrautesten ist mir das „Nicht mehr können", wo es auch wenig hilft, wenn andere eins zurufen: „Doch, Du kannst noch, Du musst, reiß Dich zusammen!". Vertraut ist mir eine Situation, die unerträglich ist und nicht zu enden scheint, aus der es kein vorzeitiges Entrinnen gibt, es sei denn eins benutzt die scheinbar einzige Tür da raus, über der das Wort „exit" leuchtet. Was wir in der Fiktion oder bei uns nicht nahestehenden Menschen als „Gründe" gelten lassen, ist deswegen noch lange nicht akzeptabel, wenn eine nahe Person dieselben Motive hat. Mit „Gründen/Nichtgründen" gegen eine Realität zu argumentieren ist eine Sackgasse: Es gibt den Schmerz, wenn etwas grundlos geschieht und keinen Sinn macht, genauso wie es nicht weniger schmerzt, wenn es einen Grund zu geben scheint und eins diesem machtlos gegenüberstand als Zeug_in einer suizidalen Person. Dann existiert auch noch Schmerz, wenn es anderen nachvollziehbar erscheint, aber eins sich aus der eigenen

134 Ebd. S. 59.

Position und Empfinden heraus gegen jedes Verstehen der Tat wehren muss. Es ist in jedem Fall ein unausweichlicher Schmerz und es gibt verschiedene Wege mit ihm umzugehen.

David Foster Wallace beschreibt in „Infinite Jest" (Unendlicher Spaß) sehr eindrücklich „die psychotische Depression" und eine bestimmte Form der Suizidalität und da ich das Bild so stark finde, zitiere ich eine ganze Passage diesbezüglich:

„Der sogenannte psychotisch Depressive, der an Suizid denkt, tut dies nicht aus Zitat >Hoffnungslosigkeit< oder der abstrakten Überlegung heraus, dass sich Soll und Haben des Lebens nicht mehr ausgleichen. Und schon gar nicht, weil der Tod plötzlich reizvoll erscheint. Die Frau, in der *Seine* unsichtbare Höllenqual ein bestimmtes unerträgliches Niveau erreicht, bringt sich aus demselben Grund um, aus dem ein eingeschlossener Mensch am Ende aus dem Fenster eines brennenden Wolkenkratzers springt. Keine voreiligen Schlüsse über Menschen, die aus den Fenstern brennender Hochhäuser springen. Ihre Angst vor dem Sturz aus großer Höhe ist noch genauso groß, wie sie es für Sie oder mich wäre, wenn wir am selben Fenster ständen, um die Aussicht zu genießen; die Angst vor dem Sturz bleibt eine konstante und die Variable ist hier die andere Angst, die vor dem Feuer: Wenn die Flammen nah genug kommen, ist die Angst vor dem Sturz in den Tod der etwas kleinere Schrecken der zwei Schrecken. Nicht der Sturz lockt an, sondern das Feuer schreckt ab. Trotzdem kann niemand unten auf dem Trottoir, der hochsieht und „Nicht!" und „Halt durch!" brüllt, den Sprung verstehen. Nicht wirklich. Man müsste selber eingeschlossen gewesen sein und die Flammen am eigenen Leib erfahren haben, um ein Entsetzen zu verstehen, das größer ist als die Angst vor dem Fall."[135]

Ich bin die letzte Person, die das, was ein_e Autor_in fiktional beschreibt, 1:1 mit der Erlebenswelt de_r_s Autor_in gleichsetzen würde, oder die Suche nach Erklärungen für den Suizid im Werk für eine erfolgreiche Unternehmung halten würde. Dennoch eröffnet mir die Textpassage eine andere Perspektive auf Suizidalität als nur meine selbst erlebte. Es gibt nicht die eine einzige Form, sondern Suizidalitäten und unterschiedliche Motive, hier ist es der Terror, also der Schrecken, der nicht enden will und näher rückt.

Franzen schreibt, Foster Wallace habe gute „Gründe" gehabt Nardil abzusetzen, aber auch schlechte[136]. Als gute Gründe definiert er die Angst, dass das Medikament das physische Wohlbefinden, das gute Leben beeinträchtigen könnte und sich negativ auf die besten Dinge, auf seine Arbeit und seine Beziehungen auswirken könnte. Als schlechte „Gründe" deklariert er den perfektionistischen Wunsch weniger abhängig von chemischen Substanzen zu sein, eine narzisstische Aversion gegenüber dem Fakt psychisch krank zu sein. Es hätte ein geheimes Selbst gegeben und das hätte sich den Weg gebahnt nach der Absetzung von Nardil.

Ob Franzen sich bewusst ist, wie dämonisierend das klingt, einmal ist der Dämon die Krankheit, einmal sind es die Charakterzüge seines Freundes selbst, den er aber bedauerte, wenn er wenig die um sich herum existierende Schönheit bewunderte? Letzteres kann vielem geschuldet sein: Anderes Interesse, andere Kraftquellen oder schlicht

---

135 Wallace, David Foster (2009): Unendlicher Spaß. Köln (1. Auflage): Kiepenheuer & Witsch, S. 998 ff.

136 Franzen (2013): S. 59.

Sedierung durch das Medikament. Er pathologisiert den Freund in beiden Fällen, wenn er vorbildlich Medikamente einnimmt und auch, wenn er es nicht tut. Letztendlich kommt Franzen zu dem Schluss, es habe da einen David gegeben, den er schlechter kannte, aber von Anfang an nicht mochte und dem er misstraute. Dieser habe methodisch seine eigene Zerstörung und die Rache an den Menschen, die ihn liebten, geplant. Ich vernachlässige den Rest des Textes, wo Franzen weiter über Robinson und Langeweile, an der eins sterben kann, philosophiert und die Asche seines Freundes verstreut, begleitet von dem Gefühl des Loslassens.

Wir können Menschen lange kennen, wir können meinen sie gut zu kennen, ob dem so ist, hängt nicht nur davon ab, was diese preisgeben, sondern auch, was wir sehen wollen, was wir an uns heranlassen können. Für das, was geäußert wird, gibt es kein 1:1 Verstehen, eine Übersetzung ist auch immer nur eine Annäherung an den Originaltext, bei der die eigene Interpretation durchschimmert. Es bleibt ein Rest Unübersetzbarkeit, in jeder menschlichen Beziehung. Ich plädiere nicht für Empathie, als sei das etwas auf Knopfdruck Ablieferbares, Grenzenloses, aber ohne die Bereitschaft uns Dinge vorstellen zu wollen, hätten Bücher, Filme und einem anderen Menschen zuhören keinen Sinn. In der Begegnung mit Fiktion, also mit Büchern und Filmen, tun wir dies bereitwillig, in der Realität von Beziehungen fällt uns das naturgemäß schwerer. Was wir gemeinsam haben: Wir alle sind dazu verdammt über uns selbst nachzudenken, in der Ichform von uns zu denken, über unsere Realität nachzudenken, mehrmals am Tag. Diese unaufhaltsame me-myself-and-I-Gedankenproduktion kann etwas Trennendes sein, für mich ist sie etwas Verbindendes. Natürlich kann ich, wenn mir jemensch etwas erzählt, nach ähnlichen Erfahrungen kramen und darauf mein Verständnis gründen. Aber was, wenn die passende Erfahrung nicht vorhanden ist - hängt mein „Verstehen" allein vom Erfahrungsfundus ab und von der Qualität, mit der ich diesen reflektiere? Ich glaube fest an die Möglichkeit, Dinge auf der Folie der mitgeteilten Erfahrungen einer anderen Person annähernd zu begreifen. Und an die Möglichkeit des feedbacks und des feedbacks zum feedback, so dass eins mitgeteilt bekommen kann, ob eins mit der eigenen Interpretation völlig daneben liegt oder nicht.

Ich sitze mit einer Freundin im Kino, wir schauen "Audre Lorde – The Berlin Years"[137] und plötzlich taucht eine sehr junge, strahlende Person auf dem Bildschirm auf, die davon spricht, was Audre Lorde angestoßen hat, nämlich nach der eigenen Geschichte zu forschen, nach der Geschichte Schwarzer Deutscher. „Das ist May Ayim!", denke ich und verspüre einen Stich, denn eigentlich stimmt das „ist" nicht, mein Hirn will mich korrigieren, weiß um den späteren Suizid der Person, dennoch denke ich weiter „Das IST May Ayim!"

Ich hasse mein Hirn ein wenig dafür, dass es anfängt wissen zu wollen, was zwischen diesem leuchtenden Moment und dem Ende passiert ist oder „Gründe" erörtern will. Was wusste ich bis zu dieser Sequenz? Ich kannte einige Gedichte, ich weiß, dass das olle Gröbenufer umbenannt wurde in May-Ayim-Ufer, dass sie Pädagogin war, durch twitter, dass May Ayim den ISD mitgegründet hat, das mit der Forschung wusste ich woher, vermutlich aus einem Seminar, aber erst in dem Moment dieser Sequenz wird das alles real und greifbar. Ich google und lese nach dem Film hier und dort, ich schaue ein Video, indem May Ayim „Grenzenlos und unverschämt" performt, ich will

137 Schultz, Dagmar [Regie und Produktion] (2012): Audre Lorde – The Berlin Years 1984-1992. DVD, 79 Minuten, Berlin: Edition Salzgeber.

noch länger in diesem „ist“ bleiben. Ich lese auch über mögliche Gründe für den Suizid, ich neige dazu mögliche „Gründe/Bedingungen“ zu akkumulieren, dabei ist das Einzige, was sicher ist, die unfassbare Einsamkeit des letzten Moments. Niemensch sollte sich so allein fühlen müssen. Und anstatt den vorbeiziehenden Interpretationen nachzugeben, die oft die spezifischen Verwobenheiten außer Acht lassen (ich bleibe *weiß*), oder sich nur auf das Individuelle stützen, es psychologisieren, denke ich diesen Satz von May Ayim, der so viel besser aussagt, was eine Konsequenz auch aus diesem Verlust sein kann, sein muss:„Für Menschen afrikanischer Herkunft und schwarze Deutsche, die sich in akuten Krisensituationen befinden, gibt es keinen Ort, der von Rassismus frei ist.“ Als *weiße* Person verpflichtet mich dieses von Schwarzen Menschen und Personen of Color vermittelte Wissen, gegen Unterdrückungssysteme anzugehen, besonders gegen die, von denen ich, auch ungewollt, profitiere. Ein paar Monate nach dem Filmscreening gibt es eine Veranstaltung zu Ehren von May Ayim im Hau. May Ayim wäre im Mai 2017 57 Jahre alt geworden. Die Performances, Gespräche, die Musik sind ihr gewidmet, die so viel angestoßen hat im Leben Schwarzer Frauen/Schwarzer Menschen nicht nur in Deutschland. Sie hat community erschaffen, sie hat Wissen über Schwarze Geschichte vermittelt, sie hat Identifikation gestiftet, junge Schwarze Frauen mehrerer Generationen erkennen sich in ihren Gedichten wieder und fühlen sich nicht allein. Das alles transportiert dieser Abend. Auch die Verzweiflung und das „Warum?“ angesichts des großen Verlusts kommen zur Sprache, aber nie in einer Form der ableistischen Beschuldigung, hier wird ein Mensch einmal nicht auf das Ende reduziert und auch nicht nur auf die Arbeit: Das Wirken und Hinfortwirken eines Menschen ist so viel mehr. In dem Buch „Sisters and

Souls“[138], herausgegeben von Natasha A. Kelly, sind einige Texte, die an diesem Abend performt wurden, zu finden.

In dem Film „Zwei Tage, eine Nacht“[139] wird die Protagonistin Sandra, nachdem sie wegen Nervenzusammenbruchs eine Auszeit von der Arbeit nehmen musste, vor vollendete Tatsachen gestellt: Ihre Kolleg_innen hatten für den Vorschlag des Managements länger zu arbeiten gestimmt, um Sandras Ausfall auszugleichen und dafür eine Jahresprämie von 1000 Euro zu bekommen, also das Gehalt von Sandra, die dafür entlassen werden soll. Auch herrscht Misstrauen, ob eine depressive Person noch leistungsfähig genug ist für die Arbeit in der Fabrik. Während Sandra resigniert auf diese Nachricht reagiert, stiftet ihr Mann sie an, eine neue Abstimmung zu verlangen und mit den Kolleg_innen am Wochenende zu reden, bevor die neue Abstimmung stattfindet. Und so handelt der Film von den vielen Gesprächen und macht deutlich, dass Solidarität nicht so einfach ist in neoliberalen Zeiten für prekär lebende Menschen, die meisten können diese Prämie dringend gebrauchen, um die eigenen Kinder zu unterstützen und für andere Notwendigkeiten. Am Ende zählt nicht, wie viele sich solidarisch zeigten und es waren nicht unbedingt die, die es sich am ehesten leisten könnten, sondern überhaupt die erfahrene Solidarität und die Hintergründe zu erfahren, wie schwer es ist solidarisch zu sein. Sandra wird bis zu der erneuten Abstimmung alle möglichen Höhen und Tiefen durchleben, einen Suizidversuch unternehmen und am Tag der Abstimmung immerhin erleben, wie die Hälfte der Belegschaft für

---

138 Kelly, Natasha A. (Hg.) (2015): Sisters and Souls. Inspirationen von May Ayim. Berlin: Orlanda Verlag.

139 Dardenne, Jean-Pierre/Dardenne, Luc [Regie und Produktion] (2014): Zwei Tage, eine Nacht/Deux jours, une nuit. 95 Minuten, Belgien/Frankreich.

ihren Arbeitsplatzerhalt stimmt. Obwohl die Abstimmung damit nicht gewonnen ist, bietet ihr der Chef, von ihrem Kampf beeindruckt, den alten Arbeitsplatz an. Doch als sie erfährt, dass dafür einer zuletzt eingestellten mehrfach marginalisierten Person der Arbeitsvertrag nicht verlängert werden soll, es ist zudem eine der Personen, die sich solidarisch mit Sandra gezeigt haben, verzichtet sie. Auf eine Weise geht sie gestärkt aus diesen Kampf heraus, weil sie agency (Handlungsmacht) ausüben konnte und Unterstützung erfahren hat. Ist es auch ein Film über Depression? Ja. Ein bisschen übertrieben erscheinen mir wie immer so Szenen, in denen die Protagonistin ins Bad rennt und Antidepressiva einnimmt. Die werden meist zu regelmäßigen Zeiten eingenommen und wirken nicht unmittelbar wie eine Kopfschmerztablette, also dieses „es geht mir mies, ich nehme die Tablette um das nicht zu fühlen" ist auch ein ziemliches Klischee. Ein bisschen zu bevormundend ist mir auch die Fürsorglichkeit des Ehemannes, dieses ständig (metaphorisch gesprochen) den Puls gefühlt zu bekommen ist sehr anstrengend. In einer Szene im Auto macht der Ehemann der Protagonistin ein Lied aus, das gerade im Radio spielt, es ist Petula Clarks „La nuit n'en finit plus", weil er Angst hat, dass der Text Sandra triggert. Sie fragt ihn, warum er das Lied ausgestellt habe. Sie sagt, er solle aufhören sie beschützen zu wollen. Er sagt, das tue er nicht. Sie sagt, doch. Und schaltet das Lied wieder an. Und dann erklingen die Zeilen: „Ich habe Lust zu lieben, ich habe Lust zu leben, trotz der Leere all der vergangenen Zeit, trotz all der verpfuschten Zeit und all der verlorenen Zeit. Zu wissen, dass so viele Menschen sich auf dieser Erde befinden, die wie ich an diesem Abend einsam sind…"[140]

---

140 Hier findet Ihr den beschriebenen Filmausschnitt auf YouTube, in dem der zitierte Song gespielt wird: https://www.youtube.com/watch?v=qP6ta3VvbBg (Zugriff 15.05.2018).

Das Lied handelt also von nicht enden wollenden Nächten, in denen eins nur herbeisehnt zu schlafen und nicht mehr denken zu müssen, so etwas ist sicher vielen depressiven Menschen vertraut. Eins wünscht, das möge aufhören, eins wünscht sich eventuell den Tod, aber gleichzeitig ist da eine Sehnsucht zu leben, die es nicht automatisch leichter macht, wenn die gebrauchte Realität eine ferne ist und sich nicht mit der Gegenwart deckt.

Mir selbst will es nicht gelingen, Suizidalität losgelöst von Unterdrückungsverhältnissen zu denken, die sehr viel Kraft rauben. Ich will aber auch Menschen nicht unter den Bus werfen, die scheinbar „alles haben" und denen der „Grund" für Depressionen abgesprochen wird. Sie erleben allemal Ableismus, ihr Leiden ist nicht weniger valide. In meinem Grundstudium machte ich eine mündliche Prüfung zum Thema „Depression und Suizid bei Kindern und Jugendlichen". Mir wurde gesagt, das sei ein Thema für das Hauptstudium, ich beharrte aber auf meiner Wahl. Es gab viele Bücher, die behaupteten, Kinder könnten noch keine Depressionen entwickeln. Da war ich anderer Meinung und ich hatte ja auch eine andere Erfahrung. Zudem musste ich mich mit dem Hirnstoffwechsel auseinandersetzen, habe mich aber nach vielem Lesen mit mir darauf geeinigt, dass es unmöglich ist zu sagen, was zuerst eintritt: eine Veränderung im Hirnstoffwechsel oder eine veränderte Wahrnehmung. Was ist zuerst da, das Huhn oder das Ei? Sicher ist nur, dass beides bei Depressionen eine Rolle spielt. Nach einem traumatischen Erlebnis kann sich die Wahrnehmung ändern, das wiederum beeinflusst den Hirnstoffwechsel. Der Hirnstoffwechsel kann aber auch völlig ohne Vorliegen eines Traumas plötzlich ein anderer sein, und die Wahrnehmung beeinflussen. Der Vater einer Freundin bekam Depressionen, weil ein Medikament für seine Herzbeschwerden den Hirnstoffwechsel in dieser Hinsicht negativ beeinflusste. Diese Zusammenhänge sind nicht wegzureden, dennoch erklären sie nicht alles. Antidepressiva sind keine „happy pills“, sie helfen allerdings weniger depressiv zu reagieren und machen im besten Fall das Leben wieder erträglicher und ein „Funktionieren“ möglicher. Sie können in akuten Zuständen Leben retten. Je nach Faktoren und individuellen Bedürfnissen können Umgang und coping Strategien sich sehr unterscheiden. Wenn ich von Wahrnehmung rede, meine ich nicht pauschal eine negative oder „gestörte“. Die Wahrnehmung kann durchaus realistisch sein, aber sich dann auf die entmutigenden Aspekte der Realität fokussieren; zum Beispiel auf die, die Ohnmacht erzeugen und das Gefühl des mangelnden Handlungsspielraums. Letzterer kann eben auch real sein. Was dann? Es gibt also nicht die eine Depression, sondern verschiedene Formen und Ausprägungen.

#sanism #shaming

Als jemensch erzählt, dass auf einem Konzert ein Sänger über Suizid und Depression gesprochen habe, bin ich doch wieder neugierig: Gibt es dieses Sprechen darüber, welches ich so ersehne, das Brechen des Tabus? Es wird dann aber eine große Enttäuschung. Der Sänger auf der Bühne sprach darüber, wie zwei seiner Idole, Robin Williams und David Foster Wallace, Suizid begangen haben und wie sehr ihn das enttäuschte, die beiden hätte es doch besser wissen müssen.

Ich denke so: What? Das soll ein Tabubrechen sein? Für viele ist so ein shaming (Beschämen) ein Grund NICHT über ihr Befinden zu sprechen. Und das setzt suizidale Personen größerer Gefährdung aus, dieses verstecken müssen von Gedanken. Auch macht mich die Vermessenheit des Sängers einfach nur wütend: Woher will er wissen, ob jemensch noch gekonnt hätte und dann auch „hätte es besser wissen müssen“? Was weiß dieser Sänger denn besser? Wie die Geschichten weitergegangen wären? Für

Robin Williams zum Beispiel, der mit Alkoholabhängigkeit und Depression am strugglen war während seines Lebens und dann noch die Diagnose Parkinson bekam? Aber das happy end wartete wo genau?

Ich versuche meinem Begleiter zu erklären, dass das kein Reden „über Depression und Suizidalität“ ist, sondern ein Reden über suizidale und depressive Menschen und dass diese Denke shamend ist. Das sieht mein Gegenüber zu dem Zeitpunkt anders, der Sänger leide ja selbst an Depressionen. Es ist schwer zu vermitteln, das internalisierter Ableismus ein Ding ist, gerade dieser Form „Ich reiße mich halt zusammen, also ich kämpfe dagegen an, ich strenge mich an, ich muss ja auch blablabla“.

Eine ähnliche Reaktion zeigt der Gitarrist der Band Korn, als der Tod des Linkin Park Sängers bekannt wird, den er persönlich gekannt hatte. Er nennt ihn: “Feige!“. Und begründet seinen Wutausbruch damit, dass er selbst mit Depressionen zu kämpfen habe und nicht versteht, wie der Verstorbene das seiner Familie und seinen Fans antun konnte.[141]

Was Menschen, die diese Urteile vom Stapel lassen, nicht bedenken: Ihre Aussagen haben eine enorm Depression und Suizidalität verstärkende Botschaft. Shamen hat bisher selten empowert. Neuroatypische Menschen sind täglich mit Stigmatisierung konfrontiert, die Medien schwanken bei dem Thema zwischen Bagatellisierung, Romantisierung („zu gut für diese Welt“), Dämonisierung

---

141 Nach Shitstorm: Korn-Gitarrist Welch will Wogen um Kommentar zu Suizid Chester Benningtons glätten. Artikel im Rolling Stone Magazin vom 22. Juli 2017. Online unter: https://www.rollingstone.de/nach-shitstorm-korn-gitarrist-welch-will-wogen-um-um-suizid-chester-benningtons-glaetten-1284355/ (Zugriff 15.05.2018).

(egoistisch/rücksichtslos/unberechenbar[142]) und Abwertung (schwach, feige, „dumm").

Einmal, in einer Gruppe Menschen, in der ich mich befand, sagte jemensch völlig random, weil eine Bahn sich verspätete: „Vielleicht hat sich wer davor geworfen. Das ist so egoistisch." Ich stieg mit allen in die Bahn, mich erreichte der Satz so allmählich mit Verzögerung und ich fror ein. Ich war abrupt getrennt von allen anderen. Ich hatte selbst einmal auf einem Bahnsteig gestanden, ich befand mich in einer ausweglosen Situation, es gab nur drin bleiben in der quälenden Situation oder eben…Ich tat es nicht. Aber ob es egoistisch gewesen wäre, hatte in dem Moment nicht viel Raum einnehmen können, so schlimm war die Situation.

Nachdem wir weniger Menschen waren als am Anfang, sprach ich den Vorfall an, eigentlich nur um zu erklären, was mit mir los war und dann hoffentlich nicht mehr in dieser Erstarrung zu sein. Plötzlich wurde es als shamen der Person aufgefasst, die dieses Stereotyp geäußert hat, weil ich nicht wissen könnte, was diese Person erlebt hat. Das stimmt. Aber während diese Person sich bei der triggernden Aussage nicht Gedanken über die Wirkung machen musste, sollte ich mir welche machen, zu Hintergrund und Absicht? Ändert das etwas daran, dass ein sehr verletzendes Stereotyp geäußert wurde? Ich habe an diesem Abend erlebt, dass über ein Thema reden noch nicht die Befreiung ist, dass das „wie wir darüber reden, wann mit wem" entscheidend ist und dass dieses darüber sprechen konsensuell sein muss. Der ganze Abend wurde schwer, ich hatte ihn nicht crashen wollen, da war ich also wieder in dieser Rolle, ich selbst hatte sie mir nicht aussu-

142 Bei unberechenbar denke ich wieder an den German-Wings-Absturz und die daran anschließende Berufsverbotsdebatte für Depressive (Vergl. S. 34).

chen können, ob ich die Äußerung an mich ranlasse, aber vielleicht hatte ich den anderen nicht wirklich die Wahl gelassen, sich damit auseinanderzusetzen oder nicht. Und ich begriff auch, dass dieser Gedanke, es sei egoistisch, Suizid zu begehen, für manche ein life saver (die Lebensrettung) ist, weil sie es anderen zuliebe nicht tun. Nach dem Abend verabschiedete ich mich erstmal von der Idee, dass so ein Raum, in dem suizidale Gedanken äußerbar sind (wenn grundsätzlicher Konsens besteht, dass diese geäußert werden dürfen) und Druck reduzierbar wird, so schnell zu schaffen wäre. Grundsätzlich über etwas reden können miteinander heißt noch lang nicht zu jeder Zeit oder in jedem Kontext. Und das „Wie" ist wichtig. Wir brauchen vereinbarte Regeln und Signale für „time out" zum Beispiel, damit so ein Raum funktioniert.

Was haben Filme wie „Das Meer in mir", „Million Dollar Baby", "Me Before You" und „L'amour" gemeinsam, auch wenn sie erzählerisch und kinematographisch sich in Güte und Handschrift der Regisseure sehr unterscheiden? Sie erzählen die Geschichten von Menschen, die aufgrund einer Be_Hinderung oder chronischen Erkrankung keine Perspektiven mehr für sich sehen können. Auch hier ist offensichtlich, wie der Grund „degenerative Krankheit" und oder Be_Hinderung viel eher als selbsterklärend für den Todeswunsch rezipiert wird. In meiner twitter timeline befinden sich einige Menschen, die von Tetraplegie, also vom Hals abwärts gelähmt und nicht unbetroffen sind von so einer „Ach so, ja dann!"-Rezeption. Sie kämpfen für verbesserte Lebensbedingungen. Während „Das Meer in mir" die wahre und individuelle Geschichte von Ramon Sampedro erzählt, der sich nach 29 Jahren tetraplegischer Lähmung und erfolglosen Streitens für Sterbehilfe mit Hilfe von Freund_innen das Leben nahm, präsentiert "Me Before You" den Todeswunsch, nahezu als Selbstverständlichkeit, den Nichtbehinderte abnicken können, in scheinbarer Empathie. Und das noch romantisch verpackt. Denn er will der Liebe seines Lebens durch die Erbschaft nach seinem Tod ein glückliches Leben ermöglichen. Ein sinnvolles oder bedeutungsvolles Leben eines be_hinderten Menschen ist wieder keine Erzählung wert. „L'amour" erzählt großartig die Ambivalenz gegenüber dem geäußerten Todeswunsch der Partnerin, für den Zeitpunkt, wenn ihre Krankheit zu weit fortgeschritten sein wird. Anfangs widerstrebt es dem Ehemann sich mit dieser Realität auseinanderzusetzen, sie haben so viel miteinander geteilt, die Wohnung zeugt von gemeinsamen Interessen, die Bücher, die sie tauschten, nachdem eine_r von beiden sie zu Ende gelesen hatte, die Musik, der sie zusammen gelauscht haben. Als dann der antizipierte Zeitpunkt eintritt, ist die Protagonistin gar nicht mehr in der Lage, zu bekunden, ob sie fortgesetzt diesen Sterbewunsch hat, dennoch führt der Ehemann den ursprünglich geäußerten Wunsch aus. Der Film löst die Ambivalenz nicht auf und das ist gut so. Problematisch sind diese Darstellungen dann, wenn sie die „Problemlösung" als selbstverständlich darstellen und verallgemeinerbar. Nur das Individuum kann beurteilen, wo die Grenzen des Ertragbaren verlaufen. Aber die Darstellung von etwas als per se „nichtlebenswert" schadet den betroffenen be_hinderten und chronisch kranken Menschen, die für ein würdevolles Leben kämpfen, damit nicht nur ein Kämpfen für ein würdevolles Sterben übrig bleibt. Es gibt dann auch noch die große Diskrepanz zwischen dem, was wir als Fiktion nachvollziehbar finden und dem tatsächlichen verhalten müssen in der Situation. Ramon Sampedro, der tatsächlich 29 Jahre gekämpft hat für das Recht zu sterben, hat nicht mit dem Verständnis seiner ihn pflegenden Familie rechnen können. Auch wenn davon auszugehen ist, dass er sich das in 29 Jahren gut überlegt hat und es sich um keine vorübergehenden Empfindungen gegenüber seiner Lebensrealität handelte.

Viele Menschen machen in der Theorie Unterschiede, beurteilen Umstände und „Gründe“ nach Moralmaßstäben, diese fließen dann in Definitionen mit ein, wann es sich um aktive oder passive Sterbehilfe handelt, wann um assistierten Suizid oder Suizid. In der Praxis fällt es den meisten jedoch schwer diese Unterschiede gelten zu lassen. „Das tut man nicht!“ Es gilt als Schwäche ein vorzeitiges Ende zu wollen, Tapferkeit und Lächeln auch bei schwerster Erkrankung gilt als Ausdruck der Liebe zu den Nahmenschen. In dem norwegischen Film „Bambieffekten“ sind die Sympathien für die zwei Protagonist_innen, die sich zum gemeinsamen Suizid verabreden, von Anfang an eher ungleich verteilt. Veronica hat anscheinend keinen Grund und verhält sich immer wieder zynisch und stichelnd gegenüber Cecilie, die an einer degenerativen Krankheit leidet, ALS, welche am Ende, nachdem alle möglichen Muskeln sich zurückgebildet haben, mit dem Erstickungstod enden kann. Dem geht oft eine Zeit künstlichen Beatmetwerdens voraus. Veronica fühlt sich betrogen, als sie herausfindet, dass Cecilie eh sterben wird und weil sie selbst keinen Grund zu haben scheint. Auch weil ihr mit niemenschen besprochener Plan B (?), ihren Suizid nur vorzutäuschen und dann zu verschwinden, auf der Kippe steht. Die beiden nehmen ihre Gedanken und Aktivitäten an diesem Wochenende, das als ihr letztes gedacht ist, auf. „Alt skal med!“ Nichts soll zensiert werden. Der Aufforderung „Si noe som er sant!“ („Sag etwas, das wahr ist!“), ist gar nicht so leicht nachzukommen, selbst für Cecilie, die diese Forderung äußert. Erst zum Schluss wird deutlich, wie sehr der Blick, den ihr Vater auf ihre erkrankte Mutter hatte, ängstigt. Sie nahm diesen Blick als (ableistisch) ekelerfüllt war. Zum Beispiel, als die Mutter, schon längst erkrankt, versucht zu tanzen und es viel weniger anmutig ausfällt, als an dem Abend, wo Cecilies Vater sich in sie verliebte. Cecilie möchte nicht von seiner Pflege abhängig sein. Während einiger Testvorführungen war der Regisseur des Films, Øystein Stene, überrascht, wie schnell und bereitwillig die Zuschauer_innen Cecilies Grund sterben zu wollen akzeptierten, dass die Vorstellung von nicht autonom, von abhängig sein, das anscheinend schlimmste Vorstellbare sei. Das stimmt zwar und Kritik an der Vorstellung, was Unabhängigkeit ist, tut not, aber es vernachlässigt auch das tatsächliche eingeschränkt werden in der Selbstbestimmung durch die Gesellschaft, in dem Moment, wo eins auf andere angewiesen ist. Die Angst vor Vernachlässigung, Fremdbestimmung, Ableismus und abusive Verhalten ist eine realistische. Selbst alle Fürsorge ändert nichts daran, dass eins ein voraussichtliches Ende als zu qualvoll und sinnlos, wenn es eh kein Zurück gibt, empfinden kann. Die Stärke des Films ist gerade diese Artikulation dessen gen Ende des Filmes. Dass der Film in seiner eher rohen Ästhetik und Distanz zu den beiden Protagonist_innen teils als gleichgültig gegenüber dem Thema rezipiert wurde, kann ich nicht verstehen. Während Filme wie „Norwegian Wood" den Suizid romantisiert darstellen, erwähnt eine Nebenfigur in „Bambieffekten" total nüchtern und schonungslos, wie das war beim Suizidversuch: Er hat gekotzt, sich eingeschissen und eingepisst und sein Bruder fand ihn so. Er muss jetzt damit leben, dass ihn so ein Nahmensch gefunden hat und nun fortgesetzt auf ihn aufpassen will.

Ich selber möchte mein Leben und meinen Tod selbst bestimmen. Letzteres ist mir vermutlich so wichtig, weil es hier und da eine erhebliche Kluft zwischen dem Leben, was ich mir wünsche und brauche und dem Leben, wie ich es habe, gibt. Das, was mir am meisten helfen würde, wäre der support, um annähernd dieses Leben zu haben, soweit das eben ermöglichbar ist. Was mir hilft, ist meine individuellen Empfindungen gegenüber dem Tod und den Leben kund zu tun. Was mir hilft, ist zu sehen, wie Dinge für andere sagbar werden, nachdem ich sie ausgesprochen habe.

Natürlich kann mir niemensch die berechtigte Angst vor Prekarität in Kombi mit gesundheitlicher Verschlechterung und Alter nehmen, aber Solidarität und Zuhören statt Ableismus können so einen gewaltigen Unterschied machen. „Am meisten sterben will ich, wenn ich am dollsten leben will und das nicht geht.", habe ich mal gesagt, also wenn die Art von Leben, das ich mir wünsche, zu fern ist.

Ich will dieses Eis brechen, so oft ich kann, damit Dinge sagbar werden und Gedanken überlebbar. Ich werde ebenso für andere da sein und zuhören, so gut wie ich das vermag.

Es gibt keine Garantie. Ich weiß um Situationen, aus denen es keinen schnellen Ausweg gibt und es gibt auch nicht für alles eine Lösung, leider. Manchmal dauert es zu lang und das fügt Schaden zu. Deshalb ist es so wichtig, dass Betroffene selbst formulieren, was hilft oder was die Situation zumindest nicht schlimmer macht und in ihr unterstützend wirkt.

Ich hoffe, dass irgendwann mit ein paar Mythen über Suizid aufgeräumt wird: Zum Beispiel sind es nicht immer „große Gründe", die am Leben halten. Ich war erstaunt, wie viele zeitweilig suizidale Menschen über ähnliche „Tricks" verfügen wie ich, aber durch twitter weiß ich darüber mehr. Für manche sind es Konzerte. Das Warten auf eine Jahreszeit, einen bestimmten Tag. Für mich ist es dieses eine Filmfestival im Jahr, bis dahin durchhalten und dann weitersehen, sage ich mir in der Regel. Der Suizid als „Notausgang" läuft nicht weg. Ich glaube, für neurotypische Menschen ist es schwer zu verstehen, dass die Möglichkeit über den eigenen Tod zu entscheiden unter Umständen ein Trost sein kann, der es weniger dringlich macht jede suizidale Regung umzusetzen. Meist beginnt mit dem neuen Jahr alles andere als ein Kraftschub, die Bilanz am Ende eines Jahres ist oft ernüchternd gewesen und das Unangenehme oder die Erschöpfung überwiegt und begleitet mich ins neue Jahr. Der Januar ist davon mehr geprägt als von etwa fragiler Hoffnung, die ich, als ich jünger war, zumindest beim Nachspüren meiner Wünsche für's begonnene Jahr noch hatte. Dann ist er da, der Februar, und ich sehe allerhand Filme, die diverse soziale Realitäten wiederspiegeln, etwas, das sich als Eskapismus nicht wirklich eignet, aber mir eine andere Art der Reflektion über mich, über soziale Realität ermöglicht und ein „über den eigenen Tellerrand gucken". Diese Gedanken und Gefühle sind keine Last, sondern so eine Art gefundener Schatz. Und dieser funkelt auch noch eine ganze Weile nachträglich, beschäftigt und lenkt Gedanken in für mich produktive Bahnen. Ganz anders als die Gedankenschleifen, die wir Grübeln nennen, oder dieses dräuende Brüten über Empfindungen. Des Weiteren befinden sich in meiner „Überlebenstrickkiste": Noch dieser eine Sommer, noch diesen einen Menschen kennen lernen, noch dieses eine Projekt. All das sind keine festen Anker, eher Bojen, aber sie sind sichtbar und erreichbar, auch wenn es der feste Boden unter den Füßen nicht ist. Der nächste Fehlschluss ist die Auffassung, was „gerettet sein"/ „Rettung" bedeute. Das bloße jemenschen vom Suizid abhalten, also den Körper dieses Menschen zu bewahren, ist noch keine nachhaltige „Rettung". Für viele Außenstehende erscheint das wie ein happy end, während sich die Lebensumstände der suizidalen Person nicht automatisch mit dem physischen Gerettetwerden verändern. Die gerettete Person wird wieder ins alte Leben entlassen und hinzu kommt das Stigma des „missglückten" Suizidversuchs, dass Menschen eins möglicherweise mehr misstrauen, ständig den Puls fühlen wollen und oder überwachen. Ich denke, es gibt keinen Ersatz für notwendige Veränderungen und die als angenehm, wohltuend, anregend, lindernd, beruhigend etc. empfundenen Dinge des Lebens. Meiner Meinung nach sollten die individuellen coping Strategien und Überlebenstricks supportet werden. Der simplifizierende Rettungsmythos ist stark in unserer Gesellschaft verankert, es wird selten reflektiert, dass das Unangenehme und Belastende nur einfach aufhören und verschwinden soll, es verdeckt die nicht akzeptierte eigene Hilf- und Ratlosigkeit, wenn es einmal nicht auf alles eine Antwort oder für alles (sofort) eine Lösung gibt. Ich erinnere mich an den Aufruhr in der twitter community, als twitter eine app namens #samaritansradar[143] lancierte, die die followis der User_innen überwachte, die diese app installiert hatten. Das heißt, die, die überwacht wurden und deren tweets nach Anzeichen von suizidalen und selbstverletzendem Verhalten gescannt wurden, haben weder diesem monitoring zugestimmt, noch etwas davon erfahren, benachrichtigt wurden die App-Nutzenden, die dann gefragt wurden, was sie tun wollen. Das war auf so vielen Ebenen problematisch: Die App war ein Verstoß gegen das geltende Datenschutzgesetz in UK, also dort, wo sie als Erstes lanciert wurde. Es gab keine Möglichkeit

---

143 Zwei blogposts von @BipolarBlogger bringen die Kritik an einer solchen Überwachung auf den Punkt. @BipolarBlogger (30.10.2014): Mr Sam and his magical radar booth. Online unter: https://purplepersuasion.wordpress.com/2014/10/30/me-sam-and-his-magical-radar-booth/ (Zugriff 15.05.2018). Und @BipolarBlogger (11.03.2015): Goodbye Samaritans Radar… hello Facebook report button. Online unter: https://purplepersuasion.wordpress.com/2015/03/11/goodbye-samaritans-radar-hello-facebook-report-button/ (Zugriff 15.05.2018).

des opt in, also aktiv sich für dieses monitoring der eigenen tweets zu entscheiden, es gab nur die Möglichkeit des opt out, wofür eins sich aktiv auf eine whitelist setzen lassen musste, um nicht Gegenstand der Überwachung zu sein. Zudem wurde das Missbrauchspotential der app völlig außer Acht gelassen. Feindselig gesinnte Menschen, Troll_innen, hater, konnten so benachrichtigt werden, wenn das Objekt ihres Hasses besonders verletzlich ist. Zudem kennt twitter seine User_innen schlecht: Gerade auf mental health twitter ist „venting", also „entlüften" bei seelischem Druck, ein Mittel, um mit stressvollen Situationen klarzukommen. Ein Algorithmus kann nicht differenziert wahrnehmen, welche Risiken tatsächlich bestehen, auch Menschen sind da fehlbar, deshalb ist fragen, feedback abwarten, feedback zum feedback so wichtig. Dieses „Oh, ich glaube, Du bist gestresst, komm sei nicht gestresst, sonst muss ich intervenieren!" erhöht jeglichen schon vorhandenen Druck, manchmal verhilft es einer Krise erst zum Durchbruch. Ich habe wie viele andere auf twitter mit anxiety auf diese app reagiert. Ich habe mich nicht mehr getraut explizit über meine seelische Verfassung zu schreiben, außer darüber, was die Existenz so einer app an Angst vor Fremdbestimmung und Gewalt auslöst. Sie macht sprachlos. Und das ist gefährlicher als die meisten meiner Gedanken, mit denen ich dann alleine bleibe. Intervention kann nämlich durchaus gewaltvoll sein, wenn eine Person eigenmächtig zum Beispiel die Polizei vorbeischickt (eine gewaltvolle Intervention, die @theRosenblatts[144] eindrücklich in einem blogpost beschreiben), ohne dass jemals mit der Person, um die eins sich Sorgen macht, besprochen wurde,

144 Rosenblatt, H. C. (08.05.2014): über Suizid, Ohnmacht und Hilfe, die (für mich) keine Hilfe ist. Online unter: https://einblogvonvielen.org/ber-suizid-ohnmacht-und-hilfe-die-fr-mich-keine-hilfe-ist (Zugriff 15.05.2018).

welche Interventionen gegebenenfalls okay sind und welche Angebote hilfreich sind.

Das erste Mal, als ich sterben wollte,
war im Alter von 9 Jahren.
Das letzte Mal ist einige Jahre her.
Ich bin jetzt etwas über Mitte 40.

Ich habe diese Gedanken viele Male überlebt. Möglicherweise werde ich ein hohes Alter erreichen und an etwas völlig anderem sterben.

Beyond binaries

Was Sexualität und Geschlecht jenseits der hetero cis Normativität für mich bedeuten

(Eine Abrechnung mit meinen Internalisierungen)

Immer wenn ich wieder ein bisschen verzweifelt bin, weil mein nichtbinäres[145] Geschlecht für die meisten anderen Menschen nicht existiert, weil sie es für eine tumblr Erfindung halten, für „Genderideologie“ oder für eine Art „hipster queer“, dann versuche ich mich dran zu erinnern, was für ein langer Weg es für mich zu den Begriffen „nichtbinär“, „pansexuell“ und „queer“ war. Ich war das alles längst bevor ich Worte/Abkürzungen dafür hatte, dennoch habe ich mich, wenn ich mich anderen erklären musste, in verzerrende Narrative verstrickt, weil, eins muss anderen ja entgegen kommen mit ein paar vertrauten Bildern, damit sie die Möglichkeit haben zu verstehen. So war ich eben das „untypische/freche/unangepasste Mädchen“. Doch welches Licht wirft das auf sogenannte „typische Mädchen“? Und warum können Menschen, wenn sie eins unweiblich finden, es dann nicht lassen, einer Person Weiblichkeit zuzuschreiben, wenn auch in der Form der Abweichung? Fragen über Fragen.

---

145 Auf https://nibi.space/ (Zugriff 15.05.2018) findet Ihr Erklärungen, was nichtbinär alles bedeuten kann, es ist ein sogenannter „umbrella term“, unter dem sich nichtbinäre Geschlechter wie agender, genderfluid, bigender versammeln. „Nichtbinär, auch genderqueer: Alle Geschlechter, die nicht (ausschließlich) männlich oder weiblich sind. Also: etwas anderes, gar keines, mehrere, nicht immer dasselbe oder eins mag/kann sich einfach nirgends zuordnen.“

Verzerrende Narrative münden häufig in abwertende Distanzierungen. Ohne es bewusst zu wollen, findet Abwertung statt, weil eins nicht „gesehen“ (erkannt/wahrgenommen) wird als das, was eins ist. Eins muss ständig betonen, was eins nicht ist. Das, was eins nicht ist, hört sich schnell nach etwas Schlechtem an in der eigenen Betonung. Nach etwas, was eins nicht sein will. Dabei geht es doch nur um einen Fakt, etwas, das eins klarstellen will. Und dann diese Verstrickung in binären Zuschreibungen, die ist in diesem Distanzierungsnarrativ gar nicht aufzulösen. Alles wird gegendert in der Welt der cis Zweigeschlechtlichkeit: Hobbies, Eigenschaften, Kleidung, Frisuren, Verhalten[146]. Und beim Versuch sich aus der falschen Kategorie, in die eins gesteckt wurde, zu befreien, sind plötzlich diese Dinge, die gegendert und zugeschrieben werden, für eine_n negativ besetzt. Es ist so schwer daraus auszubrechen und zu sagen: Ich bin. Punkt.

Hat eins endlich eine Kategorie, in die eins nicht gesteckt wird, sondern in der eins sich wiederfindet und genug Platz hat, ausfindig gemacht, dann muss eins ständig erklären, was eins denn nun ist. Vom „Ich bin nicht das und das, weil…“-Narrativ zum „Ich bin das und das, weil…“-Narrativ. Nun erklär doch mal, warum Du bist, was Du bist, aber logisch, geduldig und nachvollziehbar. Liefer Fakten.

Die Menschen, die das erwarten, müssen umgekehrt meist nicht erklären, warum sie cis sind und oder hetero und oder gesund. Und dann bin ich auch noch so komplex und biete mehr als eine Abweichung.

---

146 Dazu schrieb ich diesen rant: https://twitter.com/MikaMurstein/status/794108932918755328 (Zugriff 15.05.2018).

Ja, ich bin frustriert weggestapft, wenn Freund_innen mit Puppen spielten. Ich fand es spannender, wenn wir selber ausgedachte Rollen spielten und verkörperten. Nicht, dass der plot dann mega subversiv gewesen wäre, aber es fühlte sich anders an, es kam mehr von eine_r_m selbst zum Vorschein. Eins konnte so viel dabei austesten. Die Pferdebücher flogen in die Ecke, den Puppen amputierte ich die Gliedmaßen und ich spielte mehr mit meinen Brüdern, viel im Wald, bis ich in deren Pubertät nicht mehr so meinen Platz hatte. Ich störte plötzlich. All das klingt womöglich nach tomboy. Also einem jungenhaften Mädchen. Aber ich fühlte mich auch nicht als Junge. Draufgängerisches Verhalten ging mit erhöhter Sensibilität einher und zig anderen Eigenschaften, die für mich kein Geschlecht haben. Meinen Körper empfand ich nicht als verkehrt, nur die Zuschreibungen an ihn, was von mir wegen meiner Anatomie erwartet wurde. Nirgendwo in der Zweigeschlechtlichkeit fand ich Platz. Jede dieser Zuschreibungen war ein Herausreißen aus meinem „Ich selbst sein" und verursachte bei mir Irritation. Verletzung.

Ich verstand nicht, warum ich Jungen beim Fangen-Spiel gewinnen lassen sollte, wenn ich doch schneller rennen konnte als der ein oder andere. Es wurde erwartet, dass eins den Jungen aufholen ließ, den eins mochte. Komische Regeln. Jungen zu schätzen bedurfte der Vorstellungskraft, aber davon hatte ich ja genug. Sie mussten etwas anders sein, coole Interessen haben, ihr eigenes Ding machen, das wurde mit meiner Aufmerksamkeit belohnt. Während dieselben Attribute bei Freundinnen vorzufinden dagegen als selbstverständlich galt. Die tiefe Verbundenheit mit allen, die nicht cis Jungen waren, galt als bloße Freund_innenschaft. Jede_r kennt so ein Geschreibsel von der besten Freundin als „Übergangsobjekt", also diese Behauptung, eins würde mit der besten Freundin nur Beziehungsqualifikationen erwerben, die eins später mit dem „anderen" Geschlecht ausübt. Freund_innenschaft hatte immer schon einen sehr hohen, wenn nicht höheren Stellenwert bei mir als mono Zweierbeziehungen. Nur weiß ich mittlerweile, dass es in diesen Freund_innenschaften zusätzlich unterschiedlichste Anziehungen gab, die für mich heute eindeutig queer sind. Das heißt nicht, dass ich in einer sexuellen Beziehung zu einem cis Mann hetero war, mein nichtbinär bedeutet auch, dass ich, wenn ich mit einem cis Mann zusammen bin, immer noch queer bin, weil keine Frau und pansexuell, letzteres heißt, dass Geschlecht für mich in der Anziehung nicht eine ausschlaggebende Rolle spielt. Wäre ich mit einer cis Frau zusammen, „macht" mich das auch nicht lesbisch. Auch dann bin ich immer noch nichtbinär und pansexuell. Diese Dinge sind schwer zu verstehen für cis hetero Menschen, und dieses Unverständnis bewirkt halt, dass ich mich besser verstanden und wohler fühle mit nichtbinären und oder trans Personen. Manche von diesen sind einfach Freund_innen, in manche bin ich auch romantisch vercrusht und nicht selten begehre ich eher jemenschen, di_er nichtbinär und oder trans ist. Diese Zärtlichkeit, die ich in Freund_innenschaft empfand, ist gegenüber anderen nichtbinären und trans Menschen sehr stark. Wo fing das an mit dieser Form der „passionate queer friendship"?

Ich denke, ich kann mit Sicherheit sagen, dass die beste Freundin meiner Jugendzeit die Person war, für die ich die meisten Gefühle hatte. Vielleicht gab es keine eindeutig sexuelle Anziehung zu ihr, die ich verspürte, vielleicht habe ich sie aber auch nicht zulassen können, aus Angst diese Freund_innenschaft zu verlieren. Das werden wir nie wissen. Was ich weiß: Dass ich annähernd romantische Gefühle nur in solchen Freund_innenschaften hatte, nicht gegenüber cis Männern. Mir gefiel ihr androgynes Aussehen und ihre Präsenz. Ihre scheinbare Ruhe, sie machte aber, glaube ich, nur viel mehr mit sich selbst ab, während sie anderen aufmerksam zuhörte. Ich wollte ihr gerne auch so ein Fels sein, aber weiß nicht, ob das jemals ansatzweise gelungen ist. Ihr Blick hat mich gehalten, über Wasser und fest. Sie redete nicht so viel, dennoch schienen alle zu merken, was für ein toller Mensch sie war. Wenn sie etwas sagte, war es eben selten verletzender Quatsch und hatte Gewicht. Und dann der trockene Humor…Oh, es gab so viel Gerangel um ihre Freund_innenschaft, das fand ich beängstigend.

„Würdest Du mit mir zusammen sein wollen, wenn ich ein Junge wäre?", habe ich sie gefragt.

Bei diesem queeren Begehren stand also mehr auf dem Spiel für mich. Und hätte ich obendrein damals das Wort nichtbinär gekannt, was hätten die Freund_innen damals gesagt? Es gab Schwule und Lesben, aber das waren ja immer keine Leute, die eins kannte (weil keine_r out war in meinem Freund_innenkreis und es fehlte an Vorbildern im kleinen Kaff), manchmal waren ein paar berühmte Menschen „out". Queer, der Begriff, der erst später zur Verfügung stand, war dann ja noch komplexer. Homosexuelle Menschen waren entweder Frauen oder Männer in den 80ern, so wurde es mir zumindest vermittelt. Manche wurden als androgyn bezeichnet, aber befanden sich trotzdem in einer der beiden Kategorien der Zweigeschlechtlichkeit. Das alles machte so wenig Sinn für mich als Zuordnung, aber was machte Sinn für mich? Ich verliebte mich, zeigte dies, was als weiblich gelesene Person von Jungs meist uncool gefunden wurde, entliebte mich wegen nicht länger Energie in die Projektion investieren können und mir nicht mehr einbilden können, dass das eine spannende Sache sei. Trotzdem waren da für einen Moment intensive Gefühle und ganz ohne die wollte ich nicht sein. Die Kehrseite war das abrupte Abkühlen, wenn nichts mehr in die cis männliche Person „hineinzusehen" war. Bei nicht cis Männern habe ich viel eher das Gefühl, es geht um die Person und die nicht cis männliche Person verallgemeinert auch mich im Gegenzug weniger. Diese Verbindungen kommen mir oft weniger konform und individueller vor. Und haltbarer.

In den 20ern hatte ich tatsächlich so eine Art Euphorie durch das bloße „ich kann sexuelle Beziehungen mit Männern haben[147]" ohne flashbacks, trotz Erfahrungen mit Gewalt und „obwohl" ich nicht normschön oder nichtbehindert bin. Außerdem war ein Kick, dass ich die Initiative ergriff, dass ich schneller war, in Vorstellungen und Wünsche äußern, dass ich, jetzt kommt's: Die Kontrolle hatte. Damit die andere Person eben nicht die Kontrolle hatte über mich. Kontrolle als turn on, nicht nur als „Sicherheitsmaßnahme"? In meinem Fall, ja. Ich glaube, das war für Partner immer ambivalent und verunsichernd. Wenn auch teils erregend. So lange das der Fall war, also Erregung, konnte es ja nicht so falsch sein, dachte ich. Vielleicht empfinde ich Ambivalenz, wenn ich sie empfinde, nicht notwendigerweise als quälend, sondern als etwas „Normales", das vorkommen kann. Ich nahm also die Ambivalenz von cis Partnern nicht ernst genug, vielleicht auch, weil ich sie diesen ganzen Zuschreibungen und Rollen geschuldet sah. Natürlich sind auch cis Männer nicht unverletzlich und können Erfahrungen mit Gewalt etc. gemacht haben. Ein lover aus linkem Kontext fragte mich, ob ich eine bestimmte Praktik nicht degradierend finde? Ich dachte drüber nach und kam nur zu dem Schluss, dass ich das nicht finde und es wertete ja auch etwas ab, was ich selber vorgeschlagen hatte, weil ich es mochte. Mich nervten die Annahmen über „weib-

147 Der Täter hatte mir als Kind gesagt, dass mich kein anderer wollen würde.

liche Sexualität" sehr und sie funktionierten in der Praxis bei mir nicht. Ein anderer fand das hot, aber unzärtlich und sich unmännlich, wenn er mich nicht anders erregen konnte. Vielleicht wurde mir die Ambivalenz der anderen egal, weil sie mit falschen Zuschreibungen verbunden war, weil davon mich einfach sagenhaft viel verletzte, der cis Sexismus aber keine Sache war, die ich als solchen einordnen konnte. Der Sex war gut, aber die Kluft tat sich gleich danach wieder auf. Wenn eins seelisch hart landete nach dem körperlichem Hoch. Weswegen ich mir aber immer noch Gedanken mache, ist dieses Kontrolle-Ding? Habe ich Menschen vielleicht doch überredet Dinge zu tun, die ZU ambivalent für sie waren? Haben sie nicht „Nein" gesagt aus Angst vor Verlust? Hätten sie sich als unspannend eingestuft gefühlt, wenn sie bei „konformeren" Vorstellungen von Sex geblieben wären? Vielleicht war ich gar nicht di_er Einzige, di_er was beweisen musste? Ich musste hauptsächlich mir selbst beweisen, dass die Gesellschaft nicht recht hatte, die Menschen wie mich desexualisierte. Unter welchem Beweisdruck standen die Partner und lover? Würde ich es heute noch Konsens nennen, nur weil kein Nein erfolgte, keine präzise Ablehnung einer Praxis z.B.? Ich glaube nicht. Nur ein Ja, eins, das keine Überredung oder Überlegung braucht, empfände ich als halbwegs sicher. Als sicher genug, dass ich nicht selbst Grenzen überschreite. Ich müsste also von meiner Kontrolle lassen, von dieser Illusion, Kontrolle über die Situation zu haben, über das, was geschieht. Aber das wird mir bei cis Menschen vielleicht nie in dem Bereich gelingen. Cis Sexismus ist nicht nur etwas, das cis Männer reproduzieren.

Was wäre, wenn es zu Schulzeiten einen Unterricht über label, Präferenzen, Geschlechtervielfalt gegeben hätte? Hätte ich dann nicht das für mich Falsche gelebt? Diese Angst, dass, wenn queere Menschen mich nicht akzeptieren, mich wirklich keine_r akzeptieren kann. Begehren. Oder lieben. Wäre die entkräftet worden? Ich bin ein skeptisches mika, dass sich nur von cis Männern als sexuelles Wesen wahrgenommen fühlte, dafür aber einhergehend mit anderer Verkennung.

Vor ein paar Jahren sagte eine trans Person zu mir, dass es klar sei, dass mich cis Personen nicht „sehen" können. Und das empfinde ich auch so. Es bleibt ein unübersetzbarer Rest. Ich machte halt immer nach ein paar Monaten Schluss, weil das nicht auszuhalten war.

Der Abend, an dem ich mir offiziell eingestand, dass mich mehr als ein Geschlecht anzieht, war auch der Abend, an dem ich mit Schwulen und Lesben an einem Tisch saß und irgendwer sprach plötzlich abfällig über bisexuelle Menschen, die nur ein Trend seien und für einen Moment war ich geknickt, aber ich saß ja neben einer Frau, in die ich total vercrusht war und mein ganzer Körper war merklich elektrisiert von ihrer bloßen Nähe und ich musste lächeln, als ich dachte: Nein, das stimmt nicht, I am a living proof, not a trend. Dann ging es recht fix mit dieser neuen Wahrnehmung, ich vercrushte mich öfter als je zuvor und es waren immer seltener cis Männer[148]. Aber ich hatte keine Ahnung was tun. Ich hatte viel mehr Angst vor Ablehnung als zuvor. Und das hat sehr mit dem pan und nichtbinär sein zu tun, weil es verpönt war in der urqueeren community und unter cis Menschen. Außerdem hatte ich Angst nicht fein getuned genug zu sein. Habe ich vermutlich bis heute. Was meine ich eigentlich damit?

148 Es gab noch ein paar vereinzelte Anziehungen zu cis Männern, vereinzelte Affären, eine Beziehung, zwei intensive Freund_innenschaften, in denen ich mich stärker/auf mehreren Ebenen angezogen fühlte, doch nach der letzten Beziehung vor über einem Jahrzehnt und einer letzten passionate friendship Geschichte mit düsterem Ausgang ist das für mich keine Option mehr.

Mal abgesehen davon, dass Schönheitsnormen, codes, lookism Dinge sind, die auch in queeren communities eine große Rolle spielen, befürchte ich, dass das, was bei cis Männern als verwegen und nonkonform galt und mir einen Kick und „Selbstbewusstsein“ gab, überhaupt nichts Besonderes ist für queere Menschen. Ich weiß nicht, warum mir mein Kopf all diese diskriminierenden Klischees von hypersexuellen, kinky und „höher schneller weiter“-Sex habenden queeren Menschen auftischt, aber es sitzt sehr fest und wird immer wieder befeuert, wenn ich im Internet lese und alle scheinen auf kink[149] zu stehen außer ich oder ich nur nicht, weil ich keine Ahnung habe, was da alles drunter fällt... ich will doch nicht wieder etwas beweisen müssen, auch nicht mir selbst, verdammt. Eins ist entweder kinky oder vanilla, so scheint es. Das ist wieder ein Binarismus. Oder? Meine Sexualität wird aber auch mit beeinflusst von der begehrten Person, es gibt Dinge, die ich zu einem Zeitpunkt mochte und später nicht mehr oder nur mit einer bestimmten Person oder nur in bestimmten Kontexten. Es gibt Wünsche, die erst in einer bestimmten Konstellation entstehen.

Zur Zeit habe ich hauptsächlich Sex mit mir selbst. Es gibt Leute, die denken, das wäre dann kein Sex. Ich weiß aber immerhin sehr gut, was mich antörnt, also vorstellungsmäßig, das können auch Dinge sein, die real gar nicht umsetzbar wären für mich oder ich denke mich in die Person mit Penis (die Person ist nicht gegendert und das Genital auch nicht) und wie sich das anfühlen mag, hinein, bzw. in der Vorstellung kann ich diese Person sein und auch

---

149 Ich will nicht kink shamen. Diese Angst vorm „Höher, Schneller, Weiter“-Narrativ hat mehr mit mir zu tun als mit kink oder Menschen, die kinky sind. In einigen Bereichen meines Lebens habe ich dann doch Leistungsdenken internalisiert. Das ist keine angenehme Erkenntnis, aber eine notwendige.

ständig zwischen den Perspektiven aller Beteiligten (das können viele sein!) wechseln. Vorstellungsvermögen ist was ziemlich Großartiges. Und niemensch da, di_er mich weiblich liest und urteilt, dass ich zu schnell käme für eine weiblich gelesene Person. Oder etwas als „unangemessenes, männliches" Verhalten beurteilt.

Die Angst den Ansprüchen anderer nicht zu genügen wächst hingegen halt mit der Erfahrung von ageismus und late blooming. Das merke ich, wenn Leute, die ich nur digital kannte, auf mich als analoges mika treffen. Ageismus, die plötzliche Distanz oder anderes Verhalten aufgrund meines merklichen biologischen Alters, ist sehr real.

Einmal war ich mit einer Freundin in einem Laden für sex toys und ich fand die ästhetisch supi, konnte mir aber wegen der Haptik nicht vorstellen sie für mich zu verwenden; ich würde sie wohl anwenden bei anderen, wenn diese es wünschen, aber mich selber macht es haptisch nun mal nicht so an. Polyamouröse Beziehungen finde ich gut und für mich kompatibler als mono, andererseits ist ja schon eine wie auch immer definierte Beziehung zu einem Menschen intensiv und energieraubend genug, außerdem bin ich alt und ich hatte doch nichts außer meiner Jugend. Körperliche/ gesundheitliche Verschlechterung bewirkt, dass ich gar nicht mehr alles umsetzen kann, was ich gegebenenfalls umsetzen wollen würde. Und überhaupt: Dieses in Beziehungen früher hypersexuelle mika, das kommt mir vor wie von einem anderen Stern und auch der Sex™, Sex™ ist irgendwie etwas sehr Fernes, Unbegreifliches geworden: Wie kam das noch mal genau, dass ich mich da so hineingeworfen habe? Und mich jetzt nichts mehr traue? Und in irgendeiner Ecke meines Hirns lacht eine imaginäre Patsy L'Amour laLove laut auf und sagt, ich sei eben nicht queer, ich sei nicht pervers, nur das perverse queer sei das echte queer, nicht sowas wie mein Identitätspatchworkqueer. Ich denke so: Kopf, jetzt hör aber mal auf.

Gendernonconforming queere tenderness (Zärtlichkeit), das wär's jetzt. Manchmal kriege ich nur dieses eine Wort nicht aus dem Sinn: tenderness. Ich möchte damit alle Formen von Beziehungen queeren[150], meine Freund_innenschaften, romantische Anziehungen, sexuelle Anziehungen, Anziehungen, für die ich keine Kategorien weiß. Ich weiß nur, dass fortgesetzter Konsens wichtig sein wird, wie diese jeweils zu leben sind.

Und dann denke ich an eine Hand, die ich gern halten würde. Es ist die Hand eines nichtbinären gemochten Menschen. Ich stelle mir vor, wie ich frage.

Trotz der möglichen Fallhöhe durch eine Antwort.

---

150 Ich schrieb einmal diese Geschichte auf Englisch über ein nichtbinäres queeres Ex-Meerwesen, dass das Tiefseevolk verlässt, um Mensch zu werden und als be_hinderte Person in der Welt der Menschen versucht ihre Sehnsucht zu stillen. https://mikamikrokosmonautisch.wordpress.com/2014/10/15/just-some-non-binary-dance-moves-part-one/ (Zugriff 15.05.2018).

The impossible victim I

#CN sexualisierte #Gewalt #abuse #Ableistischer_Opferdiskurs #Stigma

Eigentlich ist jedes Opfer unmöglich. Das wurde im Laufe meines Lebens immer wieder deutlich, dass Menschen mit dem Wort Opfer Schwäche verbinden und es daher nicht auf ihre Solidarität hoffen darf. Besonders im letzten Jahrzehnt hat es zugenommen, dass Opfer mit loser (Verlierer) gleichgesetzt wird. Zudem erstarkten Wortschöpfungen wie „Opferabo" seit dem „Kachelmannprozess". Als ich mich auf twitter lesbar und bemerkbar machte, musste ich mir von Antifeminist_innen allerlei anhören. Von „Du willst ja nur ein Opfer sein!", „Was sollen die wirklichen Opfer sagen?", „Eins soll nicht so leicht Vorwürfe erheben, die ein Leben zerstören können." bis zu „Was hast Du denn getan, wo wohnst Du denn, in was für einer Gegend, mit was für Leuten gibst Du Dich auch ab?". Sowas sagen fremde Menschen. Die Verächtlichmachung des Opferbegriffes hat mich von Anfang an gestört. Das Wort wird meiner Meinung nach noch gebraucht, um zu beschreiben, wer das schädigende Verhalten zu verantworten und wer den Schaden hat. Das zu trennen ist eh sehr schwer als betroffene Person. Eins wird sogar eher Gründe für erfahrenes Leid bei sich selbst suchen. Wenn ein Ereignis auf Fehlverhalten zurückführbar wäre, bestände theoretisch die Möglichkeit sich anders zu verhalten und schwupps wäre die Gefahr gebannt. Aber so ist es nicht. Sich selbst Schuld an erfahrener Gewalt zu geben verschafft kurzfristig Entlastung, weil eins sich nicht mehr der Willkür ausgeliefert fühlt. Mir ist der Begriff Opfer, als Klärungsbegriff, wer sich wo zu einem bestimmten Zeitpunkt in einem Machtgefüge befunden hat, ein äußerst wichtiger. In den ersten zwei Jahren habe ich sehr viel zu dem Thema getwittert und geschrieben. Dann immer seltener. Es ist schwierig in einer Gesellschaft zu leben, die dafür sorgt, dass das Trauma lebendig bleibt durch den verächtlichmachenden Opferdiskurs. Mein allererster blogpost überhaupt, „Dieses Leben kann Spuren von Gewalt enthalten"[151], beschäftigte sich mit der Stigmatisierung durch bestimmte Begriffe, die auf das Opfer von abuse in der Kindheit angewandt werden.

Ansonsten kann ich Euch zum Thema das Buch „Queering Sexual Violence"[152] empfehlen, in dem Ihr ganz viele verschieden Perspektiven zu dieser Form der sexualisierten Gewalt findet, von Betroffenen geschildert. Und das Buch „Wege zum Nein"[153] sei Euch ebenfalls ans Herz gelegt.

Es folgen kurze Texte von mir, die unter anderem das Thema Gewalt und (mangelnde) Solidarität berühren.

---

151 Falls Ihr ihn lesen mögt, der Text passt nicht mehr ins Buch: Dieses Leben kann Spuren von Gewalt enthalten https://welcometoshoeboxcastle.wordpress.com/2013/11/25/gastpost-dieses-leben-kann-spuren-von-gewalt-enthalten-teil-1/ (Zugriff 15.05.2018).

152 Paterson, Jennifer (Hg.)/Gossett, Reina (Vorwort) (2016): Queering Sexual Violence: Radical Voices from Within the Anti-Violence- Movement. Riverdale, NY: Riverdale Avenue Books.

153 Holst, Sina/Montanari, Johanna (Hg) (2017): Wege zum Nein – Emanzipative Sexualitäten und queer-feministische Visionen. Münster: edition assemblage.

The impossible victim II

Unvollständige Notizen bezüglich des Überlebens als nichtbinäre be_hinderte Person

(Dies ist eine Adaption eines englischsprachigen blogposts[154], den ich vor einem Jahr schrieb, als der Internationale Frauenkampftag wieder einmal bevorstand. Mir geht es dann meist physisch und seelisch sehr schlecht, das Gewaltthema kommt hoch und damit auch, wie ich in der Regel eher Solidarität erfahre, wenn ich Leute nicht berichtige, falls sie mich als Frau lesen und das Thema unter dem Kapitel „Gewalt gegen Frauen" abspeichern)

Immer wenn der Internationale Frauenkampftag naht, ist meine anxiety nicht weit. Jedes Jahr wünsche ich mir Inklusion von Frauen of Color, von queeren und trans Personen of Color, von trans Frauen und trans Männern und nichtbinären, ungelabelten Personen, von be_hinderten und armen Feminist_innen und Sexarbeiter_innen. Aber die Hoffnung stirbt meist im Voraus.

Warum um alles in der Welt will ich Teil vom Internationalen Frauenkampftag sein, wenn ich mich doch gar nicht als „Frau" identifiziere? Vielleicht, weil es einfach keinen Tag für mich gibt, oder hat jemensch schon einmal vom Internationalen Nichtbinärkampftag gehört oder all inclusive vom Internationalen Feministischen Kampftag? Vielleicht hat mir Queerfeminismus ursprünglich Hoffnung gemacht, dass sich einmal nicht alles um *weiße* nichtbehinderte dya cis Mitteschichtsfrauen dreht, sondern um eine Menge marginalisierter Menschen, die von der patriarchialen Struktur unterdrückt werden.

---

154 https://mikamikrokosmonautisch.wordpress.com/2017/02/24/incomplete-notes-on-surviving-as-a-nonbinary-disabled-person/ (Zugriff 15.05.2018)

LGBTQIA+, diese Buchstabenreihung und das Plus gibt es aus gutem Grund.

Der Grund für diese Buchstaben sollte nicht ein Lippenbekenntnis sein. Intersektionalität sollte mehr als bloß ein Wort sein. Zeigt mir Eure Redner_innenliste und ich zeige Euch, was ich damit meine.

Also komme ich diesen Veranstaltungen nicht mehr wirklich zu nahe: Zu viel Ableismus, zu viel cis Sexismus etc. Ich muss Abstand halten. Lange dachte ich, dass ich keine Dysphorie erleben würde. Vielleicht, weil sich mein Körper nicht falsch anfühlt. Ich fühle mich nur sehr stark unwohl, wenn ich bei einer feministischen Veranstaltung zugegen bin und dann wird nur von Frauen™ gesprochen und dutzende Male von „weiblich". Ich möchte dann ganz verschwinden. Buchstäblich. Ich bin nur inkludiert so lange ich den Fehler nicht richtig stelle. Warum kann es nicht endlich einen Internationalen Feministischen Kampftag geben, der all die eingangs Genannten unterbringt?

Eigentlich hatte ich den Text anders beginnen wollen. Ich wollte einen ruhigen Moment, in dem ich nachdenken könnte, welche Rolle mein Nichtbinärsein beim mir widerfahrenen abuse gespielt haben mag. Ich „wurde" weder nichtbinär aufgrund der Gewalt, noch lehne ich bloß „meine Weiblichkeit/mein Frausein" ab. Ich war schon nichtbinär, bevor das passierte und das nicht binär sein ist eine Intersektion, die Einfluss darauf hatte, wie ich diese Gewalt erlebte. (Hier schrieb ich, dass auch Klassismus[155] eine Rolle spielte).

Die Botschaft, die die abusive Person vermittelt, ist folgende: Dein eigener Wille zählt nicht. Es erschien mir so, als

---

155 Englischsprachiger thread: https://twitter.com/MikaMurstein/status/801517336368971789 (Zugriff 15.05.2018).

ob die Person mich auf „meinen Platz" verweisen wollte, gerade weil ich mich nicht verhielt, wie es von mir erwartet wurde. Ich war frech und ein bisschen selbstbewusst und gendernonconforming, ohne das Wort zu kennen. Einfach ich selbst zu sein, wurde verwechselt mit „mika hält sich für was Besseres/Besonderes". Dieses „mich auf meinen Platz verweisen" hatte nicht nur eine sexistische, sondern auch eine cis sexistische Konnotation. Ich erlebte es als „korrektive" Gewalt. Manchmal fühlt es sich so an, als sei mir dies passiert aufgrund misgenderings (gelesen/behandelt werden als ein Geschlecht, das ich nicht bin). Aber ich weiß auch, dass dies Kindern jeglichen Geschlechts widerfährt, noch mehr, wenn Kinder be_hindert oder chronisch krank sind. Das macht sie noch vulnerabler für abuse.

#Risikofaktor_Be_Hinderung

Dennoch ist dies ein Stachel, den ich nicht entfernen kann, egal wie sehr ich den abuse an sich verarbeitet habe…ich werde permanent damit konfrontiert, dass die Solidarität, die ich bekomme, oft auf misgendering basiert. Zwar gibt es endlich Studien über be_hinderte Überlebende von Gewalt, aber wenn eins diese genau unter die Lupe nimmt, sprechen die meisten nur von Gewalt gegen be_hinderte Frauen und Mädchen, darüber, dass diese häufiger abuse erfahren, was ja auch stimmen mag…dennoch bröselt etwas in mir. Ich weiß nicht, wie sich andere unsichtbar gemachte Betroffene fühlen mögen, aber sicher nicht besser als ich.

Es gibt Fonds zur Finanzierung von Projekten zum Thema abuse und für Psychotherapie, auf die mich jemensch hinwies, aber bewerben konnten sich nur Mädchen und Frauen und ich befürchte, auch nur wenn sie cis sind (was trans Frauen ausschleißen würde z.B.). Ich konnte mich nicht bewerben, weil ich mich dafür misgendern lassen müsste. Ich weiß nicht, ob das auch als Dysphorie gilt,

#Be_Hinderung #abuse #Trauma

wenn eins verschwinden will wegen des einhundertsten misgendering oder der einhundertsten Erfahrung von erasure.

Es gibt eine große, von der Polizei empfohlene Organisation, die Opfern von Gewalt und Straftaten hilft. Ein Polizist gab mir ihre Adresse, als ich Opfer einer Gewalttat wurde. Ich war damals in meinen Zwanzigern und Student_in. Aber ich hatte mir zuvor so viel cis sexistischen Scheiß anhören müssen, wie z.B. „Sie sollten niemals ALS Frau allein irgendwo hin gehen" und ich sollte etwas zu meiner Verteidigung kaufen und am besten noch gleich einen Selbstverteidigungskurs machen, dass ich das nicht wagte. So sehr das schon nach victim blaming gegenüber Frauen aussieht und das ist an sich schrecklich genug, stellt euch mal einen Moment vor, wie das ist sich so etwas anhören zu müssen, wenn eins keine Frau ist, sondern ein agender NB. Eine Mitstudentin stand mir bei, als ich zu Polizeidienststelle musste, um möglicherweise den mutmaßlichen Verdächtigen zu identifizieren. Ich konnte nicht mit Sicherheit sagen, ob eine der Personen hinter der Scheibe, die mich von ihnen trennte, die Person gewesen ist, die versucht hat mich umzubringen… Ich wollte auch nicht die falsche Person beschuldigen. Die Mitstudentin hatte den Nerv Detektiv zu spielen und sie fragte jemenschen, der den mutmaßlichen Täter vor der Tat mitgeschnitten hatte, ob dieser ihm frauenfeindlich erschienen sei. Ich wollte nichts davon hören. Selbst wenn es wahrscheinlich war, dass hinter der Gewalt eine misogyne Absicht gesteckt hatte, weil er von allen Leuten auf dem Plateau eben kein Kind und auch keinen Mann ausgewählt hatte. Wir werden nie wissen, was er genau vorhatte und warum, was er mit meinem (leblosen) Körper gemacht hätte, wenn ich das Bewusstsein verloren hätte oder ich aufgehört hätte zu atmen im Falle einer „erfolgreichen" Tat. Wenn nicht die plötzliche Anwesenheit eines anderen Menschen ihn von der Durchführung abgehalten hätte.

Vor nicht langer Zeit war ich bei einem panel, bei dem es darum ging, wie sich Geschlechtergerechtigkeit in der Filmbranche verwirklichen lassen würde. Nicht ein Mal wurde erwähnt, wie die Filmbranche mit trans Frauen umgeht, wenn diese sich für Finanzierung bezüglich Projekten von Frauen bewerben, ist das möglich vor der Personenstandsänderung, ist es SAFE sich zu bewerben? Wie gehen sie mit nichtbinären Menschen um? Ich habe dann irgendwann abgeschaltet, um zu vermeiden immer wieder nur das Wort „weiblich" zu hören, ich ziehe es vor von Regisseurinnen zu sprechen, wenn nur Frauen gemeint sind…und dann gab es auch noch Sätze wie „…es ist ganz NATÜRLICH für Frauen…"

Ich erinnere mich an eine feministische Veranstaltung: Laurie Penny war da, Mona Eltahawy und noch jemensch… sie sprachen nur von Frauen, das Thema war Feminismus allgemein, vielleicht haben sie zwei bis drei Mal trans Frauen erwähnt, aber nur kurz. Es klang nicht so, als wären mit Frauen alle Frauen gemeint. Laurie Penny redete ein wenig länger über cis Männer und ihre (!) Ängste. Nicht ein einziges Mal hörte ich das Wort nichtbinär. Ich verkroch mich immer mehr in mich selbst bei jedem weiteren (essentialistisch klingenden) „weiblich". Ist auch sowas Dysphorie?[156] Was immer es auch ist, cis

---

156 Bei mir ist das wie ein Kippbild in einem solchen Moment: Als das werde ich also gesehen, weiblich…aber das bin ich nicht. Also werde nicht ich gesehen. Wenn ich darauf beharre, dass ich das Gelesene nicht bin, werde ich aber ausgeschlossen, von denen, die bei Feminismus nur Frauen meinen und mir wird Solidarität ggf. versagt. Es ist sehr krass, dass bei bestimmten Formen von Gewalt davon ausgegangen wird, dass sie nur Frauen™ widerfährt. Es gibt keine Studien zu Gewalt gegen nichtbinäre Menschen und

Sexismus und misgendering sind Unterdrückung und erschweren das Überleben, während eins schon auf so vielen Ebenen ausgeschlossen wird.

---

ich frage mich auch, ob sexualisierte Gewalt gegen trans Frauen in einer Statistik für Frauen erscheint. Wie es richtig wäre oder ob sie wie so oft genau dort ausgeschlossen werden, wo ich eingemeindet werde, wenn ich nichts richtigstelle. Als jemensch, di_er sexualisierte Gewalt in der Kindheit erfahren hat und weiß, dass dies nicht nur Mädchen passiert, solidarisiere ich mich mit allen Opfern sexualisierter Gewalt. Falls jemensch dachte, misgendering sei nicht so schlimm, es ist mit so vielen Themen in meinem Leben verbunden, dass mich manche Situationen überwältigen.
Für einige mögen meine Empfindungen übertrieben klingen. Ich erwarte auch nicht bei Veranstaltungen, die explizit nur für Frauen sind, dass ich mitgemeint oder -gedacht bin. Es geht nur um diesen Tag und wie Feminismus nur mit Frauen gleichgesetzt wird und wie nicht gesehen wird, dass immer schon auch andere mit an der Emanzipation mitgewirkt und Feminismus geprägt haben.
Vorm Frauentag dieses Jahr gab es wieder NB-Feindlichkeit im Netz. Wir sollten doch, wenn wir keine Frauen sind oder „sein wollen", mal das tun, was wir anderen raten: Mal die Klappe halten und solidarisch sein. Was zeigt, dass NB sein als Verrat oder Distanzierung von Frauen erlebt wird.

The impossible victim III

Am 23. November 2016 versuchte ich einen hashtag namens #DisabledSurvivor zu lancieren, der sich mit der wenig thematisierten Gewalt und dem abuse aller Art, dem be_hinderte Menschen ausgesetzt sind beschäftigen sollte. Obwohl ich wusste, dass ein nicht geringes Interesse besteht, fiel es wohl doch den meisten schwer zu dem Thema mit diesen mindestens zwei Betroffenheiten zu posten. Dennoch glaube ich, der Einführungsthread[157] erwähnt viel, was nichtbehinderten Personen nicht so präsent ist in Bezug auf dieses Thema. Daher habe ich ihn nun aus dem Englischen übersetzt:

„Dieser hashtag ist für alle be_hinderten Menschen, die physischen, sexualisierten und oder emotionalen abuse erfahren haben. Als be_hinderte_r Überlebende_r bist Du nicht nur dem durchschnittlichen Zweifel der Leute ausgesetzt, sondern auch dem Zweifel, dass Dir sowas überhaupt passieren kann. Der Zweifel beruht mit auf der Überzeugung, dass be_hinderte Menschen keine sexuellen Wesen seien, nicht begehrenswert, die dieses entsetzliche Ausmaß von abuse unsichtbar macht. Aber dieses Narrativ bringt uns auch auf die falsche Spur. Bei abuse geht es nicht in erster Linie um Anziehung, es geht um Machtmissbrauch, Privilegien und die Abwesenheit von Konsens. In einigen Bereichen des Lebens auf andere angewiesen zu sein ist eine Verletzbarkeit (ein Risiko), das von abusive Personen ausgenutzt werden kann. Eins kann be_hindert UND queer sein. Be_hindert und Überlebende_r. Be_hindert und Überlebende_r und Person of Color und so weiter. Jede Form von erasure muss aufhören. Des-

157 https://twitter.com/MikaMurstein/status/801489653446672385 (Zugriff 15.05.2018).

halb gibt es diesen hashtag für be_hinderte Überlebende, viele von uns sind mehrfach marginalisiert. Je marginalisierter Du bist, desto schwerer ist es Hilfe, Solidarität und Unterstützung zu bekommen als be_hinderte_r Überlebende_r. Es ist auch nicht etwa so, dass weniger marginalisierten Menschen einfach geglaubt wird, rape culture und victim-blaming sind sehr mächtig. Personen of Color/ neuroatypische/trans/queer/NB/prekäre Personen sind oft nicht die Zielgruppe für diese Hilfe. Es ist schmerzhaft selbst in feministischen Kreisen so wenig Solidarität zu erfahren. Eins ist das „unmögliche Opfer" und kann sich nicht offenbaren. Entweder eins wird von vorn herein aus diesen Kreisen ausgeschlossen durch Barrieren, oder eins partizipiert so lange, wie eins als nichtbehindert durchgehen kann. Orte, an denen Ableismus nicht bekämpft wird, sind nicht sicher! Das Bild davon, „Wer ein Opfer von abuse sein kann", ist auch ableistisch. Sich zu offenbaren ist obendrein sehr schwierig, weil die meisten nichts wissen wollen, was ihre Beziehung zu einer (mächtigen) abusive Person trüben könnte. Besonders wenn die abusive Person eine nahe „fürsorgende/fürsorgliche" Person ist, von der eins abhängt, sind Leute weniger geneigt dies eine_r_m zu glauben. Von Unterstützung und Pflege abzuhängen ist keine Schwäche! Aber dieses Angewiesensein wird die abusive Person benutzen, um Schuldgefühle zu wecken und zu drohen. Als be_hinderte Person braucht eins praktische, finanzielle und emotionale Unterstützung, deswegen ist es gar nicht so einfach Schauplätze, an denen eins der abuse widerfährt, zu verlassen. Deswegen ist es so wichtig, dass feministische Kreise solidarische Strukturen für be_hinderte Überlebende schaffen, die auf einem Verständnis von Intersektionalität beruhen."

Empty words
Inklusion – Was heißt das schon?

Als Erstes interessiert mich, wer benutzt dieses Wort und wie.

Oft wird es in Kontexten gebraucht, wo ich mich dafür, dass ich da sein darf, im Gegenzug an-/einpassen soll, anstatt dass etwas meinen Gegebenheiten angepasst wird. Willkommen sind die Be_hinderten, die sich integrieren können. Oder die nicht weiter auffallen. Die keine Mühe machen. „Sonniges Gemüt" bevorzugt.

Da spricht jemensch von einer Be_Hindertenorganisation, spricht für mich, spricht an mir vorbei, ist selbst ableisiert, weiß aber, was das Richtige „für Menschen wie mich ist", verkauft diese Idee mit dem Wort Inklusion. Kritik an dieser Verfahrensweise kommt nur von „undankbaren" Be_Hinderten.

Da läuft ein Spot im Kino, ich sehe andere be_hinderte Menschen mit cyborgisch anmutender Technologie, the crip future is now, denke ich einen Moment, es werden staunende Kinder gezeigt, die Be_hinderung dank Erklärung dieser super Hilfsmittel nicht länger uncool finden und ich denke plötzlich: Halt – für wen ist das jetzt schon Realität, für die wenigen, die finanzielle Ressourcen haben, für die paar Glücklichen dieser Lotterie, dieser Aktion, crip future is not now, denn für wen ist das erreichbar. Es gibt diese Hilfsmittel, sie bedeuten Inklusion, aber eben nur für wenige, die Zugang zu ihnen haben.

Da spricht ein Elter, darüber wie schön das ist, dass das eigene gesunde Kind in eine Integrationsklasse geht, wo alle den be_hinderten Kindern helfen, es wird mit Stolz gesprochen, das be_hinderte Kind ist Objekt der guten Einstellungen anderer, manchmal eine Bereicherung, auf Nachfrage „in welcher Weise?" wird selten spezifiziert.

Nicht falsch verstehen, alle sollen gemeinsam eine Klasse besuchen, aber nicht als feel good movie für Nichtbehinderte. Bildung und nicht ausgesondert zu werden ist „einfach" ein gutes Recht.

Inklusion behauptet der Zeitungsartikel, weil die neuen Be_hindertenwohnheime in einer Straße mit „ganz normaler Bevölkerung" untergebracht sind, das ist doch die Übersetzung von „in einem normalen Wohngebiet", oder?

Vermeintlich Inklusion behauptend schlug die Diakonin, die sich um meine Mutter „kümmern" sollte, vor, als Entlastung und überhaupt, weil Arbeit bedeutet ja automatisch Inklusion, Teil der Gesellschaft sein, nicht wahr, dass ich in einer „Behinderten-Werkstatt" arbeiten sollte. Bei meinen mangelhaften motorischen Fähigkeiten und nicht lange sitzen können, ohne den Schmerzlevel zu erhöhen, brillante Idee.

Im Namen der Inklusion soll ich zeigen, dass ich willens bin. Und bitte recht freundlich und Normalisierung auf Drei -

Eins- zwei – was, du kannst nicht durch diesen brennenden Reifen springen, zu hoch, zu weit, zu gefährlich? HAST DU ES DENN WIRKLICH EINMAL VERSUCHT?

„Wir haben es uns überlegt, wir geben diese Chance lieber jemensch, di_er wirklich will."

Crip futures and futurities
Warum es Zukunft im Plural geben muss

Ausgehend von den Begriffen "crip futures"/"crip futurities", die Alison Kafer in "Queer Feminist Crip" benutzt, möchte ich in diesem Text über Visionen und Konkretheiten solcher „Zukünftigkeiten" nachdenken. Wie sieht diese Zukunft im Plural aus, in der ein Leben mit Be_Hinderung nicht mehr als Gegensatz zu einem lebenswerten Leben gedacht wird?

In „Disability is not a bad word" habe ich Kafers Konzept von "crip time" versus "curative time" angesprochen. Um zu verstehen, wie notwendig ein anderes Denken von Zeit, Lebensqualität und Lebenswert ist, ist es notwendig erst einmal das bisherige Verständnis von „verbessertem Leben, einer Zukunft für Be_Hinderte", wie sie von großen Kampagnen propagiert wird, in der Regel sind in solchen Organisationen hinter solchen „Normalisierungskampagnen" nichtbehinderte Menschen angestellt, zu untersuchen.

Da wären zum Beispiel die Plakataktionen der "Foundation for a Better Life" (FBL), deren Kampagnen Kafer ausführlich beschreibt und analysiert.[158] Z.B. zitiert sie das Plakat, das den nach einem Unfall vom Hals abwärts gelähmten Schauspieler Christopher Reeve, den Darsteller des superman meiner Kindheit, neben den Worten "SUPER MAN" und "STRENGTH" abbildet. So wird Stärke zu etwas, was eins schon verkörpert, einfach weil eins mit einer Be_Hinderung lebt. Der simple Fakt am Leben zu sein als be_hinderter Mensch gilt hier als Tugend, als Wert. Das Plakat vermittelt somit, wenn dieser Mensch

158 Kafer, Alison (2013): A Future for Whom? In: Feminist Queer Crip. Bloomington Indiana: Indiana University Press, S. 86 ff.

sich nicht aufgegeben hat, dann kannst Du das auch. Obwohl die Gesellschaft in der Realität abweichende Menschen negativ sanktioniert, entsteht so ein Bild, dass es eigentlich nur auf die Charakterstärke ankommt. Um den gewollt apolitischen Charakter dieser Kampagne zu unterstreichen, noch ein paar Beispiele.

Muhammed Alis Gesicht ist auf einem Plakat von den Worten „Mut" und „Sein größter Kampf findet nicht im Ring statt" eingerahmt[159]. Sein größter Kampf bezieht sich aber nicht etwa auf Alis widerständiges Leben gegen Rassismus, white supremacy, den Vietnamkrieg der USA und denn nun hinzu gekommenen Ableismus, nein, der Satz bezieht sich auf seinen Kampf mit der Krankheit Parkinson, die bei ihm festgestellt wurde. In dieser Rhetorik wird deutlich, dass die Erwartung an die chronisch kranke/be_hinderte Person ist, dass sie bis zuletzt kämpft, und zwar dafür kämpft eine Krankheit zu besiegen, eine Be_Hinderung zu überwinden. Selbst wenn das voraussehbar unmöglich ist.

Ein blinder Hiker namens Eric Weihenmayer wird auf einem verschneiten Berg mit folgender Aussage präsentiert: „Hat den Everest erklommen. Dank seiner Vision."

Es wird also ein Narrativ der persönlichen, individuellen Verantwortlichkeit „das eigene Leben in die Hand zu nehmen und niemals aufzugeben" gestrickt, in welchem Gesellschaft und Be_Hinderung durch Gesellschaft als Gegenstand kritischer Analyse keinen Platz hat. Die Zielgruppe dieser Aktionen sind dann auch eher nichtbehinderte Menschen, die sich inspiriert fühlen sollen. Der Nichtbehinderten Person wird vermittelt, dass sie froh sein könne, dass sie es nicht so schwer habe wie die

---

159 Kafer, Alison (2013): A Future for Whom? In: Feminist Queer Crip. Bloomington Indiana: Indiana University Press, S. 88.

abgebildeten Personen. Und wenn diese diese oder jene Eigenschaft„trotzdem“ behalten, dann kann ein gesunder Mensch das doch erst recht. Eine Standardformulierung ist „pass it on“, „trag es weiter“. Dabei geht es um Werte der Selbstoptimierung und um Tugenden.

Was ist mit denen, die keinen Mount Everest erklimmen können?

Ich liebe Eli Clares Bergmetapher in dem Text “the mountain“, weil es die Unerreichbarkeit der Normstandards und den Weg, den eins oft erst „beschreiten“ muss, um diese Unerreichbarkeit zu erkennen, vorzüglich in Worte fasst:

„Der Berg als Metapher ragt hinein in die Leben marginalisierter Personen, Personen, deren Knochen durch die Mühlen des Kapitalismus, des Patriarchats und durch white supremacy zermahlen werden. Wie viele von uns haben sich den Berg hoch gekämpft, haben sich an ihm gemessen, haben oben angekommen versagt, lebten in seinem Schatten? Wir haben unsere Köpfe an gläsernen Decken gestoßen, haben versucht die Klassenleiter hinaufzusteigen, haben Kämpfe gegen Assimilation verloren. Sind dem Phantom der Normalität nachgejagt.

Wir hören vom Gipfel aus, dass die Welt von dort oben aus gesehen riesig ist, dass wir am Fuße des Berges leben würden, weil wir faul seien, dumm und hässlich. Wir beschließen, den Berg zu erklimmen oder machen einen Pakt, dass unsere Kinder ihn erklimmen werden. Das Klettern stellt sich als unvorstellbar schwierig heraus. Wir haben Angst; jedes Mal, wenn wir nach vorne schauen, erkennen wir nichts, was im Entferntesten vertraut oder angenehm erscheint. Wir verlieren den Pfad. Unsere Rollstühle stecken fest. Wir sprechen die falschen Sprachen, mit den falschen Akzenten, wir tragen die falsche Kleidung und bewegen unsere Körper auf die falsche Art, wir fragen die falschen Fragen, lieben die falschen Menschen. Und es ist so gottverdammt einsam auf dem Berg. Wir entscheiden uns nicht weiter zu klettern und bauen an Ort und Stelle ein neues Haus. Oder wir entscheiden uns wieder hinabzusteigen zu den Menschen, die wir lieben. Dorthin, wo das Essen, die Kleidung, der Dreck, der Bürgersteig, der dampfende Asphalt unter unseren Füßen, unter unseren Krücken sich richtig anfühlen."[160]

Wann ist etwas, das nach Fortschritt klingt, tatsächlich etwas, das einer be_hinderten Person mehr Selbstbestimmung und Partizipation ermöglicht und wann ist es nur ein weiteres Angebot sich doch bitte zu normalisieren, die Be_Hinderung zu überwinden und, falls das nicht möglich ist, wenigstens ein super crip zu sein mit beeindruckenden Eigenschaften? Das ist gar nicht so leicht zu beantworten.

Ich sitze im Kino und sehe einen Werbespot der „Aktion Mensch"[161] und bin hin- und hergerissen. Das Szenario ist folgendes: Ein paar Kinder hüpfen in einen Raum, wo eine Kameracrew sie empfängt und von ihnen wissen will, was denn das für Dinge sind, auf Gegenstände deutend, die sich als Hilfsmittel für be_hinderte Menschen entpuppen werden. Wir alle haben die Vorstellung verinnerlicht, dass Kinder von Technik fasziniert sind, neugierig und wenig vorurteilsbehaftet. Falls letzteres doch nicht zutrifft, liegt es meist an durch die Eltern vermittelten, übernommenen Vorurteilen. Die Kinder treffen einzeln auf jeweils einen Menschen, der eins dieser Hilfsmittel im täglichen

---

160 Clare, Eli (2009): the mountain. In: Exile and Pride. Durham/London: Duke University Press, 2. Auflage, S. 1-2.

161 Den Spot mit dem Titel „Die neue Nähe" könnt Ihr auf YouTube ansehen: https://www.youtube.com/watch?v=NJbAjxkaxnA (Zugriff 15.05.2018)

Leben benutzt. Die vorgestellten Ent_Hinderungen sind ein IPad mit Benutzungshilfen für blinde Menschen, eine elektrisch gesteuerte Hand, Beinprothesen, mit denen eins auch schnell laufen oder tanzen kann, ein Rollstuhl, der mit dem Mund gesteuert wird, ein Pad, das schriftgestützt Sprache verbalisiert und ein Exoskeleton, dass die unteren Gliedmaßen, in diesem Falle die Beine der be_hinderten Person, in Bewegung versetzt. Alles sehr großartige Dinge und das Staunen der Kinder und die Faszination sind vollends nachvollziehbar. Doch dabei nicht die eigentliche Zielgruppe der Aktion Mensch vergessend, nämlich Erwachsene, die ein Los der Lotterie kaufen sollen, denke ich darüber nach, was in diesem Spot eigentlich aufgewertet wird. Die Hilfsmittel auf jeden Fall. Anstatt des abwertenden Images von der „lästigen Krücke“, die eine_n als anders und langsamer markiert, ist hier nun alles high tech und futuristisch anmutend, obwohl es ja schon Gegenwart ist, für einige wenige aber auch nur. Wir erfahren mehr über die Hilfsmittel, die ihre Besitzer_innen interessant machen, als über ihre Interessen und welchen Beschäftigungen sie mit Hilfe dieser Mittel nachgehen können. Es ist also ein Schwelgen darin, wie Technik unsere Leben erleichtert und der Unterschied ist, wie Kafer sagen würde, dass solche Technik Nichtbehinderten zeitsparend und arbeitserleichternd erscheint, während sie be_hinderten Menschen im Alltag assistierend/unterstützend nutzen, um überhaupt partizipieren zu können. So hat auch Ambivalenz keinen Platz in diesem spot, eins will ja diese frühere Mitleidsperspektive[162] vermeiden. „Wow, das ist ein richtiger Roboter!“, sagt ein Kind, als der Mensch mit dem Exoskeleton in den Raum hinein schreitet. Wie empfindet die betroffene Person

162 Die „Aktion Mensch“ hieß in meiner Kindheit noch „Aktion Sorgenkind“.

das? Auch stellt das Kind oft Fragen und beantwortet sie dann selbst, bevor die betroffene Person zu Ende gesprochen hat. Was der spot nicht zeigt, ist, dass Prothesen oder auch ein Exoskeleton drücken können, dass das, was eins hilft, auch Schmerz verursachen kann oder einen anderen Preis haben kann. Exoskeletons sind auch nicht so erschwinglich und werden nicht nur als Mobilitätshilfsmittel hergestellt, sondern auch für den Kriegseinsatz, wo sie Soldaten ermöglichen unter schwierigsten Umständen sich weiter zu bewegen und schwere Lasten zu tragen, die sie ohne diese Verstärkung niemals bewegen könnten. Auch in Fabriken ist der Einsatz von Exoskeletons möglich, damit schwerere Lasten getragen werden können. Natürlich soll niemensch auf etwas verzichten, nur weil es auch für nicht so coole Zwecke eingesetzt werden kann, aber diese Fragen beschäftigen zum Teil die Nutzer_innen dieser Hilfsmittel sehr. Der Werbespot hat den Titel „Die neue Nähe" und am Ende legt das eine Kind, dass den Sprachcomputer genutzt hat, den Kopf auf die Schulter des anderen Kindes, nachdem sie mithilfe der Technik konversiert haben. Worin besteht diese Nähe? Ist sie erzeugt durch die bloße Aufwertung der Hilfsmittel? Hilfsmittel, die nicht für alle leistbar und verfügbar sind? Oder macht Technik die Nähe möglich? Ich komme zu keinem eindeutigen Ergebnis, weil natürlich auch mich die technischen Möglichkeiten sehr froh machen und begeistern. Aber ein kleines Unbehagen bleibt, entsteht die Nähe etwa, wenn wir beeindruckend funktional sind und Fähigkeiten haben, die den nichtbehinderten Menschen fehlen? Sind wir dann plötzlich übermenschlich, Roboter oder cyborgs anstatt wie früher „Monster"?

Problematisch sind also an den meisten Darstellungs- und Deutungsrahmen von Be_Hinderung die Dichotomien, die in der Regel nichtbehinderte Menschen, die „Be_Hinderten"-Organisationen leiten, anwenden in ihren Kampagnen. Dichotomien wie positiv/negativ, mitleiderregend/bewundernswert, schwach/stark, unnützlich/nützlich etc. Was fehlt, sind diverse Perspektiven Betroffener, in denen nicht Ambivalenz verschwiegen werden muss, um Solidarität zu erzeugen.

„I am a cyborg, that's okay", behaupte ich im Titel dieses Buches. Sicher haben sich schon einige gefragt, warum ich in „disability is not a bad word" ausgerechnet das Bild eines normschönen, be_hinderten Models als empowernd beschreibe, also das Abbild von Aimee Mullins, die über mehr als ein Dutzend Paar Prothesen verfügt. Es geht weniger um die absolute Identifikationsfläche für mich, als dass es für mich das erste Mal war in meinem langen Leben, dass das Hilfsmittel nicht einfach wie etwas Separates, als bloße Verlängerung des eigenen Körpers dargestellt wurde, sondern als Teil der Person. Diese Hybridität, die für mich be_hinderte Identität durchzieht und prägt, wurde in dem Moment für mich ganz deutlich. Die Grenze zwischen „Künstlichem" und „Natürlichem", besonders in Bezug auf Körper, in Frage zu stellen ist mir ein persönliches Anliegen. Einige Zeit später kam ich auf den Titel meines Buches, wo ich auch mit dem Buchcover zusätzlich diese Hybridität veranschaulichen will. Da eins mein Hilfsmittel, den Stahl in meinem Rücken, von außen nicht sehen kann, wollte ich ihn wenigstens auf dem Cover hervorleuchten lassen. Er ist Teil von mir und seine Bedeutung ist ambivalent. Zum einem ermöglicht er mir nun schon seit Jahrzehnten eine Mobilität, die ich sonst eingebüßt hätte im Falle einer Lähmung. Zum anderen schränkt er aber meinen Bewegungsradius ein und führt auch keine Heilung herbei, ich bin immer noch schief, nur nicht so stark wie im Ausgangspunkt und zu dem eingeschränkten Bewegungsradius kommen chronische Schmerzen, 24/7. Der Stahl ist also auch eine Markierung meiner Be_Hinderung, die er nicht aufhebt. Dennoch bin ich froh über dieses Metall, es ist Teil von mir geworden, buchstäblich, denn es hat es sich mit den Knochenspänen verbunden und diese sind wiederum mit den Wirbelkörpern eine Allianz eingegangen. Es hat etwas „verbessert“, aber nicht geheilt, es bietet mir Möglichkeiten, macht mich aber nicht funktional/normalisiert einsetzbar in der Art, wie es dem kapitalistischen System am liebsten wäre. Es bietet also auch widerständiges Potenzial. Technik als Erhöhung der Lebensqualität, aber nicht der Funktionalität eines Menschen, ich weiß, so eine Un_Verschämtheit, so wurde eine Zufälligkeit mein Ideal.

Wann immer ich meine cyborg Assoziationen erwähnte, riefen die meisten „Ah, Haraway!“ aus und meinten Donna Haraway und ihr 1985 erschienenes “A Cyborg Manifesto“.[163] Wie fast immer, wenn schon jemensch einen von mir genutzten Begriff viel früher mit Bedeutung versehen hat und diese übermächtig scheint gegenüber meinen zaghaften, kreativen Interpretationsversuchen, ziehe ich erst einmal einen Flunsch. Ich mag grundsätzlich erstmal eigenen (?) Assoziationen nachgehen, auch wenn ich im Nachgang, wenn ich überprüfe, wer einen Begriff wie geprägt hat, reflektieren muss, was an meiner Deutung problematisch sein kann oder umgekehrt, wo meine Interpretation sich von einer so bekannten Theorie unterscheidet und warum sie es tut. In ihrem Kapitel “The Cyborg and the Crip“[164] widmet Kafer dann auch dem

---

163 Haraway, Donna J. (1991): A Cyborg Manifesto: Science, Technology, and Socialist Feminism in the late Twentieth Century. In: Simians, Cyborgs and Women: The Reinvention of Nature. New York: Routledge, S. 149-181. Erstveröffentlicht unter: “Manifesto for Cyborgs: Science, Technology, and Socialist Feminism in the 1980s“. In: Socialist Review, Ausgabe 80, 1985, S. 65–108.

164 Kafer, Alison (2013): The Cyborg and the Crip. In: Feminist Queer Crip. Bloomington Indiana: Indiana University Press, S. 103-128.

Potential und den Fallen der cyborg Figur sehr viel Raum. Sie beschäftigt sich ausführlich mit der Kritik an Haraways "A Cyborg Manifesto"[165]. Meine Perspektive auf diesen Text ist also auch unter anderem schon von dieser Kritik geprägt.

Der Ausgangspunkt von Haraways "A Cyborg Manifesto" ist laut Kafer der Versuch, der Universalisierung und Essentialisierung der Kategorie Frau als politisch Einendes und Verbindendes im Feminismus etwas entgegenzusetzen. Es geht also gegen die Naturalisierung von Frausein, wie es im traditionellen Feminismus der Fall war. Der Cyborg dagegen entwirft eine hybride Figur von Menschsein und Identität, Feminismus basiert nicht länger auf Identität als ein Monolith, sondern auf Affinität[166], das kann z.B. eine ähnliche soziale Realität sein, die verbindet, aber nichts „Wesenhaftes/Natürliches". Es ist also eher eine sozio-politische Verortung, die diese Verbindung (m.E.) schafft. Soweit stimme ich Haraways Unternehmung und Begründung für diese zu. Zu oft erlebe ich, wie gerade *weiße*, ableisierte, cis Frauen aus der Mittelschicht feministische Einheit schaffen wollen, indem sie sich universalistisch setzen und die exkludieren, die diesen universalisierten Eigenschaften nicht entsprechen: Personen of Color, trans Personen, be_hinderte Menschen, prekär Lebende, also gerade die Personen, die womöglich Erfahrungen mit hybrider Identität statt Identität als Monolith besitzen können. Menschen, die wissen, dass sie diese Anteile der Identität nicht aufspalten oder

---

165 Haraway, Donna J. (1991): A Cyborg Manifesto: Science, Technology, and Socialist Feminism in the late Twentieth Century. In: Simians, Cyborgs and Women: The Reinvention of Nature. New York: Routledge, S. 149-181.

166 Kafer, Alison (2013): The Cyborg and the Crip. In: Feminist Queer Crip. Bloomington Indiana: Indiana University Press, S. 104.

abspalten können, nur um in diesem Monolith Aufzugehen, es ist schlichtweg nicht möglich. Und dabei sind mehrfach Marginaliserte auch noch mehr als die Summe dieser Teile, so dass diese einheitliche fiktive „Ganzheit" nicht erreichbar ist. Die Figur des cyborgs als Aufhebung der Trennung in „natürlich" und „künstlich" könnte auch nützlich für trans Personen sein, die Pathologisierung für körperliche Transition und Körpermodifikation erfahren. Transfeindlichen Feminist_innen wird eins es nie recht machen können: Entweder eine trans Frau erfüllt nicht die „marker", die sie angeblich „natürlich zur Frau machen" oder sie erfährt den Vorwurf stereotype Bilder von Frausein, wenn sie sich Kleider anzieht, schminkt, einer geschlechtsangleichenden OP unterzieht, zu verstärken. Feminist_innen der zweiten Welle brauchen die Dichotomie der cis Zweigeschlechtlichkeit als Identitätsstiftung und hybride Identitäten darf es nicht geben. Haraway betrachtet be_hinderte Menschen als potentielle cyborgs, sie schreibt: „Gelähmte und andere schwer behinderte Menschen können vielleicht über die intensivsten Erfahrungen einer komplexen Hybridisierung verfügen (und manchmal ist es auch so)".[167] Haraway benutzt zwar „vielleicht" und formuliert es vorsichtig, aber die häufige Verwendung von Be_Hinderung in ihrem Text zur Veranschaulichung von Hybridität wird dann auch fast zu so etwas wie einer Idealisierung von Technik und blendet vollkommen die Realitäten und Perspektiven der be_hinderten Person selbst aus. Auch cyborg als Begriff

---

167 Kafer, Alison (2013): The Cyborg and the Crip. In: Feminist Queer Crip. Bloomington Indiana: Indiana University Press, S. 111, deutsche Übersetzung folgt der Ausgabe: Haraway, Donna J. (1985): Ein Manifest für Cyborgs. Feminismus im Streit mit den Technowissenschaften. S. 272. In: Bruns, Karin/Reichert, Rámon (Hg.) (2007): Reader Neue Medien: Texte zur digitalen Kultur und Kommunikation. Bielefeld: transcript, S.238-277.

für sich zu wählen geschieht aus einer sozio-politischen Perspektive heraus und macht als Selbstbezeichnung für mich Sinn, aber anderen zuzuschreiben, sie wären cyborgs, wegen dieser und jener Bedingungen, würde dann paradoxerweise diese Menschen zu „natürlichen cyborgs" erklären. Nicht nur, dass es der cyborg Theorie schadet, es nutzt dann auch die vermutete soziale Realität be_hinderter Menschen als Vehikel für die Theorie. Mir ist unwohl dabei, weil es so viel ausblendet und abspaltet. Z.B. ist es ja gar nicht so einfach zu sagen: Ich bin, wie ich bin und das ist gut so, wenn diese Hybridität, die eine Person verkörpert, als Gegenteil der erwünschten Ganzheit wahrgenommen wird. Eins soll nicht spalten, sagen die, für die eins sich in den kleinen Anteil vermuteter gemeinsamer Identität spalten soll. Aber am besten eins wäre nicht das, was eins ist, sondern ein Konglomerat aus allen erwünschten Normen. Das würde dann als Ganzheit wahrgenommen. Bei dieser ständigen Aburteilung darauf zu kommen, dass auch die Depression oder auch die Be_Hinderung ein Teil von eine_r_m selbst sind, nicht nur weil eins sie nicht einfach so loswerden kann, das ist doch meist ein langer Prozess und keinem „cyborg sein als Disposition" geschuldet. Bei Haraway sind es nur die schwer be_hinderten („handicapped") Personen, die näher dran sind an der komplexen Erfahrung der Hybridität. Meine Skepsis, ob cyborg als Fremdzuschreibung okay ist, wächst also. Für mich ist interessanter, wen die cyborg Figur als Selbstzeichnung und als Bild für Hybridität empowern kann, wie es das (nicht als natürlich voraus gesetzte) widerständige Potential einer Person verstärken kann. Mich hat die Aufhebung zwischen Maschine und Mensch, zwischen Natürlichem und Künstlichem am meisten empowert. Das, was andere für nicht so wünschenswert halten, das Schiefe, das Depressive, das Metall, die Müdigkeit, all das ist auch Teil von mir und nicht „Nicht-Ich". Ich bin kein funktionaler cyborg. Auf mein trans sein bezogen, würde ich sagen: das Unerwünschte jenseits der cis Zweigeschlechtlichkeit ist auch etwas, was ich bin, ein Teil von mir, keine Störung. Es ist ja auch die Frage, wen es „stört", nicht?

Wenn ich mein So-Sein benutzen kann, um ein wenig Sand im Getriebe des Systems zu sein, dann will ich das gerne tun.

Haraway nimmt leider auch eine rassistische Zuschreibung vor und zwar schreibt sie: „Einer Cyborg-Alice würden diese neuen Dimensionen nicht entgehen. Ironischerweise könnten es gerade die widernatürlichen Cyborgfrauen, die in Asien Chips herstellen und in Santa Rita rituelle Tänze aufführen, sein, deren konstruierte Einheiten wirksame oppositionelle Strategien anführen."[168] Im Original steht „unnatural" und das ist schlimm genug und schon wird eins eine ganz andere cyborg Figur suggeriert, nämlich ein funktionaler cyborg, der auf Autopilot etwas macht, die Frage ist, wo das ein per se subversives Potential haben soll? Oder spricht es das nicht vielleicht sogar ab? Können sich alle Arbeitskämpfe erlauben? Ist in der westlichen Welt Menschen eigentlich klar, dass gerade die Marginalisierten, die am meisten zu riskieren haben, die diese Kämpfe oft ausfechten, dafür manchmal

---

168 Das Zitat habe ich einem auf Deutsch verfügbaren Auszug des "Cyborg Manifestos" entnommen: http://www.medientheorie.com/doc/haraway_manifesto.pdf, S. 5 (Zugriff 15.05.2018).
Das englische Original ist in gesamter Länge als online Ressource verfügbar: https://warwick.ac.uk/fac/arts/english/currentstudents/undergraduate/modules/fictionnownarrativemediaandtheoryinthe21stcentury/manifestly_haraway_----_a_cyborg_manifesto_science_technology_and_socialist-feminism_in_the_....pdf (Zugriff 15.05.2018).

mit dem Leben bezahlen? Es braucht kein gnädiges (paternalistisches) Zugestehen des Potentials.

Das sind für mich halt Kritikpunkte an der cyborg Figur als Fremdzuschreibung an egal welche Gruppe, deren Lebensrealität dadurch fremderklärt wird (mein Ausdruck für die Beschreibung/Interpretation nicht eigener gelebter Erfahrung). Etwas mehr in Perspektive gerückt wird es zum Glück hierdurch: „Chela Sandoval hat sich mit bestimmten historischen Momenten im Zusammenhang mit der Formierung einer neuen politischen Stimme mit dem Namen ‚Women of Color' beschäftigt, und dabei ein vielversprechendes Modell politischer Identität entwickelt, das sie als ‚oppositionelles Bewusstsein' bezeichnet. Oppositionelles Bewusstsein entsteht aus der Fähigkeit derer, die das Gewebe der Macht zu lesen verstehen, und denen eine stabile Zugehörigkeit in den sozialen Kategorien race, Geschlecht und Klasse verweigert wird."[169] Außerdem wird der Zusammenbruch aller systematischen Bezeichnungen der „westlichen" Tradition in den Fokus genommen, und auf die Entstehung postmoderner Identitäten, die hochpolitisch seien, Bezug genommen.[170] Ich übersetze das für mich als ein Ende der Fremdbezeichnung/Kategorisierung als Selbstverständlichkeit durch oppositionelles Bewusstsein und Selbstbezeichnung. Und die cyborg Figur steht für das, was sich nicht mehr so einfach fremdbezeichnen und kategorisieren lässt. Sollte ich mit meiner Interpretation nicht völlig falsch liegen,

169 Haraway, Donna J. (1985): Ein Manifest für Cyborgs. Feminismus im Streit mit den Technowissenschaften. S. 247. In: Bruns, Karin/Reichert, Rámon (Hg.) (2007): Reader Neue Medien: Texte zur digitalen Kultur und Kommunikation. Bielefeld: transcript, S. 238-277.

170 Kafer, Alison (2013): The Cyborg and the Crip. In: Feminist Queer Crip. Bloomington Indiana: Indiana University Press, S. 104.

dann schließe ich für mich daraus: Die cyborg Figur sollte ebenfalls nicht einfach auf andere angewandt werden, sondern eher als politische Figur zur Selbstreflektion/ Selbstermächtigung verwandt werden.

Ich habe crip als Selbstbezeichnung irgendwann nach der Kafer-Lektüre benutzt und auch, weil ich es mochte, wie es in politischen Kontexten von be_hinderten twitter Aktivist_innen selbstbewusst genutzt wurde. Kafer untersucht sowohl cyborg Theorien als auch die crip Theorien sehr differenziert und kritisch in "Feminist Queer Crip". Robert McRuer hat den Begriff crip theory als erstes geprägt und erörtert in seinem 2006 erschienenen Buch "Crip Theory – Cultural Signs of Queerness and Disability"[171]. McRuer setzt Zwangsheterosexualität und Zwangs-Ablebodiedness in Beziehung. Sowohl queere Menschen als auch be_hinderte Menschen werden als Abweichung konstruiert und oft pathologisiert. „Aber letzten Endes, wärst Du da nicht lieber wie ich?"[172] ist eine nicht selten an die von der Norm „Abweichenden" implizit oder explizit gestellte Frage. Der Kampf um gleiche Rechte kann auch in einem Kampf um Anerkennung münden, die nur auf dem Normalisierungsgrad, der erreicht werden kann, fußt: Institutionen wie Ehe, Monogamie, gesundes Leben, Leistung, Fitness werden zum marker der Normalität, sollen beweisen, dass queere wie auch be_hinderte Menschen eigentlich „ganz normal" sind, „normale" Bedürfnisse haben „wie Du und ich" und „dasselbe wollen". Love is Love. Und Gesundheit ist das Wichtigste, nicht

---

171 McRuer, Robert (2006): Crip Theory, Cultural Signs of Queerness and Disability. New York/London: New York University Press.

172 McRuer, Robert (2006): Introduction – Compulsory Able-Bodiedness and Queer/Disabled Existence. In: Cultural Signs of Queerness and Disability. New York/London: New York University Press, S. 9.

wahr. Das soll heißen, dass auch queere Menschen heteronormative Vorgaben verinnerlicht haben und be_hinderte Menschen ableistische Maßstäbe und nicht wegen „Abweichung“ automatisch über ein „anderes Bewusstsein“, was diese Normen betrifft, verfügen. Auf uns alle wirkt „Ablebodied Zwangsheterosexualität“ ein. Um Widerstand zu leisten benötigt es ein critical queer crip (kritisches queer/crip sein)[173]. Dennoch bin ich sehr dagegen einen Wunsch nach Ehe oder Heilung, Krankheitsmilderung per se als Anpassung an diese Normen zu sehen. Ich wünsche mir einfach das ganze Spektrum an Möglichkeiten für queere und be_hinderte Menschen. Z.B als Mensch, di_er nie heiraten wollte, entdecke ich in den letzten Jahren bei mir, dass ich mir das unter Umständen doch vorstellen könnte, diese Verbindung einzugehen. Das hat mit meiner Lebensrealität zu tun. Es wäre mehr ein Akt der Solidarität, füreinander da zu sein, in einer Gesellschaft, die queere und zugleich be_hinderte Menschen besonders marginalisiert. Es geht um Rechte der Beziehungsperson(en), z.B. bei medizinischen und anderen Entscheidungen, wenn ich mal außerstande sein sollte, diese zu artikulieren, die diese nur hat, wenn sie ihr in einem bestimmten Rahmen erteilt werden. Es geht tatsächlich auch darum ein wenig einander abzusichern, falls möglich. Das kann für Außenstehende wie ein Einknicken und sich Normen unterordnen aussehen, dabei

173 Ebd. Auf den S. 30-32 und S. 40-41 wird der Gedanke des „kritisch queer/crip seins“ erläutert. Es ist eine notwendige Praxis, da der Liberalismus nichtbehinderter/heterosexueller Menschen queere wie be_hinderte Personen gerade mal toleriert, aber frustriert ist mit ihrem So-Sein anstatt mit den aufgezwungenen Normen, die queere und be_hinderte Menschen in Frage stellen. Der Ausdruck "critically queer“ stammt von Judith Butler (1993): „Critically Queer“. In: GLQ: A Journal for Lesbian and Gay Studies, 1.1, S. 17-32.

ginge es in erster Linie um Fürsorge und Lebensqualität und Überleben im Ist-Zustand der Gesellschaft, nicht um Normalisierung und Anerkennung. Und würde eins jemenschen, di_er z.B. durch eine OP gesunden kann, oder die Lebensqualität verbessern kann, die Entscheidung dafür als Anpassung an die Norm ankreiden wollen? Ich denke, das macht keinen Sinn. Es geht bei allem ja darum die Wahl zwischen mehr als zwei Optionen zu haben, die eins zuvor verwehrt wird. Critically queer und crip sein heißt, um die Mächtigkeit von Normen zu wissen, ohne gedrängt zu sein die eigene Subversivität unter Beweis zu stellen, so, wie eins zuvor die eigene Normalität beweisen sollte. Ich weiß nicht, ob ich mein Unbehagen gegenüber manchen möglichen Lesarten der crip Theorie wirklich gut verdeutlichen kann in diesem Stadium der Reflektion. Und was hat es mit diesem „cripping" auf sich, wer kann und mag diese Strategie anwenden? Wer vermag zu queeren? Ist Be_Hinderung automatisch queer?

Für mich ist es leicht queer zu sein, weil mein Körper sich schon in vielerlei Hinsicht que(e)r zu Normen verhielt. Für mich ist es schwer queer zu sein, weil mein Körper so schon vielen Normen nicht entspricht. Beides ist wahr. Warum beides stimmt, werde ich erläutern. Mir war ab dem Schulalter bewusst, dass ich nicht in zweigeschlechtliche Kategorien passte und nicht die Rollenerwartungen erfüllte. Schon dieses Verhalten wurde sanktioniert, sobald ich mich außerhalb meiner Familie aufhielt. Ich hatte kein Wort dafür, nur Geschichten, mit denen ich veranschaulichen wollte, warum die Zuschreibungen bei mir ein solches „Häh?" auslösten. Heute kann ich sagen, ich bin nichtbinär, aber ich war es schon, bevor ich ein so kurzes Wort dafür hatte. Krankheit und Be_Hinderung haben mich dann ab einem Punkt in meiner Kindheit als von der Norm abweichend markiert, mir war klar, dass die propagierte Norm der Gesundheit und damit verbundene Körperideale niemals erreichbar für mich wären. Trotz dieses frühen Widerstandspotentials habe ich mir durch Sex mit cis Männern bewiesen, dass ich „das haben kann", also das haben kann, was eins einer gendermäßig seltsamen und be_hinderten Person abspricht und zwar: Sex und ausgelebte Sexualität. Die dann von außen betrachtet wie Heterosexualität aussah. Und ganz sicher hat Zwangsheteronormativität und Zwangsablebodiedness etwas mit diesem sich etwas beweisen müssen zu tun gehabt. Ich konnte das also haben. Nach dieser Erkenntnis war nach erster Euphorie aber nur Leere festzustellen. Ich hatte immer schon Anziehungen zu verschiedenen Geschlechtern verspürt und ich gehe in einem anderen Text noch tiefer darauf ein, aber dass eine Beziehung mit einem cis Mann oder auch tiefere Freundschaften mit cis Männern ein solches Gewicht, aber letztendlich nicht die tatsächliche Bedeutung hatten, dass ich meine Zeit damit verschwendet habe mir etwas zu beweisen müssen, hatte etwas mit Normen zu tun gehabt. Vielleicht wollte ich dann doch etwas Normalität in meinem Leben, etwas, was unkompliziert war, weil das script nicht so komplex ist. Vielleicht hatte und habe ich auch Angst, doch ich habe viel mehr Angst, von queeren Menschen abgelehnt/nicht akzeptiert/abgewertet zu werden. Das würde mich mehr treffen. Ich musste sehr kreativ sein, um in den falschen Beziehungszenarien Bedeutung zu schaffen, das kam mir annähernd normal vor zur Abwechslung.

Also: Einesteils ist es für mich leicht, zu sagen, ich bin das und das, ich wusste schon früh, dass „Normalisierung" in den meisten Bereichen für mich unmöglich ist und ich sie nicht als erstrebenswert ansehe - gleichzeitig gibt es aber auch ein „Uff, das ist ganz schön schwer, ich weiche eh schon da und da und auch dort ab, kann nicht mal was unkompliziert sein?" „Normal" halt, nicht weil „normal" cool wäre, sondern weil ein einziges Konglomerat aus Abweichungen zu sein doch sehr anstrengend ist?

Ich habe mit großer Aufmerksamkeit verfolgt, wie einige twitteries ihr trans/queer sein und ihr be_hindert sein in Beziehung setzten, also schon davon ausgingen, dass die Be_Hinderung und die unerreichbare Norm sie aufmerksam gemacht haben, dass sie auch geschlechtlich/von der sexuellen Präferenz her nicht der Norm entsprechen. Aber wie es nun direkt mit einem Zusammenhang zwischen Be_Hinderung und queer/trans sein aussieht, ist schwer zu sagen. Be_Hinderung und eine kritische Perspektive auf Zwangs-Ablebodiedness kann helfen bei der Bewusstwerdung des eigenen queer/trans seins, aber jetzt kommt's – es kann dem auch genauso gut im Weg stehen. Wer will schon überall abweichen. Ich hoffe, ich bin nicht di_er einzige, di_er in dieser Spannung lebt

Während meine Sorge wächst, „crip theory" könnte die Wünsche, Bedürfnisse und den Kampf nach gleichen Rechten als bloßen „Normalierungsversuch", als Anpassung denunzieren, stoße ich zum Glück in McRuers Buch auf die Geschichte von Karen Thompson und Sharon Kowalski[174]. Als Sharon Kowalksi nach einem Autounfall schwerbe_hindert und pflegebedürftig überlebt, wird ihre Partnerin Karen Thompson so nach und nach von der Kowalski-Familie aus dem Leben ihrer Partnerin gedrängt. Weil sie nicht „Familie" ist, hat sie wenig Einfluss, ob Entscheidungen im Sinne ihrer Partnerin getroffen werden. Ein jahrelanger Kampf um Sharons Selbstbestimmung beginnt, der in dem Buch "Why Can't Sharon

---

174 McRuer, Robert (2006): Capitalism and Disabled Identity. In: Crip Theory, Cultural Signs of Queerness and Disability, New York and London: New York University Press, S. 84 ff.
Thompson, Karen/Andrzejewski, Julie (1988): Why can't Sharon Kowalski come home? San Francisco: Aunt Lute.

Kowalski Come Home?" eindringlich geschildert wird. Weil Sharon angeblich mental auf der Entwicklungsstufe eines 4-6-jährigen Kindes sei und abhängig von Pflege, behauptete der Vater von Sharon, es sei egal, wo sie untergebracht sei, aber am besten immer noch bei ihrer Familie. Außerdem beharrte er darauf, dass seine Tochter nicht lesbisch sei und eine Gefahr des sexuellen abuse bestünde. Die Gerichte gaben dieser ableistischen homo-/queerfeindlichen Einschätzung nach. Wären Sharon und Karen verheiratet und wäre „same sex marriage" legal gewesen, hätte es nicht zu so einem Urteil kommen können. Der be_hinderten Person wurden Selbstbestimmung, Identität und Sexualität abgesprochen. Die verpartnerte Person, Karen Thompson, die dafür kämpft, dass Sharons Selbstbestimmung, Identität und Sexualität Achtung erfahren, wird queerfeindlichen Verdächtigungen ausgesetzt. Die Notwendigkeiten, care Arbeit (Fürsorge) zu queeren und für die Rechte be_hinderter Menschen einzutreten, treffen hier zusammen. Erst dieser Kampf lässt die queere community für Karen Thompson zu so etwas wie einer Heimat werden, sie erfährt dort die nötige Unterstützung und erlebt, dass es dabei um kein „Einzelproblem" geht. Erst im Jahr 1991, nach einer Anhörung von Sharon Kowalski, die in den letzten zwei Jahren den Wunsch geäußert hat nach Hause (zu Karen) zu kommen, erhält Karen Thompson die legale Vormundschaft für Sharon und lebt seitdem mit ihrer neuen Lebenspartnerin und Sharon.[175] Denn für Thompson steht fest: „Sharon und ich sind nur im Doppelpack zu haben. Wenn jemensch es schafft mich zu lieben, muss diese Person uns beide lieben." Ich glaube, dieser Kampf für die Selbstbestimmung eines nahen Menschen und dessen Rechte zeigt, dass

175 Es ist das erste Mal in der US-amerikanischen Rechtsgeschichte, dass ein_e unverheiratete_r queerer Partner_in die legale Vormundschaft erhält.

dieser Kampf nicht zwangsläufig, wenn gewonnen, in der von der Gesellschaft gewünschten Normalisierung enden muss. Für Zugang (accessibility) zu kämpfen ist nicht dasselbe, wie für den Erhalt von Privilegien zu kämpfen.

Ich muss an die schmerzhaften Zeit-Zeugnisse derer denken, die während der 80er und 90er Jahre nicht wirklich Abschied nehmen konnten von ihren an HIV sterbenden Partner_innen und Freund_innen, wenn die Familien der erkrankten Personen den Besuch im Krankenhaus untersagten oder die Beerdigungen unter Ausschluss des Freund_innenkreises stattfanden. Im Tode wurden die Verstorbenen nachträglich normalisiert. Die Homosexualität/queerness wurde erased und als Todesursache wurde Krebs oder eine der Begleiterscheinungskrankheiten benannt. So wurden viele um die Zeit mit den sterbenden Nahmenschen beraubt und ihnen der Raum zur Trauer genommen, die isoliert verarbeitet werden musste. Ich erinnere mich gut an die Panikmache, an die Angst vor HIV, als seien Menschen, die daran erkrankten, „Zombies" oder „Aussätzige" (die Medien benutzten inflationär das Wort „Seuche"). Ich war teenie, als das passierte, am meisten traf es die Generation, die altersmäßig zwischen meinen Eltern und mir lag. Das alles führte auch dazu, dass Sex mit Tod assoziiert wurde, nach einer Weile, nachdem das Vorurteil, die Krankheit beträfe nur Risikogruppen, ausgeräumt war. Dennoch fällt bei einer Minderheit die Anzahl der Erkrankten eben stärker auf. Eins muss als Mensch, der nach den 80er Jahren geboren ist, im Hinterkopf haben, dass die Ärzt_innen anfangs vor einem Rätsel standen und alles, was klar war, war, dass unheimlich viele Menschen starben und es keine dem Einhalt gebietenden Medikamente gab. Es bedeutete Sterben unter immensen Schmerzen. Das zu wissen prägte. McRuer schreibt, wie Heterosexuelle darauf reagierten: Sie suchten nach

#HIV #Stigma

eine_r_m sicheren Partner_in[176]. Während homosexuelle Menschen eher Wert auf safer Sex legten. Ich weiß noch, wie ein paar aus meinem Freund_innenkreis so ein Abstinenzjahr hatten, ob das nun mit „kein Sex vor der Ehe" oder ähnlichem assoziiert war, weiß ich nicht bei jede_r_m zu sagen, aber mehr als mit bigotten Moralvorstellungen hatte es damit zu tun, dass es womöglich eine Reaktion war, und mit unglaublicher Angst vorm Tod, diese Angst fuhr auch meiner Neugier in die Parade. Es gibt natürlich keine Verpflichtung des coming outs, aber ich reime mir zusammen, dass es auch schwer war, wegen dieser Krankheit und der mit ihr verbundenen Vorurteile, ein coming out zu haben, die eigene queerness zu leben, jedenfalls schien mir das in meinem gleichaltrigen Umfeld so und Popstars, von deren Homo-/Bisexualität/queerness eins in den 90ern etwas wusste, waren in den 80ern noch nicht damit out gewesen. In dem Dokumentarfilm "I'll Be Your Mirror" wird Fotografin Nan Goldin und ihre sehr intime Art, das Leben von Freund_innen und von Subkultur festzuhalten, dargestellt. Mich hat diese Nähe, die ein miteinander leben und einander kennen vorausgesetzt hat, diese Dokumentation ansonsten schwer greifbarer Momente, damals sehr berührt. Der Film war auch begleitet von Trauer, denn nicht wenige der dargestellten Personen verstarben an Aids. Queer sein und Trauer sind also auch Ende der 90er noch stark verknüpfte Assoziationen für mich gewesen. Was habe ich eigentlich für Strategien gegen das Hineinsickern von miserabilistischen/pathologisierenden/entmutigenden Narrativen in mein Selbst? Auch das ist eine wichtige Frage für queer crip futures.

---

176 McRuer, Robert (2006): Coming Out Crip. In: Crip Theory, Cultural Signs of Queerness and Disability. New York/London: New York University Press, S. 55.

McRuer bechreibt in seinem Buch, wie er bei einer Konferenz im Jahre 2004 sein "coming out as crip" hatte. Als Akt der Solidarität, so seine Absicht, finde ich dies radikal, es allerdings als coming out als „crip" zu formulieren behagt mir gar nicht, denn McRuer ist ja nicht HIV-positiv. Auch wenn er mit dieser Aktion Leute damit konfrontieren konnte, wie sich ihr Verhalten nach so einer Aussage verändert, welche Fragen sie sich oder ihm stellen, erlebt er ja nicht dauerhaft die Diskriminierung, die ein tatsächlich an HIV erkrankter Mensch erfährt, in der Bürokratie, im Gesundheitswesen, beim Arzt, im Job, in den Medien und in allen möglichen Beziehungen und settings. Seine Motivation war Solidarität mit TAC, der südafrikanischen Treatment Action Campaign, zu zeigen, die auch Thema seiner dort vorgestellten wissenschaftlichen Arbeit war. Um die Kampagne zu unterstützen gab es T-Shirts, auf denen in großen Lettern „HIV POSITIVE" stand und auf der Rückseite von McRuers T-Shirt stand außerdem: „STEHT AUF FÜR UNSERE LEBEN"[177]. Da McRuer der einzige Vertreter aus den queer und disability studies auf dieser Konferenz war, wollte er auch bewusst machen, was Menschen auf einer Konferenz mit dem Titel „Interiorities" von einem queeren Sprecher aus den disability studies zu diesem Thema erwarten. Wie gesagt, ich bin sehr zwiegespalten, nicht über die Aktion als Zeichen der Solidarität, aber über die Darstellung als crip coming out mit einer Krankheit, die er nicht hat. Zu oft ist der Fokus auf Fürsprecher_innen anstatt Stimmen Betroffener zu verstärken und ich frage mich halt, ob McRuer nicht eine Person von TAC hätte vorschlagen können für die Konferenz oder den Vortrag mit einer betroffenen Person zusammen hätte halten können. Durch eine Kondomwand vom Virus getrennt gewesen

---

177 McRuer, Robert (2006): Coming Out Crip. In: Crip Theory, Cultural Signs of Queerness and Disability. New York/London: New York University Press, S. 54-55.

zu sein ist immer noch nicht dasselbe wie die Realität des Virus' in der gelebten Erfahrung einer betroffenen Person.

Durch das McRuer-Buch werde ich aber auch auf den tollen Dokumentarfilm "Vital Signs – Crip Culture Talks Back (Lebenszeichen – Krüppelkultur gibt Widerworte)" aufmerksam, welcher be_hinderte Aktivist_innen, Performer_innen und Künstler_innen porträtiert, die „wi(e)dersprechen" und crip culture prägen.[178] Crips sind hier nicht bemitleidenswert, sondern der Witz geht auf Kosten der Nichtbehinderten und ihrer ableistischen „Gepflogenheiten". Kunst als Widerstandsform ist oft sehr unterschätzt, besonders wenn sie von be_hinderten Menschen geschaffen wird. Dabei geht es den Künstler_innen viel seltener um bloße Anerkennung als um Ausdruck des Widerstandes. Da dieser Film online auf Youtube mit deutschen Untertiteln, die von Rebecca Maskos angefertigt wurden, verfügbar ist, habe ich mich etwas an dieser Übersetzung orientiert und die folgenden Zitate dieser Filmfassung entnommen[179]. Cheryl Wade erklärt eingangs: „Ob man es realisiert oder nicht, man ist als eine be_hinderte Person ein Politikum. Be_Hinderung ist etwas Politisches, egal ob man sich dessen bewusst ist oder nicht und je mehr sich man dessen bewusst ist, desto besser ist man dran. Damit man weiß, wie man dies im eigenen Interesse nutzt." „Wenn wir erst einmal verstehen, dass Be_Hinderung an der Umwelt liegt, dann müssen wir uns nicht ändern. Wir müssen uns nicht ändern um die gleichen Rechte zu haben, sondern die Umwelt muss verändert werden (…) Wir wollen, dass die physische Umwelt sich ändert, dass

---

178 Ebd. S. 48-53.

179 Mitchell, David T./Snyder, Sharon L. [Regie] (1996): Vital Signs: Crip Culture talks back, Brace Yourselves Productions. Auf YouTube verfügbar unter: https://www.youtube.com/watch?v=u3owRn_5XFs (Zugriff 15.05.2018).

die Einstellungen sich ändern, alles, was wir wollen, ist bloß die Welt zu verändern.", sagt Harlan Hahn, Professor der Politikwissenschaften. Das folgende Zitat stammt aus Julie Trahans performance "Nickles from Heaven": „Plötzlich spritzt ein unbekanntes Flugobjekt Kaffee über mein nagelneues Notizbuch. Mit dem Löffel fische ich nach dem Stein des Anstoßes. Ein Groschen! Keine_r der anderen Kund_innen bekommt Kleingeld in ihre Heißgetränke geworfen. Ich blicke auf meinen Stock. Oh yeah, Ich hatte es vergessen: Ich bin das allgegenwärtige Symbol von Obdachlosigkeit, Armut und Verzweiflung. Eine Ikone der Schande! Die Scham wegen meinem Körper, der Art, wie ich mich bewege, gehört nicht zu mir. Sie ist ein abgegrabbelter Groschen, der in meine Tasse geworfen wird, wenn ich es am wenigsten erwarte. Ich werde ihn nicht mehr schlucken." Anne Finger erzählt in dem Film, wie sie einen Rollstuhl auf dem Campus nutzend nach der Abteilung Sprachwissenschaft fragte und eine übereifrige Person sie einfach ins Zentrum für Kommunikationsstörungen schiebt, wo Anne Finger vom Fachbereich Englisch gar nicht hin wollte. Die performances von Cheryl Wade[180] über „Poster Children" (Wohltätigkeitskampagnen mit „Sorgenkindern" und oder „Inspirationen"), Kampf gegen Barrieren und Ableismus sind witzig, dramatisch und schmerzhaft zugleich, so gut treffen sie den Nagel auf den Kopf. Sie gibt in einer ihrer performances den Dialog mit einem Polizisten wieder, der sie, als sie mal allein ins Kino gehen will, das keine Rampe hat, auffordert zu gehen. Sie blockiere den Eingang. „Eingang?", erwidert sie, „das ist mal eine Interessante Bezeichnung!" Ich kann gar nicht sagen, wieviel Spaß, Freude und Ermutigung es bedeutet, diese performances und Interviews im Film über

---

180 Cheryl Marie Wade verstarb 2013. Hier ein Nachruf: http://www.newmobility.com/2013/09/cheryl-marie-wade-1948-2013/ (Zugriff 15.05.2018)

„aufmüpfige Krüppel" zu sehen. Auch die nachgespielte Fassungslosigkeit über die Nachricht von 1977, dass Jerry Lewis, der für karikative paternalistische und krass ableistische Telethons (TV-Spendenmaratons) ausgerechnet für den Friedensnobelpreis nominiert wird, entbehrt nicht der Komik. Die Realität, die Jerry Lewis für be_hinderte Menschen darstellte, war eher nicht zum Lachen. Er hat vor laufender Kamera gesagt, wenn er dieses Kind wäre, er würde sich erschießen. Ein anderes Kind mit Muskelschwäche nahm er auf den Arm und hob es hoch gen Kamera und sagte: „Gott hat es vermasselt, wir müssen seine Fehler korrigieren." Was alle Beteiligten im Film deutlich machen: Nichtbehinderte Menschen haben total falsche Vorstellungen von Be_Hinderung, Widersprechen, Widerstand ist nötig um be_hinderte Realitäten sichtbar zu machen. Der Film zeigt auch, dass dies Spaß machen kann und Kunst und Aktivismus Hand in Hand gehen können.

Das Einzige, was leider im Film fehlt, ist mehr Raum für Personen of Color und Schwarze be_hinderte Menschen.[181] Und das, obwohl eingangs Szenen von der Be_Hinderten-Bewegung ADAPT eingeblendet werden,

---

181 *Weiße* Personen, auch *weiße* disability Aktivist_innen, denken Personen of Color, die die Intersektion race und Be_Hinderung erleben, oft nicht mit. Harriet Tubman z.B. entfloh der Sklaverei und kehrte anschließend in die Südstaaten zurück, um andere Schwarze Menschen daraus zu befreien und zwar entlang der „underground rail road". Harriet Tubman erlebte die Verwobenheit von Unterdrückungen und Kämpfen am eigenen Leib, auch be_hindert sein und werden. Sie kämpfte aktiv für das Ende der Sklaverei und für Frauenrechte. Intersektionalität hat also eine lange Geschichte. Ihr könnt dem Harriet Tubman Collective, das sich diesen Intersektionen widmet, auf tumblr unter https://harriettubmancollective.tumblr.com/post/150072319030/htcvision4blacklives (Zugriff 15.05.2018) und auf twitter unter @HTCSolidarity folgen.

die um einiges diverser ist als Be_Hinderten-Bewegungen in Deutschland. Ich möchte hier auch das Buch "Black Disabled Art History 101" von Leroy Moore[182] vorstellen. Er hat es speziell für Kinder und Jugendliche of Color geschrieben, damit diese mehr erfahren über Kunst von Schwarzen be_hinderten Personen. Und ich fange an begeistert zu googlen und Youtube-Videos zu schauen. Ich lerne die Arbeit von Vita E. Cleveland[183] kennen, einer neurodivergenten Schwarzen trans Frau, die mit Musik und ihren Gedichten Menschen mit ähnlichen Verwobenheiten erreichen und empowern möchte, indem sie ihre eigenen Erfahrungen künstlerisch darstellt. Ich würde auch gerne viel mehr von Antoine Hunter sehen, einem Schwarzen gehörlosen Choreographen und Tänzer. Als Heranwachsender hat er sich sowohl in der Schwarzen community wegen der Gehörlosigkeit ausgeschlossen gefühlt als auch in Kontexten mit überwiegend *weißen* be_hinderten Personen wegen seines Schwarzseins. Neben seinen eigenen Choreographien[184] und Auftritten unterrichtet er gehörlose und hörende Menschen in Tanz und hat die Urban Jazz Dance Company in Oakland gegründet. Gebärdensprache fließt u.a. auch in einige seiner Choreographien mit ein. India Harville ist eine queere Schwarze be_hinderte Tänzerin, die ihren Rollstuhl, ihren Stock und ihre Krücken in den Tanz mit einbezieht. Barak Adé Soleil „benutzt Bewegung, um die

182 Moore, Leroy (2017): Black Disabled Art History 101. San Francisco, CA: Xóchitl Justice Press.

183 Vita E. Cleveland findet Ihr auf SoundCloud: https://soundcloud.com/vita-elizabeth-cleveland (Zugriff 15.05.2018).

184 Ich habe einen Auftritt von Antoine Hunter beim "Sins Invalid" im Brava Theatre in San Francisco rausgesucht aus den vorwiegend sehr kurzen Videoclips auf YouTube: https://www.youtube.com/watch?v=qlIwvNNlmRM (Zugriff 15.05.2018).

Schönheit und Ganzheit des Schwarzen be_hinderten Körpers zu erforschen". Er benutzt Krücken, einen Rollstuhl, den Boden und Wände als Unterstützung seiner Bewegungen. Er verbindet Techniken der queeren Kultur, der disability Künste und der afrikanischen Diaspora in seiner Kunst. Soleil hat ein Netzwerk für Künstler_innen of Color namens D UNDERBELLY gegründet.[185] Moores Buch enthält wunderbare fotografische und gezeichnete Portraits der Künstler_innen oder Abbildungen aus ihrem Werk. Die Begleittexte sind oft sehr kurz, nur eine Seite, außer wenn Moore eine_m_r der Dargestellten Gedichte, die den Künstler_innen gewidmet sind, beigestellt hat. Für Johnnie Mae Dunson[186], die hunderte von Blues-Songs schrieb, und laut Ärzten nicht älter als 14 Jahre hätte werden sollen, schrieb Moore „Ode an Johnnie Mae Dunson": „Bücher über Bücher mit Liedern Männer baten sie inständig sie zu schreiben Aber niemals mit copyright (…)

Damals kontrollierten Männer alles Sexismus in der Musikindustrie Zwangen sie Big Boss Lady zu sein Entweder das oder nichts Vergesst das bling bling Schreibt die wahre Blues Herstory mit Schwarzen Frauen & der disability community."

Toni Hickman überlebte zwei Aneurysmen und einen Schlaganfall. Als ich zu recherchieren beginne, weil mich Moores Portrait von ihr neugierig macht, höre ich mir auch unter anderem ihren Song "I Am Victorious" auf YouTube an. „Wenn die Leute mich sehen, sagen sie, Du bist zu jung be_hindert zu sein, aber ich hatte 2 Aneurysmen und einen Schlaganfall, weil diese keine Altersgrenze ken-

185 Moore, Leroy (2017): Black Disabled Art History 101. San Francisco: Xóchitl Justice Press, S. 85.

186 Ebd. S. 46-47.

nen (…) Ihr könnt mir meine Krone nicht nehmen, um zu verstehen auf welchen Grund ich stehe, ich bin siegreich" und wehrt sich mit diesen Zeilen gegen Verharmlosung und Mitleid zugleich.[187]

Mir ist klar, dass sich nicht jede_r die vorgestellten Bücher leisten kann. Ich muss sie mir in der Regel wünschen und mit Glück bekomme ich das ein oder andere geschenkt. Ohne Internet könnte ich vieles gar nicht vertiefen. Und letzteres ist gar nicht selbstverständlich und in naher Zukunft vielleicht auch nicht mehr möglich. Aber in diesem Moment bin ich sehr dankbar dafür und hoffe, Ihr findet Wege bei Interesse, über Bibliotheken, Freund_innen und oder das Internet.

In den 70er Jahren entsteht in Deutschland die „Krüppelbewegung". Franz Christoph, einer ihrer Begründer_innen, hängt sich bei der Veranstaltung Reha 88 in Karlsruhe ein Schild um, auf dem steht: „Ich bin lebensunwert"[188]. Bei der Reha 81 hatte er den damaligen Bundepräsidenten Carl Carstens mit seiner Krücke geschlagen. Zweimal, damit dieser es nicht für ein Versehen hält. Einige Gäst_innen hatte das sehr aufgebracht und be_hindertenfeindliche Sprache legte die Scheinheiligkeit der Anwesenden offen. „Krüppel", die aufmüpfig sind, „Krüppel", die undankbar sind, weil sie die Hand beißen, die sie angeblich füttert, sind die „Unvernunft" schlechthin – diese Sichtweise veranschaulicht, wie sehr be_hinderte Menschen infantilisiert werden, aufmüpfig heißt auch: nicht an dem

187 Toni Hickman: I Am Victorious: https://www.youtube.com/watch?v=nVfjtMlN__E (Zugriff 15.05.2018)

188 Hofmann, Christel (1989): Ein zorniger Krüppel. Unerbittlich bekämpft er die Verlogenheit. In: Die Zeit, Ausgabe 03/1989 vom 13. Januar 1989. Online unter: http://www.zeit.de/1989/03/ein-zorniger-krueppel/seite-3 (Zugriff 15.05.2018).

Platz bleiben, der eine_r_m in einer gesellschaftlichen Hierarchie zugewiesen wurde.

Die US-Amerikanische Bürgerrechts-Be_Hinderten-Bewegung ADAPT entstand in den achtziger Jahren und ist auch die letzten Jahre gegen die Trump-Politik sehr aktiv. Einige überraschte es Bilder auf twitter und anderen sozialen Medien zu sehen, durch die eins Zeug_in wird, wie eine be_hinderte Person von einem Polizisten aus dem Rollstuhl geschubst wird. Viele nichtbehinderte Menschen denken ja eher, dass be_hinderte Personen mit Samthandschuhen angefasst werden und dass es Dinge gäbe, die eins nicht gegenüber einem „wehrlosen" be_hinderten Menschen täte…be_hinderte Aktivist_innen wissen es besser. Sie setzen sich einem viel größeren Risiko aus als „Gesunde", sie nutzen ihre Körper, um ein Hindernis, um Sand im Getriebe des ableistischen Systems zu sein. Sie kriechen die Stufen zum Capitol hoch oder begehen Land-/Hausfriedensbruch, indem sie Zentralen der Macht besetzen, um einen Abgeordneten zu sprechen, der bei einer der nächsten Abstimmungen mit über ihr und das Über_Leben vieler anderer entscheidet. Es verblüfft mich immer wieder, wenn in linken Kreisen dies nicht bekannt ist oder be_hinderte Aktivist_innen nicht als radikal wahrgenommen werden.

Euch fällt sicher auf, dass ich eher dazu tendiere, crip nur als reclaim, also bei Betroffenheit, für widerständig zu halten. Dennoch können auch Nichtbehinderte „cripping" (ohne „coming out als ob") betreiben, damit Barrieren fallen und sich Maßstäbe nicht länger an utopischen körperlichen und neurotypischen Normen orientiert sind. Dazu sage ich am Ende des Textes etwas, wenn wir in die Zukunft im Plural reisen.

Ich vermeide das Wort Inklusion, so gut es geht. Inklusion in die falsche ableistische Gesellschaftsform macht für mich keinen Sinn. Nicht wir, wenn wir das gar nicht können, müssen uns der vom Menschen gestalteten Umwelt anpassen, sondern die Gesellschaft muss daran arbeiten, diese Umwelt uns anzupassen, weil wir sonst schlichtweg nicht in ihr partizipieren, schlimmstenfalls nicht in ihr existieren können. Eine Zukunft für crips geht mit Veränderung der Gesellschaft einher. In dieser Zukunft im Plural wird nicht die bloße Tatsache, dass Behindertenwohnheime in einem „normalen" Wohngebiet gebaut werden, gefeiert werden als Fortschritt und Inklusion. Ich überlege noch ein Weilchen, wie Nichtbehinderte eigentlich in dieser Zukunft im Plural einzubinden und integrierbar sind.

#De_Sexualisierung #abuse

Be_hinderten Menschen wird (selbstbestimmte) Sexualität nicht zugetraut. Genau das ermöglicht sehr viel sexualisierten abuse, das Risiko für be_hinderte Frauen diesen zu erfahren ist doppelt so hoch, wie für nichtbehinderte Frauen. Aber Be_Hinderte jeglichen Geschlechts sind, was das betrifft, einem höheren Risiko ausgesetzt, durch Angewiesenheit auf Unterstützung von Pfleger_innen, medizinischem Personal in Institutionen, Familie, Lehrer_innen. Dabei geht es auch um ein falsches Narrativ, was Begehren betrifft. Es geht wie bei jeder Form der Gewalt mehr um Machtausübung als um Anziehung. Wobei ich eben nicht behaupten will, be_hinderte Menschen seien nicht begehrenswert. Aber der Begehrens_Wert äußert sich bestimmt nicht durch sexualisierte Gewalt. Es ist schwierig ein richtiges Sprechen ohne Verwicklung in falsche Narrative zu finden. Dazu mehr in „The impossible victim" und unter #disabledsurvivor auf twitter. Alles, was ich sagen will: Die Vorstellung, niemensch könnte be_hinderte Menschen begehren, führt auch dazu, dass sexualisierte Gewalt gegen sie undenkbar/unentdeckt/ignoriert bleibt. Selbstbestimmte Sexualität und Be_Hinderung existiert nicht im Bewusstsein der Mehrheitsgesellschaft. Es gibt keine spezielle Aufklärung, beim Besuch bei Ärzt_innen werden bestimmte Krankheiten ausgeschlossen, weil die Abwesenheit eines Sexlebens vermutet wird. Über Verhütungsmethoden werden be_hinderte Menschen in solchen settings seltener aufgeklärt und es wird davon ausgegangen, dass diese schon so „vernünftig" sind keinen Nachwuchs zu wollen.

Sexualassistenz ist für einige be_hinderte Menschen eine Möglichkeit ihre Sexualität auszuleben. Es gibt dafür leider keine einheitliche anerkannte Ausbildung, was es schwer macht zu beurteilen, wie gut Menschen auf Konsens bei der Tätigkeit achten. Von Politiker_innen wird Sexualassistenz als Kassenleistung abgelehnt, weil diese als „Liebesdienste/Prostitution" wahrgenommen wird. Damit bedienen sie gleich zwei Feindlichkeiten auf einmal: Sexworker_innenfeindlichkeit und Be_Hindertenfeindlichkeit. Ich weiß nicht, ob mir bei dem Satz „Recht auf Sexualität", wenn es Anrecht auf Sex meint, ganz wohlig ist, weil dort häufig auch Zwangsheterosexualität, Zwangsablebodiedness und Allosexualität mit reinspielen in das Denken, eins habe „Anrecht auf Sex". Woran ich aber fest glaube, ist das Recht auf selbstbestimmte Sexualität. Bei der informierter Konsens eine wichtige Voraussetzung ist. Sexualassistenz kann sich auf bloßes Assistieren bei sexuellen Aktivitäten zwischen Partner_innen beschränken, wie das Zurechtrücken in Positionen, das Anreichen oder Ausrichten von sex toys, das Überstreifen von Kondomen, wie auch der sexuellen Bedürfnisbefriedigung einzelner Klient_innen dienen. Was geschehen soll, was nicht geschehen darf, genau zu besprechen, ist das, was ich mit informiertem Konsens meine. Katja Alekseev schreibt in ihrem Beitrag zum Buch „Wege zum Nein", wie sich so eine Grenzüberschreitung durch Sexualassistenz anfühlt[189]. Der zweite

189 Alekseev, Katja (2017): Wenn die Sexualassistenz meine

Sexualassistent war eigentlich dazu da, ihr und ihrem Partner sexuelle Handlungen zu ermöglichen. Einmal schlug er ihr aber auf den Po und sagte: „Es tut mir leid, ich konnte einfach deinem sexy Arsch nicht widerstehen (…)." Uff. Dabei war er nun mal gar nicht Protagonist der eigentlichen Geschichte. Es ging um Katja und ihren Partner, was diese sich umzusetzen wünschten. Ziele und Grenzen der Sexualassistenz zu formulieren, Abmachungen zu treffen und diese auch einzuhalten sind entscheidende Voraussetzungen, um selbstbestimmte Sexualität zu ermöglichen.

#Eugnik

In der Geschichte des Feminismus spielen Selbstbestimmung und Reprorechte eine entscheidende Rolle. In nahezu allen Kämpfen darum werden be_hinderte Menschen ausgeschlossen. Selbstbestimmung und Antiableismus in Bezug auf Reprorechte werden als unvereinbare Gegensätze konstruiert. Nicht nur die beiden in „digital late bloom" erwähnten Feminist_innen Sanger und Gilman[190] bezogen sich auf eugenische Positionen, um die Emanzipation der Frau™ voranzubringen. Nichts sollte diese aufhalten, auch kein „unfitter, kranker, defizitärer" Nachwuchs. Be_hinderte Kinder als Klotz am Bein der Frau würden die Emanzipation verhindern. In Deutschland wird sich wenig damit auseinandergesetzt, wie eugenische Bestrebungen der Vergangenheit bis heute auch Vorstellungen in feministischen und linken Kämpfen prägen. Alfred Grotjahn war ein Reichstagsabgeordneter der SPD, Arzt und Sozialhygieniker. Er distanzierte sich stark von der „Rassenhygiene", obwohl er Mitglied der „Gesellschaft für Rassenhygiene" war. Er wollte nicht die Vernichtung des bereits existierenden be_hinderten Lebens, das unter-

---

Grenzen überschreitet. In: Holst, Sina/Montanari, Johanna (Hg): Wege zum Nein. Münster: edition assemblage.

190 Vgl. Digital late bloom, S. 161

schied ihn von rechten Eugeniker_innen, aber er setzte sich für die Zwangssterilisierung von „Schwachsinnigen, Epileptikern, Alkoholikern und Krüppeln" ein. Außerdem war er Befürworter der Zwangsasylierung. Das alles noch vor der Machtergreifung der Nazis. Er war der Meinung, dass diese Maßnahmen zum Wohle der höherwertigen Arbeiter_innenschaft („Rüstlinge") sei, die sich leider viel weniger vermehre als z.B. das Lumpenproletariat. Den Zusammenhang zwischen Armut und Krankheit, beides war ihm als Arzt ja präsent, vernachlässigte er durch seinen Fokus auf den präventiven „Ausmerz" von Krankheit, und Verbreitung minderwertigen Erbgutes. Dabei ging es ihm nicht darum, Kosten für den Staat zu reduzieren, sondern um dieses Ideal des höherwertigen Arbeiters. Wenn wir uns Arbeiter_innenabbildungen im Sozialismus und Kommunismus angucken, werden wir keine be_hinderten Arbeiter_innen präsentiert bekommen, sondern idealisierte, kraftvolle Körper, von denen das Gelingen des Sozialismus und Kommunismus abhängt. Das Lumpenproletariat, das nur durch Betteln, „Hausieren", Kleinkriminalität, Gnade und Taglohn überleben kann, muss verschwinden, damit die höchste Entwicklungsstufe der neuen Gesellschaft erreicht würde. „Minderwertiges" Erbgut sei schlecht für das „Gesamterbgut". „Soviel Mitleid wir auch mit den Erkrankten haben und so sehr wir ihre Leiden durch Fürsorge, Pflege und spezifische Behandlung aufzuhalten suchen müssen: als Gegenleistung können wir verlangen, daß sie auf Familiengründung und Fortpflanzung verzichten […]."[191] Diese Position teilte auch die Journalistin, sozialdemokratische Sozialistin und

191 Grotjahn, Alfred (1926): Die Hygiene der menschlichen Fortpflanzung. Versuch einer praktischen Eugenik. Berlin/Wien: Urban & Schwarzenberg, S. 185–192.

Frauenrechtlerin Oda Olberg[192], die in ihrem Werk „Die Entartung in ihrer Kulturbedingtheit“ behauptet, dass Kultur und die daraus resultierende mangelnde Auslese zu Degeneration des Erbgutes führte. Eins kann nun sagen: Mika, ich habe nie von diesen Leuten gehört, wie sollen die mich da beeinflussen? Dazu komme ich ein wenig später. Während diese Gedanken der Sozialhygiene eher Verbreitung unter linken und feministischen Denker_innen fand und auch teils von den Nazis aufgegriffen wurde (Zwangssterilisation ab 1934, eugenische Indikation für Abtreibung ab 1935), ist Sozialhygiene später ein häufig verwandter Begriff in den sozialistischen und kommunistischen Ländern. „Ausgemerzt“ wurden be_hinderte Menschen nicht direkt in diesen Ländern, aber sie wurden häufig in Verwahranstalten fern der restlichen Gesellschaft aufbewahrt und erfuhren Vernachlässigung auf allen Ebenen. Bilder davon zu sichten tut weh, es gab eine ganze Weile Berichterstattungen über Heime und Be_Hindertenverwahranstalten nach Zusammenbruch dieser Systeme und dem Fall des Eisernen Vorhangs. Als einzige mir bekannte Ausnahme der Gelehrten im Fach „Defektologie“[193] fällt mir Lew Semjonowitsch Wygotski ein, ein sowjetischer Psychologe, der zu Bewusstsein, Emotionen und Sprache und Entwicklung von Kindern forschte. Auch mit dem Ziel be_hinderte Kinder zu integrieren, allerdings mit dem paternalistischen Anspruch sie zu „sozialen Wesen zu erziehen“. Das war in den 30ern des 20. Jahrhunderts nicht gerade die gewünschte psychologische Schule, die materialistische wurde bevorzugt unter

---

192 In diesem Artikel informiert Wolfgang Ratzel über Anhänger_innen sozialistischer Eugenik: http://www.sozonline.de/2010/11/sarrazin-grotjahn-olberg/ (Zugriff 15.05.2018).

193 http://universal_lexikon.deacademic.com/225884/Defektologie (Zugriff 15.05.2018)

Stalin. Gegen ihn gab es Vorwürfe wegen Kontakten zu Sigmund Freud und dem jüdischen Dichter Ossip Mandelstam. Erst durch den westdeutschen Psychologen Klaus Holzkamp erfährt Wygotski Anerkennung für sein Werk. Ich stimme nicht mit allen Thesen Wygotskis überein und finde Worte wie „Defektologie“ und „Defizite“ schrecklich, worum es mir hier geht, ist sein Bestreben ein gutes Leben für be_hinderte Menschen zu erreichen. Integration statt Be_Hinderung verhüten um jeden Preis.

Die eugenische Indikation bezüglich Abtreibung wurde von den Alliierten nach Ende des Zweiten Weltkrieges außer Kraft gesetzt. In Deutschland waren über 70 000 be_hinderte Menschen im Rahmen des T4-Programms ermordet worden, alles unter dem Deckmäntelchen „Euthanasie“. Insgesamt wurden 200 000 Krankenmorde begangen und dies als Sterbehilfe tituliert. Ich stelle mir die Eltern der ermordeten Kinder vor, wie sie Briefe erhalten, mit gefälschten Todesursachen, wie Manche_r von ihnen ahnt, dass diese nicht stimmen, aber sie nichts tun können, um das zu beweisen.

Viele der folgenden Infos entnehme ich dem Buch „Selbstbestimmte Norm“ von Kirsten Achtelik[194], die sich mit der Geschichte des Feminismus und seinem Verhältnis zu Pränataldiagnostik, Abtreibung und Be_hindertenrechten differenziert und ausführlich beschäftigt. Vor allem geht sie der Frage nach, warum Selbstbestimmung der Frau™ gegen die Kritik an ableistischer Pränataldiagnostik ausgespielt wird und warum sich mit dem Einfluss von Eugenik bis in die Gegenwart nicht ausreichend auseinandergesetzt wird. Im Gegensatz zu der Autorin verwende ich nicht das Wort Frau mit Sternchen, weil auch

194 Achtelik, Kirsten (2015): Selbstbestimmte Norm. Berlin: Verbrecher Verlag.

trans Männer, nichtbinäre, nichtweibliche etc. Personen schwanger werden können. Es mag historisch inkorrekt sein geschlechtsneutral zu gendern, aber es gab trans Personen und nichtbinäre Menschen auch schon zu jener Zeit. Daher werde ich meist nur von der schwangeren Person, bzw. Schwangeren im Plural sprechen. Frau™ verwende ich, wenn ich auf cis sexistische Vorstellungen von feministischen Kämpfen und den Ausschluss andere betroffener Person aufmerksam machen will.

Die eugenische Indikation wurde als „embryopathische/ kindliche" Indikation in den 70er Jahren in der BRD wieder eingeführt[195]. In der DDR schon 1950. Gründe mussten dort einem Komitee nur genannt werden, wenn die schwangere Person über die 12. Schwangerschaftswoche hinaus war. In der BRD dagegen brachte die CDU/ CSU 1975 die hart umkämpfte Kompromisslösung der Fristenreglung zu Fall. Rechtswidrig waren ab der Gesetzesreform 1976 Abtreibungen nur nicht, wenn eine der folgenden Indikationen vorlagen: „die medizinische (ohne Befristung), die kriminologische (12 Wochen), die embryopathische (22 Wochen) und die soziale oder Notlagenindikation (12 Wochen)."

Die Forderungen nach unbegrenzter Selbstbestimmung der schwangeren Person und gegen Gebärzwang wurden so missachtet. Zudem wurden die Begründungen für einen Schwangerschaftsabbruch einer genauen Überprüfung durch eine medizinische und soziale Pflichtberatung unterzogen. Trotz Ablehnung des Indikationsmodells durch Feminist_innen erfuhr die embryopathische Indikation selten Kritik aus dieser Richtung. Selbstbestimmung mit be_hindertem Kind schien keine denkbare Option zu

195 Achtelik, Kirsten (2015): Selbstbestimmte Norm. Berlin: Verbrecher Verlag, S. 32.

sein. Deshalb löst sie auch weniger Empörung aus als die anderen aufgezwungenen Rechtfertigungskategorien für einen Abbruch. Die Gruppe „Brot und Rosen" gab Tipps in den 70ern heraus, wie eins zu einem legalen Schwangerschaftsabbruch kommen konnte: Behauptung von Krankheiten, die eine Deformation des Fötus zur Folge haben könnten. Außerdem galt Selbstmordandrohung als eine mögliche Gefährdung der schwangeren Person.

Des Weiteren beschrieb die Gruppe „Brot und Rosen" ihre Haltung zur eugenischen Indikation folgendermaßen: „In der BRD kommen auf 1 Million Geburten ca. 200 000 geschädigte Kinder. Geschädigte Kinder heißt: sie kommen stumm, blind, gehörgeschädigt, spastisch, gelähmt, gehirngeschädigt zur Welt. Bei 20 000 Kindern sind die Schäden irreversibel, das heißt, diese Kinder sind von Geburt an bis zum Tode Pflegefälle. Für diese Kinder gibt es kaum Pflege und Heimplätze. Das heißt, die Mütter müssen die Belastungen privat und allein tragen, was ihr eigenes Leben völlig bestimmt und zerstört." Uff. Kirsten Achtelik merkt an, dass bei der Aufzählung der Schäden Kommas gesetzt sind und nie ein „oder" verwendet wird, was suggeriert, die Kinder seien mehrfach behindert oder all das Aufgezählte. Für „Brot und Rosen" steht fest, dass das Leben mit einem be_hinderten Kind zerstört ist und daher solchen Geburten vorgebeugt werden muss.[196]

Das ist ein schwerer Brocken, dieser Text der Gruppe. Dramatisierung und Miserabilismus durchweg. Was mir auffällt, ist, dass nicht einmal im Ansatz eine solidarische Form der Fürsorge angedacht wurde, ein Unterstützen der Eltern und wenn dieses nicht von staatlicher Seite

---

196 Brot und Rosen, Frauenhandbuch Nr.1: Abtreibung, Verhütungsmittel. 2. Überarb. und erw. Auflage, Berlin 1974, zitiert in Brot und Rosen 1974b; zitiert nach: Achtelik, Kirsten (2015): Selbstbestimmte Norm. Berlin: Verbrecher Verlag, S. 33 ff.

aus geschah, wäre es doch naheliegend darüber nachzudenken wie linke und feministische Solidarität hätte in diesem Fall aussehen können?

Die Krüppelfrauen haben als Teil der Krüppelbewegung immer wieder versucht darauf aufmerksam zu machen, dass es für sie bei den Debatten um Selbstbestimmung als Frau bezüglich Abtreibung und Reprorechten um mehr als nur eine Form der Selbstbestimmung geht. Während es für nichtbehinderte Frauen um das Recht auf Abtreibung ging, war es für be_hinderte Frauen wichtig, deutlich zu machen, dass eins ihnen dieses Recht sich zu reproduzieren absprach, wie auch dazugehörig selbstbestimmte Sexualität. Für Differenzen war aber kein Raum und so hörten die nichtbehinderten Frauen, den be_hinderten Frauen nur höflich zu, filterten dann aber die Gemeinsamkeiten raus und beachteten zu wenig die Unterschiede, die durch die behindertenfeindliche Diskriminierung in der Gesellschaft bestehen.[197]

Das Magazin Emma schaffte es dann, be_hinderte Frauen noch mehr zu desexualisieren in einer idealisierten Variante:„Behinderte Frauen – Emanzipation einfacher?" lautete der Titel des Schwerpunkts in der Ausgabe Nr. 5 von'81. Im Editoral stellt Alice Schwarzer fest, dass es für behinderte Frauen einfacher sei, weil sie aufgrund ihrer Behinderung sowieso nicht um die Aufmerksamkeit von Männern konkurrieren könnten, „denn für Frauen reicht es nicht, im Beruf zu funktionieren, sie haben auch fleißige Hausfrauen, besorgte Mütter und Geliebte zu sein. Das alles ist so eine Frau im Rollstuhl oder eine blinde eben nicht."[198] Das ist zum Haare raufen, oder? Zum einem macht Alice

---

197 Achtelik, Kirsten (2015): Selbstbestimmte Norm. Berlin: Verbrecher Verlag, S. 83.

198 Ebd. S. 81.

Schwarzer die spezifische Unterdrückung be_hinderter Menschen unsichtbar, indem sie sich offensichtlich Null für diese Realitäten interessiert und dann desexualisiert sie be_hinderte Frauen, weil es gerade so hübsch in eine antisexistische Utopie von ihr passen würde.

Dabei konnte eins diese Dinge durchaus besser wissen, die Krüppelbewegung war in den 80ern sehr aktiv. Auf dem Krüppeltribunal 1981 wurden unter anderem folgende Anklagepunkte benannt: sexualisierte Gewalt gegen be_hinderte Frauen, Schönheitsnormen, Gewalt bei gynäkologischen Untersuchungen und der Paragraph 218.[199]

Kritik an der eugenischen Indikation und Kritik an einem Selbstbestimmungsbegriff, der inhärent auf Zwangsheterosexualität und Zwangsablebodiedness basiert, wird schnell als antifeministisch/antiemanzipatorisch empfunden, auch wenn die meisten be_hinderten Kritiker_innen betonen, dass sie nicht die einzelne schwangere Person kritisieren, sondern die Illusion einer selbstbestimmten Entscheidung unbeeinflusst von einer Vielzahl von Normen. Die Kritik gilt dem behindertenfeindlichen Diskurs und seinen Auswirkungen: Er verhindert Selbstbestimmung be_hinderter Menschen, er verhindert eine neue Wahrnehmung von Be_Hinderung als nicht nur Leid und Last.

Es tut sehr weh, in eine Ecke mit fanatischen Lebenschützer_innen gestellt zu werden, die be_hinderte Leben instrumentalisieren, wie es ihnen gerade passt. Be_Hinderte Menschen als Gottes Prüfung oder von ihm auferlegte Aufgabe zu bezeichnen ist halt auch alles andere als be_hindertenfreundlich.

---

199 Ebd: S. 82.

Ich kann leider nicht die ganze Geschichte linker und feministischer Bewegungen und ihrem Verhältnis zu Selbstbestimmung, Abtreibung und Eugenik nacherzählen, daher empfehle ich sehr dieses Buch zu lesen, derweil springe ich ins Jahr 1995, in dem die eugenische Indikation aus dem § 218 gestrichen wird, was auch der Behindertenbewegung und ihrem Einmischen in Debatten[200] zu verdanken ist. Die schwangere Person soll nach einer als ergebnisoffen beabsichtigten Beratung frei entscheiden, ob sie ein voraussichtlich be_hindertes Kind bekommen mag. Studien weisen allerdings nach, dass die meisten sozialen Beratungsstellen den Eindruck haben, der schwangeren Person wäre schon in der medizinischen Beratung eher zum Abbruch geraten worden.

Die Pränataldiagnostik ist ein zweischneidiges Schwert. Zu einem beruhigt sie (aber nur, wenn nichts gefunden wird), zum anderen schürt sie erst Ängste, was alles passieren könnte. Es wird selten am Anfang der Schwangerschaft darüber gesprochen, wie es im Fall einer Be_Hinderung des Fötus weiter gehen soll. Ein gesundes Kind zu bekommen entspricht der Normvorstellung. Ein Missverständnis von Seiten nichtbehinderter Feminist_innen ist, die Kritik an Pränataldiagnostik mit Ablehnung von Selbstbestimmung und Ablehnung des Rechts auf Abtreibung gleichzusetzen. Darauf hinzuweisen, dass in einer fortgeschrittenen und am Anfang nicht unerwünschten Schwangerschaft die Entscheidung gegen ein be_hindertes Kind vielleicht nicht so ganz frei von allgegenwärtigen ableistischen Normen ist, macht eins nicht zu_r_m Abtreibungsgegner_in. Der Hinweis auf die Scheinsicherheit, die pränatale Diagnostik bie-

200 An dieser Stelle sei Frauen gedankt, die diese Debatten geführt haben, z.B. Nati Radtke, Swantje Köbsell und Theresia Degener.

tet, denn sie kann nicht die Be_Hinderung verhindern, sondern nur etwas feststellen, was die meisten zu einer Abtreibung veranlasst, ist jenseits des Propagierens eines Gebärzwangs. Verhinderung von Leben wird als Prävention verkauft. Kritik gilt einem Konzept der Selbstbestimmung, die nicht für alle gilt. Als be_hinderter Mensch wird eins bei Reprorechten nicht mitgedacht/mitgemeint, denn eins soll sich bloß nicht vermehren/existieren. Anhand pränataler Diagnostik lassen sich beim Chromosomensatz des Fötus ggf. Abweichungen von der Norm feststellen. So kann z.B. spina bifida (offener Rücken), Geschlechtschromosomenabweichungen wie Klinefelter- oder Turner Syndrom sowie das Down-Syndrom vorgeburtlich festgestellt werden. Dient dies der Prävention oder nachgeburtlichen Maßnahmen, die die Lebenschancen des künftigen Kindes verbessern sollen, z.B. operative Maßnahmen bei spina bifida? In der Regel nicht. Die wenigsten nutzen die Testergebnisse, um sich nun auf ein anderes als das erwartete gesunde Kind vorzubereiten. Meist führen diese Diagnosen zum Verzicht auf das vorher erwünschte Kind.„Nach der Diagnose einer Trisomie 21[201] erfolgt in 92,2% der Fälle ein Abbruch, was im Vergleich mit anderen Diagnosen die höchste Rate ist. Bei einer Diagnose auf die Neuronalrohrdefekte Anenzephalie und spina bifida werden in 83,8% Prozent bzw. 64,2% der Fälle Abbrüche vorgenommen. Diagnostizierte Störungen der Geschlechtschromosomen wie das Turner- oder Klinefelter Syndrom führen in 71,6% bzw. 58,3 % der Fälle zu Abtreibungen.“[202] Die Zahlen machen mich fertig.

201 Trisometrie 21 ist die medizinische Bezeichnung für das Down-Syndrom.

202 Lenhard, Wolfgang (2005): Die Psychosoziale Stellung von Eltern behinderter Kinder im Zeitalter der Pränataldiagnostik. Würzburg: Universität Würzburg. Zitiert nach: Achtelik, Kirsten

Auf twitter folge ich Leuten, die mit spina bifida geboren wurden und laut eigener Aussage ein sinnvolles, lebenswertes Leben führen. Das ist keine verbreitete Vorstellung unter nichtbehinderten Menschen. Sie wissen einfach zu wenig, wie es sich von innen anfühlt be_hindert zu sein. Es ist nicht nur Leid. Deshalb ist die Selbstrepräsentation von be_hinderten Menschen so wichtig. Auch auf Chromosomenabweichungen, die keine Be_Hinderungen darstellen, mit denen keine gesundheitlichen Störungen einhergehen und die recht unauffällig sind, sind oft Anlass für Abtreibung. So stark ist die Angst vor der Abweichung von der cis Norm, dass inter Föten ebenfalls häufig abgetrieben werden.

Repro-Technik wurde teils sowohl von Feminist_innen und be_hinderten Aktivist_innen abgelehnt, aber ich sehe schon auch den teilweisen Nutzen von ihr, wenn es um die Nachkommenschaft Marginalisierter geht, z.B. von gleichgeschlechtlichen/queeren/etc. Paaren, die sich Nachwuchs wünschen. Problematisch ist sie als Erbgutoptimierung und wenn sie mit Kategorien wie „lebenswert" und „lebensunwert" operiert.

Kirsten Achtelik plädiert in ihrem Buch für eine Selbstbestimmung ohne Selektion[203]. Das würde eine Neugestaltung der Schwangerschaftsberatung bedeuten. Es müsste auch ein Recht auf Nichtwissen geben und keine selbstverständlichen Tests, die das Sortieren in lebenswert und unwert ermöglichen. Achtelik spricht sich daher gegen eine selektive Diagnostik als Kassenleistung aus. Ich weiß nicht, ob ich da absolut mitgehe, weil es eventuell die Möglichkeit der Vorbereitung auf ein be_hindertes Kind erschwert und ich möchte ja eine

---

(2015): Selbstbestimmte Norm. Berlin: Verbrecherverlag, S. 56.

203 Ebd. S. 185-197.

Zukunft, in der das denkbar ist. Der Inklusionsrat fordert, Pränataldiagnostik auf Krankheiten zu beschränken, die vorgeburtlich behandelt werden können oder deren Entdeckung eine Behandlung direkt nach der Geburt ermöglicht. Achtelik wendet sich an die ganze Gesellschaft mit ihrer Kritik und ihren Forderungen. Schwangere sollten ohne schlechtes Gewissen auf selektive Pränataldiagnostik verzichten können. Ihr könnt Euch bestimmt die mehrheitliche Reaktion vorstellen, wenn sich werdende Eltern für ein be_hindertes Kind entscheiden? Es wissentlich bekommen haben? „Heute muss sowas doch nicht mehr sein!" Wenn be_hinderte Menschen sich für Nachwuchs entscheiden, auch wenn ein Risiko der Vererbung einer Krankheit etc. bestehen könnte, gelten diese nicht nur als „unvernünftig" wie etwa im vorigen Beispiel. Warum sollten gerade Menschen, die selber mit ihrer Be_Hinderung klarkommen, sich vor be_hinderten Kindern fürchten? Nun bin ich abgedriftet, so ein Buch lesen ist doch was sehr Dialogisches. Ich mache jetzt weiter mit Achteliks Ideen für eine wirklich inklusive Gesellschaft. Was ich sehr interessant finde, ist, dass Achtelik auch auf den Trauerprozess eingeht, den Menschen, die unerwartet ein be_hindertes Kind bekommen, erleben, der leichter zu bewältigen wäre, wenn wir die Normvorstellung „gesundes=gutes=glückliches=erfolgreiches" Leben verabschieden würden. Diese Norm setzt alle unter Druck und wird zum Leistungsmaßstab. Achtelik ist für die Streichung des §218. Es fehlt ihrer Meinung nach aber an einer Strategie, die sich nicht nur an den Parolen der 70er Jahre orientiert, einer Strategie, die auch die Problematik der medizinischen Indikation thematisiert. Einen Gebärzwang nach pränataler Diagnostik oder Beweiszwang durch psychologische Gutachten sind natürlich keine Option. Schwangerschaft zu entmedikalisieren hieße laut Achtelik, weg von der Überwachung der schwangeren

Person hin zu Schwangerschaftsbegleitung. Unterricht über Vielfalt in der Schule, der auch aufklärt über Abtreibung, Pränataldiagnostik, Ableismus. Widerstand gegen Lebenschützer_innen, die vorgeben für be_hinderte Menschen zu sprechen und Zusammenarbeit zwischen Behindertenbewegung und Feminist_innen sei unabdinglich. Bei letzterem wurmt mich nur die Aufteilung in das eine oder andere und dass mir hier wie dort Spaltung vorgeworfen werden kann. Ich bin halt eine queerfeministische nichtbinäre be_hinderte Person, die nicht nur einer dieser marginalisierten Gruppen angehört. Meine Betroffenheiten sind ständig im Dialog miteinander. „Pränataldiagnostische Untersuchungen (PND) sind aber nicht nur behindertenfeindliche Praktiken, sondern setzen zugleich auch die schwangeren Personen unter Druck, die immer mehr für die Gesundheit und ‚Qualität' ihres Nachwuchses zur Verantwortung gezogen werden (…) Umso wichtiger ist es, eine queer-feministische Position zu entwickeln, die nicht die Kritik an PND und das Recht auf Schwangerschaftsabbruch ausspielt, sondern zusammendenkt.", ließ die Gruppe nofundi(m)ärsche in einem Redebeitrag am 20.09.2015 verlauten.[204] Ich finde, diesen Bogen zwischen Kritik an PND und Recht auf Selbstbestimmung hat Kirsten Achtelik mit ihrem Buch gelungen geschlagen.

Wie würde also meine be_hindertenfreundliche Forderung für einen anderen Abtreibungs-/Selbstbestimmungsdiskurs aussehen? Meines Erachtens geht es nicht darum das schwangere Individuum in der akuten Situation mit all den ethischen Fragen zu überhäufen und für

---

204 Nofundi(m)aersche, Marsch für das Leben? What the Fuck? Am 20.09.2015, https://whatthefuck.noblogs.org/redebeitrag-nofundimaersche/ zitiert nach: Achtelik, Kirsten (2015): Selbstbestimmte Norm. Berlin: Verbrecher Verlag, S. 8.

gesellschaftliche Diskurse und Normen verantwortlich zu machen. Die Diskussionen, wie selbstbestimmt wir tatsächlich sind, müssen grundsätzlich geführt werden. Welchen Begriff von Selbstbestimmung haben wir? Ist es ein Optimierungsbegriff, ein Glückskatalog, ein Streben nach Kontrolle? Oder ist es noch ein politischer Begriff, in dem es um die Selbstbestimmung nicht nur EINES Individuums geht, sondern des Kollektivs, um gutes Leben für alle, unter Berücksichtigung, dass wir Unterschiedliches meinen und brauchen, wenn wir Selbstbestimmung sagen?

Es braucht viel mehr Auseinandersetzung mit den tatsächlichen Realitäten von be_hinderten Menschen, besonders falls mehrfach marginalisiert. Es braucht Thematisierung, wessen Fortpflanzung nicht erwünscht (die von be_hinderten, armen, queeren Menschen und die von Personen of Color) ist und von wem das Gebären von „gesundem" Nachwuchs immer noch erwartet wird.

Wir müssen uns bewusst werden, dass das Denken von Eugeniker_innen, angefangen bei Platon und Aristoteles, die dafür waren, dass behinderte und kranke Kinder ausgesetzt und ihrem Schicksal überlassen wurden, über Grotjahns Sozialhygiene, den Anklang, den Singers Thesen finden und dem allgemeinen Glücksversprechen durch Gesundheit eine Kontinuität besitzt, die wir durchbrechen müssen. Dazu gehört „Normalität" nicht mehr als erstrebenswerten Zustand zu erachten, weil wir gewahr werden, wie „Normalität" entmenschlicht. Jedes Sprechen über Inklusion bleibt scheinheilig, so lange Be_Hinderung als minderwertiger, nicht lebenswerter Zustand erachtet und mit Leid und Last gleichgesetzt wird.

Crip futurities – crip future im Plural

Diese crip future im Plural ist undenkbar ohne racial und environmental justice. Was bedeutet das? Racial justice entsteht erst, wenn gegen die strukturelle Unterdrückung namens Rassismus erfolgreich angegangen wird. Das kommt nicht von allein, nicht bloß durch eine antirassistische Einstellung. *Weiße* Menschen müssen aktiv diese Strukturen, von denen sie bisher profitiert haben, bekämpfen. SchwarzRund erklärt im Interview, womit sich *weiße* Personen auseinandersetzen müssen, damit Bündnisse möglich werden: „Dieses koloniale Erbe, das einfach Teil ist von *Weißsein*, damit überhaupt gemeinsam gesprochen werden kann. Damit ich nicht alleine die Transferleistung leisten muss. Ich glaube, so lange das so ist, werden wir immer Ausschlüsse im Aktivismus haben, weil das immer so sein wird, dass die Personen, die am meisten marginalisiert sind, am meisten übersetzen müssen, was sie eigentlich sagen wollen, in die Sprache der Herrschenden. Innerhalb der Gruppe. Und erst, wenn sich das auflöst, aufbricht, aufteilt, dann kann es möglich sein, überhaupt pluralistischer zusammenzuarbeiten. Weil, sonst wird diese Leistung immer von denen mit den wenigsten Kapazitäten verlangt."[205]

Environmental justice ist oft eng verwoben mit racial justice. Die Risiken der Atomkraft bei freigesetzter Strahlung sind für mich vollkommen inakzeptabel. Sicher ist nur, dass diese denjenigen, die an Atomenergie verdienen, relativ egal sind, auch nach Tschernobyl und Fukushima und Erkrankungen im Radius berüchtigter Reaktoren ist das immer noch deutlich. Eins sprach lange nur vom Restrisiko, anstatt von dem Ausmaß der Katastrophe, wenn sie eintritt. Mir will nicht in den Kopf, wie eins eine Tech-

---

205 Vgl. Interview S. 221

nologie betreiben kann, die Abfälle erzeugt, für deren Lagerung eins keine wirkliche Lösung weiß. Die Abfälle strahlen nach 24 000 Jahren (!) nur noch halb so doll, beruhigend, nicht.

Doch der Großteil ökologischer Ungerechtigkeit trifft am stärksten Personen of Color/Schwarze Menschen. In den 90er Jahren, wo Shell in Nigeria davon profitiert hat, dass die Militärregierung Widerstand der Ogoni gegen die Zerstörung ihrer Lebensgrundlange gewaltsam niedergeschlagen hatte. Es gab einen Schauprozess gegen den Schriftsteller Ken Saro Wiwa, der mit der Verhängung und Durchführung des Todesurteils endete. Die Regionen sind bis heute von der Ausbeutung gezeichnet.[206] Standing Rock und Flint in den USA sind jüngere Beispiele dafür, auf wessen Kosten das Profitinteresse von Konzernen geht. Bei dem Standing Rock Protest ging es darum, dass die zu bauende Ölpipeline nicht nur heiliges Land durchkreuzte, sondern unter dem Missouri River gebaut werden sollte, was eine Gefährdung des Trinkwassers darstellt. Nachdem es kurzzeitig nach einem Sieg aussah für die Protestbewegung wegen Verletzungen eines alten Vertrages, setzte sich die Regierung Trump durch, das Protestlager, das so lange Militär und Polizei standgehalten hatte, wurde geräumt. Die Bevölkerung von Flint Michigan hat seit vier Jahren kein sauberes Wasser. @LittleMissFlint macht seit Jahren mit Posts und Aktionen auf diese Ungerechtigkeit aufmerksam. Little Miss Flint ist Schwarz wie mehr als die Hälfte der Bevölkerung. Die Krankheiten und Be_Hinderungen, die durch die Profitgier von Kon-

---

206 Morgenrath, Birgit (31.10.2015): Vor 20 Jahren in Nigeria. Erhobenen Hauptes zum Galgen. Deutschlandfunk, Kalenderblatt. Online unter: http://www.deutschlandfunk.de/vor-20-jahren-in-nigeria-erhobenen-hauptes-zum-galgen.871.de.html?dram:article_id=335453 (Zugriff 15.05.2018).

zernen entstehen, sind das eine, aber das alleine lassen mit diesen Kämpfen ums Überleben ist das, was mich am meisten bedrückt. Crip future kann es aber nur geben, wenn racial und environmental justice erkämpft werden.

Der *weiße* linke Typ, der ein Auto anzündet, wird nicht länger der Inbegriff der Radikalität sein in der Zukunft im Plural. Die be_hinderten ADAPT-Aktivist_innen benutzen schon lange ihre Körper als Hindernisse, um zu protestieren. Diese nicht nur *weiß* dominierte Be_Hindertenbewegung ist für mich persönlich ein Inbegriff der Radikalität. Dasselbe gilt für BlackLivesMatter. Aber auch Netzaktivismus wird nicht mehr belächelt werden, denn die Ausstrahlungskraft und Wirkung, die Menschen, die nicht mit auf die Straße gehen können, mit seiner Hilfe erzielen, wird nicht länger unterschätzt werden. Be_hinderte Menschen leisten dort täglich Bildungsarbeit und Vernetzungsarbeit.

In der crip future im Plural sind be_hinderte Menschen die Expert_innen für Be_Hinderung. Und es kommt noch besser: Auch für andere Themen, denn die wenigsten Menschen erfahren nur eine Form der Unterdrückung. Und nicht nur zu Unterdrückung wird es etwas zu sagen geben, sondern zu diversen möglichen Entscheidungsprozessen.

Technologien werden weder idealisiert werden, noch verdammt: Menschen wird zugehört werden, was ihre Erfahrungen damit sind. In crip futurities geht es nicht darum, be_hinderte Menschen damit funktionaler zu machen, sondern um selbstdefinierte Effektivität. Was meine ich mit Effektivität, das kennt eins ja eher als Leistungsmaßstabswort? Selbstdefinierte Effektivität bezeichnet das, was eine be_hinderte Person als effektive Methode erlebt, um eigene Vorhaben/Tätigkeiten/Wünsche umzusetzen, dabei geht es nicht um Zeit/Schnelligkeitsmaßstäbe, sondern um Ent_Hinderungen, die das Selbstbestimmte möglich machen. Manche Individuen brauchen viel Zeit und Planung, was zu tun ist, bei bestimmten Eventualitäten. Ich dagegen kann körperlich und nervlich nicht ewig an einer Aufgabe sitzen und brauche daher zeitnahes Zuarbeiten, um selbstbestimmt Projekte umsetzen zu können. Auch Nichtbehinderte können Hilfsmittel benutzen. Wenn kein Mangel mehr an Ihnen herrscht bei denen, die sie notwendig brauchen. Technisierung wird nicht mehr Arbeitsplatzverlust bedeuten, sie sollte uns das Leben erleichtern und Überleben darf nicht länger an Erwerbsarbeit gekoppelt sein.

Damit keine Verteilungsungerechtigkeit herrscht, reicht kein reformierter Kapitalismus, aber auch kein Kommunismus der alten Schule. Nur ein Kommunismus, der das intersektionale update erhalten hat, wird be_hindertenfreundlich sein und die früher als Nebenwiderspruch deklarierten Unterdrückungen aktiv und permanent bekämpfen. Ein bedingungsloses Grundeinkommen schafft keine Gerechtigkeit, da es von vermuteten Grundbedürfnissen ausgeht, aber dem Fakt nicht Rechnung trägt, dass be_hinderte Menschen, um diese Grundbedürfnisse zu stillen, mehr Geld aufwenden müssen als Nichtbehinderte. Ich frage immer, welche Lösung es für diesen Mehrbedarf geben soll und mir wird geantwortet, dass dafür dann das Sozialamt weiter zuständig bleibt, dass eins das eben beantragen und den Bedarf nachweisen muss und den Leuten, die antworten, ist gar nicht klar, dass sie dadurch eine Ungleichheit schaffen zwischen denen, die problemlos vom BGE leben können und denen, die das nicht können. In der crip future wird es kein beweisen müssen geben und nicht diese halbherzigen „Lösungen“. Manchmal macht es mich kirre zu wissen, dass wir all die Mittel haben und dass es kein Zufall ist, dass Menschen nicht einfach bekommen, was sie brauchen.

In der Zukunft im Plural wird es Unterricht zu Körper- und Geschlechtervielfalt geben. Be_hinderte Menschen werden nicht mehr desexualisiert werden, auch nicht mehr der Unsichtbarkeit der gegen sie ausgeübten Gewalt ausgesetzt sein, all das wird Thema sein, auch, dass Normen wie cis Heteronormativität, Zwangsheterosexualität und Zwangsablebodiedness aktiver Dekonstruktion bedürfen. Vielfalt darf kein Pathologisierungsgrund mehr sein. Aufklärung über Sexualität und Reprorechte muss in vielerlei Form erfolgen. Be_hindertes Leben gilt nicht länger als leidvoll und belastend und vermeidungswürdig. Es wird Beratung geben, die tatsächlich auch ergebnissoffen ist und Menschen auch dann differenziert berät, wenn sie ein be_hindertes Kind bekommen wollen, gerade be_hinderte Menschen fürchten sich nicht unbedingt davor, dass ihr Kind be_hindert sein könnte, da sie selbst Erfahrungen haben, wie eins mit Behinderung lebt und dies ihre Normalität ist. Es wird keine gesonderten „Be_Hindertentoiletten" geben, als seien be_hinderte Menschen eine extra Spezies, während andere Toiletten zweigeschlechtlich gegendert sind, sondern geschlechtsneutrale Toiletten, die obligatorisch auch be_hindertengerechte Kabinen enthalten. So wird weder entsexualisiert noch Geschlecht zugeschrieben, ein Toilettengang wird für alle möglich und nicht zum outing.

Be_hinderte Charaktere in Filmen werden von be_hinderten Schauspieler_innen gespielt. „Es möge di_er Beste die Rolle kriegen", als Argument der Filmindustrie, suggeriert, dass es nicht genug talentierte be_hinderte Schauspieler_innen gebe. Nichtbehinderte Schauspieler_innen verbreiten aber (leider auch aufgrund der Drehbücher) mithilfe von „cripping up" grässliche Klischees, die Schaden anrichten.

Be_hinderte Menschen werden sich selbst vertreten. Aushandeln, was Inklusion heißen soll, auch, ob das immer noch der richtige Begriff ist. Ob nicht eher die Frage ist, wie wir nichtbehinderte Personen in diese Zukunft im Plural integrieren?

Wie stellt Ihr Euch diese Zukunft im Plural vor, falls Ihr be_hindert seid? Und falls Ihr nichtbehindert seid: Was könnt Ihr dazu beitragen, dass es Zukunft im Plural geben wird?

Ich glaube, sich „crip" zu nennen ohne be_hindert (im Sinne des sozialen Modells von Be_Hinderung) zu sein, wäre keine Lösung, oder eine Be_Hinderung/Krankheit zu behaupten, die eins nicht hat, auch nicht aus Solidarität, weil eins nie die volle Wucht des Ausschlusses bei solchen temporären claimen erfährt, wie die Person, die diese behauptete Be_Hinderung/Krankheit tatsächlich hat. Es wird mir immer ein wenig übel, wenn gesunde Menschen sich einen Tag in den Rollstuhl setzen, um entsetzt festzustellen, wie barrierereich die Umwelt ist. Es würde reichen be_hinderten Menschen zuzuhören und zu glauben. Dennoch können nichtbehinderte Menschen außerdem was tun: Deutlich machen, dass auch ihre Ressourcen endlich sind, Grenzen in Arbeitszusammenhängen deutlich machen z.B., um mehr Zeit, passende Bedingungen bitten, auf Barrierenabbau bestehen, Zusammenarbeit mit be_hinderten Menschen ermöglichen. Klar kann sich auch nicht jeder nichtbehinderte Mensch erlauben zu sagen: „Diese Bedingungen sind unrealistisch, utopisch, menschenfeindlich, ausschließend." Aber wenn jede_r, di_er da ein bisschen Spielraum hat, diesen nutzen würde, um über Grenzen und unrealistische Normen zu sprechen, auch auf die Gefahr hin, dass das als „Schwäche" ausgelegt wird, würde doch im Zweifelsfall viel gewonnen werden.

Unser Verständnis von Zeit und Effektivität verdient ein bisschen cripping.

Auch unser Verständnis davon, was Arbeit ist, muss sich ändern. Kreativität. Aktivismus, care (Fürsorge) Arbeit sind bisher wenig gewürdigte Formen der Arbeit. Wieviel Kreativität, gelebte Erfahrung und empowerment in so kleinen und größeren wunderbaren zines, wie @trash_spoonie sie anfertigt, sichtbar wird. Das macht deutlich, wie die künstliche Trennung zwischen Kunst und Politik, zwischen Privatem und Politischem aufhebbar ist. In der Zukunft im Plural wird crip Kultur und crip Kunst vielen ein viel geläufigerer Begriff sein. Es wird so verdammt cool.

Nach dem schrecklichen Massenmord an be_hinderten Menschen in einer Pflegeeinrichtung in Sagamihara schrieb ich aber auch über die Gefahr, sich den Wert eines Lebens nur verknüpft mit „Unabhängigkeit" und „Arbeitsfähigkeit" zu denken. Der Mörder hatte die Leben von Menschen, die nicht selbstständig oder nur schwer soziale und Haushaltsaktivitäten ausüben können, für lebensunwert erklärt. Meine Gedanken dazu waren folgende: „Was, wenn eine Person soziale Beziehungen oder Hobbies nicht aufrechterhalten kann? Ist dieses Leben dann bedeutungslos? Oder ist es nicht schon allein deswegen bedeutungsvoll, weil wir alle Schmerz und Freude, Unbehagen und Behagen empfinden können? Ist das Individuum nicht die einzige Person, die sich darauf selbst Antwort geben kann, ob sie das eigene Leben als bedeutungsvoll empfindet?"

Einer der Mythen, die eugenische Glaubenssätze immer wieder befeuern, ist der Mythos „Unabhängigkeit". Wir sind alle wechselseitig abhängig. Nur einige können sich diese Unabhängigkeit einbilden, andere werden täglich daran erinnert, dass sie nicht völlig autonom handeln können. Auch Selbstbestimmung muss entmystifiziert werden als reines Glücksversprechen. Sie geht ja immer mit Verantwortung für Entscheidungen und deren Konsequenzen einher. Dennoch ist sie in einer weniger idealisierten, also realistischeren Form notwendig, damit wir zu einer freieren Gesellschaft der Vielfalt werden können.

Ich hoffe, dieser Text regt an, über crip futurities nachzudenken oder auch ein bisschen davon zu träumen. Wenn die UN-Behindertenrechtskonvention[207] in Deutschland und anderswo schon umgesetzt wäre, wäre einiges längst kein Traum mehr. Damit Ideen auch in Aktion münden können, ende ich mit einem Zitat von Cheryl Wade aus ihrem "disability_culture_rap": „Es liegt eine Kraft im Unterschied. Kraft. Verbreite die Botschaft."[208]

---

207 Die ins Deutsche übersetzte UN-Behindertenrechtskonvention vom 3. Mai 2008 findet ihr auf der Website von Verena Bentele, der Beauftragten der Bundesregierung für die Belange von Menschen mit Behinderungen (Stand 2017): https://www.behindertenbeauftragte.de/SharedDocs/Publikationen/UN_Konvention_deutsch.pdf?__blob=publicationFile&v=2 (Zugriff 15.05.2018).

208 Cheryl Marie Wade: Disability Culture Rap. Online unter: http://courses.washington.edu/intro2ds/Readings/Wade_Disability_Culture_Rap.pdf (Zugriff 15.05.2018).

What's left?
Ausschlüsse in linken Gruppen

#Klassismus #Ableismus #Sexismus

Meine Geschwister, meine Mom und ich waren arm. Bestimmt hätte uns klebriges Stigma umhüllt, wenn wir nicht als sehr hilfsbereit gegolten hätten. Solidarisch. Es kamen immer Leute von 8-80 zu meiner Mom, um über Probleme zu sprechen. Meine Mom hatte nie Marx gelesen und anstatt in den 60er Jahren ein wildes Leben zu führen hatte sie meinen Vater geheiratet. Und sich irgendwann wieder scheiden lassen. Viele Linke würden dieses „alle Menschen sind gleich viel wert" von ihr als naiv und bedeutungslos belächeln, aber die Menschen kamen trotzdem zu ihr und das nicht ohne Grund. Geldsorgen, Beziehungsprobleme, Politik, Gerechtigkeit und was dies miteinander zu tun hatte, erfuhr ich aus diesen Gesprächen, von denen ich oft Ohrenzeug_in wurde. Meine Mutter war nicht so extrem analytisch, aber die Leute, die vorbeikamen, fühlten sich ernst genommen und akzeptiert und gestärkt. Es ging um nicht weniger, als dass sich jemensch für die Ungerechtigkeit, die ihnen widerfuhr, interessierte. Menschen gaben uns im Gegenzug Gemüse aus dem eigenen Garten, liehen meiner Mutter Geld (manchmal nicht ohne nachzufragen, ob sie nicht wieder arbeiten gehen könne), eine ältere Frau steckte anonym (ich hörte den Briefkasten klappern und sah sie weggehen) Geld in den Briefkasten. Meine Mutter unterstützte die palästinensische Nachbarsfamilie gegen die bürokratischen Zumutungen und diese half wiederum anderen später mit Übersetzungen beim Amt. Es gab viel nichtpaternalistische Hilfe, also welche, wo eins sich nicht unentbehrlich macht oder diese aufrechnet und an Erwartungen knüpft. Ich vermisse diese Art der Hilfe untereinander sehr.

In der eigentlich kirchlichen Jugendgruppe, also keine linke Politgruppe, sprachen wir 1986 über Tschernobyl. Es beschäftigte uns alle sehr und verfolgte uns bis in unsere Träume. Evakuierungsalbträume schien plötzlich jede_r zu haben. Ich wusste, dass Jugendliche meines Alters rund um Tschernobyl zum Teil an ununterbrochenen Kopfschmerzen litten infolge des Reaktorunfalls. Und dass viele sterben würden. Womöglich ist Tschernobyl kein urlinkes Thema, aber für mich war es der Moment, in dem ich zur Kampfansage gegen das System bereit war, dieses System, das behauptete, das passiert bei uns nicht, nur im „maroden Ostblock". Nicht eine Sekunde habe ich das geglaubt. Mein lautes Nachdenken darüber brachte mir übrigens eine Einladung beim CDU-Bürgermeister ein, der wohl Angst hatte, ich würde die kirchliche Jugendgruppe indoktrinieren.

Am Anfang bin ich in der großen Stadt, in die ich ziehen musste, auf Demos gegen Kriege mitgelaufen, ich kannte niemenschen, aber ich wollte meine Position deutlich machen, es fühlte sich seltsam an und gut zugleich. War ich vorher nicht schon links? Oder war ich auch da noch nicht links, sondern erst in den festen Gruppenzusammenhängen später?

Später in den „wirklich" linken Gruppen überschnitten sich all diese Themen: Antiatomkraft, Antikapitalismus, Antikrieg. Das waren ja drei Dinge auf einmal. Ich fühlte mich allerdings immer wie auf Probe. Ich hielt den punk/alternativ Kleidungscode nicht ein, ich trieb mich mit Kulturwissenschaflter_innen rum, ich hätte am liebsten mehr Kunst und Ähnliches in den Aktivismus mit hineingebracht, aber auch Kunst und Ähnliches waren verdächtig. War das nicht bourgeois, wird die Form dann nicht wichtiger als der Inhalt? Mir kam beides gleich wichtig vor. Noch verdächtiger. Ein paar Menschen wussten ein bisschen was von mir, aber von einer community of care war es weit entfernt. Manchmal versuchte ich das Thema Angstzustände anzuschneiden oder Barrieren, waren ja keine unwichtigen Infos, sollte es zu unguten Situationen auf Demos kommen oder zu Verhaftungen, aber ich gab schnell auf. Eine Person lieh mir mal Geld von sich aus, eine andere schenkte mir mal welches, außer von den zwei Personen hätte ich dort nie etwas Derartiges annehmen können. Das war nur möglich, wenn Leute meine Situation halbwegs verstanden. Sozialhilfe, die ich seit dem Ausscheiden aus dem Studium wegen PTBS beziehen musste, war irgendwie anrüchig, die kam vom Staat; hieß das, eins ordnete sich dem kritikablen Staat unter, indem eins sich von ihm „abhängig machte"? Als ob eine Wahl bestanden hätte für mich. Die anderen in der Gruppe gingen oft Lohnarbeit nach, ein paar wenige bekamen Bafög oder Geld von den Eltern. Sie waren also auch abhängig, von de_r_m Arbeitgeber_in, vom Bafögamt, von den Eltern.

Ich sah nicht links aus, was sollte ich machen, ich konnte mir keinen teuren Sachen leisten, um die dann zu zerreißen. Mich hat das vollkommen irritiert, weil es in meiner Kindheit ein großes Drama war, wenn Sachen zerrissen und kaputt gingen. Wenn mal welche etwas klauen gingen, nannten sie es Umverteilung, ich fand es nicht moralisch verwerflich, aber Umverteilung, an eins selbst? „Denen tut das ja nicht weh." Nee, einer Ladenkette und ähnlichem tut das nicht weh, aber den Verkaufspersonen, die den Anschiss kriegen, wenn in ihrer Abteilung geklaut wird. Sind die denn nicht Teil der Arbeiter_innenklasse? Das war von mir so eine Bemerkung am Rande, aber sie sprach sicher wieder gegen mich. Ich wollte nicht judgen, aber ich entdeckte dauernd Widersprüche. Manche machten mich fertig.

Irgendwann häuften sich Gelddiebstähle in der Gruppe, wer hatte Tresendienst dann und dann gehabt? Aber hm, eigentlich auch egal, die Person kann einfach zu x gehen und es zugeben oder in Zukunft sagen, wenn sie was braucht. Das klingt doch relaxed, oder? War es aber nicht. In den Köpfen ratterte es und eine Person sprach es aus: „Vielleicht jemensch, der es am nötigsten braucht." Und die Person sah mich dabei an. Ich hatte in meinen ganzen Leben kein Geld oder irgendetwas an mich selbst eigenmächtig umverteilt, ich hätte nämlich das Einzige, was meine Familie hatte, riskiert (den Ruf) und einmal hätte gereicht, dann hätte es geheißen: Was für asoziale Verhältnisse. Mir fiel ein, wie Mitschüler_innen aus der Mittelschicht früher in der großen Stadt geklaut hatten und es Mutprobe genannt hatten und über sie wurde kein klebriges Stigma gestülpt.

Wenn ich zu diesem Zeitpunkt schon gewusst hätte, dass ich das Lumpenproletariat bin, also nicht das Proletariat, das zur Erleuchtung fähig ist, wenn ich gewusst hätte, dass ich #LumpiDasProletariat bin, dem nicht zu trauen ist, weil es überleben muss, dann hätte er mich nicht so doll vor den Bug gehauen, der Klassismus von links.

#Sexismus

Aber erst noch zu den anderen Baustellen. Sexismus durfte nur als allgemeines Phänomen besprochen werden. Ich sollte einen Filmabend machen, mit Beispielen und ich dachte kurz nach und sagte dann Nein. Weil ich lieber über den Sexismus in unseren Räumen reden wollte, der immer mehr kaputt machte. Ich wurde auch gefragt, ob die Projektionen von Manga-Figuren während der Parties sexistisch wären, dazu hatte ich keine Meinung oder ich wollte kein simplifizierendes Regelwerk erarbeiten, was eins tun darf und was nicht, und alles jenseits dessen bleibt weiter unbemerkt.

Ein Gast hatte am Tresenabend mich immer wieder umarmen und an sich ziehen wollen. Die linken Typen lachten, weil, der war ja bloß betrunken und ganz süß. Ich dagegen war ganz sauer. Ich sagte ihnen, wenn sie das nicht sofort abstellen würden und nicht gegebenenfalls den Typen rauswerfen, dann ginge ich durch diese Tür und das war's. Da waren sie dann erschrocken, aber vorher haben sie nicht gecheckt, was abgeht.

Es gab nett gemeinte Versuche mich einzubinden, ich wollte auch das ein oder andere politische Buch vorstellen, aber sobald ich das „für die Gruppe" las, war ich schnell blockiert, während ich sonst Unmengen Bücher las und mitschnitt, so lange ich sie nicht für die Allgemeinheit las und nur hier und da Interessierten davon erzählte.

Ich zwang mich zur Sachlichkeit und war jedes Mal platt und erschöpft, weil ich nicht mit meiner ganzen Person dort sein konnte. Ich ergriff nur das Wort, wenn es nicht anders ging, also wenn etwas sehr falsch lief und ich es in sachliche Bahnen leiten wollte. Damit war ich nicht ganz allein, aber nicht von ungefähr handelte es sich dabei um Personen, die auch in diesen Gruppen ausbrannten und wann immer wir uns Jahre später trafen, fragten wir einander: „Und, gehst Du noch hin?" „Nein. Und Du?" Über viel mehr sprachen wir nicht. Ich war nach solchen Dialogen dann ganz kummerig, obwohl mir die Gruppen nie richtig Heimat geworden waren.

Personen of Color gab es kaum in diesen Räumen. Aber natürlich waren wir antirassistisch. Den Begriff „kulturelle Aneignung" kannte ich noch nicht, sonst hätte ich auch da was gesagt. So blieb nur ein unbestimmt unwohliges Gefühl bei manchen Sachen. Asylbewerber_innen konnten an bestimmten Tagen Sachgutscheine gegen Bargeld eintauschen, wenn sich Leute fanden, die dazu bereit waren. Sie wurden von der zuständigen Gruppe nicht vorgestellt,

#burn_out #Rassismus

standen zwischen Tür und Angel, ich fragte mich, ob die Gruppe die Betroffenen so wenig kannte, dass sie da wie Bittsteller_innen rumstehen mussten, war mir peinlich. Mir war aber auch peinlich, dass ich es immer noch nicht geschafft hatte Kontakt aufzunehmen, was auch nicht so leicht war, da eins nicht einfach in Aufnahmelager reinspazieren konnte. Oder überhaupt ungefragt aufzuschlagen, wäre auch nicht gegangen. So „Hallo, bist Du geflüchtet, willst Du meine Unterstützung?" schien auch daneben. Andere Menschen sollen ja nicht mein Projekt sein. Erst in Berlin habe ich Geflüchtete in ihrem Alltag, in dem sie konfrontiert waren mit unterdrückerischer Bürokratie, mithilfe individueller und konsensueller Abmachungen unterstützen können.

Dass viele linke Räume so *weiß* sind, heißt nicht, dass Personen of Color und Schwarze Personen keinen linken Aktivismus betreiben. @xOuryx schrieb dazu am 15.04.2018 auf twitter: „Hey *weiße* linke Leute, ihr DEFINIERT die linke Szene als *weiß*, indem ihr z.B. den ISD, die Gruppe Lampedusa in Hamburg und andere linke Selbstorganisierungen von Migrant_innen und/oder B_PoCs nicht dazuzählt."[209]

Es gab auch Übergriffigkeiten in den linken Politgruppen, selten vor Ort, aber zwischen Gruppenmitgliedern. Es war schwer darüber zu schweigen. Ich schwieg, wenn Betroffene das wollten. Aber ich schnitt alles mit, wie sich die Atmosphäre im Raum änderte, wie die verletzte Person sich zurückzog und die verletzt habende Person noch bedauert wurde, weil Hintergründe nicht bekannt waren oder ignoriert wurden. Ich reagierte auch einmal nicht im ersten Moment, wie ich es mir wünschen würde, wer will schon, dass jemensch sympathisches unsympathische

---

209 @xOuryx (15.04.2018): https://twitter.com/xOuryx/status/985431221244227584 (Zugriff 15.05.2018).

Dinge tut, aber nach einer Weile sank es in mich rein und ich konnte es nicht verdrängen. Ich würde gerne dieser Person sagen, bei der ich einmal nicht passend reagiert habe, dass es mir leidtut. Dass ich kurze Zeit später nur noch daran denken konnte und mir aufging, dass ich noch viel damit zu tun hatte, die mir selbst widerfahrene Gewalt nicht runterzuspielen. Wenn ich dran denke, dass ich nicht so reagiert habe, wie ich das für richtig halte, möchte ich weinen, auch so viele Jahre später.

Meine Kleidung roch immer nach Rauch, ich hatte nach den vielen Stunden dort Schmerzen und Migräne. Ich schleppte mich nach Hause und meine WG wunderte sich, warum ich mir das antue. Ich hätte aber Angst gehabt vorm Nichtstun, „politisch untätig" sein war nicht mehr vorstellbar. Und so schleppte ich mich beim nächsten Mal wieder hin, bis es wirklich nicht mehr ging, weil ich zu ausgebrannt war.

Ich hatte keine Gruppe mehr, weil ich keine Kraft mehr hatte und so viele meiner Betroffenheiten und Interessen hatte draußen lassen müssen. Und dennoch hat es mir sofort gefehlt, Aktionen kann eins selten alleine machen,

Heute denk ich: Ganz sicher waren nicht alle Mittelschicht, da gab es vermutlich ebenfalls verdeckte Armut und auch Scham. Ganz sicher waren nicht alle neurotypisch, von ein paar Leuten weiß ich das, aber es gab keinen Raum dafür, das musste hinten angestellt werden. Ganz sicher hatten einige unsichtbare Be_Hinderungen und chronische Krankheiten. Das war nur selten Thema. Es macht mich nur so traurig, wie reduziert und tough eins sein muss innerhalb von Gruppen und sich beweisen muss, wodurch Menschen einander da verfehlen. „Die Sache" steht über der gelebten Solidarität. Es gab Menschen dort, die ich sehr mochte, aber das änderte nichts am alien Gefühl, ich war mir nie sicher, ob ich wirklich akzeptiert war, ob sie mich wirklich mochten oder ob Ihr Bild von mir etwas mit mir zu tun hatte. Umgekehrt frage ich mich das natürlich auch. Wir sind uns all die Jahre, und das waren nicht wenige, im Großen und Ganzen fremd geblieben.

Ich hatte von Marx bis dahin nur kleine Textausschnitte in Seminaren gelesen, die netten Sachen halt. Ihr wisst schon, morgens geht eins jagen, nachmittags fischen, abends Viehzucht oder so. Alles ganz relaxed, weil frei gewählte Arbeit. Jedenfalls in Marx' Vision, die ich an sich mag, nur kann ich schon mal keins von den dreien. Was ist, wenn eins auch keiner frei gewählten Tätigkeit täglich nachgehen kann? Ich hatte da noch nix über das Lumpenproletariat gelesen oder dass er in Briefen an Engels das N-Wort verwendete, der Briefwechsel der beiden soll manchmal voller Gift und Galle gewesen sein, leider inklusive Ismen und sich überlegen fühlen. In einem Seminar über Antisemitismus unter deutschen Intellektuellen in 19. Jahrhundert lasen wir Karl Marx' Rezension zu Bruno Bauers Schrift „Die Judenfrage". Und ab da wird es dann ziemlich enttäuschend: Die Juden wären nicht zur Emanzipation fähig, solange sie dem Judentum anhängen. „Eine Organisation der Gesellschaft, welche die Voraussetzungen des Schachers, also die Möglichkeit des Schachers aufhöbe, hätte den Juden unmöglich gemacht. Sein religiöses Bewußtsein wurde wie ein fader Dunst in der wirklichen Lebensluft der Gesellschaft sich auflösen. Andrerseits: wenn der Jude dies sein praktisches Wesen als nichtig erkennt und an seiner Aufhebung arbeitet, arbeitet er aus seiner bisherigen Entwicklung heraus, an der menschlichen Emanzipation schlechthin und kehrt sich gegen den höchsten praktischen Ausdruck der menschlichen Selbstentfremdung. Wir erkennen also im Judentum ein allgemeines gegenwärtiges antisoziales Element, welches durch die geschichtliche Entwicklung, an welcher die |373| Juden in dieser schlechten Bezie-

#Antisemitismus

hung eifrig mitgearbeitet, auf seine jetzige Höhe getrieben wurde, auf eine Höhe, auf welcher es sich notwendig auflösen muß. Die Judenemanzipation in ihrer letzten Bedeutung ist die Emanzipation der Menschheit vom Judentum."[210] Heftig, oder? Selbst, wenn eins weiß, wie Marx zu Religion steht, die Zuschreibung an eine Gruppe und was für diese Gruppe wesenhaft sei, die aufgezählten Merkmale sind antisemitisch. Ich habe die Zeilen davor weggelassen, weil so oft „Schacher" vorkam, was ein antisemitisches Stereotyp ist. Aber Marx war doch Jude, wird di_er ein oder andere denken. Ja, aber einer, der sich vom Judentum auf antisemitische Weise distanzierte. Natürlich werden ein paar Menschen sagen: Mika, das musst Du doch im Kontext der Zeit sehen, auch das N-Wort und alles. Mir geht es auch nicht darum, dass Marx nicht mehr gelesen wird oder Marxismus madig zu machen, sondern um verantwortungsvolle Rezeption. Für Judith Butler gilt für mich dasselbe, ich werde nichts Antizionistisches von ihr verbreiten. Es wäre gut, wenn die Werke, die Standardwerke sind, an Stellen, wo Ismen reproduziert werden, content notes hätten und Kommentare am Ende des Buches.

Ein twitteri teilte mir ironisch im Café mit, weil ich mich immer noch am Wundern war, wie eins mit Kritik an Ausschlüssen in linken Kreisen auch auf twitter aneckt: „Du bist ja auch das, was Marx das Lumpenproletariat nennt:" Ich ließ mir erklären, was das Lumpenproletariat ist und las dann daheim im Internet und dann war nichts mehr wie vorher. Es gab eine Kontinuität des Klassismus unter

---

210 Marx, Karl (1843): Zur Judenfrage. In: Marx, Karl/Engels, Friedrich (1976): Werke. Berlin/DDR: (Karl) Dietz Verlag, Band 1, S. 347-377. Online ist der Text verfügbar unter: https://www.staff.uni-giessen.de/~g31130/PDF/marx/judenfrage (Zugriff 15.05.2018).

Linken und das, obwohl sich das an sich wie ein Paradox anhört.

„Neben zerrütteten Lebeherren mit zweideutigen Subsistenzmitteln und von zweideutiger Herkunft, verkommene und abenteuerliche Ableger der Bourgeoisie, Vagabunden, entlassene Soldaten, entlassene Zuchthaussträflinge, entlaufene Galeerensklaven, Gauner, Gaukler, Tagediebe, Taschendiebe, Taschen-spieler, Spieler, Zuhälter, Bordellhalter, Lastträger, Literaten, Orgel-dreher, Lumpensammler, Scherenschleifer, Kesselflicker, Bettler, kurz, die ganze unbestimmte, aufgelöste, hin- und hergeworfene Masse, die die Franzosen la bohème nennen ... dieser Auswurf, Abfall, Abhub aller Klassen ...“[211]

Die Bohème, das wäre dann vielleicht das mika gewesen zu der Zeit, aber vermutlich wohl eher Bettler_in, weil be_hindert.

Auf twitter wollte mir jemensch ernsthaft erklären, dass Marx diese Menschen nicht verurteilte, sondern nur die Verhältnisse, die sie „so“ werden ließen. Jaja. Der Satz mit dem „Abhub“ (sowas wie Abschaum) der Gesellschaft ist sicher verständnisvoll gemeint gewesen. Engels tutete ins selbe Horn: „Das Lumpenproletariat, dieser Abhub der verkommenen Subjekte aller Klassen, der sein Hauptquartier in den großen Städten aufschlägt, ist von allen möglichen Bundesgenossen der schlimmste.“[212]

---

211 Marx, Karl (1869): Der achtzehnte Brumaire des Louis Bonaparte. In: Marx, Karl/Engels, Friedrich (1960): Werke. Berlin/DDR: (Karl) Dietz Verlag, Band 8, S. 160. Online ist der Text verfügbar unter: http://www.mlwerke.de/me/me08/me08_159.htm (Zugriff 15.05.2018).

212 Engels, Friedrich (1870): Vorbemerkung zum zweiten Abdruck „Der deutsche Bauernkrieg“. In: Marx, Karl/Engels, Friedrich (1962): Werke. Berlin/DDR: (Karl) Dietz Verlag, Band 16, S. 398.

Natürlich stellt das für mich nicht die komplette marxistische Lehre in Frage, macht mir aber deutlich, dass in ihr etwas fehlt und dass sie dringend ein intersektionales update benötigt, denn Klassismus und andere Ismen sind auch in linken Gruppen zu finden, wo meist sehr reflektions- und änderungsresistent behauptet wird: „Aber wir doch nicht." Da ich eh schon sehr häufig strukturellen Klassismus zu spüren bekomme, mich aber links zuordne, ist das eine ziemliche Wunde, wenn es auch in diesem politischen Spektrum noch so lebendig ist.

Twitter Linke machen das Leben jedenfalls auch oft nicht leichter, anstatt solidarisch diverse Kämpfe zu unterstützen, machen sie sich über diese lustig oder kanzeln diese als „Identitätspolitik" ab: Sei es Queerfeminismus, also alles, was über materialistischen Feminismus hinausgeht, sei es ein Antirassismus, der ihnen zu viel abverlangt und Ableismus ist sowieso für viele eine Lachnummer. Alles, was über Haupt- und Nebenwiderspruch hinausgeht ist Ketzerei. Marginalisierte, die sich nicht von ihnen repräsentiert sehen, betreiben Identitätspolitik. Marx war nicht religiös, aber an seiner Lehre darf nichts verändert werden, nicht ein Jota. Und diese starke Identifikation und „alles andere gildet nicht" erinnert mich irgendwie auch ein bisschen an Identitätspolitik, aber eine, die weniger zur Weiterentwicklung führt, als manche Identitätspolitik der Notwendigkeit. Bini Adamczak, eine queerfeministische Theoretikerin und Künstlerin und eine der Personen, die erwähnte Ansätze nicht als unvereinbar ansieht, sagte in einem Interview: „Was den aktuellen Diskurs angeht, so halte ich schon die Gegenüberstellung Klassen- versus Identitätspolitik für grundfalsch.

Online ist der Text verfügbar unter: http://www.mlwerke.de/me/me16/me16_393.htm (Zugriff 15.05.2018).

Warum?

Erstens hat auch Klassenpolitik eine identitätspolitische Seite: Es gibt kaum etwas Identitäreres als den ‚Arbeiter- und Bauernstaat', der gesellschaftliche Zustimmung durch Identifikation herstellen wollte. Zweitens geht es auch bei den Kämpfen, die als ‚Kultur' verhandelt werden, um Ökonomie. Rassistische, geschlechtliche, sexuelle Herrschaft spielen sich ja nicht in erster Linie auf der Ebene von Symbolen und Sprache ab. Sie sind eingelassen in unsere grundlegenden materiellen Beziehungen."[213]

@XOuryx hat hierfür folgende Worte gefunden: „Für alle, die sich über diese schlimme ‚Identitätspolitik' beschweren: Ihr wisst schon, dass eine Politik, die ‚allgemein' ist und Marginalisierung ausblendetet schlichtweg Identitätspolitik der am meisten Privilegierten ist, oder?!"[214]

Betroffenheit sei kein Argument, war eine der Stilblüten, auf die ich folgende Replik hatte: Unbetroffenheit auch nicht. Es suggeriert, dass Betroffene ihre eigene Lage nicht verstehen und analysieren können, als gäbe es diese Warte, die eins einnehmen kann, und von dort aus „sieht" eins alles und zwar objektiv. Ich finde es immer ein bisschen zweifelhaft zu wissen, was anders Betroffene befreien könnte und sie nicht mal zu fragen und ihnen nicht zuzuhören.

Als ich einmal über Ableismus im Aktivismus auf twitter klagte, auch darüber, dass nicht in den Abbau von Barrie-

---

213 Zelik, Raul (2018): «Die Linke ist so fragmentiert, dass das Gemeinsame sehr schwer herzustellen ist». Interview mit Bini Adamczak in der Wochenzeitung, Ausgabe 10/2018 vom 08.03.2018. Online unter: https://www.woz.ch/-8786 (Zugriff 15.05.2018).

214 @XOuryx (14.04.2018): https://twitter.com/xOuryx/status/985107412565807104 (Zugriff 15.05.2018).

ren investiert wird, dass erwartet wird, dass be_hinderte Menschen Arbeit für einen Appel und ein Ei abliefern, weil sie froh sein sollen, Bühne zu bekommen, zitierte ein linker Typ meinen tweet plus Kommentar etwa so: Gebt mir mehr Geld, sonst ist es Ableismus! Ich habe ihn zur Rede gestellt, ob ihm klar sei, dass be_hinderte Menschen tatsächlich selten bis mies vergütet werden, dass tatsächlich nicht in die Reduktion von Barrieren investiert wird. Und er meinte, dann soll ich doch ehrlich schreiben: Will mehr Geld! Ohne dieses Ableismusdingens. Es war zum Haare raufen, weil nämlich das Ableismusdingens die Struktur ist, die diese Benachteiligung mit bewirkt. Und zum Abbau von Barrieren (für geeignete Räume, Gebärdensprachdolmetscher_innen etc.) braucht es halt Geld, egal in welchem System. Ein anderes Mal konnte es mir ja nicht so schlecht gehen, ich sei privilegiert, weil ich (ein gebraucht geschenkt bekommenes) Android tablet besaß und meine „irrelevante Meinung" damit kundtun könnte. Das war so eine Retourkutsche für ich weiß nicht was. Aber der Privilegienbegriff kehrte verdreht als Bumerang wieder.

Alle sind wir vom kapitalistischen System „zugerichtet", aber die anderen sind immer ein bisschen zugerichteter. Nichtbinäre Menschen auch, obwohl ich immer noch nicht begriffen habe, warum ausgerechnet meine Identität warenförmiger sein soll als andere Identitäten und meine Identität eine Ausgeburt des Patriarchats und des Kapitalismus sein soll. Als wären Selbstbezeichnungen kapitalistische (brands) Marken. Sorry, aber ich existiere als nichtbinäre Person für den Großteil der Gesellschaft eh gar nicht. Während einige Linke Marginalisierten (trans/nichtbinären queerfeministischen Personen, Sexarbeiter_innen, be_hinderten Menschen, Personen of Color) ihr Emanzipationspotential absprechen, strugglen diese Gruppen schon genug um Wege des Überlebens, Sichtbarwerdens und des Widerstandes zu finden.

Wenn Kritik an antimuslimischem Rassismus geäußert wird, heißt es schon mal: Islam ist ja keine „Rasse". Ist mir klar, auch die anderen sogenannten „Rassen" waren ein ideologisches Konstrukt. Es gibt Rassismus, der auf Biologismus basiert und Kulturellem, meist ist es aber zwei in einem. Es gab angeblich auch die „Jüdische Rasse" oder die „Slawische". Rassismus zu benennen heißt eben nicht, dass eins die Existenz von „Rassen" behauptet, sondern darauf hinweist, wie deren Konstruktion bis heute wirksam ist. Ich erzähle dann manchmal ein bisschen was von Stuart Hall und Etienne Balibar, wie diese zwei kulturellen Rassismus definieren (also, Eigenschaften werden aufgrund der Zugehörigkeit zu einer als homogen konstruierten Gruppe („Kulturkreis", Religion etc.) zugeschrieben, an Sitten und Gebräuchen festgemacht, auch denen der Religion und dann für wesenhaft erklärt). Aber das interessiert meist keine_n. (Gilt auch eh immer alles als „pomo", alles was nicht Marx, Adorno und Co ist, kann nur Postmoderne sein und wird trotz unterschiedlichster Ansätze und Theorien in einen Topf geworfen).

Viele verstehen nicht, dass „ein Privileg haben" nicht ein Vorwurf oder eine Unterstellung oder eine Schuld darstellt. Verantwortung übernehmen und solidarisch sein ist kein „Schulden abtragen". Nur solidarisch sein mit „gleich Betroffenen" ist wiederum keine Solidarität, sondern bloße Interessenvertretung. @apolitAsh postet immer wieder Infos[215] darüber, dass *weiß* sein eine Konstruktion ist, um Herrschaft zu erhalten, *weiß* sein kann zu- und aberkannt werden.

---

215 @apolitAsh verweist dazu immer wieder auf folgende englischsprachige Webseite: http://www.ucalgary.ca/cared/whiteness (Zugriff 15.05.2018).

Die starke Ablehnung, auf die Queerfeminismus teils auch in linken Kreisen trifft, behandle ich auch in „I am a trend! Beißreflexe? Ich beiße nicht, ich hexe!".

Auch schwer ist es sich gegen Übergriffigkeiten linker Macker_innen zu wehren. Auf twitter wurde das meist als Gefährdung de_r_s Täter_in gesehen, wenn eins einen Übergriff publik machte. Wie zur Hölle soll eins sich wehren, wenn jemensch als immun gilt, weil si_er gute und wichtige Arbeit leistet und die communities nicht selbst einschreiten? Die Opfer können meist nur schweigen und sich zurückziehen. Das ist so schmerzhaft

Bini Adamczak spricht im zitierten Interview auch von Donna Haraways Begriff "situated knowledge": „Situated Knowledge (zu Deutsch ‚Situiertes Wissen') ist ein zentraler Begriff in Donna Haraways Konzept der feministischen Objektivität. Haraway geht in ihrem viel zitierten Essay ‚Situated Knowledges: The Science Question in Feminism and the Privilege of Partial Perspective' (1988) von einer grundsätzlichen Bedingtheit allen wissenschaftlichen Wissens aus. Deshalb werden im Konzept des Situated Knowledge die soziale Verortung und die kontextbedingten Vorteile der forschenden Personen mit in den Forschungsprozess einbezogen (…) Situated Knowledge ist in diesem Sinne lokal und immer begrenzt und kann niemals für alle Menschen sprechen. Wichtig ist vor allem die Verknüpfung von verschiedenen Perspektiven. Zentral ist dabei, das Objekt des Wissens als Akteur und Agent zu betrachten und nicht als Projektionsfläche (Haraway 1988: 592). Wichtig im Umgang mit Wissenspositionen ist vor allem die wiederholte kritische Nachprüfung, Dekonstruktion und Interpretation des herrschenden Wissens (Haraway 1988: 584). Kernpunkt von Situated Knowledge ist eine grundsätzliche kontextuelle Betrachtungsweise jeglicher Forschungsfragen."[216]

Um dieses situierte Wissen zu erfassen, zusammen und in Beziehung zu setzen, bedarf es des Zuhörens. Denn ansonsten bleibt nur die Frage: „What's left?"

---

216 Zitat von der Onlineplattform „Transdisziplinarität. Eine Bestandesaufnahme des Forschungsdiskurses" der Zürcher Hochschule der Künste. Online unter: https://blog.zhdk.ch/trans/situated-knowledge/ (Zugriff 15.05.2018).

I am a Trend! – Beissreflexe? Ich beiße nicht, ich hexe.

Von der Schädlichkeit und den Auswirkungen aufgewärmter reaktionärer Diskurse

Wir schreiben das Jahr 2018 und auf einer Veranstaltung mit dem Titel „Was hat sie bloß so ruiniert? Warum die Linke (vielen) zu ungeil ist" der Gewerkschaft FAU wird sich positiv auf das Buch „Beissreflexe"[217] bezogen.

Ein Jahr zuvor, kurz nach dem Erscheinen dieses Buches („eine Kritik an queerem Aktivismus, autoritären Sehnsüchten, Sprechverboten"), bekam ich auf twitter per screenshots immer wieder Teile dieses Bandes zu lesen, später las ich einzelne Texte. Ich hielt es für ein immens schädliches Buch, weil es diffamierend, wenig argumentativ und pathologisierend eine vermeintliche Richtung beschreibt, in die die queerfeministische Bewegung abzudriften drohe. Es verunglimpft Konzepte, deren Ursprünge oft nicht genannt werden und auch nicht, aus welchen Beweggründen sie entwickelt wurden. Definitionen dieser Konzepte gibt es nur so verdreht dargestellt, dass die dadurch erzeugte Ablehnung gegenüber den falsch dargestellten Konzepten nicht überrascht. Es werden Beispiele gewählt, wo diese Konzepte missbräuchlich angewandt wurden und schon heißt es: Got you! (Hab ich Dich/Euch erwischt!) Ich halte es für sehr wichtig, die Fehleranfälligkeit von Konzepten zu diskutieren, wie sie zu modifizieren sind oder ob sie tatsächlich zielführend sind. Im Buch klingt es aber eher nach: „Ist für mich persönlich

#Pathologisierung #Diffamierung

217 L'Amour laLove, Patsy (Hg.) (2017): Beissreflexe – Kritik an queerem Aktivismus, autoritären Sehnsüchten, Sprechverboten. Berlin: Querverlag, 4. Auflage.

nicht so wichtig oder sogar hinderlich, denn es nimmt Aufmerksamkeit von mir oder einem Kernthema weg – also ist's bäh." Das Buch hinterließ Verstörung und Verletztheit bei einigen mehrfach marginalisierten Personen, die es eh schon schwer haben in linken und emanzipatorischen Gruppen „sichtbar" und „hörbar" zu werden. Dazu gehören von Rassismus Betroffene und oder nichtbinäre/trans Personen und oder asexuelle Personen und oder be_hinderte/neuroatypische Menschen.

Allerorten: Das Buch habe einen Nerv getroffen. Das soll dann also etwas Positives sein, wenn es schmerzt? Oder meint dies: „Wo Rauch ist, da ist auch Feuer"? Manchmal denke ich eher, wo Rauch ist, da hat eventuell jemensch gezündelt.

Obwohl es sich um eine Vielzahl von Autor_innen handelt, erklingt vieles doch im sehr ähnlichen Tenor. Versprochen werden uns von der Herausgeberin und Autorin Patsy L'Amour laLove des Bandes Texte, die zum einen polemisch formuliert, zum anderen eher diplomatisch seien. Eigentlich schon mal beides nicht meine Lieblingstextsorten, but here we go. Patsy L'Amour laLove beginnt mit einer Bevorzugung des Begriffes „queer" auf seine Bedeutung als perverse Entgegnung und Selbstbezeichnung der als „sexuell anders" Geltenden. Dabei umfasst er heute Definitionen, die sich nicht nur auf „anders markierte" Sexualität beziehen und nicht umsonst umfasste er schon in seinen Anfängen in den 90ern als RECLAIM eines ehemaligen Schimpfwortes mehr als lesbisch oder schwul sein, war sowohl Ausdruck der Inklusion als auch der Solidarität während der Zeit, als viele Menschen an HIV starben[218]. Der Stonewall-Aufstand gegen Polizeigewalt, in dem die treibenden Kräfte trans Frauen of Color waren, wurde wie

218 Ebd. S. 21.

so viele andere historische Ereignisse *weiß*gewaschen. Um es deutlich zu sagen: Die sich auflehnenden Personen waren größtenteils trans Personen of Color und Sexarbeiter_innen, mehrfach diskriminiert, sowohl aufgrund von Geschlecht als auch aufgrund von Sexualität und race. Dass der reclaim des Wortes queer erst in den 90ern stattfand, heißt nicht, dass Menschen, die dieser Begriff versammeln kann, nicht schon existierten. Dennoch wird gleich am Anfang von der autoritären Wendung von queer gesprochen, davon, dass es ein zu gleichmachender Begriff sei, wenn er zu viele Menschen in einer weiten Klammer umfasse. Seltsamerweise empfinde ich dagegen eine statische Verengung des Begriffs eher als autoritär, zumindest aber als konservativ. Konservativ bedeutet hier halt etwas so bewahren zu wollen, wie es einmal (konnotiert) war. Das alles, auch queer, Warenform annehmen kann, ist nicht die Schuld queerer Menschen, sondern ein Mechanismus in dieser kapitalistischen Gesellschaft, das, was die Ordnung gefährden könnte, einzugemeinden, wenn es nicht mehr anders geht und verwertbar zu machen. Patsy L'Amour laLove will in dem Text „Beissreflexe – Kritik an queerem Aktivismus, autoritären Sehnsüchten, Sprechverboten" erinnern an dieses queer, „das zur Kritik an der heterosexuellen Normalität ebenso aufruft wie zur selbstbewussten Entgegnung der Perversen und Anderen".[219] Soweit, so gut, noch scheinen „Andere" mitgemeint zu sein, doch dann lese ich: „Die Bedeutung, die Queer zukommen könnte, also für Perverse und sexuell und geschlechtlich andere zu stehen, ihrer Kritik an der heterosexuellen Normalität oder ihrem Wunsch nach Emanzipation, müsste aktuell erst neu behauptet werden", und frage mich, wie dieser Beweis aussehen soll für ein politisches/subversives/per-

219 L'Amour laLove, Patsy (Hg.) (2017): Beissreflexe – Kritik an queerem Aktivismus, autoritären Sehnsüchten, Sprechverboten. Berlin: Querverlag, 4. Auflage, S. 20.

verses queer. Gleich im Anschluss wird behauptet, dass der gleichmachende Queerfeminismus sich immer mehr verbreiten würde in den letzten Jahren und diesen nähme das Buch in den Fokus[220]. Ich ahne, dass die „Anderen", die gleiche Rechte, Partizipation, Gleichbehandlung wollen, und nicht (nur) dieses „perverse queer" sind, als erstes über die Klinge springen müssen. Das klang schon an im Zitat von Tjark Kunstreich zur angeblich gegenwärtigen Konnotation von queer: „Heute scheint es selbstverständlich, dass queer irgendwie alles ist; was sich selbst eine Abweichung von der Norm zuschreibt. Niemand will heute mehr normal sein, also sind alle queer, denn jede sexuelle Differenz, jeder Fetisch wird zum Bestandteil einer Identität […]"[221] Im Anschluss behauptet Kunstreich, dass diese Aufwertung/Betonung der „Anormalität" in Ignoranz gegenüber Homofeindlichkeit umschlägt. Erst einmal: Ich glaube nicht, dass die meisten Menschen aus Spaß sich label verpassen, eine Zugehörigkeit und oder Unterdrückung claimen. Ganz offensichtlich sind nicht alle ein bisschen queer, denn ich bekomme in meinem Alltag als nichtbinäre und pansexuelle Person zu spüren, dass queer sein viele Menschen weird (queer im Sinne von seltsam ist eben auch eine Übersetzungsmöglichkeit) finden, weiß eins doch „seit dem Biologieunterricht" in der Schule: „Es gibt nur zwei Geschlechter, Mann und Frau, und nur diese eine Anziehung ist normal". Das sind Kommentare, die ich auf twitter immer wieder bekomme. Nichtbinär sein sei eine „Störung", wie trans sein überhaupt. Pansexuallität ist

220 Ebd. S. 23.

221 Kunstreich, Tjark (2015): Dialektik der Abweichung. Über das Unbehagen in der homosexuellen Emanzipation. Hamburg: Konkret Verlag (Texte 67), zitiert nach: L'Amour laLove, Patsy (Hg.) (2017): Beissreflexe – Kritik an queerem Aktivismus, autoritären Sehnsüchten, Sprechverboten. Berlin: Querverlag, 4. Auflage, S. 23.

für die einen „Gier/Schleppnetzmethode" (ganz ähnlich dem Vorurteil gegenüber Bisexualität) und für die anderen basiert alles, was nicht Heterosexualität ist und von sogenannten „afabs" gelebt wird, auf Männerhass. Zum Alltag gehören auch die Behauptungen mancher Linker, dass nichtbinäre und trans Menschen sich selbst fetischisierten, nachdem Kritik am materialistischen cis Feminismus erfolgte. Ich bin so spät zu dieser Selbstbezeichnung gekommen, gerade weil ich vorher nur die Verengung des Begriffs kannte. Und nun erlebt diese Verengung des Begriffes seine Renaissance im Beissreflexe-Band.

Verdrehungen von Definitionen antirassistischer Praktiken, auf die in einigen queerfeministischen Gruppen Wert gelegt wird, ziehen sich durch das ganze Buch. Dies betrifft auch die Begriffe kulturelle Aneignung und critical whiteness sowie white privilege. Patsy L'Amour laLove stellt Kritik an kultureller Aneignung als etwas dar, was zu „Bußeritualen"[222] aufrufe und *Weißen* signalisieren würde, dass sie nun nicht mehr sprechen dürften - nur weil sie nicht entscheiden, was rassistisch ist oder nicht, denn das können von Rassismus Betroffene besser beurteilen. Sie spricht auch von „Irrsinn" und das Wort „Wahn" wird mir immer wieder im Buch begegnen. Davon, dass es tatsächlich etwas wie ein Machtgefälle zwischen *weißen* Personen und Personen of Color gibt, wird nicht gesprochen, dass oft Menschen anderen ihre Unterdrückung erklären und eben nicht gezwungen sind zu schweigen, dass sie selbstverständlich alles in Besitz nehmen können, wird nicht thematisiert. Eine *weiße* Person mit dreads erfährt nicht dieselbe Diskriminierung wie eine Schwarze Person. In den USA werden Schwarze Kinder von der Schule sus-

222 L'Amour laLove, Patsy (Hg.) (2017): Beissreflexe – Kritik an queerem Aktivismus, autoritären Sehnsüchten, Sprechverboten. Berlin: Querverlag, 4. Auflage, S. 24.

pendiert, wenn es neben Kleiderordnung noch sowas wie eine „Haarordnung“ gibt.[223] Beim Job-Interview wirken sich natural hair, braids, dreads bei Schwarzen Menschen auch oft nachtteilig aus. Von racial profiling der Polizei und den potentiell tödlichen Folgen mal ganz zu schweigen. Das, was einer *weißen* Person mit dreads maximal droht, ist, dass Leute sie für ungepflegt halten. Aber dieses „Aussteigen“ aus dem Erfüllen der Erwartungshaltung anderer Menschen wird eher belohnt mit street credibility, leftist credibility oder „realness“ wie sie Joshua Kwesi Aikins in seinem Beitrag in dem Buch „Mythen, Masken und Subjekte“ beschreibt.[224] Wozu Kritik an kultureller Aneignung und critical whiteness in ihrem radikalen Ursprung eigentlich konzipiert wurden, erwähnt Patsy L'Amour laLove nicht. Obwohl sie ein klärendes Zitat[225] von Hengameh Yaghoobifarah (eine_r Journalist_in und Redakteur_in des Missy Magazins, auf die sich die Beissreflexeband-Autor_innen eingeschossen haben) ihrem Text beifügt, geht sie auf den Aspekt Machtgefälle nicht ein, indem sie vorgibt, dass sie nicht wüsste, was für Machtverhältnisse gemeint seien. Sie ignoriert, dass es Yaghoobifarah nicht um „kulturelle Reinheit“ geht“, sondern „um die kritische Praxis der Selbstreflexion und das

---

223 Battle, Marquaysa (16.05.2017): Times Black Girls Were Suspended For Their Hairstyles. Online unter: https://www.elitedaily.com/life/culture/black-girls-natural-hair-racism-schools/1953497 (Zugriff 15.05.2018)

224 Akins, Joshua Kwesi (2009): Wer mit Feuer spielt…Schwarze Musik/Kulturen in Deutschlands *weißem* Mainstream; Münster: UNRAST-Verlag, 2. überarbeitete Auflage, S. 283-300.

225 Yaghoobifarah, Hengameh (2016): Tante Ernas Knochen im Museum. http.//www.taz.de/!5356157/, zitiert nach: L'Amour laLove, Patsy (Hg.): Beissreflexe – Kritik an queerem Aktivismus, autoritären Sehnsüchten, Sprechverboten. Berlin: Querverlag, 4. Auflage, S. 29.

Stärken des Blickes für Machtverhältnisse". Es stimmt, dass wir alle in der Alltagssprache leichthin Macht synonym mit Gewalt setzen, diese wird aber erst gewaltförmig, wenn ihr Verlust droht und sie erhalten bzw. verteidigt wird. Das ist aber kein Grund, den Gehalt von Yaghoobifarahs Aussage zu leugnen und einen Exkurs später zu behaupten, es ginge den Kritiker_innen von kultureller Aneignung darum, dass nur Menschen aus einem bestimmten „Kulturkreis" etwas tragen dürften und dass sei doch ein folkloristischer Ansatz. Um zu verdeutlichen, wie sich Kritik an kultureller Aneignung durch Marginalisierte von dem rechten Konzept des Ethnopluralismus unterscheidet, füge ich an dieser Stelle ein Zitat aus Anna Böckers wunderbar aufschlussreichem Artikel „Dreiste Umkehrung" ein: „Die Kritik an kultureller Aneignung und Ethnopluralismus würden sich ähneln, weil beide ‚Jedem Stamm seine Bräuche' fordern würden, heißt es in den Artikeln. Doch während die Kritik an kultureller Aneignung sich dafür einsetzt, dass vor allem die durch Kolonialismus, Völkermorde und Sklavenhandel marginalisierten Kulturen nicht weiter ausgebeutet und unterdrückt werden, versucht Ethnopluralismus die weltweite Vorherrschaft von *Weißen* als Ist-Zustand festzuschreiben."[226] Für Mitautor des Beissreflexebandes Leo Fischer[227] fällt „Check your privilege" unter Theorie-Heimwerkerbedarf. Der Begriff "social privilege"[228] stammt übrigens von

---

226 Böcker, Anna (2016): Dreiste Umkehrung. Über Rassismus reden. Taz, Ausgabe vom 26.12.2016. Online unter: http://www.taz.de/!5365005/ (Zugriff 15.05.2018).

227 Fischer, Leo (2017), Repression für alle, in: L'Amour laLove, Patsy (Hg.) (2017): Beissreflexe – Kritik an queerem Aktivismus, autoritären Sehnsüchten, Sprechverboten. Berlin: Querverlag, 4. Auflage, S. 109.

228 Hernández, Melissa Andrea (04.04.2016): A Breakdown Of White Privilege. In response to 'Why White Privilege Is As Ra-

W.E.B Du Bois, der diesen in den dreißiger Jahren des letzten Jahrhunderts prägte, um auf die soziale Ungleichbehandlung bezüglich *weißer* und Schwarzer Arbeiter_innen aufmerksam zu machen. *Weiße* Arbeiter_innen erhielten einen „psychologischen Lohn" und profitierten eher von guter Infrastruktur wie Parks, besseren Schulen etc. Auch wird nirgendwo im Beissreflexeband Intersektionalität richtig erklärt, es ist längst ein in die Wissenschaft eingeflossener Begriff, noch wird der Schwarzen US-amerikanischen Juristin Kimberlé Williams Crenshaw der credit für die Theorie gegeben. Im Ursprung beschrieb die Theorie die Verwobenheit von Rassismus und Sexismus. Es geht also nicht darum, „dass Diskriminierung durch gleichmachende Aneinanderreihung ununterscheidbar relativiert wird"[229], sondern um das Erfassen der Komplexität von Mehrfachmarginalisierung.[230] Auch Identität, die davon beeinflusst wird, ist viel komplexer, als es die Autor_innen von Beissreflexe wahrhaben wollen. Angeblich würden diese Konzepte aus einem Drang zu sanktionieren und sich selbst zu bestrafen angewandt. Ach ja, und Neid käme hinzu, das sei der eigentliche Grund, anderen Privilegien zu „unterstellen". Patsy L'Amour laLove hält die „Idee, dass das Privileg der einen Person die Unterdrückung der anderen

---

cist As It Sounds' by Anika Sundheimer. Online unter: https://www.theodysseyonline.com/breakdown-of-white-privilege (Zugriff 15.05.2018).

229 L'Amour laLove, Patsy (Hg.): Beissreflexe – Kritik an queerem Aktivismus, autoritären Sehnsüchten, Sprechverboten. Berlin: Querverlag, 4. Auflage, S.32.

230 In diesem Videoclipausschnitt macht Kimberlè W. Crenshaw noch mal deutlich, dass Intersektionalität richtig angewandt nicht auf Addition von Unterdrückungen und nicht primär auf Identität abzielt, sondern darauf, wie Unterdrückungstrukturen zusammenwirken: https://www.youtube.com/watch?v=uPtz8TiATJY (Zugriff 15.05.2018).

bedeute" für eine „wahnhafte"[231]. Zudem wird wieder der Begriff als ein beschuldigender Vorwurf dargestellt, anstatt unaufgeregter als Aufforderung, über die eigenen Selbstverständlichkeiten nachzudenken und zu überlegen, wo eins in die Unterdrückungsverhältnisse von anderen, auch unabsichtlich, verstrickt ist. Um dann zu erörtern, was eins tun kann. Und zwar, um Unterdrückungsverhältnisse, auch die, die eine_n nicht betreffen, offenzulegen. Die Autorin geht davon aus, dass Menschen, die Privilegien benennen, neidisch sind. Und lustfeindlich. Da komme ich ehrlich gesagt nicht mehr mit. Wenn jemensch sagt: „Das und das verstärkt die Normen oder Barrieren, unter denen ich leide", oder: „Ich wünsche mir Rechte, Gleichbehandlung, Räume, Selbstbestimmung, Sichtbarkeit", dann ist das Neid? Fraglos haben Schwule und Lesben sich dies alles hart erkämpfen müssen (und das ist auch noch nicht vorbei). Und ich halte „Homonormativität" auch für keinen zielführenden Begriff, weil Schwule und Lesben nicht in einer vergleichbaren Machtposition sind wie Menschen, die dem heteronormativen default entsprechen, nur, wir brauchen dann eben präzise Worte für Ausschlüsse oder hier und da auch für gatekeeping. In allen möglichen Arten von communities. Ist ja nicht so, dass ich das nicht dauernd kritisieren würde, aber Neid ist dabei nicht mein Beweggrund, gutes Leben für alle schon eher. Es geht mir ja nicht besser, wenn jemensch anderes auch das entbehren müsste, was ich dringend brauche. Gleichzeitig sind Räume, die sich Schwule und Lesben zuvor erkämpft haben, nicht automatisch inklusive Räume für andere/ mehrfach Marginalisierte.

---

231 L'Amour laLove, Patsy (Hg.): Beissreflexe – Kritik an queerem Aktivismus, autoritären Sehnsüchten, Sprechverboten. Berlin: Querverlag, 4. Auflage, S. 43.

Patsy L'Amour laLove kommt im ersten Beissreflexe-Text auch auf das Orlando shooting zu sprechen, über das Tjark Kunstreich in einer Manier schreibt, dass sich mir die Haare sträuben. Ich schwenke deshalb jetzt rüber zu Tjark Kunstreichs Text „Nach Orlando - Die Queer-Community übt die Unterwerfung"[232]. Auch wenn der Autor anfangs von einem gay club spricht und damit den Nachtclub „Pulse" in Orlando meint, in dem am 12. Juni 2016 49 Menschen erschossen und 58 verwundet wurden durch den Täter Omar Mateen, betont er, dass gay im Englischen mehr umfasst als schwul und spricht wenig später dennoch von in erster Linie Homohass als Motiv. An dem Abend des Massakers fand eine Latin night im Club statt, zu der für gewöhnlich viele Latinx Menschen gingen, auch trans Personen. Vermutlich spricht Tjark Kunstreich deshalb doch hin und wieder von Schwulen, Lesben und „Transsexuellen" (er meint wohl auch trans Personen), kriegt das LGBTQ aber nicht ganz voll. Das passiert nicht von ungefähr, denn da der Täter Muslim war, muss der Autor ja den Bogen vom Islam als besonders Homosexualität verurteilende Religion zu der Tat schlagen. Der Autor liefert uns ein Psychogramm und Interpretationen, was den Täter zu dieser Tat veranlasst haben könnte: „Vielmehr ist das ‚Pulse' für ihn ein Ausdruck der Dekadenz und der Sittenlosigkeit des Westens gewesen, ebenso verführerisch wie bedrohlich."[233] Einige Medien sprechen davon, dass der Täter eher „Vergeltung" für militärische Maßnahmen im Irak und in Syrien ausüben wollte, was auch für den vom Autor genannten islamistischen Beweggrund spricht.

---

232 Kunstreich, Tjark (2017): Nach Orlando - Die Queer-Community übt die Unterwerfung. In: L'Amour laLove, Patsy (Hg.): Beissreflexe – Kritik an queerem Aktivismus, autoritären Sehnsüchten, Sprechverboten. Berlin: Querverlag, S. 221-241.

233 Ebd. S. 227.

Aber der reicht ihm eben nicht. „Im Zentrum der Emanzipation schlug der Täter zu und machte damit Homo- und Transsexuelle auch in ihrem nationalen Safe-Space zu Zielen seiner mörderischen Ideologie."[234] Nationaler Safe-Space steht da ohne Anführungszeichen, I kid you not. Dieses „clash of cultures/religions"- Szenario kommt nicht unerwartet. Der Absatz fängt an mit: „Das Elend der Kulturen, wie es sich in der Biografie Omar Mateens widerspiegelt"… Es stört ihn ungemein, dass verschiedene Initiativen sich gegen antimuslimischen Rassismus stark machen nach Orlando. So etwas passiert in der Regel, weil nach Taten muslimischer Täter_innen Übergriffe gegen Muslim_innen zunehmen, aber das scheint nicht zu gelten. Queeren muslimischen Blogger_innen, die es gar nicht so einfach haben einen Raum zum Trauern finden, weil sie in der Folge der Tat auf zunehmenden antimuslimischen Rassismus treffen und aber auch mit Queerfeindlichkeit zu kämpfen haben, nimmt er ihre Betroffenheit nicht ab. Es mangele an einer Erklärung, was die Blogger_innen des Queer-Muslim-Blogs denn mit ihrem Queer meinen[235]. Kunstreich zitiert Laila Lalami, die darauf hinweist, dass bei einem nichtmuslimischen Täter Fragen nach Waffenbesitz und psychischer Verfassung gestellt würden, während bei einem muslimischen Täter ein terroristisches Motiv und Homohass selbstverständlich erschienen. Das ist tatsächlich etwas, was eins sehr gut beobachten kann, wenn eins Berichterstattung nach shootings und Anschlägen verfolgt. Dennoch passt Kunstreich Lalamis Einschätzung gar nicht, zumal sie James Howell erwähnt, einen Mann,

---

234 Kunstreich, Tjark (2017): Nach Orlando – Die Queer-Community übt die Unterwerfung. In: L'Amour laLove, Patsy (Hg.): Beissreflexe – Kritik an queerem Aktivismus, autoritären Sehnsüchten, Sprechverboten. Berlin: Querverlag, S. 229.

235 Ebd. S. 237.

der mit drei Schusswaffen und Chemikalien auf dem Weg zur Schwulenparade in Westhollywood war, nur einen Tag nach dem Massaker, und zum Glück aufgehalten wurde. Kunstreich findet es zynisch, dass Lalami sich fragt, wie von Howell gesprochen worden wäre, wenn er den Plan hätte ausführen können, ob man ihn auch als Terroristen oder aber als verrückten Einzeltäter darstellen würde. Das findet Kunstreich zynisch, weil sie damit Mateen zuspräche verrückter Einzeltäter zu sein, Howell nicht. „Die Gleichsetzung eines mutmaßlich christlichen Attentäters, der tatsächlich mit seiner Bisexualität nicht klarkam, mit Mateen läuft darauf hinaus, dass es allein die Waffengesetze der USA waren, die solche Taten möglich machen."[236] Mit dieser Interpretation bestätigt Kunstreich eher den Doppelstandard, nach dem Massaker/Anschläge beurteilt werden, je nachdem, wer sie verübt. Auch von: „nur die Waffengesetze müssen sich ändern", kann nicht die Rede sein, wenn eins das eine wie andere Motiv, oder Motive als Kombi, für möglich hält, das Motiv aber nicht per se aus der Religion ableitet. Mateen war ein Fan von ISIS. ISIS ist nicht der Islam™. Identitäten der Opfer scheinen für den Autor weniger eine Rolle zu spielen bei Anhaltspunkten für ein Tatmotiv, das findet er vernachlässigenswert, bzw. rassifizierend. Wer sich viel auf sozialen Medien rumtreibt, und das auch zu dem Zeitpunkt dieses grauenhaften Ereignisses getan hat, weiß eventuell, dass es die Latinx community selbst war, die die Unsichtbarmachung ihrer Identität nicht so hinnehmen wollte. In einem Artikel wird beschrieben, was so eine Latin night bedeuten kann, wenn eins in vorwiegend *weißen* LGBTQ Räumen oft Ausschlüsse erfährt.[237] Auch trans Personen, für die das „Pulse" ein beliebter Ort war, beklagten Unsichtbarmachung.

---

236 Ebd. S. 234.

237 Olivares, Xorje (13.06.2017): The Pulse Tragedy and the

Das Problem dieses Textes ist nicht, dass er den Extremismus des Täters betont, sondern wie er Religion und Kultur doch wieder als etwas Homogenes beschreibt. In keiner der großen Schriftreligionen wird Homosexualität gutgeheißen, soweit ich weiß. Ich finde es durchaus denkbar, dass die Tat nicht nur ein Motiv hatte, dass sich aber das eine Motiv automatisch aus dem anderen ableitet, glaube ich nicht. Mit all dem negiere ich nicht, dass es Verfolgung von queeren Menschen in etlichen Systemen gibt, deswegen ist ja so wichtig LGBTQI+ Geflüchtete zu unterstützen.

Das Buch erweckt insgesamt in mir den Eindruck, als hielten die Autor_innen das „was heute alles so" als Rassismus bezeichnet wird, für übertrieben. Dass der Vorwurf des Rassismus schlimmer sei als die Möglichkeit, tatsächlich rassistisch zu diskriminieren und zu verletzen, ist nichts Neues. In vielen linken Kontexten nervt es mich maßlos, wenn eins sich z.B. für den Kampf gegen Rassismus ODER den Kampf gegen Antisemitismus entscheiden muss. Ich habe Menschen gekannt, die jeweils der „einen oder anderen Seite" zugeordnet werden, Menschen, die sich für den „Dialog" eingesetzt haben und am Ende keine Heimat mehr hatten, buchstäblich, weil sie von allen „Seiten" verdächtigt wurden. Allerdings wird im Beissreflexeband auch thematisiert, wie „normalisiert" Antisemitismus in linken und emanzipatorischen Bewegungen ist und berührt damit einen wichtigen Punkt, z.B. in dem Beitrag „Pinkwashing – Das queere Ressentiment gegen Israel" von Frederik Schindler[238]. „Pinkwashing" meint den kons-

---

Ongoing Erasure of Queer Latin Culture. Online unter: https://www.vice.com/en_us/article/ev45np/the-pulse-tragedy-and-the-ongoing-erasure-of-queer-latin-culture (Zugriff 15.05.2018).

238 Schindler, Frederik (2017): Pinkwashing – Das queere Ressentiment gegen Israel. In: L'Amour laLove, Patsy (Hg.): Beissreflexe – Kritik an queerem Aktivismus, autoritären Sehnsüchten, Sprech-

truierten Vorwurf, Israel würde LGBT-Rechte nur stärken, um von ihrer Politik bezüglich der Palästinenser_innen abzulenken. Was ein ziemlicher bullshit ist, aber ein zur Zeit extrem verbreiteter. Dass hinter positiven Handlungen Hinterlist und Berechnung stecke, ist ein antisemitisches Narrativ, auf das der Autor aufmerksam machen will. Da Antisemitismus immer noch so lebendig ist, ist es ungut zu sagen, antimuslimischer Rassismus sei der neue Antisemitismus. Es ist wichtig, weder den Kampf gegen Antisemitismus noch gegen Rassismus gegeneinander auszuspielen.

Für safe spaces, awareness teams, Triggerwarnungen und Definitionsmacht haben die Beissreflexe-Autor_innen nicht viel übrig, außer vielleicht Häme.

Ich beginne mit dem awareness team goes totally wrong Beispiel im Text „Inquisition auf dem e*camp" von anonyma[239]. Als anonyma und Freund_innen auf dem e*camp 2013 sich erst einmal ans Soundsystem des camps wenden, das alle im camp beständig beschallt, außer zwischen 3 und 8 Uhr morgens und so keine Konzentration für das Vorbereiten auf Vorträge zulässt, wird darauf nicht eingegangen. Als die Orga angesprochen wird, holt diese das awareness team und das Soundsystem und setzt sich unter Ausschluss der um partielle Ruhe Bittenden zusammen. Das finde ich auch seltsam, ein awareness team sollte eigentlich für die Bittenden da sein und eine Lösung finden, die den Bedürfnissen gerecht wird. Konfrontiert werden die Bittenden etliche Zeit später mit den Gefühlen

---

verboten. Berlin: Querverlag, 4. Auflage, S. 189-194.

239 anonyma (2017): Inquisition auf dem e*camp. In: L'Amour laLove, Patsy (Hg.): Beissreflexe – Kritik an queerem Aktivismus, autoritären Sehnsüchten, Sprechverboten. Berlin: Querverlag, 4. Auflage, S. 50-55.

derer, die sich nicht mit der zeitlichen Reduzierung der Musikbeschallung abfinden können oder wollen. Und es klingt sehr absurd, denn der Wunsch nach Ruhe und Konzentrationsphasen sollte doch verständlich sein. Ab da werden die, die um eine Ruhephase baten, gedisst, am Ende des Camps verwiesen. Das, was da angewandt wurde, war kein awareness Konzept. Bei awareness geht es darum, Personen, die Grenzüberschreitungen oder Diskriminierung erfahren, oder deren Bedürfnisse nicht gewahrt werden, zur Seite zu stehen und eine Lösung für die Situation der betroffenen Person zu finden. Dass Bedürfnisse der Bittenden in diesem Fall den Leuten untergeordnet wurden, für die Techno aber so eine große Bedeutung hat, ist mehr als unaware. Es ging nicht um den totalen Musikverzicht.

Sind awareness Konzepte Mist, weil sie missbraucht, unreflektiert angewendet werden können? Das denke ich nicht. Ich vergleiche mal zwei eigene Erfahrungen damit. Zum FemCampWien 2015, mein erstes barcamp überhaupt, bin ich nur gefahren, weil mir die policy (ein Regelwerk) und die Anwesenheit eines awareness teams Vertrauen einflößte, ich wusste, im Falle des Falles kann ich, wenn ich Grenzen ziehen muss und diese nicht beachtet werden oder sonst irgendetwas ist, mich wohin wenden. Und das tat ich dann auch, weil es so eine extrem bürokratische Abwicklung von Erstattungen gab, die für einige (besonders für prekarisierte) Menschen sehr stressig war aus diversen Gründen. Ich habe die zuständige Person angesprochen und jemenschen vom awareness team und im nächsten Jahr wurde dieses Erstattungs-Procedere vereinfacht gehandhabt. Das ist sehr cool, wenn Kritik etwas verändert. Im Jahr darauf gab es immer noch die policy und ein awareness team. Dennoch war die Atmosphäre von Anfang an gehetzter. Wegen Zeitverzugs fiel dann auch die genaue Erklärung, was die policy beinhaltet, wozu das awareness team da ist und was DefMa bedeutet, hinten runter. Im Vorjahr wurde das sehr cool und freudig erklärt, aber im Jahr darauf sollte es reichen, dass es ja irgendwo steht. Hm. Ich kann natürlich mit so einem kleinen Erfahrungsausschnitt keine Empirie aufstellen, aber erzählen, was das meiner Meinung nach zur Folge hatte: Raumeinnahme von eher privilegierten Personen, es gab Vorfälle von Transfeindlichkeit und Rassismus in den slots (Veranstaltungszeitfenster), mit Triggern wurde ungut umgegangen und mit den vielen negativen Erfahrungen der Teilnehmer_innen schien das Orga-Team völlig überfordert, weil sie 2016 total unterbesetzt waren, sowohl in der Orga als auch für's awarenessteam mehr Leute gebraucht hätten, die keine Doppelfunktionen einnehmen. Ich glaube schon, dass wenn zu Beginn einer Veranstaltung policy, DefMa, die Funktion des awareness teams erklärt wird, das einen großen Unterschied machen kann, die Leute sind informiert und können überlegen, ob diese Regeln für sie stimmig sind, oder gehen. Und natürlich hängt es dann von Akteur_innen ab, wie gut dies umgesetzt wird. Aber es erspart eine Menge Grundsatzdiskussionen, die schon Veranstaltungen gesprengt haben, weil die diskriminierte Person erstmal die diskriminierende Person überzeugen musste, dass etwas Diskriminierendes stattfindet. Da sich sonst meist die verletzte/diskriminierte Person aus Zusammenhängen zurückziehen muss, wurde das Konzept der Definitionsmacht entwickelt. Die betroffene Person definiert, was eine Grenzüberschreitung ist. Wer jetzt Angst bekommt vor „ungerechtfertigten Vorwürfen“: Überlegt einmal, wie oft Ihr erfahren oder beobachtet habt, dass einer betroffenen Person die Beurteilungsfähigkeit abgesprochen wird, seltsamerweise wissen Unbetroffene oft besser, was wirklich grenzverletzend ist oder rassistisch. Eins bekommt schnell den Eindruck, alle drum herum würden lieber demokratisch abstimmen darüber, als auf die Wahrnehmung der betroffenen Person zu vertrauen. Sicher ist DefMa kein perfektes Konzept, in Kombination aber, dass auch der Person, die diskriminierend/verletzend/grenzüberschreitend war, vermittelt wird, dass eins als Gruppe für diskriminierende Strukturen und den Umgang mit dem, was in der Gruppe vorfällt, Verantwortung übernimmt, wäre dies ein mehr Sicherheit gebendes Konzept, das nicht Assoziationen mit „Verdammnis und Verbannung", sondern Veränderung weckt. Aber seien wir mal ehrlich, Ausschluss passiert oft Menschen, die etwas zu viel kritisieren, als Menschen, die ihr diskriminierendes Verhalten nicht ändern. Wer es nicht mehr aushält, muss gehen. Das geschieht nicht immer physisch, sondern durch ein eingekapselt sein in sich selbst, weil das Private vom Politischen und wo es sich in der Gruppe überkreuzt, abgespalten werden muss.

Natürlich hat der Beissreflexeband auch zu diesen Konzepten nur die allerreflektiertesten Standpunkte. Marco Ebert gibt in seinem Text gleich am Anfang, wie er es formuliert, „Triggerversprechen"[240], eingerahmt von jeweils drei Ausrufezeichen links und rechts, die ich eher in Hämeversprechen umbenennen würde, aber ich gestehe dem Autor dann doch dichterische Freiheit zu. Geschmacklos ist es allemal. Patsy L'Amour laLove stellt sich vor, dass durch „Schutzkonzepte" aseptische Räume[241] geschaffen werden, insgesamt ist die einhellige Meinung in dem Band,

#Pathologisierung #Häme

240 Ebert, Marco (2017): Queering „Die Ordnung" – Die affirmative Rebellion als Kritik an kultureller Aneignung. In: L'Amour laLove, Patsy (Hg.): Beissreflexe – Kritik an queerem Aktivismus, autoritären Sehnsüchten, Sprechverboten. Berlin: Querverlag, 4. Auflage, S. 115.

241 L'Amour laLove, Patsy (Hg.) (2017): Beissreflexe – Kritik an queerem Aktivismus, autoritären Sehnsüchten, Sprechverboten. Berlin: Querverlag, 4. Auflage, S. 41.

dass Schutzräume oder policies, die Diskriminierung verhindern sollen, von Unreife und nicht konfrontiert werden wollen zeugen. Trigger können sehr individuell sein. Aber gibt es benannte Trigger, könnte die eins bei Kenntnis ja respektieren, was sollte daran so schwer sein? Ich bin in meinem Aktivismus, was das Schreiben betrifft, meist auf content notes, also die Inhaltsnotiz ausgewichen. Sie gibt nicht vor, zu wissen, was genau retraumatisierend wirken kann, aber sie kündigt an: Um dieses oder jenes wird es explizit gehen! Mir gibt das Gelegenheit, noch mal zu prüfen, ob ich in einem bestimmten Moment Löffel für ein Thema habe. Das ist also nicht nur nützlich für Menschen, die ein Trauma erfahren haben, sondern auch einfach eine Erinnerung mich zu prüfen, ob das Thema gerade verarbeitbar ist. Daran finde ich nichts bevormundend, Inhaltsverzeichnisse würde auch niemensch als bevormundend kritisieren, oder? Die #CN blinkt halt nicht so aufgeregt wie die #TW, das ist mein Eindruck. Gerade im Aktivismus fühlt eins sich meist übermäßig verpflichtet viel bis alles mitzuschneiden. Und auch das kann über die Kräfte gehen, damit meine ich nicht per se, sondern situativ.

Die Idee von safe spaces m.E. ist eher, dass es einmal eine Verschnaufpause gibt von dem Ausmaß an Diskriminierung, dass eins einen Raum betreten kann, in dem eins versichert wird, dass Diskriminierung und Grenzüberschreitung nicht einfach nur ignoriert wird. Das heißt nicht, dass sie gar nicht vorkommt. Diese Versicherung ist nötig, damit Menschen, die selbst unter Marginalisierten noch marginalisiert werden, sich finden und austauschen und empowern können. Es ist doch nur verständlich, wenn trans Personen sich nicht safe fühlen, in einem Raum, in dem die Wortführer_innen überwiegend cis sind, die ihre Privilegien nicht reflektieren und Konsequenzen daraus ziehen, indem sie trans Personen etwas mehr Raum geben als bisher. Das gleiche gilt für Personen of Color, deren

Stimmen in *weiß* dominierten Räumen oft untergehen. Niemensch wird dadurch in Watte gepackt, es wird sich immer noch über Realität ausgetauscht und Strategien werden entwickelt. Es schließt sich nicht aus, safe spaces zu brauchen UND hier und da ein breites Bündnis einzugehen und sich auch noch in anderen Kontexten zu bewegen.

Das Beispiel mit der Band „Feine Sahne Fischfilet" in Leo Fischers Text „Repression für alle" bedient sich des Darstellungsrahmens „alles übertrieben". Es werfe ein schlechtes Licht auf den Feminismus, wenn eins „schon"[242] das spielen mit nacktem Oberkörper als trigger betrachtet. Offensichtlich waren das aber die Regeln des ArbeiterInnen-Jugend-Zentrums, in dem die Band auftrat, dies nicht zu tun, und wenn eins eine Veranstaltung abmacht, können beide Seiten darauf achten, sich an die Bedingungen zu halten, oder? Leo Fischer bringt dann einen anderen Vorfall zur Sprache, in dem genau dieses Zentrum einen Holocaust-Überlebenden ausgeladen hat, als Beleg für die istische, failende Politik des Zentrums, obwohl es sich natürlich nicht um thematisch vergleichbare Vorfälle handelt. Richtiger wird der erste Vorfall dadurch aber auch nicht, wenn der zweite Vorfall wiederum keine nachvollziehbare Handlung des Zentrums zu sein scheint.

Im Text „Schmutzräume schaffen! Ein unsolidarischer Beitrag zur sexuellen Sicherheitspolitik queerfeministischer Räume"[243] stört sich Doloris Pralina Orgasma (Marco

---

242 Fischer, Leo (2017): Repression für alle. In: L'Amour laLove, Patsy (Hg.): Beissreflexe – Kritik an queerem Aktivismus, autoritären Sehnsüchten, Sprechverboten. Berlin: Querverlag, 4. Auflage, S. 108.

243 Orgasma, Doloris Pralina (Kammholz, Marco) (2017): Schmutzräume schaffen! Ein unsolidarischer Beitrag zur sexuellen Sicherheitspolitik queerfeministischer Räume. In: L'Amour laLove, Patsy (Hg.):

Kammholz) an der Überbetonung, mit der manche Räume LSBT*I*Q Personen willkommen heißen und daran, dass Schutzräume keine Orte sind, an denen subversiv Sexualität ausgelebt werden kann: „...würde sich die homophile Willkommenskultur auch in der tatsächlichen Anwesenheit von flirtenden Homosexuellen, durchgeknallten Tunten, geilem Sex und schlichtweg alldem was eine schwule Subkultur zu bieten hat, äußern."[244] Dass Mangel an solchen Räumen besteht, glaube ich sofort, nur würde ich eben von einem Schutzraum nicht solche Möglichkeiten erwarten. Und ich schließe daraus nicht, dass es nur die eine oder die andere Art von Räumen braucht. Der Versuch einen Raum zu schaffen, der das Risiko von unbemerkten Übergriffen gering hält, erscheint mir nach meinen Erfahrungen verständlich, andere konsensuelle, sexuelle Begegnungen verlege ich in andere Räume. Und ich weiß natürlich, dass auch das nicht vergleichbar ist, die Sichtbarkeit von Homosexuellen haben sich diese meist unter großem Risiko erkämpft. Schutzräume sind aber kein autoritäres Instrument, um vor „Sexualität an sich zu schützen", sondern sollen das Risiko von Übergriffen und Diskriminierung gering halten. Obendrein schließt ein allosexistischer Diskurs asexuelle Menschen aus dem queer Begriff aus, weil sich Subversion und queer auf performtes sexuelles anders sein verengt. Asexuelle Menschen missgönnen auch nicht anderen ihre Lust, in einer überwiegend allosexuellen Gesellschaft weichen sie ebenfalls von Vorstellungen der Heteronormativität ab, die ohne Allosexualität als Norm nicht auskommt. Ein sexualpädagogischer Vortrag des Autors über Analverkehr für alle Geschlechter wurde wegen unsensiblen wordings

---

Beissreflexe – Kritik an queerem Aktivismus, autoritären Sehnsüchten, Sprechverboten. Berlin: Querverlag, 4. Auflage, S. 84-92.

244 Ebd. S. 84 ff.

im Vortragstitel abgelehnt. Also ein Konflikt basierend auf verletzender Sprache im Titel, der den Aufklärungsgehalt des Vortrags in den Hintergrund treten ließ.

Psychopathologisierung/Psychologisierung zieht sich wie ein roter Faden durch den ganzen Band. Ob das im Sinne des Erfinders der Psychoanalyse ist, der Menschen helfen wollte, die litten? I doubt it. Hier eine These, die Caroline A. Sosat aufstellt: „Psychisch gemeinsam ist den betroffenheitsfeministischen Gruppen das Primat der unreflektierten Emotion und der Impulsivität. Sie zeigt sich in der Gleichzeitigkeit eines überbordenden Wunsches nach Verschmelzung und Friedfertigkeit, gepaart mit einem beeindruckend aggressiven Gestus."[245] Ob diese unrealistische Erwartung wohl tatsächlich in Köpfen herrscht, die täglich das Gegenteil von Friede, Freude, Eierkuchen erleben? Die zuvor erwähnten Konzepte, wie Privilegientheorie, critical whiteness etc., sind gerade dazu da, mit Realität zu konfrontieren. Der Konflikt, die Kritik, die Verletzung wird zur Sprache gebracht und nur so können Internalisierungen bewusst gemacht werden. Zu behaupten, die in der Gruppe erfahrene Diskriminierung, Verletzung, erasure etc. hätten nicht mit Gesellschaft und in ihr herrschenden Unterdrückungsstrukturen zu tun, ist sagenhaft ignorant und bequem und individualisiert Unterdrückung/Diskriminierung. Diese Konzepte sollen eigentlich ein Werkzeug sein, um mit Konflikten umzugehen. Das ist in der Zielsetzung alles andere als „nicht reflektieren wollen von Emotion" oder nicht konfrontieren wollen. Till Randolf Amelung hat allerdings eine sehr miserabilistische Sicht

245 Sosat, Caroline A. (2017): Die betroffenheitsfeministische Dynamik – zu Abwehrmechanismen in feministischen Gruppen. In: L'Amour laLove, Patsy (Hg.): Beissreflexe – Kritik an queerem Aktivismus, autoritären Sehnsüchten, Sprechverboten. Berlin: Querverlag, 4. Auflage, S. 67.

auf das, was er als „als unauflösbare Tragödie individuellen Schmerzes" deklariert. Es wird eh keine Gerechtigkeit für alle geben, sagt er. Ich glaube, wir können den Aktivismus absagen. Oder zumindest, wenn eins traumatisiert ist, denn: „Die Aufarbeitung des persönlichen Leidens gehört daher vielmehr in eine Selbsthilfegruppe oder in eine Therapie. Üblicherweise verzichten Therapien und Selbsthilfegruppen darauf, sich gleichzeitig politisch und akademisch zu engagieren, da das individuelle Leid niemals im gleichen Moment sowohl passend individuell verarbeitet als auch politisch wirksam artikuliert werden kann."[246] Laut Amelung soll eins erstmal ein ausreichendes Stress- und Selbstmanagement erlernen. Hier wird das Individuum mal wieder alleine mit den Folgen (oft auch struktureller) Gewalt gelassen, es kann sich ja (ableistisch) selbst optimieren, und wenn es dann „stark" genug ist, kann es auch wieder oder endlich beim Aktivismus mitmachen. So funktioniert Trauma-Arbeit aber nicht, weil die meisten Marginalisierten nicht in einem Vakuum existieren, in dem sie das in Ruhe tun könnten. Die passenden Therapien sind gar nicht für alle zugänglich, im Gesundheitssystem finden sich auch alle Unterdrückungsformen wieder, sich genau dort, wo eins Hilfe erwartet, wehren zu müssen ist kontraproduktiv. Vereinzelte haben Glück und finden die passenden Therapeut_innen. Das Glück hatte ich nicht, als ich es am meisten gebraucht hätte, sondern erst mehr als ein Jahrzehnt später nach dem Ausprobieren von dieser und jener Therapie. Bis dahin hatte ich so viel wie möglich allein bearbeitet. Dennoch haben mir Solidarität und Verständnis Einzelner dabei geholfen. Das habe ich in

---

246 Amelung, Till Randolf (2017): Moderne Hexenjagd gegen Diskriminierung – Eine kritische Auseinandersetzung mit „Definitionsmacht". In: L'Amour laLove, Patsy (Hg.): Beissreflexe – Kritik an queerem Aktivismus, autoritären Sehnsüchten, Sprechverboten. Berlin: Querverlag, 4. Auflage, S. 101.

Gruppenkontexten leider selten gefunden, obwohl, und da bin ich mir sicher, traumatisierte Marginalisierte dort keine Seltenheit sind. Dort herrschen eher das Tabu und das Schweigen und das abspalten müssen von allem, was am Funktionieren hindert, vor. Die Politgruppe bildet da keine Ausnahme, wer nicht funktioniert, kann zu Hause bleiben und bitte nicht damit konfrontieren, dass nicht nur die Leute da draußen Ismen/Stigma reproduzieren, die das Heilen schwerer machen. Trauma ist nicht einfach etwas, das eins nach viel harter Arbeit überwindet, die Unterdrückungsstrukturen und die Gewalt in der Gesellschaft verschwinden ja nicht urplötzlich, egal, wieviel ich an mir arbeite und wie sehr ich mich verändere. Was natürlich nicht dagegen spricht etwas zu tun UND psychologische Hilfe zu suchen, ein entweder oder empfinde ich da als sehr konstruiert, ausschließend und realitätsfern. Am Ende wollen die Beissreflexe-Autor_innen vielleicht keinen aseptischen, aber einen stressfreien Raum voller neurotypischer Menschen? Die Realität ist, dass das einfach unglaublich viele Menschen ausschließen würde, die sich doch bitte erstmal bis zum Sankt Nimmerleinstag ihrer „Gesundung" widmen sollten, damit sie nicht den Spaß verderben und mit anstrengenden Forderungen kommen, die Gesellschaft und ihre Verhältnisse von Grund auf zu ändern.

Critical whiteness sei geistesfeindlich, lese ich. Wenn ich z.B. feststelle, dass ich es aufgrund von mehreren Unterdrückungsverhältnissen zwar schwer habe, diese oder jene Rechte einzufordern und es ein langer Kampf wird, kann ich doch dennoch bemerken, dass Personen of Color dieses „Das ist Dein gutes Recht!" noch weniger zugebilligt wird als mir als *weißer* Person, denn in den Institutionen, die mir Recht verschaffen oder gewähren sollen, erlebe ich keinen Rassismus. Es reicht nicht, sich nur dessen bewusst zu sein, eins muss auch darauf aufmerksam machen. Was ist daran zu viel verlangt?

Wie stehen die Autor_innen zu „geschlechtlich anderen", z.B. trans Personen und nichtbinären Personen? Natürlich wird immer darauf hingewiesen, dass auch trans Personen am Band mitgeschrieben haben. Aber in der konkreten Bearbeitung von Themen wird Transfeindlichkeit teils heruntergespielt und die vielen psychoanalytischen und materialistischen Erklärungsansätze bieten wenig Erkenntnisgewinn für trans und nichtbinäre Personen.

Aber bevor ich auf die Art, wie hier Psychoanalyse verwandt wird, eingehe, möchte ich ein Ereignis ansprechen, das im Buch mehrfach in verschiedenen Beiträgen erwähnt wird: Im September 2016 fand im SchwuZ Berlin eine Diskussionsveranstaltung in der Event Reihe DYKE OUT statt mit folgendem Titel: „Lesbische Sichtbarkeit – Gute Lesbe, böse Lesbe". Im Vorfeld gab es schon Kritik am überwiegend *weißen* cis Frauen panel, bis auf Tülin Duman, Geschäftsführerin vom Südblock und queere Menschenrechtsaktivistin, die aber nicht so viel an dem Abend zu Wort gekommen sein soll. Keine einzige trans Lesbe war auf der Bühne. Der Abend wurde moderiert von Manuela Kay, Suli Puschban, die Politikerin Monika Hermann und Sookee waren eingeladen. Aber Sookee sagte ab, weil im Vorfeld auch Kritik an ihrem Song „If I had a (dick)" geübt wurde, der Transmisogynie auch ohne ihre Absicht reproduzierte. Nun stellen alle Beissreflexe-Autor_innen, die diesen Vorfall aufgreifen, die eigentliche Kritik an Sookees Song entweder nicht oder verfälscht oder als übertrieben dar. Patsy L'Amour laLove schreibt dazu: „In ihrem Song ‚If I had a …' besingt Sookee, was sie mit ihrem Penis alles anstellen würde, so sie einen hätte. Das sei transmisogyn, weil manche Transfrauen keinen durchweg positiven

Bezug zu ihrem Penis hätten."[247] Ähm nein, es ging nicht um Dysphorie in erster Linie. Sondern darum, wie Sookee mit ihrem Penis alles anders macht als Macker. Der Penis wird somit mit Aggressivität und Dominanz gleichgesetzt, mit toxischer Männlichkeit. Nun ist ein Penis aber ein Körperteil und keine Persönlichkeit. Trans Frauen wird wegen dieser biologistischen Vorurteile misstraut und Aggressivität zugeschrieben, wenn sie einen Penis besitzen und sie werden nicht selten als Männer tituliert und der Hass gegen sie wird mit Biologismen gerechtfertigt – und auch ausagiert. Den Penis mit bestimmten Charaktereigenschaften/Verhaltensweisen gleichzusetzen klingt für mich nahezu okkult. Die Musikerin FaulenzA hat ein großartiges, sehr verständliches Buch über die Diskriminierung von Trans*Weiblichkeiten geschrieben und in diesem Buch, „Support your sisters, not your cisters", erklärt sie, was an dem Lied transmisogyn ist: „Aber auch sonst wird im ganzen Lied suggeriert, dass es eigentlich heißen müsste: ‚If I were a man'. Wie ich schon erklärt habe, ist die Verknüpfung Penis = Männlichkeit falsch, da ein Penis auch ein trans*weibliches Genital sein kann. Auch gibt es nicht-binäre trans* Personen, die einen Penoid-Aufbau machen. Und auch bei ihnen ist ihr Penis nicht unbedingt ein männliches Genital. Wenn ich Sookee richtig verstanden habe, sollte der Text auch eine Antwort sein auf Macker-Rapper, die einen ‚Penis' als Symbol oder Bild für männliche Dominanz nutzen. Sie verknüpfen unsinnigerweise ‚Penis' mit Überlegenheit, Stärke, Aggressivität usw. Das zu thematisieren und zu kritisieren finde ich gut, da gehe ich mit. Aber ihr Lied geht da in die falsche Richtung. Es ist total schlimm, wenn ‚Penis' als Bild für Männlichkeit gebraucht wird und wenn ‚Penis' mit einem bestimmten

---

247 L'Amour laLove, Patsy (Hg.) (2017): Beissreflexe – Kritik an queerem Aktivismus, autoritären Sehnsüchten, Sprechverboten. Berlin: Querverlag, 4. Auflage, S. 39-41.

Verhalten verbunden wird. […] Also: Wenn Sookee ein Mann wäre, dann würde sie nicht so aggressiv sein, vor ihr müsste niemand Angst haben, sie wäre auf Konsens aus, würde nicht so lügen usw. Sookee kritisiert hier mackriges und übergriffiges Verhalten von Männern. Das tut sie, indem sie sowas sagt wie: ‚Wenn ich einen Penis hätte, dann müsste mensch vor mir keine Angst haben.' Und so entsteht bei mir das Bild, dass mackriges und übergriffiges Verhalten von Männern daher kommt, dass sie einen Penis haben."[248] Wie problematisch diese Analogien sind, weiß eins, wenn eins die Reden und Texte von terfs mitschneidet, die Hass gegen trans Frauen schüren, weil sie diese nicht in ihrer Identität akzeptieren wollen. Die Zuschreibungen an Genitalien müssen dann als Rechtfertigung für diesen Hass herhalten, für den es keine Rechtfertigung gibt.

Zurück zum Dyke Out 2016. Da die Beissreflexe-Autor_innen, die die Ausladung Sookees erwähnen, doch viele andere Details der Kritik auslassen, hier ein kurzer Ausschnitt aus dem blogpost „DYKE (CALL) OUT": „[…] auf die Idee, dass es auch Lesben gibt, die PoC oder trans (oder gar beides!) sind, und dass diese eventuell nicht nur Raum, sondern auch Sicherheit bei einem solchen Event brauchen, war unter den Organisator*Innen wohl niemensch gekommen. Einige andere Menschen, besonders selbst betroffene, wohl schon, denn diese Entscheidung wurde kurz darauf stark kritisiert.

Was darauf folgte, lässt sich kaum in Worte fassen, aber die berliner *weiße* Cis-Lesbenszene zeigte sich mal wieder von ihrer rassistischten, transmisogynsten Seite. So wurden Trans Frauen, und speziell tWoC (trans Women of Color – ergänzt), gezielt angegriffen, als ‚aggressive Männer'

---

248 FaulenzA (2017): SUPPORT YOUR SISTERS NOT YOUR CISTERS – Über Diskriminierung von Trans*Weiblichkeiten. Münster: edition assemblage, S. 100 ff.

betitelt, ihnen Vrgwltigungsfantasien unterstellt, wiederholt auf ihre hypothetischen Penisse hingewiesen, sie bevormundet, was Transmisogynie und Rassismus angeht, ihr ‚Passing' kritisiert (einen Begriff, den transmisogyne Menschen wesentlich häufiger verwenden als jede trans Person, die ich je getroffen habe), darauf verwiesen, dass ja ‚alle willkommen' sind (dass ein leeres Statement derart nichts bewirkt, wenn mensch transmisogyne und rassistische Sprecher*innen einlädt, ist ja egal), und vieles vieles mehr."[249] Im Text von Ilona Bubeck[250] ist der Text von Sookee dann auch nur „angeblich" misogyn, betont wird eher die Schlammschlacht. Bubeck beteuert, keine_r_m die Verletzungen absprechen zu wollen, aber was heißt dann dieses „angeblich"? Haben trans Frauen nicht genug dazu gesagt und geschrieben? Klar ist es enttäuschend, wenn das Thema des Abends untergeht, aber Veranstalter_innen sollten schon Verantwortung übernehmen, wenn es Kritik an der Zusammensetzung eines Podiums gibt, vor allem wenn diese mit Un_Sichtbarkeit zu tun hat. Das, was Ilona Bubeck früher in Gruppenzusammenhängen erfahren hat, ist ungeheuerlich und ich bin di_er letzte, die so was gutheißt. Ich finde schon „heißer Stuhl"-Szenarien unerträglich, wenn alle auf eine Person auf einmal einreden, wie soll eins da Kritik prüfen? Das, was Bubeck 1984 erlebt hat, war pure Gewalt. Bezüglich des Dyke Out-Abends von einer Hierarchie der Opfer zu sprechen, verkennt das

---

249 (o.V.) (23.01.2017): DYKE (CALL) OUT // Berlin // September 25, 2016. Online unter: http://transfeindlichkeiten.blogsport.de/2017/01/23/dyke-call-out-berlin-september-25-2016/ (Zugriff 15.05.2018).

250 Bubeck, Ilona (2017): Die Sichtbarkeit von Lesben – Eine Rede gegen Anfeindungen und Diffamierungen. In: L'Amour laLove, Patsy (Hg.): Beissreflexe – Kritik an queerem Aktivismus, autoritären Sehnsüchten, Sprechverboten. Berlin: Querverlag, 4. Auflage, S. 251.

eigentliche ranking, das oft vorherrscht. Das lässt sich nicht plötzlich umdrehen, als sei eins benachteiligt aufgrund von cis sein oder *weiß* sein, eins ist aus anderen Gründen benachteiligt. Nichts von diesen zwei Privilegien hebt die Unterdrückung als lesbische Frau auf oder erklärt das Thema des Abends „Lesbische Sichtbarkeit" für obsolet.

Der Beitrag „Transition als Projektmanagement – Versuch einer Annäherung" von Julia Jopp[251] fasst Transition hauptsächlich als physischen Vorgang auf (der in der Tat oft schnell über die Bühne gebracht werden will wegen Sachzwangs), für den das Subjekt sich den Regeln der bürokratischen, kapitalistischen Gesellschaft unterwerfen muss. Die Realität ist zynisch genug, wenn keine Wahl besteht und es sowieso keine trans Person richtig machen kann. Entweder sie hat kein passing, dann wird ihr vorgeworfen nicht „echt" oder nicht wirklich dieses oder jenes Geschlecht zu sein, oder sie hat passing, schon heißt es, sie lebe das Stereotyp

Till Randolf Amelung schildert in „Moderne Hexenjagd gegen Diskriminierung" auch nur vage die Gründe, warum einer seiner Freunde seinen Vortrag nicht halten durfte. Ihm wurde Antifeminismus vorgeworfen. Genaueres erfährt eins nicht. Nur Vermutungen, dass es mit einem alten persönlichen Streit zusammengehangen haben könnte, werden geschildert und die Auswirkungen auf das soziale Netz der verfemten Person und der Psychoterror. Es folgen einige Generalisierungen über posttraumatische Belastungsstörungen und ihre angebliche Unvereinbarkeit mit Aktivismus, wenn eins sich noch nicht fit genug gemacht hat seelisch.

---

251 Jopp, Julia (2017): Transition als Projektmanagement – Versuch einer Annäherung. In: L'Amour laLove, Patsy (Hg.): Beissreflexe – Kritik an queerem Aktivismus, autoritären Sehnsüchten, Sprechverboten. Berlin: Querverlag, 4. Auflage, S. 178-182.

#cis_Sexismus #Pathologisierung

Zum Ende hin möchte ich kurz beleuchten, wie Psychoanalyse im Beissreflexeband verwandt wird, um Positionen zu untermauern. Für mich lesen sich die meisten Einsprengsel, als hätte es nie andere Auslegungen und Weiterentwicklungen gegeben. Caroline A. Sosat erklärt Verhalten in der (queer-)feministischen Szene anhand von Abwehrmechanismen, die meines Wissen in der Regel von allen Menschen mal genutzt werden. „Die Mehrheit der Angehörigen dieser Szene sind als heterosexuelle AkademikerInnen psychisch integrierte Persönlichkeiten, die individuell auf ein relativ normal entwickeltes Spektrum von Ich- und Abwehrmechanismen zurückgreifen können. In Konfliktsituationen und den Anforderungen der betroffenheitsfeministischen Gruppe werden jedoch schlagartig sogenannte unreife Abwehrmechanismen mobilisiert und ihnen der Vorzug vor einem reifen Umgang mit Konflikten gegeben."[252] Hier paart sich klassistisch starker Tobak („…sind als AkademikerInnen psychisch integrierte Persönlichkeiten…") mit Pathologisierung: Ausgerechnet die Privilegierteren, die „psychisch integrierte Persönlichkeiten" sind und gebildet, werden durch den bösen Betroffenheitsfeminismus „schlagartig" all dieser reifen Abwehrmechanismen ledig. Das klingt für mich so: Wenn selbst deren Ratio vor den Anforderungen der Gruppe kapituliert, wie mag es dann erst mal mehrfach Marginalisierten ergehen? Verfügen die überhaupt über reife Abwehrmechanismen? Woher sollen die wissen, was sie befreit, wenn nicht jemensch mit der universalistischen Welt-/Gesellschaftserklärung ankommt? Während der wertkritische und liberale Feminismus angeblich die

252 Sosat, Caroline A. (2017): Die betroffenheitsfeministische Dynamik – Zu Abwehrmechanismen in feministischen Gruppen. In: L'Amour laLove, Patsy (Hg.): Beissreflexe – Kritik an queerem Aktivismus, autoritären Sehnsüchten, Sprechverboten. Berlin: Querverlag, 4. Auflage, S. 69 f.

„Kränkung des Frauseins" reflektiert, analysiert und an Veränderung der Gesellschaft arbeitet, tue dies der „Betroffenheitsfeminismus" nicht, weil er diese Kränkung nicht verarbeite. Zu einem heißt es im Beissreflexeband immer wieder, die Gruppen seien keine Therapiegruppen, andererseits wird mit psychoanalytischen Begriffen nur so um sich geschmissen und diese werden zum Leistungsmaßstab gemacht. Ich stell mir ein Zettelchen vor, das eins ausfüllen muss, damit eins mitmachen darf: „Kränkung des Frauseins aufgearbeitet? Häkchen setzen. Trauma aufgearbeitet? Häkchen setzen, Wie hoch ist ihr score in reifen Abwehrmechanismen? Wie bewandert auf einer Skala von 1-10 sind sie in der Theorie des materialistischen Feminismus?" Jede_r, di_er sich professionell im Bereich der Psychologie und Psychoanalyse bewegt, weiß, dass sich die 13 Abwehrmechanismen nach Anna Freud nicht streng in reif und unreif einteilen lassen, sondern situativ und individuell unter großem Stress manchmal die bestmöglichen Strategien sind. Es wird noch von weiblich konnotierter Immanenz und männlich konnotierter Transzendenz gesprochen, vom Geschlechtscharakter des Vaters, den dieser besser integriert haben sollte und vielem mehr, was ich unterschlage, weil es mir zu wenig der Realität von nichtbinären und trans Personen Rechnung trägt, daher belasse ich es im Bereich des Binnen-Is, in dem der Text verfasst ist. Diese Verengung auf Zweigeschlechtlichkeit, Kränkung durch das „Gegengeschlecht" und damit auf eine heteronormative Ordnung (oder die symbolische oder das Gesetz des Vaters) beschwört diese eher, als dass es sie zersetzt, es klingt alles so unendlich determiniert. Bin ich nichtbinär, weil ich die „weibliche Kränkung" nicht verarbeitet habe? Spoiler: Nein. Ich bin es auch nicht, weil ich etwa flexibel sein will oder aus mangelnder Ich-Stärke. Und wie ist das mit homosexuellen Menschen? Ich wundere mich immer, wenn „sexuell andere/geschlechtlich andere" sich in einer solchen Auslegung der Psychoanalyse wiederfinden. Das Einzige, was ich unterschreiben kann an diesem Text: Misogynie wird stark allen Geschlechtern beim Aufwachsen vermittelt und das eben auch durch Frauen. Die Mechanismen der Projektion, der Idealisierung und der „Zerstörung" des idealisierten Objekts, wenn es sich nicht wie gewünscht verhält, all das ist mir aus diversen Gruppen bekannt, auch, dass Kritik am Innen nicht so beliebt ist, was hier nahezu als Alleinstellungsmerkmal dargestellt wird in der angeblich betroffenheitsfeministischen Gruppe. Für mich sind das keine spezifischen Gruppendynamiken, da ich selbige schon in nicht explizit feministischen, linken Gruppenzusammenhängen angetroffen habe. Bestimmte Abwehrmechanismen wie Spaltung nur mit einer Gruppe zu verbinden, erscheint mir als pathologisierend und zeigt keine Lösungsmöglichkeiten auf. „Die Form der Politik, der Glaube, durch vereinzelt eingefordertes Gendern oder die eigene Performance Geschlechterverhältnisse verändern zu können, sind Ausdruck dieser Allmachtsfantasien."[253] a) Ich glaube nicht, dass irgendwer denkt, die Änderung der Geschlechterverhältnisse durch bloßes gendern in Texten zu erreichen, b) trans Personen und nichtbinäre Menschen tun oft weit mehr als das; durch ihre Selbstrepräsentation und sichtbar werden erreicht Menschen in immer jüngerem Alter die Botschaft, dass nicht sie falsch sind, wenn sie feststellen, dass sie nichtbinär, trans oder queer sind, sondern die cis hetero Normativität innerhalb einer kapitalistischen Gesellschaft sie als abnorm markiert. Auch Frauen, die die ersten sie selbst inkludierenden

---

253 Sosat, Caroline A. (2017): Die betroffenheitsfeministische Dynamik – Zu Abwehrmechanismen in feministischen Gruppen. In: L'Amour laLove, Patsy (Hg.): Beissreflexe – Kritik an queerem Aktivismus, autoritären Sehnsüchten, Sprechverboten. Berlin: Querverlag, 4. Auflage, S. 79.

Schreibweisen eingefordert haben, haben bestimmt nicht gedacht, dass das allein die Welt verändert. Und es stellt Menschen als sehr naiv da, wenn ihnen unbewusste Allmachtsphantasien unterstellt werden anstatt der Wunsch nach Repräsentation und Handlungsmacht.

Koschka Linkerhand wähnt wiederum ein Lossagen vom bloßen Frausein als Versuch, individuelle Identitätsangebote zu sondieren. Sie spricht von einem individuellen „Identity-Ticket aus dem Topf der Möglichkeiten", mit dem eins sich im Neoliberalismus selbst zu Markte trägt[254]. Warum sollten Menschen es sich unnötig schwerer machen, als es eh schon ist, indem sie sich Identitätstickets für Marginalisierung ziehen? Sind Unterdrückungen ausgesucht? Oder die Kämpfe, die eins zu führen hat? Das Wort „Beliebigkeit" empfinde ich als großen Zynismus, auch dass diejenigen, deren Identitäten am wenigsten anerkannt sind, mal von ihrer Identität absehen und identitäre Momente runterfahren sollen[255]. Alle Mitglieder einer Gesellschaft sind angeblich vom Kapitalismus und den Herrschaftsverhältnissen wie dem Patriarchat zugerichtet. Anscheinend sind dennoch die anderen dann immer ein wenig zugerichteter als eins selbst. Der „Wir sind nicht so wie die"-Diskurs wird von Leuten gepflegt, die zwar für Befreiung kämpfen, aber denken, ihre eigene Befreiung wird schon alle mitbefreien und wenn es das nicht tut, dann liegt es daran, dass diese anderen zu Recht pathologisiert werden. Bitte hinten anstellen, hinter denen, die wissen, wie Befreiung funktioniert.

---

254 Linkerhand, Koschka (2017): Treffpunkt im Unendlichen – Das Problem mit der Identität. In: L'Amour laLove, Patsy (Hg.): Beissreflexe – Kritik an queerem Aktivismus, autoritären Sehnsüchten, Sprechverboten. Berlin: Querverlag, 4. Auflage, S. 59-60.

255 Ebd. S. 63.

Und was, wenn Identität/Individualität gar nicht per se das Problem ist? Der Psychoanalytiker Erik H. Erikson hat mit seinem vor allem für die Sozialwissenschaften grundlegenden, erst spät rezipierten Werk „Identität und Lebenszyklus" Freuds psychosexuelle Entwicklungsphasen um die psychosoziale Dimension erweitert. Das Über-Ich vertritt bei Erikson noch viel stärker die von außen auferlegte Last[256]. Die Belohnung oder Bestrafung wird später von den „berufsmäßigen Erziehern" und „durch die unbestimmte Menge der Genossen", wie Freud sich ausdrückte, die das „Milieu" und die „öffentliche Meinung" bilden, übernommen. Für Erikson ist Identitätsbildung ein lebenslanger Prozess, Identität bildet sich durch Krisen und Moratorien. D.h. weder ist sie einfach bloß durch die Triade Mutter-Vater-Kind und frühkindliche sexuelle Phasen determiniert, noch ist sie beliebig und unendlich flexibel, sondern in Krisen gebildet und im besten Fall erarbeitet, nicht übernommen. J.E. Marcia[257], der auf Eriksons Einbeziehung (psycho-) sozialer Faktoren bezüglich Identitätsbildung aufbaut, arbeitet dann auch

---

256 Erikson, Erik H. (Erstauflage 1973, zitiert aus 12. Auflage 1990): Gruppenidentität und Ich-Identität. In: Identität und Lebenszyklus. Frankfurt am Main: Suhrkamp Taschenbuch Verlag, S, 13 ff. #CN für I-Wort für Natives, das Erikson leider in positiv gemeinten Beispielen im Laufe des Buches einige Male verwendet.

257 Wie die Arbeit von J. E. Marcia wiederum eine Weiterentwicklung von Erik H. Eriksons Werk ist, wird in dieser kurzen Arbeit erwähnt: Habermas, Tilmann (2008): Identitätsentwicklung im Jugendalter. In: Silbereisen, Rainer K./Hasselhorn, Marcus (Hg.): Psychologische Jugendforschung. Göttingen: Hogrefe, Band 5, Serie V der Enzyklopädie Psychologie, S. 363-387. Online lesbar unter: https://www.researchgate.net/profile/Tilmann_Habermas/publication/261551908_Identitatsentwicklung_im_Jugendalter/links/004635349971850 1af000000/Identitaetsentwicklung-im-Jugendalter.pdf (Zugriff 15.05.2018).

mit folgenden Begriffen: erarbeitete Identität, diffuse Identität, übernommene Identität und Moratorium. Das Moratorium ist eine Phase des Erkundens und Ausprobierens, ein Aufschub einer Festlegung. Ursprünglich als Orientierungsphase und Herausbildung der Identität in der Jugend konstruiert, glaube ich, dass auch erwachsene Menschen immer wieder Moratorien brauchen, z.B. wenn sie vor schwierigen Entscheidungen stehen, Werte und Ziele überprüfen müssen, oder aufgedeckt wird, dass die übernommenen Ziele und Werte nicht die eigenen sind. Die Selbstbestimmung und Selbstdefinition von Erwachsenen ist durch den Druck, den die Gesellschaft auf das Individuum ausübt, m.E. immer bedroht, besonders wenn es sich weigert, fertige Identitätsangebote zu übernehmen. Dann drohen Sanktionen und Ausschlüsse.

Eine Handvoll Theorien wird nie die Komplexität der gesellschaftlichen Verhältnisse erfassen und der Individuen in ihr. Es gibt keine einzige Theorie, mit der ich in allen Punkten übereinstimme. Und Theoretiker_innen haben, wenn es ihnen ebenso ging wie mir, Theorien auf das Brauchbare/Anwendbare hin überprüft, das, was ihnen fehlte, in eine Erweiterung der Theorie eingebracht bzw. eine Theorie aufgestellt, die andere Theorien integrierte. Ich bin immer wieder baff, wenn für einige andere eine Handvoll Theorien (Marxismus, Materialismus und eine Prise Frankfurter Schule) die Welt erklärt und eins mit diesen übereinzustimmen hat. Wem das nicht reicht, di_er ist nicht erleuchtet.

Auch die Kritik an einem verklärten Begriff der „Aufklärung" wird oft bewusst missverstanden. Die Aufklärung ging vom Menschen als vernunftbegabtes Wesen aus, aber bis heute wird ausgeblendet, wer als Mensch anerkannt war, und wem die Vernunft abgesprochen wurde, bzw. wer wen aufklärt. Mit dieser Unternehmung, der Aufklärung, wurde

Kolonialismus gerechtfertigt. Wenn heute Menschen den unaufgearbeiteten Rassismus innerhalb der Philosophie der Aufklärung und im sich „universal setzen" kritisieren, dann heißt das eben gerade nicht, dass sie, weil sie den Begriff der Vernunft als Machtinstrument sichtbar machen wollen, die als „Andere" konstruierten Menschen für nicht vernunftbegabt halten. Es geht eher darum, wozu und wie dieser Begriff von Vernunft gebraucht wurde und wird. Die Absurdität ist, dass einige meinen, dass wenn eins den inhärenten Rassismus benennt, eins rassistisch sei. Mit dem Begriff „eurozentrisch" würde eins zum Beispiel behaupten, dass es Vernunft außerhalb Europas und der „westlichen Welt" nicht gäbe, wird gesagt. Dabei soll „eurozentrisch" genau auf dieses Konstrukt und seinen Gebrauch hinweisen, das „Anderen" eine Eigenschaft wie Vernunft abspricht.

Beim Reden von „Anderen" und „Gleichen" tappen wir in viele Fallen. Hängt meine Solidarität davon ab, dass ich mir di_en Andere_n als Gleiche_n im Sinne von identisch mit meinen Zielen und Ansichten vorstellen muss, setze ich meine Werte und Ziele universal, dann ist es keine Solidarität, sondern Interessenvertretung, Vertretung der eigenen Agenda. Kann eins eine_n Andere_n nicht auch als gleichwertig betrachten, wenn diese_r Andere nicht-identisch ist? Meine liebste Referenz dazu ist der jüdische Philosoph Emmanuel Levinas[258]. Er hat sich, nachdem

---

258 Siehe: Schütz, Egon/Brinkmann, Malte (1996): Die Theorie des Anderen bei Emmanuel Levinas, Nachschrift Oberseminar Sommersemester 1996. Berlin: Archiv der unveröffentlichten Schriften von Egon Schütz, Humboldt-Universität. Online unter: https://www.erziehungswissenschaften.hu-berlin.de/de/allgemeine/egon-schuetz-archiv/verzeichnis-der-unveroeffentlichten-schriften/51 (Zugriff 15.05.2018).

seine Familie von den Nazis getötet wurde, der Frage gewidmet, was von der Wiederholung solcher Taten abhalten kann. Für Levinas ist di_er „Andere" irreduzibel, in dem Moment der Begegnung versagen alle Kategorien, auf die ein Mensch in der Regel reduziert wird. Levinas spricht von einer Heimsuchung durch di_en Andere_n. Um von der Irreduzibilität der Anderen nicht aus der Bahn geworfen zu werden, konstruieren wir für gewöhnlich schnell di_en Andere_n als entweder das Gegenteil von uns, um das eigene Ich aufzuwerten und den Anderen abzuwerten oder wir idealisieren di_en Andere_n, indem wir das, was wir gerne sein würden, auf sie projizieren. Levinas erteilt dem objektiven Erkennen und zuordnen können de_r_s Anderen eine Absage. Aber nicht der davon unabhängigen Verantwortung für di_en Andere_n; dieser Übernahme der radikalen Verantwortung für di_en Andere_n, di_en ich mir nicht erst zum gleichen im Sinne von identischen konstruieren muss, um diese Sorge für ihn zu tragen. Diese_r Andere ist nicht zu verwechseln mit eine_r_m kategorisierten Andere_n, di_er erst durch die Zuschreibungen entsteht. Mit dieser Ethik kann ich etwas anfangen und mir ist das zur Sprache kommen wichtig, weil, was kann ich über di_en Andere_n wissen, wenn si_er nicht zur Sprache kommt[259]? Wie soll ich darauf gestoßen werden, dass es auch in mir Unbekanntes gibt, wenn nicht durch produktive Verunsicherung?

Auch Lacans Gedanken zum „Spiegelstadium als Bildner der Ich-Funktion" können anregen über Identität nachzudenken. Durch den realen Spiegel oder andere Menschen als Spiegel, durch ihren Blick, entsteht so etwas wie ein Bild vom Selbst. Aber ich breche hier den Exkurs ab, der verdeutlichen sollte, wie komplex und eben nicht reduktionistisch Identität sein kann.

---

259 Ich meine hier nicht nur verbale Sprache.

Patsy L'Amour laLove betont eingangs, wenn jede existierende Person wirklich zu Wort kommen sollte, wäre das nicht nur unmöglich und langatmig, sondern ein geringer Erkenntnisgewinn. Leider ist der Erkenntnisgewinn auch schmal und redundant, wenn immer dieselben sprechen und es ist eine maßlose Übertreibung zu denken, dass tatsächlich alle immer zu allem in allen Kontexten etwas sagen wollen würden. Manchmal reicht es, wenn ich mich oder mir wichtige Aspekte zu einem Thema annähernd in der Rede einer anderen Person wiederfinde. Wenn ich mir angucke, wie breit der Beissreflexeband rezipiert wird und Anklang findet, gerade auch bei Leuten, deren Sorge dieses „Das wird eins doch noch sagen dürfen" ist, obwohl sie zu den Leuten gehören, die fast immer und zu jeder Zeit alles sagen können, dann kann ich keine Sprechverbote feststellen. Den marginalisierteren Queerfeminist_innen, die das Buch zum Teil diffamiert und pathologisiert, wird das Sprechen nun noch mehr erschwert, d.h. ausgerechnet denen, die es eh schon schwer haben in vielen linken und queerfeministischen Räumen. Dass Diskussion/Dialog erwünscht sei, ist wenig glaubhaft, dazu müsste eins ja zuhören und auf Verdrehungen verzichten, wenn Menschen auch nur ansatzweise versucht haben, bei einer „Beissreflexe"-Lesung Kritik zu äußern, wurden sie lächerlich gemacht. Seitdem das Buch erschienen ist, mag ich noch weniger zu feministischen und queerfeministischen Veranstaltungen gehen als vorher, weil die Rezeption so homogen ist und Menschen wie mich dazu auffordert, doch „mal" von ihrer Identität abzusehen, für die „Sache" angeblich. Zum einem wird zum Widerstand gegenüber der heterosexuellen Normalität aufgerufen, dann wiederum wird betont, dass auch Heterosexuelle unter Heteronormativität leiden (was stimmt, aber auch davon profitieren, diese Spannung sollte eins schon aushalten können) und ein heterosexueller Mensch auch in der Lage wäre, das Leid eines homosexuellen Menschen, der sein coming out habe, zu verstehen.[260] Awareness oder „Verstehen" bringt allerdings wenig ohne die Verpflichtung zum Handeln. Das Pathologisieren anderer Marginalisierter wird der größte Hinderungsgrund sein bezüglich eines gemeinsamen Kampfes. Für mich besteht zwischen Solidarität und heilen können, so gut es geht, und Kraft sammeln, um gesellschaftliche Verhältnisse ändern zu können, ein Zusammenhang.

Es bleibt noch viel zu wünschen übrig, bis diese gelebte und praktizierte Solidarität Wirklichkeit wird und wir einander Verletzungen, Verwundbarkeit und Widerstandskraft nicht aberkennen.

---

260 L'Amour laLove, Patsy (Hg.) (2017): Beissreflexe – Kritik an queerem Aktivismus, autoritären Sehnsüchten, Sprechverboten. Berlin: Querverlag, 4. Auflage, S. 45.

Alle reden von Perspektiven… what about joy?

Um ehrlich zu sein, es fällt mir schwer so zu tun, als hätte ich großartige Perspektiven, eine glorreiche Zukunft. Die „Perspektiven" als Zukunftsversprechen waren nie so zahlreich, wie immer behauptet wird und die Möglichkeiten, mein Leben wie gewünscht zu gestalten, nehmen ab und nicht zu. Freude dagegen hat einen hohen Stellenwert in meinem Leben. Ihr Nachglühen und Wärmen hilft mir weiterzumachen. Es ist nicht übertrieben, wenn ich sage, dass mich Begegnungen, Freund_innenschaften, Bücher und Filme politisieren, es sind verschiedene Formen von Dialog, die diese Dinge zur Folge haben, aber sie alle haben diese Wirkung auf mich. Sie machen mir Freude und sie politisieren mich, weil sie beständig Auseinandersetzung mit der mich umgebenden Realität anregen.

Es gab neulich einen wunderschönen hashtag, der hieß #DisabledJoy und wurde von @menajew gestartet. Auf diesem hashtag posteten be_hinderte Menschen Fotos von sich, auf denen es ihnen gut ging. Das ist etwas, was die Wahrnehmung von nichtbehinderten Menschen oft verstört, weil sie behindert sein mit „Tragödie" gleichsetzen. Und wenn eins auch mal fröhlich ist, kann es eine_r_m ja nicht so schlecht gehen? Freude zu zeigen kann dann auch ein Wagnis sein in Zeiten, wo aus einem sporadischen „Wohlbefinden" Sozialbetrug gezimmert werden kann. Ich habe unter dem hashtag neben den Dingen, die mir immer schon Freude machten, etwas Neues gepostet: Crushes. Vercrusht sein, also diverse Anziehungen empfinden, macht mir Freude. Begegnungen sowieso. Nach jedem sporadischem treffen mit @trash_spoonie möchte ich sofort loslegen mit kreativ sein, auch wenn ich meine Kreativität auf andere Art ausübe.

Lernen macht mir Freude, das ist ein Grund, warum ich auf twitter bleibe, trotz all der Belastung. Und wegen der Kontakte bin ich halt auch dort.

Die Freude der lektorierenden Freundin macht mir Freude, wenn ein Satz besonders Anklang findet.

Falls ihr etwas in diesem Buch wiederfindet, erkennt und Euch das guttut und Ihr Euch weniger alleine fühlt oder falls Ihr dadurch neue Perspektiven entdeckt, dann wäre mir das eine Riesenfreude. Ich kann nicht für alle sprechen, aber vielleicht regen gerade die Stellen, wo Ihr denkt: „Für mich ist das anders", Euch an zu erforschen, wie es für Euch ist. Auch das ist gut.

Eigentlich waren noch vier weitere Beiträge von anderen be_hinderten Menschen geplant, ich wollte intersektionalen Perspektiven ursprünglich mehr Raum geben. Aber das Leben hat so viel dazwischen gefunkt und es war ob der Hinderungsgründe in diesem Zeitfenster nicht mehr möglich. Ich hoffe aber von diesen tollen Menschen bald etwas zu lesen, sei es in eigenen Publikationen oder readern zu Be_Hinderung und Verwobenheiten, es kann gar nicht genug Literatur dazu geben!

Der hashtag #TeamKeineTransfeindlichkeit hat mir jüngstens Kraft gegeben. @epicLouT hatte die großartige Idee, dass es ihn braucht, um mehr als nur mit ein paar bekannteren trans Personen Solidarität zu zeigen. Die Angriffe, die trans Menschen mit weniger Reichweite erleben, bleiben oft unbemerkt. Und so kann Transfeindlichkeit als Struktur auch besser sichtbar gemacht werden.

Viele PoC auf twitter erleben einen Doppelstandard auf dem Medium, indem sie gesperrt werden, wenn sie sich gegen Gewalt auf twitter wehren.

Ihr könnt auf so viele Weisen unterstützen: Durch Ent_Lernen von diskriminierendem Verhalten, durch Raum geben und sichtbar machen, durch konkretes Unterstützen von Bedarfen und Projekten.

Ich nenne Euch mal ein paar Menschen als Leseempfehlung. Bitte nicht traurig sein, wenn Ihr nicht hier steht, ich könnte allein mit Namen ein ganzes Buch füllen.

#ff @SchwarzRund, @Mali_2, @vertigoxoxo, @hrmpfm, @_FL_ash, @xOuryx, @theRosenblatts @project1enigma, @trash_spoonie, @autistichoya, @EbThen, @VilissaThompson, @adaptanita, @Zweig_fragment, @coffeespoonie, @punnysamosa, @phineasfrogg, @RMaskos[261], @gud_kel, @Aoiferocksitout, @SFdirewolf, @RebeccaCokley, @AlinaManns, @riotsam @romluras, @annieelainey, die fantastische @zaranosaur, die seit Jahren zu Ableismus in Universitäten schreibt, @Imani_Barbarin, @queerdykekylie, @Mitsawokett und last but not least @riotheatherrr, die mir ein Vorbild ist, was Stimmen verstärken angeht.

Weitere Empfehlungen:

@epiclout, @redhidinghood_, @PrettiestPurple, @tominista, @sassyphos, @apolitash, @auchnez, @cuffedCatling, @La_pensadora_, @Peng_oh_Peng, @Bina_ReadThis, @DivBookHuntress, @nightlibrarian, @1_Meinung, @Mandinka_X, @SharonDoduaOtoo, @halfjill_2010, @magda_albrecht, @Francis_Seeck, @mesopelagial, @dressedasahuman, @rueselkopf, @DiePinguina, @markieburnhope, @herzchenbrille,

261 Ich habe im ganzen Buch versäumt, @RMaskos zu zitieren, obwohl sie so viel zu den disability studies beiträgt. Das tut mir leid. Hier könnt ihr einige der Arbeiten von Rebecca Maskos lesen: rebecca-maskos.net/ (Zugriff 15.05.2018).

@Hoern_, @maedchentraeume, @ramblingducky, @pinkyb0o, @femmeonabike und @showupforthis.

Ich danke allen, die mich immer wieder ermutigen und anregen: @demisapiens, @transempire_, @anea5278001, @SunnyZitrone und @LaraKaaa und @LotteundMichel für die Erinnerung daran, was wirklich zählt: Kuchen und Glitzer.

Und vielen Dank an den „Geburtstagsclub“ und an die weltbeste Thera für's jahrelange Begleiten und Interesse an allen Entwicklungen.

Ohne tolle Menschen wie @redhidinghood_, @marigoldping und @lightsneeze hätte ich es nicht so lange auf twitter ausgehalten. Seid bedankt.

Und Danke allen, die zu der Realisierung des Buches und vielem mehr beigetragen haben, you rock!

Bleibt mir nur, Euch etwas zu wünschen:

Stay cute, stay rebel!

mika

Glossar

Ableismus Diskriminierung/Struktur, die be_hinderte, chronisch kranke und neuroatypische Menschen für minderwertig erklärt, unterdrückt, be_hindert und ausschließt. Obendrein ist es die Matrix, also ein allgegenwärtiges System an Werten und Normen, die keine_n unbeeinflusst lassen in der Leistungs-, Verwertungs- und Nützlichkeitsgesellschaft.

abuse bezeichnet nicht nur sexualisierte Misshandlung, sondern auch sonstige Formen physischer und emotionaler, oft lang andauernder, systematischer Misshandlung.

Adultismus Diskriminierung von Kindern und Jugendlichen aufgrund ihres Alters, das z.B. mit Unreife assoziiert wird.

agender Selbstbezeichnung für Menschen, die sich mit keinem gender identifizieren

amab und afab assigned male at birth or female at birth bezeichnet das Geschlecht, das einer Person bei ihrer Geburt zugeschrieben wurde (das in der Geburtsurkunde steht).

awareness team Team, das bei Veranstaltungen ansprechbar sein soll und bei Diskriminierungen, Konflikten oder Grenzüberschreitungen im Sinne der betroffenen Person handeln soll.

ageism (eingedeutscht: Ageismus) Diskriminierung alternder und älterer Menschen, die an dem Maßstab Jugend/Fitness/Brauchbarkeit gemessen werden. Jemenschem keine Rolle mehr im sozialen Leben zuzutrauen, jemenschen für überflüssig zu erklären, unmündig aufgrund von Alter zu behandeln oder jemenschen zu desexualisieren/Attraktivität abzusprechen, all das sind Formen von Ageismus.

agency Der Versuch sich selbst zu vertreten, für sich selbst zu sprechen, je nach Kontext auch Handlungsmacht, Partizipation, Autonomie. Nicht zu verwechseln mit „Wer nur stark genug will, kann sein Leben und die Repräsentation desselbigen, die Rezeption komplett steuern."

Allosexualität Sich zu anderen Menschen sexuell hingezogen fühlen und Verlangen nach sexueller Interaktion mit anderen Menschen verspüren. Wird als Standard/ Norm vorausgesetzt und markiert asexuelle Menschen als „Abweichung".

Barrieren Barrieren können von der fehlenden Rampe bis hin zu Reizüberflutung, Schriftart, schlechtem Licht/ Akustik in einem Raum gedacht werden. Alles, was diese Zustände der Nichtzugänglichkeit (inaccesibility) beseitigt, sind Ent_Hinderungen (accomodations).

Biologismus Anwendung von biologischen Erklärmustern auf Individuen und ihre Eigenschaften/ihren Charakter, ihre Verhaltensweisen, bzw. auch auf Gruppen und auf Verhältnisse, politische Zustände, die nicht biologisch begründet sind.

cis Cis Personen stimmen mit dem Geschlecht überein, das ihnen bei Geburt zugewiesen wurde. Das bedeutet nicht, dass sie sich mit diesem oder den Rollenerwartungen an ihr Geschlecht zu 100% wohlfühlen müssen. Es geht darum, ob das zugewiesene Geschlecht bei der Geburt das Geschlecht ist, mit dem die Person im Großen und Ganzen übereinstimmt.

cis Sexismus zeigt sich in Verhaltensmustern und Aussagen, die von der Annahme ausgehen, das Geschlecht einer Person sei biologisch bestimmbar. Die Beschreibung der Vulva als weibliches Genital ist zum Beispiel eine cis sexistische Aussage, da nicht nur Frauen Vulven haben und nicht alle Menschen mit Vulven Frauen sind (genau das setzt diese Aussage aber voraus). Cis Sexismus und Transfeindlichkeit gehen oft miteinander einher.

class Marxistische Kategorie „Klasse“, die dichotom Gesellschafts-/Besitz-/Machtverhältnisse beschrieb, heute sprechen wir oft von mindestens drei Gesellschaftsschichten. Im Marxismus eine alles erklärende Kategorie der Unterdrückung/der kapitalistischen Gesellschaftsverhältnisse, mittlerweile im Rahmen intersektionaler Theorie eine Kategorie von mehreren.

colorblindness Behauptung von Weißen, Hautfarbe „nicht zu sehen“ und daher nichtweiße Menschen nicht zu diskriminieren. Diese Einstellung leugnet den eigenen Rassismus und spricht von Rassismus Betroffenen ihre Erfahrungen ab.

content note Inhaltsnotiz, die auf explizite Inhalte im nächsten Textabschnitt hinweisen soll

coping Bewältigung/Umgang mit

cripping up Darstellung be_hinderter Personen durch Nichtbehinderte, z.B. in Filmen mit Fokus auf stereotypisierenden Details.

cyborg/ cyborgisch Figur, die scheinbare Gegensätze vereint (z.B. Mensch/Maschine) und zu einem Ganzen werden lässt. Sie ist dem science fiction genre entlehnt.

damaged goods Wörtlich: beschädigte Ware. Wird im Englischen bei Opfern sexualisierter Gewalt genutzt und ist stigmatisierend. Bezeichnet Menschen letztendlich als „verkorkst“, zerstört/kaputt aufgrund ihrer Erfahrungen.

default Menschen/Gruppen mit Einstellungen oder Eigenschaften, die als Norm gelten, bzw. gesellschaftliche Zustände, die als „normal“ oder richtig gelten.

Definitionsmacht (DefMa) bedeutet, dass nur die betroffene Person sagen kann, was sie als Verletzung oder Grenzüberschreitung erfährt.

dya nicht intergeschlechtlich

empowern(d) Alles, was die von Unterdrückung betroffene Person/Gruppe stärkt

entitlement Anspruchshaltung von i.d.R. privilegierten Personen auf andere Personen und deren Aufmerksamkeit, z.B. von weißen cis Männern auf weibliche/als weiblich gelesene Körper

erasure Wörtlich: Ausradieren, bezeichnet das Unsichtbarmachen von Erfahrungen/Identitäten.

Eugenik Ideologie/"Wissenschaft", die einteilt in „lebenswertes" und „lebensunwertes Leben" aufgrund biologischer Eigenschaften/Gesundheitszustandes/Leistungsfähigkeit eines Menschen. „Unwertes Leben" gilt als vermeidens- bzw. vernichtenswert.

framework Deutungsrahmen/Darstellungsrahmen/Paradigma

-feindlichkeit findet z.B. Verwendung in den Begriffen Homo-/Bi-/Transfeindlichkeit und stellt eine Alternative zu den Begriffen dar, die auf -phobie enden, ohne sich auf eine Angststörung zu beziehen. Gruppenbezogene Menschenfeindlichkeit ist keine Angststörung.

gaslighting ist manipulatives, gezieltes in Frage stellen der Wahrnehmung einer Person, um diese zu kontrollieren. Die Wahrnehmung der Person wird ständig überschrieben oder die manipulierende Person lenkt die Aufmerksamkeit auf den eigenen Schmerz durch den Schmerz der betroffenen Person. „Es tut mir weh, dass Du mir misstraust." „Du provozierst mich dazu." Und auch implizites Vermitteln, wie froh die andere Person sein kann, dass eins ihr Leiden/ihre Kompliziertheit/etc. erträgt, zählt dazu. Kann einhergehen mit Misstrauen schüren gegen alle anderen Menschen, um die Person zu isolieren im Rahmen von umfassenderen abuse.

gender wird oft mit „Geschlecht als soziales Konstrukt" übersetzt und vernachlässigt dabei, dass auch „biologisches Geschlecht" ein Konstrukt ist. Ich verwende gender immer für alle Aspekte von Geschlecht, die meines Erachtens nicht biologisch festgelegt sind.

genderfluid Selbstbezeichnung: Genderidentität variiert zwischen zwei oder mehreren gendern.

genderperformance meint die Gesten, Merkmale, Rituale, mit denen scheinbar eine Geschlechtsrolle ausgeübt, eine Geschlechtsrolle sichtbar gemacht wird. Die Crux ist, dass viele dieser Gesten und Rituale übernommen worden sind und dass die genderperformance nicht mit der Geschlechtsidentität übereinstimmen muss.

hashtag Mit # versehenes Schlagwort auf social media, dient dem schnellen Auffinden und Zuordnen von Themen/Diskursen.

Heteronormativität vermittelt Heterosexualität als Normalzustand, der mit Erwartungen an Geschlechtsidentität, Begehren und Geschlechtsrollen verknüpft ist.

Hybridität Vermischung/Verschmelzung/Zusammensetzung von vorher getrennten Kategorien, Eigenschaften etc. zu einem Ganzen (z.B. Identität, Kultur)

"inspiration porn" Darstellung be_hinderter Menschen, die dazu dienen soll, Nichtbehinderte zu inspirieren, z.B. das bloße Leben als be_hinderte Person als tapfer zu bezeichnen ist ein solches Narrativ, ein anderes wäre: Schau, was diese be_hinderte Person geschafft hat. Wenn diese das kann trotz allem, was hält Dich dann davon ab, es zu erreichen?

inter Intergeschlechtliche Menschen weisen bei der Geburt Merkmale auf, die nicht in die zweigeschlechtlichen biologistischen Kategorien passen, d.h. dass ihre Körper als abweichend erklärt werden, wenn ihre Gonaden, Genitalien oder ihr hormoneller Haushalt nicht den biologistischen Erwartungen von Geschlecht entsprechen. Leider werden an intergeschlechtlichen Kindern „normalisierende" Operationen vollzogen, bevor diese über ihr Geschlecht Auskunft geben können. Intergeschlechtliche Menschen sind nicht unbedingt nichtbinär oder dazwischen, wie das Wort inter vermuten lässt. Sie können auch Mann oder Frau sein.

Intersektionalität von Kimberlé Crenshaw geprägter Begriff, um die soziale und politische Realität Schwarzer Frauen zu beschreiben, die Unterdrückungsstrukturen wie Rassismus und Sexismus nicht getrennt voneinander erfahren. Die Intersektionalitätstheorie ermöglicht, das Zusammenwirken von unterschiedlichen Unterdrückungsstrukturen zu untersuchen. Mehrfachmarginalisierte lassen sich nicht aufspalten in diese verschiedenen Aspekte ihrer Identität/sozialen Position. Diese Verwobenheiten machen sie laut Christiane Hutson mehrdimensional verletzbar.

Klassismus ist eine Diskriminierungsform, die prekariserte, arme etc. Menschen erfahren, die der Arbeiterklasse/„Unterschicht“ angehören. Klassismus äußert sich zum Beispiel in Vorstellungen, dass Intelligenz/Bildung/Fähigkeiten mit Schichtzugehörigkeit verbunden wäre, durch Geringschätzung der Person/Fähigkeiten, mangelnden „Bildungschancen“, weil ökonomisches Privileg mit Status erhaltenden Netzwerken einhergeht, während Menschen der „unteren Schicht" massiv Steine in den Weg gelegt werden.

kulturelle Aneignung bezeichnet das Aneignen kultureller Praxen von B_PoC durch weiße Personen, die dadurch profitieren, nicht immer in ökonomischer Weise, es kann auch um symbolische Aufwertung gehen wie Coolness, Realness, street/leftist credibility etc. Weiße Personen erfahren anstatt der Diskriminierung, die bestimmte kulturelle Praxen etc. nach sich ziehen, eher Aufwertung und sei es nur durch bestimmte peer groups, ohne die umfassende/selbe Diskriminierung zu erfahren wie B_PoC (in Institutionen, Schule, Arbeitsmarkt oder als Fetisch/Exotisierung).

LGBTQIA+ Diese Buchstabenreihung steht für Lesben, Schwule (gay), bisexuelle, trans, queere, intergeschlechtliche, asexuelle Menschen und das Plus für die Erweiterung dieses Begriffs auf alle, die von der Heteronormativität abweichen.

lookism Diskriminierung anhand des äußeren Erscheinungsbildes. Bevorzugung aufgrund von Äußerlichkeiten wird „pretty privilege" genannt.

Miserabilismus Aus dem französischem (miserabilisme) abgeleitet von den Wörtern Misere/miserable, bezeichnet eine Darstellung von Verhältnissen als unausweichliches Elend (Pathos der Verschlechterung).

misgendering Angesprochen/„gelesen" werden als das Geschlecht, das eins nicht ist.

misogyn Frauenfeindlich

Modelle von Behinderung/Be_Hinderung Das vorherrschende Modell von Behinderung ist immer noch das medizinische, das Behinderung zu einem individuellen Problem erklärt, das überwunden werden müsse. Ist das nicht möglich, wird es als Tragödie dargestellt. Das soziale Modell legt die Betonung darauf, dass die Gesellschaft Menschen be_hindert und dadurch Be_Hinderung herstellt. Da auch das soziale Modell die komplexe Realität be_hinderter Individuen nicht ausreichend beschreibt, verweise ich gerne auf das politisch-relationale Modell, welches Be_Hinderung als Politikum betont, aber auch nicht andere Aspekte des sozialen Status vernachlässigt, ebenso nicht wie die Individualität der be_hinderten Person oder die Materialität des Körpers.

Nichtbinär auch genderqueer: Alle Geschlechter, die nicht (ausschließlich) männlich oder weiblich sind. Also: etwas anderes, gar keines, mehrere, nicht immer dasselbe oder eins mag/kann sich einfach nirgends zuordnen. (Diese Definition ist aus dem Nichtbinär-Wiki übernommen, siehe auch S.318, Fußnote 145)

neuroatypisch - neurotypisch Neuroatypisch bezeichnet alle Formen neurologischen Seins, die von der Vorstellung, was „normal"/neurotypisch sei, abweichen.

neurodivergent Abweichend von der neurologisch bevorzugten Norm, von Kassiane Sibley geprägter Begriff

neurodivers Von Judy Singer geprägter Begriff, der alle Formen neurologischen Seins umfassen will, ohne zu diskriminieren, ohne in Norm und Abweichung einzuteilen.

nonmention Tweet, der sich mehr oder weniger direkt an eine/mehrere bestimmte Person(en) richtet, deren Usernamen aber nicht erwähnt.

passing Durchgehen (als), von außen wahrgenommen werden als

Pathologisierung Abwertung von Verhaltensweisen, Phänomenen als krankhaft

Performanz/performance Ausübung, Darstellung, Umsetzung

Pansexualität bedeutet, dass eine Person sich unabhängig von Geschlecht sexuell angezogen fühlt. Unterschied zu Bisexualität: Bi meint Anziehung zu mehr als einem Geschlecht, muss aber nicht unabhängig von der Kategorie Geschlecht sein oder allen Geschlechtern gelten.

PoC Im Englischen meint die Abkürzung People of Color, es ist eine solidarische Selbstbezeichnung, die Schwarze Aktivist_innen geprägt haben, um auch andere von Rassismus Betroffene, die nicht als weiß wahrgenommen werden, zu inkludieren. Schwarze Personen sind auch PoC, aber nicht alle PoC sind Schwarz.

policen Überwachen, bewerten, kontrollieren

privilege Ein Privileg veranlasst eine Person, bestimmte Dinge in ihrem Leben als selbstverständlich oder sogar verdient zu erleben und bezieht sich nicht nur auf ökonomische Privilegien, sondern auf viele verschiedene Formen von Status, die eine Person begünstigen können, z.B. white privilege, male privilege (Männern wird in der Regel mehr Raum und Redezeit gegeben, mehr Kompetenz zugeschrieben), cis privilege etc.

PTBS Posttraumatische Belastungsstörung

queer Ursprünglich war queer ein Schimpfwort, das gegen Homosexuelle gerichtet war und bedeutet wörtlich übersetzt „schräg"/„seltsam", zielte dabei aber auf die Pathologisierung als „pervers" ab. In den 90ern, als viele Menschen an HIV starben, wurde der Begriff solidarisch reclaimt. Er bezeichnet heute Menschen, die sich in der LGBTQIA+ community wiederfinden, d.h. gemeinsam ist ihnen die Abweichung von der cis Heteronormativität.

race bezeichnet unter anderem einer Gruppe von Menschen anzugehören, die Rassifizierung erfährt und die daraus resultierende soziale Realität. Auch wenn die diskriminierende Unterscheidung und Hierarchisierung von Gruppen im Ursprung ein Konstrukt ist, ist die daraus resultierende Realität sehr konkret, prägt das Individuum und die Gruppe und die gesellschaftlichen ungleichen Verhältnisse.

reclaimen Sich etwas wieder aneignen – auf Begriffe bezogen: Ein (meist abwertendes) Wort wird von den so Bezeichneten als Selbstbezeichnung genutzt und erfährt dadurch einen Bedeutungswandel von negativ zu empowernd, z.B. queer, cripple.

safe spaces Sichere Räume für Marginalisierte, zu denen (bestimmte) privilegiertere Gruppen, die für gewöhnlich Räume dominieren, keinen Zutritt haben.

sanism Spezifischer Ableismus gegenüber psychisch kranken/neuroatypischen Personen. Z.B. in der Berichterstattung über „unverständliche" Taten.

shamen Verurteilen/Beschämen/Schlechtmachen von Menschen für Verhalten oder Äußeres

-splaining bezeichnet das überhebliche Verhalten, das Unbetroffene gegenüber Betroffenen an den Tag legen, wenn sie diesen „die Welt erklären" und sogar die von der betroffenen Person erlebte Unterdrückung fremderklären.

trans ist, wer nicht mit dem bei der Geburt zugeordneten Geschlecht übereinstimmt.

TL, timeline Frontseite von Twitter, hier werden die Tweets derjenigen angezeigt, denen eins folgt, sowie die eigenen Tweets.

trigger, triggern Trigger bedeutet Auslöser, d.h., Betroffene werden durch etwas an ein (traumatisches) Erlebnis erinnert, bis hin zum Wiederdurchleben. Trigger können Wörter, aber auch Sinneseindrücke wie Gerüche, Geräusche, Berührungen, Farben etc. sein.

Un_sichtbare Be_Hinderungen Manche Be_Hinderungen sind sichtbarer als andere. Einige werden sichtbar dadurch, dass eine be_hinderte Person Hilfsmittel benutzt, wie einen Rollstuhl etc. Unsichtbare Be_Hinderungen können chronische Erkrankungen sein, bei denen keine physischen Hilfsmittel zum Einsatz kommen wie bei chronischen Schmerzen oder psychischen Erkrankungen. Wer nicht sichtbar Hilfsmittel benutzt, wird in der Regel als nichtbehindert wahrgenommen. Doch auch Menschen, die Hilfsmittel benutzen, erfahren Misstrauen: Ob sie z.B alles in ihrer Macht Stehende tun, um zu heilen oder weil ihre gesundheitliche Verfassung schwankend ist und sie mal auf Hilfsmittel zurückgreifen müssen und ein anderes Mal nicht. Unsichtbar meint hier nicht nichtkörperlich.

victim blaming Wenn die Schuld für eine Straftat oder eine diskriminierende Handlung der dadurch betroffenen Person zugeschoben wird, wird dies als victim blamin.g bezeichnet. Ein häufig genanntes Beispiel ist die Aussage, Betroffene von sexualisierter Gewalt trügen (beispielsweise durch ihre Kleidungswahl oder den Konsum alkoholischer Getränke) eine Mitschuld/ die Schuld am Geschehenen.

whataboutism „Was ist denn mit ______Thema?" Kann auf berechtigter Kritik basieren, wird aber oft so formuliert, dass es andere Unterdrückungen verharmlost, bzw. dem Kampf gegen andere Unterdrückungen mehr Fortschritt unterstellt wird.